夏义堃　女，1967年出生，四川达县人，副教授，情报学博士。主要研究方向：政府信息资源管理与公共信息资源开发利用研究。主讲本科生课程"政务信息管理"。主持的科研项目有2006年度湖北省高等学校省级教学研究项目"信息管理类学生就业能力培养与人才培养模式研究"、2007年度国家社会科学基金"电子政务环境下政府信息资源获取与利用模式研究"，参与国家、省部级课题多项。历年来发表《公共信息服务的社会选择》、《公共信息资源管理的多元视角》、《论政府信息共享的路径选择》、《电子政务与社会信息公平的构筑》等学术论文30余篇，参编学术著作两部。

武汉大学学术丛书

Wuhan University

Academic Library

公共信息资源的多元化管理

夏义堃 著

武汉大学出版社

WUHAN UNIVERSITY PRESS

图书在版编目（CIP）数据

公共信息资源的多元化管理/夏义堃著. —武汉：武汉大学出版社，
2008.6

武汉大学学术丛书

ISBN 978-7-307-06376-1

Ⅰ.公…　Ⅱ.夏…　Ⅲ.信息管理—研究　Ⅳ.G203

中国版本图书馆 CIP 数据核字（2008）第 078334 号

责任编辑:严　红　沈以智　　责任校对:黄添生　　版式设计:支　笛

出版发行:**武汉大学出版社**　（430072　武昌　珞珈山）
　　　　　（电子邮件:wdp4@whu.edu.cn　网址:www.wdp.com.cn）
印刷:武汉中远印务有限公司
开本:720×980　1/16　　印张:30.25　字数:430 千字　插页:3　插表:1
版次:2008 年 6 月第 1 版　　2008 年 6 月第 1 次印刷
ISBN 978-7-307-06376-1/G·1200　　定价:66.00 元

前　言

在现代社会，公共信息资源是一个国家获得竞争优势和取得可持续发展的关键因素，是实现信息共享推进知识管理带动知识经济的内在变量，在促进经济发展和社会文明进步中的战略地位越来越突出，已经成为信息社会人们赖以生存和发展所必不可少的基本要素。随着政府与社会的分化，社会信息化水平的提高，特别是网络技术的普及应用，原有政府信息资源管理与公共信息资源管理的完全重叠已难以满足信息社会人们信息获取与利用的实际需要，新的信息管理理念在滋生，新的信息管理模式和方法在形成，公共信息资源管理由此进入研究视野。

2003 年 10 月，信息社会世界峰会（World Summit on the Information Society）通过的《原则宣言》中指出，我们正在共同进入一个有着巨大潜力的、加强人类沟通的新时代，在这个新社会中，信息和知识可以通过世界上所有的网络生成、交流、共享和传播。《联合国 2005 年全球电子政务准备情况报告：从电子政务到电子包容》强调电子政务环境下公共信息提供必须实现为所有人获取，以保证弱势人群不会因收入、教育、性别、语言、文化等障碍因素的限制而落入新形式的社会排斥。公共信息资源的有效供给已经成为各国电子政务建设的重要内容，从内容上讲，公共信息资源的内涵极其丰富，泛指所有发生并应用于社会公共领域，能够为全体社会公众获取和利用的信息。在信息时代，现代民主与网络通信技术的结合使社会公共信息空间得以空前拓展，多中心的、共享的、跨越组织边界与时空边界的分布特点决定了公共信息资源管理的结构必然呈现出开放共享、协同合作、透明高效、以用户为中心、建立"伙伴关系"等多样化特征。

　　本书着重融合近年来电子政务理论、政府信息资源管理理论、新公共管理理论的最新研究成果，从多学科视角对比政府信息资源管理与公共信息资源管理内涵外延的差异，指出公共信息资源管理是电子政务时代政府信息资源管理的创新。在推导公共信息资源的公共性特征和经济学属性基础上，通过对公共信息资源产权性质界定以及资源配置模式的分析，对层出不穷的信息垄断与寻租行为的实证考察以及传统单一制政府信息资源管理体制的客观审视，揭示了政府公共信息服务的种种体制性弊端；认为市场、政府以及社会自我服务均是实现社会公共信息资源管理的必要手段，并系统分析了公共信息资源的市场管理和社会管理的产生依据与运行模式；从管理体制的角度探讨了公共图书馆、政府信息中心以及科技信息机构的职能定位与改革方向；对政府、私人信息企业和公益性信息机构在公共信息资源管理过程中形成的以政府为主导的竞争与合作关系进行了深入分析。

　　公共信息资源管理超越了政府信息资源管理思想，其目标不再单纯地局限于政府组织效能的实现，而是将最恰当的信息以最便捷的形式传递给最需要的用户，使公共信息在获取利用的过程中实现共享和价值增值。因此，公共信息资源管理的研究对象除传统的需求对象的定义，信息收集、传递、处理、存储、传播与利用等生命周期各环节研究外，还应包括：公共信息资源产权特征与资源配置模式、社会信息交流的环境与氛围、电子政务环境下公共信息管理流程、政府信息公开与共享的实现路径、公益性信息机构的规范化建设以及国家信息管理法规制度研究等问题。本书围绕上述内容开展研究，并初步构建了一个政府主导下的竞争与合作的公共信息资源多元化管理框架。

相对于政府信息资源管理而言，公共信息资源管理还是一个发展中的理论，其研究对象、内容、范围等仍有待深入探讨。加之时间仓促和作者水平的限制，错误与缺点在所难免，但意在通过本书抛砖引玉，以推动公共信息资源管理理论的成熟发展，进而提高社会信息共享水平，实现真正意义的"和谐、包容、共存的信息社会"。矛盾、疏漏之处，恳请读者批评指正。

本书的研究和撰写得到来自多方面的帮助与支持，感谢恩师马费成教授对本书篇章结构及内容观点的辛勤指导与认真审核，感谢武汉大学社会科学部的领导与武汉大学出版社严红老师在本书出版过程中所给予的无私支持与默默付出，感谢武汉大学信息管理学院的领导和老师以及我的亲人朋友所给予的多方面关心与鼓励。

作　者

2007 年 6 月于珞珈山

目　　录

第一章
概 论

　　现代人生活在一个被信息载体所包围的环境中，公共信息资源管理既是现代社会文明进步的重要标志，也是一个国家获得新的竞争优势和可持续发展的关键因素，同时也是政府和公共组织提高效率、改革挖潜的内在变量，尤其对公共信息资源管理的主体——政府而言，随着社会信息化程度的不断提高和公共管理改革呼声的日渐高涨，单靠政府内部自身的局部调整来实现公共信息资源管理的整合，进而获得公众的认可已日趋困难。这样，就促使政府对公共信息资源管理的对象、性质、任务等重新进行审视，把如何优化公共信息资源配置、提高公共信息服务能力的重点放在将政府内部信息资源与外部信息资源的有效整合上。而政府外部公共信息资源的开发与利用管理是以健全的公民社会、良好的社会组织为基础的。其中，大量的第三部门组织不仅是政府行政的重要伙伴，而且也是创建新型公共信息资源管理模式不可或缺的必要因素。同时，公众不会选择信息预期不高的信息服务，公共信息资源管理也是一个涉及政府、企业、社会组织以及公民等不同对象，覆盖政治、经济、管理、技术等不同学科的复杂产业过程，其管理效率的提高和公共信息服务的普及有赖于企业、第三部门组织的积极参与。

一、公共信息资源管理研究的社会意义

自 20 世纪 80 年代以来，关于信息资源管理的研究已经日渐成熟。作为信息资源管理的重要研究领域，随着多媒体技术、网络技术、通信技术的快速发展，人们越来越重视政府信息资源管理的研究，政府信息化、电子政府等逐步成为人们关注的热点和焦点，并分别从行政学、经济学、情报学、计算机科学等不同学科背景出发进行了大量开创性研究。但习惯了企业、政府二分法的社会科学研究方法却遭遇了新情况：现代社会公域和私域界限的日渐模糊、第三部门的崛起以及新公共管理运动的发展，简单地以政府信息资源管理来统合公共信息资源，不仅在理论上而且也在实践中遇到了前所未有的冲击和挑战，需要从学科整合的视角来观察研究公共信息资源管理与政府信息资源管理的关系等一系列问题，从这个角度入手，本书主要基于公共信息资源管理的现实背景与理论探索两个方面的需要。

（一）现实背景

众所周知，政府作为公共利益代表的独特地位，决定了其必然是社会最主要的信息生产者、使用者和发布者，其所生产并管理的信息占社会信息总量的绝对主导地位，信息资源主要集中在政府手中。但政府信息资源管理过程中所存在的种种问题表明，政府并不是全能的，公共信息资源管理体系需要注入新的主体、新的视角。

1. 观念的误区：公共信息资源管理概念的狭窄化

社会结构按照公共利益与私人利益被无一例外地划分为公域和私域两部分，社会信息资源可由此分为公共信息资源和私人信息资源，二者的有效管理与协调发展共同促进了社会信息化水平的提高，最终实现信息的效用价值，促进信息共享直至影响经济的繁荣和社会的发展（如图 1-1 所示）。

综观大众传媒、政府文件、政府网站，公共信息、公共信息资

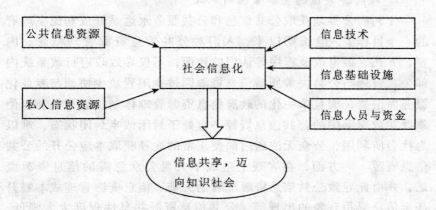

图 1-1　信息社会发展的逻辑结构图

源等概念并不是什么新名词,随着信息时代的来临,其出现的概率越来越高,仅在百度中搜索有关"公共信息资源"的网页就有8830篇。但无论是在西方国家还是在中国,人们习惯上均以政府信息资源统合公共信息资源,这不仅是一种传统观念,认为公共物品只能由政府来提供,而且也与全能控制型的政府管理职能有密切关系,其后果是部分公共信息资源处于政府信息资源管理与企业和社会信息资源管理的边缘化地带,信息垄断、信息寻租严重抑制了公共信息资源效用价值的充分发挥。

　　尽管人们已经认识到了信息资源在社会进步与经济发展中的关键地位,美国把公共信息资源视做国家重要的战略资源,欧洲则将包括政府信息在内的所有公共领域的信息资源作为当今社会最主要的还未开发的资产,同时也是阻碍信息社会"新经济"发展的基本因素,并进一步强调政府公共信息管理职能的发挥。但在实际运作过程中,信息资源管理的工具性价值表现得更为突出,人们往往把公共信息资源管理视为一项纯粹的、技术性很强的政府业务管理活动,把信息当成被动的管理要素和行政工具,仅侧重于技术的提升和推进,突出信息基础设施建设和信息系统的推广,而忽视了上述投入所围绕的中心是满足用户需求的信息资源的获取与利用,信息资源开发建设的原动力明显不足。

2. 政府公共信息资源管理的低效

便利而公平地获取公共信息和公共服务永远是开放和民主政府的一个目标①，但长期以来，人们对公共信息资源管理概念、内容、方式、渠道以及程序等认识的片面，不仅导致政府行政系统内部公共管理与公共决策所需信息资源因过剩闲置缺少协调与专业化服务而浪费，而且单一化的政府信息资源管理体制、运行机制也使掌握在政府手中的公共信息资源一直处于封闭或半封闭状态，难以为社会所利用，公众无法通过简便正常的途径获取本应公开的公共信息资源。一方面，在客观上造成了大量公众急需的信息资源匮乏，并由此导致公共信息资源配置的失衡、信息资源管理成本攀升甚至信息寻租现象的出现等，公共信息资源共享性程度大大降低；另一方面，"政府的行政机制本身并非不要成本，实际上有时它的成本大得惊人"。② 如火如荼的信息化浪潮也加大了政府信息资源管理的开支和机构人员的增加，单纯从资金及组织规模角度判断，政府已经成为当前各国信息市场的第一大客户。但是，"政府网站如果不能运用新的技术使政府信息和服务为所有公众所获取利用，就会带来新的社会排斥和直接获取政府服务的垄断"。③ 我国一些政府部门在硬件设施上不计成本的盲目投资与支撑电子政务的公共信息资源供给的严重匮乏已经成为鲜明对照。

在美国，电子政务的成功进一步提升了政府公共信息服务水平，政府官员的重要活动及演讲、政府工作的最新动态、与民众生活息息相关的公共服务信息、政府工作相关研究等，都能及时通过各类政府网站与公众见面，据调查，有 3/4 的电子政务用户表示电子政务使他们获取政府公共服务信息变得更为简易和便利。这也说明，控制和占有公共信息并不能推动政府组织目标的实现，公共信

---

① Anna Ya Ni, Alfred Tat-Kei Ho. *Challenges in e-government development: Lessons from two information kiosk projects.* Government Information Quaterly 22 (2005).

② R. 科斯等. 财产权利与制度变迁. 上海三联书店，上海人民出版社，1994.

③ Hoi-Yan Terry Ma, Panayiotis Zaphiris. *The Usability and Content Accessibility of the E-government in the UK.*

息资源的全社会共享是提升政府效能、促进社会发展的必然途径，但"从信息型电子政府到交互型电子政府的转变是巨大的，这种转变需要以政府和公众之间有效的信息交换为基础"。①

在我国，出于安全保密和部门小团体利益的需要，行政信息透明度不高，政府公共信息资源管理存在着严重缺陷，如"北京市政协 2005 年请市民挑选重点督办提案的活动，引来市民的热情参与。但有些出人意料的是，市民最希望加强政府网站的政务公开"。② 尽管 1999 年 40 多家国家部委共同倡议发起了"政府上网工程"，电子政务建设步伐大大加快，根据"2006 年中国政府网站绩效评估报告"，截至 2006 年 11 月，我国各级政府网站平均拥有率已达 85.6%，其中，国务院部门网站拥有率为 96.1%，省级政府网站拥有率达 96.9%，增长迅速。但从政府网站的实际运行来看，政府日常办公事务与网站相关服务结合比较紧密和非常紧密的政府网站比例为 13% 和 52.2%，结合不太紧密的政府网站比例为 27.2%，基本没有结合的政府网站比例为 4.3%。③ 许多政府网站基本上属于装饰性的现代"形象工程"，不仅政府系统内部站点之间信息资源共享程度低，信息失真、不对称现象严重，而且信息公开制度不够完善，面向公众的信息服务项目少，信息适用性不强，更新速度慢，"空超级链接"等成为当前政府网站的软肋，政府与社会之间双向互动式信息交流并没有取得实质性进展，公共信息资源的社会效益、经济效益难以充分发挥。

除上述问题外，政府公共信息资源管理的模式方法对整个社会信息资源的开发建设还具有直接放大效应，在制度提供、管理体制以及技术标准等方面牵制和影响社会其他部门信息资源开发建设的总体步伐，并对我国信息产业的发展以及社会信息化程度的提高有

---

① Hart-Teeter. *The New E-Government Equation*: *Ease*, *Engagement*, *Privacy* & *Protection*. www. excelgov. org.

② 袁祖君. 调查北京市民最关注加强政府网站政务公开. http: // www. chinabyte. com/net/319/1933319. shtml.

③ 2005 年中国互联网络信息资源数量调查报告. http: //news. sdinfo. net/72344566572777472.

促进和带动作用（见表1-1、表1-2）。因此，《信息产业"十五"计划纲要》中把我国信息资源开发利用滞后的主要原因归结为"信息资源开发和有偿使用的市场机制还未形成，信息知识产权缺乏保障；对信息资源开发利用的深度不够，整体认识不足；信息资源开发管理体制不健全；基础工作薄弱，信息服务业弱小"。同时，政府信息资源管理体制的变革需要以成熟的社会环境为依托，公共信息资源开发利用的社会化会推动和促进政府信息资源管理制度的健全与完善。

表1-1　　　　中国政府网站政务信息、公众服务建设情况①

服务项目	统计结果（%）		
	地方政府	中央政府	总体
电子民主	20.31	19.58	20.26
信息发布	63.67	72.5	63.35
联系信息	70.21	66.11	69.92
就业服务	23.58	11.67	22.53
市民办事	42.26	49.72	42.78

表1-2　　　　中国城市政府门户网站在线服务力情况

服务力指标	调查结果	服务力指标	调查结果
充实性	58%	个性化	31%
交互性	23%	透明化	25%
时效性	37%	电子政务实现度	42.7%

注：数据来源于2004年中国城市政府门户网站调查

3. 第三部门的崛起，公共信息资源管理不得不正视的话题

长期以来，政府公共信息资源管理的绝对性地位被默认为不可

① 胡广伟等. 电子政务调节公共信息非对称性的作用. 中国软科学，2003（10）.

移易的原则，因而，围绕信息化浪潮所展开的一系列组织管理变革均将重心放在政府，似乎只有政府才能够满足公众信息需求，履行公共信息资源管理的职责。然而，由于个人信息向公共信息的自然转化以及公共信息向个人信息的延伸，纯粹公域和私域的界限日渐模糊，"并不是所有的公共信息资源必然存在于社会公共领域"。①信息资源的公共性也只能是相对意义上的公共性，往往是针对特定对象和用途的公共信息资源，有些甚至是从个人信息资源转化而来，在管理的主体和运行方式上为其他组织和市场模式的介入打开了方便之门。

相对于政府而言，占社会绝大多数的公众由于个体的分散性和信息素质、观念认知差异，在公共信息资源的搜集、整理以及获取等方面，始终处于弱势地位，需要有掌握基层信息需求、能够灵活提供简单信息服务并对政府信息行为有一定监督能力的社会信息机构（主要是第三部门）来填补空白。从政治学的角度看，"现代政府与现代社会是互相依存、互为条件的。有一个拥有无限权利、包揽全部社会事务的全能政府，就不可能同时存在一个自主、发达的社会"。② 20 世纪 80 年代以来，伴随着"全球化的社团革命"，第三部门在世界范围内得到空前发展，国家与社会的权力格局也发生了变迁，新公共管理运动以及公共服务的民营化等都需要依托企业和第三部门的积极介入。同时，"公益物品和服务的提供与其生产相区分，开启了最大的可能性，来重新界定其公共服务经济中的经济职能。在服务提供方面，根据绩效标准可以维持公共控制，同时还允许在生产公共服务的机构之间发展越来越多的竞争"。③ 政府公共信息资源管理职能的履行并不等同于政府公共信息资源的垄断式管理，公共信息资源开发建设中大量的社会性、群众性、公益性

---

① Forest Woody Horton, *Public Access to Government Information and Information Literacy Training as Basic Human Rights*.

② 吴锦良. 政府改革与第三部门发展. 中国社会科学出版社，2001.

③ ［美］麦克尔·麦金尼斯，多中心体制与地方公共经济. 毛寿龙译. 上海三联书店，2000.

甚至是服务性职能事实上可以并已经由企业及非营利性组织承担，公共信息资源管理的社会化市场化条件已经具备。2000 年 7 月，八国集团在日本冲绳发起并成立的"数字机遇特别工作组"（Digital Opportunities Task Force，DOT Force）不仅由八国集团成员和一些发展中国家政府代表组成，而且还吸引了 11 个私人部门的代表、7 个国际组织和 8 个民间组织、非政府组织和非营利组织的代表参加，表明公共信息资源开发利用的政府界限已经突破，政府组织与非政府组织围绕信息资源各环节的广泛合作势在必行。

随着政府机构改革的不断深入和单位制的解体，我国原有的国有事业型单位或者成为非政府公共机构，或者成为企业或民办非企业单位，这三者都是构成中国第三部门的重要组成部分。在公共信息资源管理方面，第三部门所发挥的作用不容忽视，如中国科学院不仅有数量众多的研究机构信息中心，也有多个专门的数据资源中心，中科院科学数据库已经成为国内信息量最大、学科专业最广、服务层次最高、综合性最强的科技信息服务系统。早在 1999 年，我国 8 家著名的互联网网站宣布成立"中国 ICP 联合发展高层会议"，成为国内互联网第一个行业自律性组织，来自社会的第三部门把信息技术背景与社会资金管理等优势相结合，在公共信息资源的开发建设过程中发挥着越来越重要的作用。

尽管如此，与等待开发的庞大公共信息资源相比，由于管理体制、观念习惯乃至资金技术等因素的制约，特别是未能理顺政府信息资源管理与公共信息资源开发建设的关系，导致第三部门以及企业组织参与公共信息资源开发建设的外在条件与环境并未成熟，因而，作用领域十分有限，公共信息资源开发水平不高，也暴露出一些问题，甚至在个别地区出现了公共信息资源私有化的倾向，同时遇到了诸如技术标准、法律规范以及行业准入等障碍，公共信息资源短缺与闲置状态并存，第三部门和企业参与公共信息资源管理的广度、深度与公众信息需求不相适应。

4. 公共信息获取的非均衡趋势加剧

国外有学者研究发现，"信息获取的改进会使政府更加透明，但假如公众缺少参与政治过程的相关知识，他们将很快地被单纯的

海量信息所淹没"。① 与私人信息资源相比，公共信息资源具有天
然的共享性，只有最大范围地传播利用从而产生新的信息、知识和
生产力才能真正实现其效用价值。2003 年 9 月，联合国信息素质
专家会议发表的《布拉格宣言：走向信息素质社会》，明确提出信
息技术、信息资源和信息素质是现代信息社会的主要构成要素。然
而，与信息资源表现形式的多样化、数字信息资源的日趋丰富相比
较，因体制、机制原因以及信息素质差距等导致的公众信息获取能
力并没有较大改观。

　　一方面，公共信息资源的非均衡分布状态并没有改善，政府依
然占据着 80％以上的社会信息资源，能公开查询利用的比例依然
很低，政府与公众之间的信息不对称情况无法根除。另一方面，不
同国家间、地区间以及不同社会阶层间的信息获取、利用程度反差
较大，据 2006 年全球互联网统计信息跟踪报告显示，全世界网民
总数已达 1 076 203 987，而整个非洲大陆只有 32 765 700，北美却
达到 231 001 921，是非洲网民数的 7 倍，与互联网用户数量的非均
衡扩散相一致的是经济发展水平和公共信息资源获取利用能力的地
区差异（见图 1-2）。② 万维网联盟估计对于残疾人用户而言，超过
90％的网站是不可获取信息的，特别是电子政府网站，98％的电子
政府网站不能获取信息。③ 我国第 19 次互联网络发展状况报告表
明，在不同职业的网民数量分布中，学生、企事业单位工作人员成
为主流，占 70.8％，而农民只占 0.4％，在地区分布上，宁夏、青
海、西藏三省区的网民总数合计只有 95 万人，只是广东省网民数
的 5.19％，城乡之间东西部地区间的信息获取差距十分突出。

　　由信息获取和信息拥有导致的贫富差距即信息鸿沟问题已经
引起国际社会的高度关注，目前，对网上信息和服务的平等获取已

---

　　① Shenk ， David . Data Smog. *Surviving the Information Glut*. New York ： Har-
perCollins， 1997 .

　　② Internet World Stats. http：//www. Internetworldstats. com/stats. htm，2006-
09- 18.

　　③ Toasaki， Y. *e-Government from A User's Perspective. APEC Telecommunication
and Information Working Group*，Chinese Taipei. （2003）.

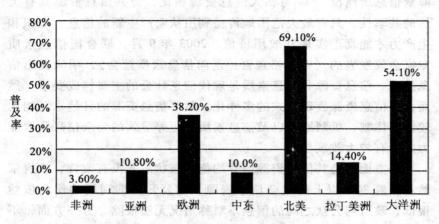

图 1-2　全球不同地区互联网用户普及比例的比较

（注：我国的互联网普及率只有 9.4%）

经成为当前社会公平的新的重要领域，2000 年 7 月在日本冲绳召开的八国峰会上通过的《全球信息社会冲绳宪章》指出，全球"数字鸿沟"的风险越来越大，已经成为严重的世界性问题。2003年 12 月在日内瓦召开的世界信息社会高峰论坛强调信息社会的根本目标在于提高个人、组织和社区的知识和信息获取能力，要加强信息资源开发与协作，促进信息资源共享，保障信息获取与表达的基本人权，并倡议发达国家每年以不少于 GDP 0.7% 的额度向不发达国家和地区提供信息和教育帮助。《2005 联合国全球电子政务准备情况报告》指出，发达国家与发展中国家之间存在着严重的信息获取分化，并提出建立一个为所有公民平等获取信息机会的包容性社会。

（二）理论意义

公共信息资源多元化管理视角的提出是信息时代给我们提出的课题，本书针对政府公共信息资源管理的越位与缺位，从多学科的不同角度对公共信息资源的概念、管理等进行综合界定，既有很强的现实性，也有一定的超前性，对于丰富信息资源管理理论具有重要的现实意义。

1. 实现公共信息资源管理理论的创新，为政府行政改革提供理论依据

公共信息资源是一个由众多单元化个体，涉及公共生活各个领域的多样化信息资源所构成的开放式信息空间。而以往的信息资源管理理论基本上遵循了企业信息资源管理、文献信息机构的信息资源管理和政府信息资源管理三条主线，三者之间各自独立，互不干扰，并未整合成统一的完整体系；同时，三者的归并不能在外延上完全覆盖公共信息资源管理的各个领域，大量的基层公共信息资源处于无人问津的荒芜状态。所以，从公共性角度出发，系统研究公共信息资源的空间结构及管理规律是十分必要的。

信息资源只有被开发利用才真正实现其价值，如果以动态的观点观察政府行为，就会发现，"信息在政府工具箱里是最柔软，最温和的工具"①，所谓政府行政过程实质上就是政府公共信息资源管理过程，既包括公共信息资源的生产开发和搜集整理与利用，也包括公共信息资源所涉及的人员、组织、设备、制度、资金等的全方位管理。其本质是一种贯穿政府行政各流程的思想，是一种基于消除部门分割、层级限制，实现政府信息资源效率最大化的系统整合思想，并借此引发出更大范围内整合公共信息资源、多方位协调各主体在公共信息资源管理过程中的关系以及宏观管理制度性问题等，从全新的视野观察政府行政过程中存在的种种问题，对于拓展行政管理理论，指导行政改革以及完善信息资源管理理论都是切实可行的。

2. 为第三部门公共信息资源管理提供理论依据和实践指导

公共信息资源来自社会也服务于社会，除政府作为公共利益的代表可自然获得公共信息资源的所有权及管理权外，各种信息咨询

---

① Evert Vedung, Rrans Van der Doelen, *The Sermon : Information Programs in the Public Policy Process : Choice , Effects , and Evaluation//* Carrots , Sticks and sermons. *Policy Instruments and Their Evaluation.* , New Brunswick , N. J. : Transaction Publishers, 1998.

公司、图书馆、信息中心等企业和形形色色的民间组织、行业协会、事业单位等第三部门作为社会的代表，出于自身利益的考虑会本能地关注和参与公共信息资源的开发建设，也同样拥有参与公共信息资源管理的权利，并在有些方面具有得天独厚的优势。因此，无论是美国的《公共信息资源改革法案》还是《欧洲委员会在信息社会公共部门信息的绿皮书》等都将第三部门与企业列为公共信息资源开发建设的重要参与者。在我国，第三部门和企业也积极投入到公共信息资源的开发建设中，并在科教文卫以及经济建设中发挥了不可或缺的重要作用。

事实证明，由第三部门和企业提供公共信息服务，公民无需了解组织背后复杂繁琐的程序与关系，快捷及时，贴近实际，其公共信息资源有效传递和共享的功能得以展现。但需要有成熟的理论和健全的制度来规范指导具体的公共信息资源管理实践，如政府如何在制度规范的框架下明确第三部门与企业公共信息资源管理的权利与运作程序，第三部门等如何把握公共信息资源开发建设的方法模式等的研究还处于不成熟阶段，特别是如何深化图书馆、科技信息机构、政府信息中心等国有信息机构改革、扶持和壮大信息咨询业、民间信息机构等实践问题还亟待解决。

3. 为加强政府公共信息资源管理能力，提高电子政务绩效提供方法

"网络不是电脑与电脑的联结，而是人与人联结"①，互联网络非集中化特性、自下而上的全天候信息流动模式向现有的政府公共信息资源管理模式提出了重大挑战，也需要政府相应调整公共信息的管理结构，强化面向公众的信息服务职能，建立与电子政务环境相适应的管理体制与流程。当然，公共信息资源管理观念的出现实际上是后工业化时期特别是高度信息化社会的产物，它不同于传统意义上的政府信息资源管理。在一定意义上，其参与主体的多元化也正在改变政府信息资源管理的某些职能与地位，有着自己特有的运行规律，并会对政府、企业以及第三部门等相关部门产生一系列

---

① 克拉克．//邹广文．信息社会人的 e 化生存．探索与争鸣，2003（2）.

影响，也需要摸索出一整套新的观念、制度、战略及管理方法。因此，理解公共信息资源管理的意义，明确各参与主体之间的关系以及活动的规则要求，以规范的管理体制、灵活的运行机制来开发公共信息资源无疑是需要高度关注与重点投入的研究领域。

4. 研究公共信息服务规律，探索切合实际的维护公民信息权利、促进社会信息公平的社会信息管理模式

公平总是与资源的稀缺相关，公共信息资源总量的稀缺以及由此而导致的信息垄断、供给利用不足等问题促使人们不得不重新思考政府信息资源管理与社会信息公平领域建构的关系，并将视野聚焦在社会本身，从公众自身信息意识提高、社会信息服务能力增强的角度探讨现代社会公共信息资源管理的新路，因为"社会信息化的水平取决于社会公众对公共信息需求的满足程度，这就要求我们必须加强公共信息资源的开发利用，满足社会公众对公共信息的需求"。① 同时，社会信息公平的诉求也集中反映了政府信息资源管理理念，并最终体现在政府所建立的一系列信息资源管理体制、制度、政策、措施等各个方面，而信息技术的应用尤其是电子政府的发展不仅为社会信息交流的开放互动提供了可能，而且在分散社会信息权利的同时使公共信息传播成本与传播效率达到最优，最终将所有用户整合在电子政府框架内，因而，健全基层信息服务体系、提高公共信息的社会自我管理水平、加强电子政务建设既是政府信息资源管理思想向公共信息资源管理思想转变的基础，也是扩大社会信息渠道、改善原有信息流通结构、促进公众参与直至构建社会信息公平的必然途径。

二、国内外公共信息资源管理相关研究述评

（一）国外公共信息资源管理实践述评

国外公共信息资源管理实践受 20 世纪 70 年代末西方国家公共

---

① 牛红亮. 关于公共信息资源管理的探讨. 情报理论与实践，2007（2）.

服务民营化思潮的影响，面对政府信息管理的低效、行政开支的激增，一些国家开始探索公共信息服务商业化的可行性，并通过一系列文件制度的形式加以明确。

1983 年，英国信息技术咨询小组（ITAP）在给政府提交的报告内建议，应把公布政府拥有的信息作为刺激英国信息产业发展的最重要一步，也就是要把政府拥有的部分可公开的信息以交易的方式提供给私营信息部门开发利用。同时，英国贸易和工业部提出的"可交易信息建议案"，鼓励政府信息部门发掘和实现自己所拥有数据的商业价值，并支持政府参与开发增值信息。

1990 年，美国图书馆和信息科学全国委员会（NCLIS）提交并获准通过的《美国的公共信息准则》提出了 8 条原则：（1）公众有权获取公共信息。（2）联邦政府应确保公共信息在任何形式下的完整性和良好的保存环境。（3）联邦政府应确保公共信息的传播、再生产和再分配。（4）联邦政府应保护使用或要求提供信息的人员的隐私权，也应保护那些在政府记录中有个人信息的人的隐私权。（5）联邦政府应确保获取公共信息来源的多样性，无论民间部门还是政府机构都应如此。（6）联邦政府不应允许随意乱收费，以免妨碍公众获取公共信息。（7）联邦政府应保证提供有关政府信息容易使用的方法或信息，对于各种形式的信息，都能以单一的索引查询。（8）无论信息利用者居住在何地及在何地工作，联邦政府都应保证他们通过全国信息网络和像出借政府出版物的图书馆那样的程序获取公共信息。同年，由 DTI 编辑出版的《政府拥有的可交易的信息：政府部门与私营部门信息交易指南》中明确，在信息市场中，对于那些已经形成了市场价格的公共信息，政府可按市场价格出售；对于那些尚未形成市场价格的信息，政府在最初提供给私营部门时可以只收取信息成本费。同时，信息交易之后的信息抽取与加工活动均由私营部门投资完成，政府部门不直接参与；对于可由私营部门提供的信息服务，政府部门不应在非商业化提供的基础上再提供类似服务。此外，联邦政府机构除留有一定的人员从事统计调查以外，将大部分的信息搜集工作委托给社会信息服务机构进行，并注重与私营企业的密切合作，有效保证了公共信息资源开发的资金投入。此外，1995 年修订后的《文书削减法》增加了对于机构信息传播活动的限制性要求，该法第 3506 条责成政府部门鼓励信息的公共来源和私有来源等多样性的来源形式，以保证公众能够及时公正地获取公共信息。

1999 年，欧盟委员会发表的《信息社会公共部门信息绿皮书》不仅说明了公共信息对于经济增长和促进就业的重要意义，阐述了电子政府与公共信息的基本关系，而且指出了公众以电子方式获取公共信息的途径，并提出了公共信息开发中的价格、竞争、版权及隐私等问题。

2003 年，瑞典政府就将其门户网站 www. SverigeDirekt. se（"直接联系"）外包给政府以外的第三部门组织——瑞典公共事务委员会管理、运营和维护。在美国，联邦政府机构除有一定的人员从事统计调查外，大部分的信息搜集委托给社会上的各类信息服务机构进行。据研究估计，美国大约有 60% 的乡村出售他们的数据。① 在欧洲，许多国家的政府专业职能部门与私营信息机构结成伙伴关系或者潜在伙伴关系共同开发地理信息、文化信息等。2000 年 9 月欧洲委员会发表的《欧洲公共信息的商业开发》报告就公共信息的商业化遇到的障碍以及应对策略提出了一系列建议，并对欧盟国家公共信息资源的经济价值进行了估算。由此可见，西方国家在公共信息资源的开发建设等方面早已打破了政府独家垄断的局面，私营部门（包括第三部门）在公共信息资源管理中发挥的作用越来越明显，政府公共信息资源管理的市场化已经成为公共信息资源管理的有效选择。

随着多元化参与程度的提高，各国政府采取了一系列相应的对策，如纷纷设立权威性协调机构、利用法规政策来调控、修改税收政策、引入竞争机制等，以强调政府与其他部门在公共信息资源开发建设中的共同参与。美国图书馆和信息科学全国委员会（NCLIS）提交的《公共信息资源改革法案 2001》中指出，"联邦

---

① Miller, Brian. *Profits in Government*. Government Technology, Vol. 2, No. 2, February 1994.

政府应寻求建立更为有效、更为节约的多种方式来生产、维持、保护、传播、档案保管和提供可以永久利用和获取的公共信息资源，并通过一系列手段包括加强公共部门与私营部门的合作来实现公共信息资源的整个生命周期管理"。

从公共信息资源类型角度判断，国外推行民营化的公共信息资源主要是具有潜在经济价值和较强社会需求的信息，如气象信息、空间地理信息、环境信息等，对于那些社会价值高于市场价值的公共信息资源，如科学信息则通过政府部门、图书馆、科研机构乃至出版界的开放存取活动加以解决。20世纪90年代以后，随着图书馆经费的下降和学术期刊价格的攀升，使"学术期刊危机"愈演愈烈，并对科学研究产生了不良影响。对此，方便同行评审利用的开放存取活动逐渐从一些学科领域扩展开来，并得到来自各界的支持。

（二）国外公共信息资源管理相关研究述评

通过Proquest数据库和Elsevier数据库，直接冠以"公共信息资源管理"方面的论文寥寥，大多数信息资源管理的文章或是针对政府或是针对企业。但相关主题的论文、制度文件对于公共信息资源管理研究具有一定的借鉴意义。从当前国外公共信息资源管理的相关实践及研究文献中发现，开发建设公共信息资源已经成为当今各国政府及学界的共识，研究的广度和深度也在不断加深拓宽，正如霍顿所言："每个国家的主要领导都应引导其政府部门将公共信息看做是公民所有的而不是政府所有的资源，并将这些信息的易获取和传播作为政府部门的首要职责而不是次要或第三重要的职责。"① 具体地讲，国外公共信息资源管理研究所关注的主要内容与领域是：

---

① Forest Woody Horton. *Public Access to Government Information and Information Literacy Training as Basic Human Rights*. http：//www. nclis. gov/libinter/infolitconf & meet/papers/horton-fullpaper pdf.

1. 公共信息资源概念的界定

廓清概念、范围与原则、目标是公共信息资源管理理论得以确立的前提。国外文献从不同视角对此进行了探讨。其中，按照美国图书馆学与情报学全国委员会从公共信息资源管理主体的角度，在2001年1月26日公布的权威报告《公共信息传播的综合评估》中的解释，公共信息是指联邦政府所创造的、搜集的以及管理的信息，公共信息的所有权是属于民众的，政府受民众的信赖而进行管理，民众可以获得除法律限制的其他任何信息；① 联合国教科文组织从版权利用角度的定义：公共信息是指公众不受版权限制或者不侵犯隐私权而可以获取的信息；② 欧盟委员会的界定更加简洁，所谓公共信息就是为所有公共部门生产、搜集的并用于公共利益的信息；③ 还有学者认为从总体上讲公共信息资源应该是为公众利用所产生的、属于全体公众的信息。但其标准和范围的建立应适应各国特殊的环境和政策而确定。④

许多文献概括了公共信息的作用，指出公共信息蕴含了可以创造新服务新经济的巨大机会和财富，可以促进经济社会发展，增加政府治理透明度、促成民主理想、为整个社会带来福祉、实现基本的教育与文化功能、有助于缩小数字鸿沟等。欧洲委员会甚至将公

---

① U. S. National Commission on Libraries and Information Science. *A Comprehensive Assessment of Public Information Dissemination.* http：//www. nclis. gov/govt/assess/assess. html.

② Elizabeth Longworth, *Policy Guidelines for the Development and Promotion of Governmental Public Domain Information.* http://infolac. ucol. mx/observatorio/public_domain. ppt.

③ Commission of the European. *Green Paper on Public Sector Information in the Information Society.* http：//cordis. europa. eu/econtent/publicsector/greenpaper. html.

④ Jerry Silverman. *Public Sector Bureaucrats Steeped in Secrecy are Unlikely to Become Advocates of Open Dissemination of Information on Their Own Initiative.* http：//www. dpmf. org/info-public-good-jerry. html.

共信息作为构成信息社会的关键性要素。①

2. 对公共信息资源开放存取的研究

除却政府部门外，由于社会公共信息资源主要分布在科学、教育、文化等领域，很多文献便从科学数据和公共信息的开放获取角度进行研究。其中，2002 年发布的《布达佩斯开放存取倡议》对开放存取的界定被各界广泛认可。② 有学者对开放存取的条件进行了探讨，指出互联网的普及是开放存取的前提，而电子出版或数字出版则是开放存取的必然条件。③ 许多文献分别从开放存取的适用对象、范围、实现途径、法律问题以及图书馆、学术界、出版界利用情况及存在主要问题的角度进行了探讨。④ 同时，国际社会也高度关注发达国家与发展中国家在公共信息获取上存在的主要差距及障碍，有学者指出 85% 的互联网用户大部分来自占世界人口 20% 的国家，可供利用的公共信息的不足以及信息获取能力的差异，加之数据库产品价格因素的影响，使发展中国家公共信息获取问题愈加突出。⑤

3. 对公共信息资源开发利用模式的研究

大量的文献研究主要集中在公共信息资源利用机制上。针对各国公共信息利用的实际，1995 年，美国学者 Fritz H. Grupe 撰文指出尽管政府部门宣称他们的数据是公共的，但公共信息尤其是政府信息的开放利用日益被信息技术所控制，电子数据系统在提高政府信息管理和工作效率的同时也为信息的公开利用制造了瓶颈，太多

---

① *European Commission Directorate General for the Information Society*, *Information market Unit. Exploiting the potential ofEurope's Public Sector Information.* http://eo. eurepe. eu/information-society/poticy/psi/docs/pdfs/brochare/psi_brochure-en. pdf

② *Budapest Open Access Initiative.* http: //www. soros. org/openaccess/view. cfm

③ Jan Velterop. *Open Access Publishing and Scholarly Societies*：*A Guide.* http://www. soros. org/openaccess/pdf/open_access_publishing_and _scholarly_societies. pdf.

④ 徐丽芳. 开放存取及其研究进展. 图书馆学研究进展. 武汉大学出版社，2007.

⑤ Clemente Forero-Pineda1. *Scientific Research*, *Information Flows*, *and the Impact of Database Protection on Developing Countries.*

的技术限制、条件和程序制约以及各种收费项目，使政府信息的商业化利用成为事实，公众获取公共信息越加困难。① 2004 年，美国国家学术出版社出版的《开放获取与公共领域的科学数字数据和信息》一书针对科技类公共信息的资助、出版、版权、开放利用以及发展中国家的开放存取问题进行了深入探讨，指出"由政府资助并生产的数据和信息、反映公共利益的科学知识作为全球的公共物品正在被两种趋势所左右，一方面，网络提供了颇有价值的新机遇来超越地理空间的限制，并在全球范围内允许基于研究探索的公共信息的开放存取。另一方面，公共数据和信息利用的私有化和商业化趋势给这些信息的开发利用带来了越来越多的限制。这种矛盾趋势破坏了传统的科技协作和共享风气，减少了公共领域范围和这类全球公共物品的开放存取"。

许多学者和机构高度关注公共信息服务的商业化利用，分别从公共信息服务的政府供给模式与市场供给模式的弊端、益处、法律问题等不同角度进行了阐述。有学者得出结论，认为政府信息活动、营利性领域的信息经济活动以及志愿组织的信息活动能够而且必须共存，这些信息活动应该是相互补充的，而不是竞争性的。②

公共信息再利用问题是公共信息资源管理研究的热点，2003 年 11 月欧盟《公共部门信息再利用指令》规定了公共信息再利用的原则、申请、格式、收费及目标范围等，对各成员国公共信息资源再利用实践具有指导性。世界经合组织 2006 年发表的《数字宽带内容：公共部门信息和内容》报告中进一步明确了公共信息再利用的商业开发途径。在公共信息资源商业开发面临的困难与障碍分析中，有学者指出：缺少再利用的文化氛围、缺少公共信息利用及再利用的相关指导信息、竞争问题、不同传统与不同规则、语言

---

① Fritz H. Grupe. *Research Commercializing public information*: *A critical issue for governmental IS professionals*. Information & Management 28 (1995).

② Peter N. Weiss, Peter Backlund. *International Information Policy in Conflict*: *Open and Unrestricted Access versus Government Commercialization*. Borders in Cyberspace. Kahin and Nesson, eds. , 1997.

问题以及缺少统一标准和元数据问题已经阻碍了欧洲各国公共信息资源的再利用效果。①

至于公共信息资源管理的未来发展趋势，芬兰学者 Erkkila 于2003 年提出公共信息的数字化和政府改革是今后公共信息管理的必然。②

4. 政府公共信息资源管理情况研究

在公共信息资源管理的指导思想上，与政府信息资源管理强调组织目标效率所不同的是，顾客导向原则占据首要地位。有学者通过案例研究的方法指出主动地致力于挖掘公共信息财富而非被动地接受顾客请求塑造了一种新的公共信息管理哲学，即从以往的内部需求转向以公众为中心的信息管理原则。③ 也有学者提出在公共信息资源管理过程中应坚持这样的信念：所有民众都有公平公正的机会去参与为了避免信息歧视以及仅包括技术精英在内的有限民众参与而新出现的虚拟民主中去。④

对于政府在公共信息资源商业化开发利用的职责，英国的Zakaria AbdHadi 和 Neil McBride 两位学者围绕三个政府信息贸易案例探讨了英国政府部门应该采取统一方法对公共信息商业化导致的信息贸易中的信息提供、信息成本与定价以及信息贸易活动策略等

---

① European Commission Directorate General Information Society, Information market Unit E4. Exploiting the potential of Europe's Public Sector Information.

② Erkkila. *The Role of the Public Sector in the Creation of Knowledge: a Examination of the Finnish Case*. http://www. valt. helsinki. fi/vol/eu/tdt/Presentations/PresentationErkkila. pdf.

③ D. Stamoulis, D. Gouscos, etal. *Revisiting Public Information Management for Effective E-government Services*. Information Management & Computer Security, 2001 (4).

④ SH. SUNARNO. (2001) *Globalization and Information Technology: Forging New Partnerships in Public Administration*. Asian Review of Public Administration, Vol. XIII, No. 2 (July-December 2001).

方面提供明确指导。①

电子政务环境下政府公共信息资源的获取利用也是国外公共信息资源管理研究的热点，围绕这一问题，很多学者从政府网站可获取性、可利用性以及政府信息获取渠道等角度进行研究。有学者通过对欧盟国家公众网上获取政府财经信息情况的调查指出：电子政务需要公共管理部门对面向其他公共机构、企业和公众的信息供给功能和信息服务模式进行再思考和改变，尽管数字传播具有种种优势，但很多国家的政府还没有把网络作为增进政府信息透明度和对公众负责任政府的主要手段。②

5. 对公共信息资源开发利用的法规制度研究

国外学者对公共信息资源法规制度的研究主要集中在信息自由法、版权、知识产权、商标权、隐私权等相关法律制度的实践应用问题上，焦点在于公共信息资源控制权与开发利用如何达到利益平衡。2004 年，Uhlir 提出，越来越多的政府信息通过因特网产生并利用，但许多这类信息在公共获取与利用中受到知识产权保护、国家秘密、个人隐私、商业秘密以及其他事项的限制。并建议实施国家信息自由法，发展并实施一个综合性的政府公共信息的政策框架，包括创造一个公共信息管理的框架，定义公共信息管理政策需求等。③

6. 对公共部门、私营部门信息管理效果的比较研究

美国学者 Mark A. Ward 和 Scott Mitchell 在《公共信息资源管理优先发展战略的比较》一文中通过对美国联邦政府和部分私营企业的首席信息官的调查研究，发现二者在环境因素、组织-环境关

---

① Zakaria Abd Hadi, Neil McBride. *The Commercialization of Public Sector Information within UK Government Departments*. International Journal of Public Sector Management, 2000, 13 (7).

② Carmen Caba Pe'reZ, Antonio M. Lo'pez Herna'ndez, T, Manuel Pedro Rodri'guez Boli'var. *Citizens' Access to On-line Governmental Financial Information: Practices in the European Union countries*. Government Information Quarterly 22 (2005).

③ Paul F. Uhlir. *Policy Guidelines for the Development and Promotion of Government Public Domain Information*. Paris: UNESCO, 2004 (12).

系因素、内部结构与流程等三方面的区别越来越微小，并论述了公共部门（政府）和私营部门在公共信息资源管理的优先发展战略方面各自所面临的挑战和环境因素的影响，指出公共部门如采用私营部门信息资源管理的实践经验，将变得更为有效。① 此外，一些学者从政治、公共财政、顾客以及环境影响因素等方面分别论述了公共领域信息资源管理与私人信息资源管理的区别。

7. 行业性公共信息资源管理研究

很多学者从行业利用的角度探索空间地理信息、气象信息、水文环境信息以及医疗保健信息等公共信息服务情况，分析商业化模式与政府公共供给模式的效果差异。有学者指出私营部门和公共部门经济压力的增加迫使他们不得不重新思考商业利用模式的可行性。②

需要关注的是，尽管公共信息资源多元化管理模式事实上已经存在，也有部分文章对个别专业领域如地理信息、气象环境信息、科技文化信息的不同获取利用模式进行了一定探讨，但尚缺少系统地梳理；同时，人们更习惯于关注公共信息资源管理的技术性问题或一般性的常规流程管理问题的研究，而对于体制以及组织背后深层次文化、利益、权利及社会互动机制等因素的影响还重视不够。

（三）我国公共信息资源管理实践与理论研究现状述评

我国公共信息资源管理的历史轨迹基本上与政府信息资源管理重叠，事实上，真正意义上的政府信息资源管理是随着政府信息化工程的建设而逐步推进的。1984 年，国务院批准国家计委成立信息管理办公室，负责推动国务院有关部委的信息系统建设。1986年，批准成立国家经济信息系统领导小组和国家信息中心，负责国

---

① Mark A. Ward, Scott Mitchell. *A comparison of the strategic priorities of public and private sector information resource management executives.* Government Information Quarterly. 2004（21）.

② Gerhard Muggenhuber. *Spatial Information for Sustainable Resource Management.* http://www. fig. net/pub/monthly_articles/September_2003/Gerhard_Muggenhuber_September_2003. pdf.

家经济信息系统的规划建设。1993 年，国务院成立了国家经济信息化联席会议，开始实施金桥、金关、金卡、金税等信息化重大工程。90 年代末期，由于网络信息技术的飞速发展和信息基础设施的不断完善，政府公共信息资源开发利用取得了可喜的成绩，截至 2007 年 1 月，以 gov. cn 为结尾注册的域名总数达到 28 575 个，占 "cn" 域名数的比例为 1.6%，各级政府网站平均拥有率已达 85.6%，绝大多数地级市都在网上设立了办事窗口，甚至一些乡镇一级政府也建有网站。

　　即便如此，我国公共信息资源的开发利用程度仍然十分低下，公共信息服务的基础性资源开发不足，信息资源的拥有者和需求者之间在信息的拥有和获取渠道等方面严重不对称，"信息孤岛"现象突出，公共信息资源因条块分割的管理体制难以共享。同时，公共数据资源是电子政务系统的 "血液"，由于人员和制度的欠缺，政府网站内容贫乏，原始信息多，深加工少，公共信息资源的增值开发薄弱，公众对政府网站的认可度远未达到预期水平。在体制上，不仅政府系统内部各自为政导致公共信息资源开发管理的多头建设，造成人员、资金等的浪费；而且政府对公共信息资源的独家占有，也抑制了社会力量参与公共信息资源开发建设的积极性。

　　理论研究始终与实践步伐紧密结合，笔者就 "公共信息资源" 这一主题，先后对中国期刊网全文数据库、中国优秀博硕士学位论文数据库、中国重要报纸全文数据库以及重庆维普科技期刊全文数据库、中经网等数据库进行了检索，查询并阅读了有关政府信息资源管理、公共信息服务、电子政务、政府网站建设、政务信息公开等论文 400 余篇，发现无论是从概念界定、管理框架的探讨还是具体的管理实践运作流程的分析，公共信息资源管理这个选题都是一个崭新的课题，对公共信息平台建设、公共信息管理流程与技术的关注较多，但涉及公共信息资源管理综合研究的文献并不多，有一定指导和借鉴意义的文献如下：

　　张欣毅在《触摸那只无形的巨手——基于公共信息资源及其认知机制的认识论》一文中提出广义的公共信息资源 "是在相对时空意义的公共的基本社会性文化利益、文化权利、文化义务认定基础上，旨在提供公共文本利用（认知）的社会信息资源集合及其相关社会机制"。认为社会信息资源的公共化从根本上改变了以往人们的认知机制和机构范式。蒋永福、牛红亮等分别撰文对公共信息资源的概念、属性、范围及政府指责等进行了探讨。

蒋永福在《国际社会关于公共信息开放获取的行动与认识》一文中论述了国际社会对政府信息、图书馆信息资源以及科技信息资源向社会开放获取的态度与措施。王振新等探讨了社会信息流通方式对政府公共信息资源管理的影响。阎慧在《电子政务》杂志上撰文对国外公共信息资源管理研究进展作了简要介绍。

周毅比较了传统政府公共信息服务与电子政府公共信息服务的差别，提出了包含商业化模式在内的电子政府公共信息服务基本框架。胡小明《政府信息资源的市场化服务》一文探讨了以市场手段开发利用政府信息资源的理由及优势。蒋永福《论公共信息资源管理——概念、配置效率及政府规制》一文在分析公共信息资源外部性共享性特征基础上着重探索了适度政府配置的内容，指出在实行政府信息资源开发利用市场化社会化策略的同时，还要防止公共信息资源的滥用。而《每周电脑报》上发表的《政府信息再利用缺乏商业模式》一文中认为在政府信息开发利用的产业链中，政府的优势在于做好数据搜集段的工作，确保数据的可靠、稳定，而数据信息的增值利用和开发则交由信息企业、中介机构来完成。

樊振佳的文章《政府在公共信息资源管理中的角色定位》明确政府在公共信息资源管理中应坚持公共性、绩效性、竞争性等原则，承担资源建设者、维护者、提供者、管理主体协调者等主要角色。朱正萱、祝松林在《提供公共信息服务：政府的主要职能》，朱正萱在《经济全球化时代政府的重要职责——组织公共信息物品的供给》以及杨红梅在《图书馆应成为社会公共信息中心》等文章中分别从政府、图书馆等不同角度探讨了公共信息的概念，开始区分政府信息资源与其的关系，当然，也有大量的有关政府信息公开的论文，注重从法学角度挖掘公共信息资源的性质特征，相比较而言，有关公共信息资源管理模式与管理体制的研究还处于起步阶段。

　　纵观国内外的情况，有关公共信息资源及其管理模式的研究还是一个新的研究领域。一方面，已有文章开始涉足公共信息资源管理研究，从概念探讨、属性分析、法规制度到不同运作模式的比较，内容较为丰富。另一方面，尽管人们在公共信息资源管理的社会化实践中已经迈出了尝试性的步伐，但关于公共信息资源的研究大多还停留在发现问题的阶段，诸如政府对公共信息资源供给的独占性问题、公共信息资源开发利用的有效机制问题等；而且往往零散分布在单个领域或局部研究之中，深入的理论研究和实证分析明显缺乏。尽管如此，有一点是显而易见的：人们逐渐认识到单纯以政府垄断的方式管理公共信息资源必然会造成政府机构的臃肿与赤字，同时也难以满足多样化的社会信息需求。因而，多元参与的管理体制对于加快信息资源开发建设步伐、促进公共信息资源在全社会的共享、提高社会信息化能力有着深远的理论和现实意义。

三、本书研究的对象及重点

　　联合国《十字路口上的电子政府》（*E-Government at the Cross-roads*）报告中指出，世界上大多数政府都有自己的网站，但可以接入互联网的人中，只有20%的人登录这些网站。面对席卷全球的信息化浪潮，单靠政府、企业等个别组织的力量来整合社会信息资源已经难以适应现代社会的发展，需要有全新的理念、系统的思想来重新审视公共信息资源，并在概念界定、性质特征、管理体制、运行机制、制度规范以及如何有效提供公共信息服务、实现公共信息资源管理的多元化参与等方面加强研究，以"盘活"庞大的公共信息资源，充分发挥其资源价值，而这也正是本书研究的初衷。

　　本书的研究对象是由"公共信息资源"和"多元化管理"的双重界定而确立的。众所周知，信息资源的概念十分复杂，广义的概念既包括信息内容，也包括信息机构、人员、设备和资金。为方便研究，本书采用了狭义的概念界定信息资源，即主要从信息内容角度进行分析；而公共信息资源主要指公共领域所产生、涉及和积累的信息资源，既包括存量信息资源也包括增量信息资源。同样，公共信息资源管理既指公共信息资源的生产与提供，也包含了对公共信息资源进行采集、加工、存储、传递、开发、利用及监控等一系列环节进行有效管理的过程（见图1-3）。而多元化管理则相对单纯的公共信息资源由政府生产、政府提供而言，意指市场模式、公益模式的运用。

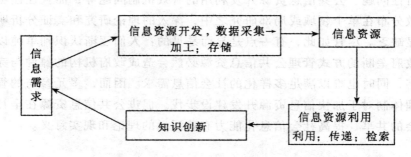

图 1-3　公共信息资源管理的生命周期

本书的研究重点是对公共信息资源开发利用的社会化运作和市场化运作问题的探讨。拟从概念界定的角度出发，将关注点放在公共信息资源的合理开发与全面共享上，力图通过经济学、行政学、社会学等不同视角对公共信息资源的特定管理属性进行分析，尤其是通过对基层公共信息资源管理的实际状况分析来追寻现代社会公共信息资源管理体制创新的不同层面及可行性，考察变迁的动因、新型体制的特点，政府与企业、第三部门公共信息资源开发利用的相互关系及运作绩效等现实问题。

第二章
公共信息资源管理思想的形成

信息在政府与公众之间畅通自由地流动是现代社会的基础，美国《文书削减法》早就指出："信息实践中的种种困境皆可归因于低效率的信息资源管理，为此必须强调对数据或信息内容本身的管理。"① 公共信息资源对公共事物和公共生活的重大影响决定了其在信息资源管理实践中的关键地位。从一定意义上讲，掌握了公共信息资源管理的脉络方法也就把握了整个信息资源管理活动的核心和实质。要全面理解和掌握公共信息资源管理的基本内涵，仅仅停留在信息管理学科领域还不够，必须跨越信息资源管理、公共管理、经济学、社会学等相关学科领域，从学科的交叉融合中找出其产生发展规律。为方便研究，有必要对书中所涉及的主要概念及理论内涵作深入分析。

一、政府信息资源管理研究述评

政府信息资源管理与公共信息资源管理既相区别又相联系，要

---

① 圣达 IT 咨询．http：//www. sound-net. com，2003-07-21/2004-05-30.

阐明公共信息资源及其相关概念，必须对政府信息资源管理有深入的了解和掌握，同时，分析政府信息资源的特点与内涵也是理解和把握公共信息资源的前提和基础。

（一）政府信息资源的内涵及分类

1. 政府信息资源的概念

要明确政府信息资源的概念，首先应理解政府的含义，狭义的政府仅指国家政权体系中依法享有行政权力的组织体系，而广义的政府则指行使立法、司法、行政等国家权力的全部组织体系。

所谓行政信息，也可称作政府信息，是社会信息范畴的重要组成部分，是对行政管理活动和管理对象的产生、发展、变化情况及行政管理活动与其他管理活动联系的反映，是反映整个行政管理过程的各种消息、情报、数据、指令、密码、符号、文字、语言等讯号的总称。信息制约着政府行政职能的实现。行政管理活动中的各种介质的文件、报表、档案等只是行政信息的载体。行政信息具有政治性、权威性、广泛性、共享性、综合性、时效性的特点。① 其工作流程包括信息的搜集、筛选与加工、传递、存储等，具有宏观性、权威性、政策性、广泛性、机密性等特点。

"政务信息"概念是我国行政管理工作者 1986 年首先提出的，1988 年在大连召开的第三次全国政务信息网络年会上将"政务信息"定义为一种专门、特殊的信息，是对政府工作运转情况和与政府系统活动相联系的具体其他情况的反映，为政府领导决策和指挥工作服务。

目前，世界各国对政府信息概念的界定还没有统一。

在美国，政府信息"是指由或为联邦政府而生产、搜集、处理、传播或处置的信息"。② 根据这一定义，政府信息资源可以分为两部分：其一是联邦政府自身在履行政府职能时所生产、搜集、处理、传播或处置的信息，这些信息主要表现为政府制度规范信

① 黄达强，刘怡昌主编．行政学．中国人民大学出版社，1995.
② 联邦政府管理与预算局 OMB Circular A-130，1996.

息、政府公共服务信息、政府机构信息、政务信息以及反馈信息等；其二是联邦政府在履行政府职能时需要政府系统之外的其他个人、组织、社团、社区等来生产、搜集、处理、传播或处置的信息。

在瑞典，政府信息被称作官方文件（official document），《出版自由法》第二章第3条将其定义为公共机关所持有的由公共机关所制定或由其从别处搜集到的任何能被阅读、收听或通过其他技术的方法获知其内容的文字、图片和音像资料。① 日本《信息公开法》第2条规定，行政文件是指行政机关的职员在职务活动中制作或获得的，供组织性使用的，由该行政机关拥有的文书、图画的机电磁性记录。②

在信息管理研究领域，政府信息资源是一个专指概念，包括了与行使国家权力的立法、司法和行政等过程相关的一切信息资源。而在政府行政管理实践和研究领域，人们普遍使用行政信息、政府信息或政务信息等通用概念来强调信息内容。我国学者认为，政府信息资源是一切产生于政府内部或者虽然产生于政府外部但却对政府各项业务活动有影响的信息的统称。③

既称作"资源"，就必须具有一定的丰裕度和凝聚度，政府信息资源必须是与政府活动相关的各种有用信息的集合，同时，并不是杂乱无章的数据堆积，而是一种可以进行有序化管理的资源，正如约翰·奈斯比特所言"失去控制和无组织的信息，在社会里不再构成为资源，相反，构成信息污染和成为信息工作者的敌人"。

以上都是从信息内容本身的狭义角度来理解政府信息资源概念的，从广义角度看，政府信息资源是指政府信息和它的生产者以及信息技术的集合，是政府所有活动所涉及的信息资源的集合，它包

---

① 冯军. 瑞典新闻出版自由与信息公开制度论要. 环球法律评论，2002 年秋季号.

② 周芒. 开放型政府的法律理念和实践——日本信息公开制度. 环球法律评论，2002 年秋季号.

③ 马费成. 信息资源开发与管理. 电子工业出版社，2004.

括信息内容资源以及搜集、处理、传输、发布、使用、储存信息内容的技术、设备、网络和人等资源。①

2. 政府信息资源的种类

政府信息资源的范围十分广泛，几乎覆盖了社会生活的各个方面，分类标准也五花八门，通过对政府信息资源种类划分的研究可以从不同侧面来认识和理解政府信息资源的基本内涵。（见图 2-1）

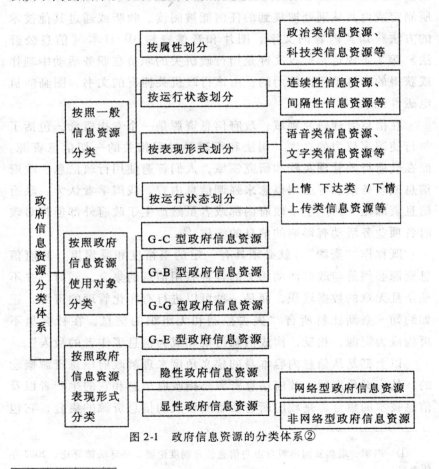

图 2-1　政府信息资源的分类体系②

---

① 高纯德．信息化与政府信息资源管理．中国计划出版社，2001．

② 朱晓峰，王忠军．政府信息资源基本理论研究．情报理论与实践，2005 (1)．

　　以政府信息内容的传播范围划分，可分为公开的政府信息、内部政府信息以及政府保密信息。

　　按信息源划分，可分为内源性信息（政府行政系统内部所产生的各类信息，如政策、法规、命令、制度、规则、计划以及请示报告等）和外源性信息（政府行政系统外产生的与政府行政有关或必须为政府所掌握的信息，如民间信息、环境信息、媒体信息、私人信息等）。

　　按照信息内容所涉及的行业划分，还可分为政治信息、军事信息、科技信息、经济信息、文化信息、教育信息等。

　　按照信息种类划分，还可分为政策法规信息、行业管理信息、统计信息、日常事务信息等。

　　按政府信息资源的运行状况划分，可分为连续性信息、间隔性信息、常规性信息和突发性信息。

　　按政府信息资源发挥功能的标准，可以分为政府决策信息（如法律、政策、规划、计划等指导性信息）、为社会服务的信息（如医疗、保险、教育、就业、环境、天气、市场、交通、旅游等提供各类公共服务的信息）、政府事务性信息（政府内部的办公信息以及不同政府部门间交换的信息，如政府公函、会议信息、总结报告、内部通报、记录数据等）。

　　按照政府行政系统的层级节制体系的不同功能划分，可分为战略级政府信息资源、管理及政府信息资源和事务级政府信息资源。其中，战略级政府信息资源指关系政府机构及其管理对象长远发展和全局的信息集合；管理及政府信息资源指涉及政府管理工作产生和所需信息的集合；事务级政府信息资源指政府部门日常运作产生和所需信息的集合。①

　　按照政府信息资源的作用对象划分，可细分为 G-C 型政府信息资源（政府与公民之间相互作用产生的信息集合）、G-B 型政府信息资源（政府与企业之间相互作用产生的信息集合）、G-G 型政

---

① 朱晓峰，王忠军．政府信息资源基本理论研究．情报理论与实践，2005（1）．

府信息资源（不同政府部门间相互作用产生的信息集合）。

按照政府信息资源的表现形式可划分为隐性政府信息资源和显性政府信息资源，显性政府信息资源还可以按照载体形式分为网络型政府信息资源和非网络型政府信息资源。

按照信息公开程度划分：包括可以完全对社会公开的信息、只在指定的系统或部门之间（含内部）共享的信息、限定在系统或部门的内联网上流通的信息以及只对某一或某些特定个体开放的信息。

不同的分类标准，会形成不同的政府信息资源体系，许多结果还可以根据需要再次进行细化。值得注意的是，任何划分方法都不是绝对的，而政府信息资源自身的复杂性也决定了不同类型的政府信息资源之间并不是截然分开的，有时会有一定的交叉重叠，甚至在一定时期还可以相互转化。本文从政府信息资源划分方法的复杂性中发现政府信息资源与公共信息资源在外延内涵上的区别并由此引申出后续的多元化管理问题研究。

（二）政府信息资源管理的范畴与特点

1. 政府信息资源管理的主要内容

国外有学者指出：在政府部门，信息处理既是直接生产信息的过程，也是面向公众提供必要服务的手段，信息资源是现代政府行使职能的基本资源。[①] 1985 年 12 月，美国联邦政府预算与管理局负责制定和发布的《联邦政府信息资源的管理，OMBA-130 号通告》从政府工作的角度定义 "信息资源管理是与政府信息相关联的计划、预算、组织、指导、培训和控制活动。该名词强调信息本身和有关的资源，如人员、设备、资金和技术"。2002 年，美国政府技术中心进一步界定了政府信息资源管理的五个基本要求：理解用户需求；了解合作伙伴的需求；考虑组织过去与现在所面临的信

---

① Marchand, D. Kresslein, J. C.. Information Resources Management and the Public Administrator. // J. Rabin, E. M. Jackowski Handbook of Information Resource Management. NY：Marcel Dekker, Inc.

息资源环境；预测未来的发展状况；确定一种清晰的管理方法。

可见，政府信息资源管理贯穿整个行政流程，包括政府信息的搜集、整理、存储、发布和服务的全过程，既反映了政府行政各要素的动态运行，也是管理政府信息资源的全过程，其业务内容包括信息网络、应用系统、信息的采集和发布以及相关的管理体制、程序、实施模式和项目管理。① 从管理的作用对象来看，政府信息资源管理的主要内容体现在以下几个方面：

（1）政府部门之间的信息资源管理：在上下级政府之间、不同政府部门之间以及政府内部各职能部门之间乃至政府机构与公务员之间的信息交流与传递。如对政策法规信息、事务性公务信息、公文信息以及公务员培训、职位晋升等信息资源的有序化管理。

（2）政府与企业间的信息资源管理：政府与企业之间相互作用所产生的信息资源的有序管理。如政府对企业管理服务过程中的信息公开、信息指导以及企业对政府的信息反馈、信息咨询等。

（3）面向公众的政府信息资源管理：政府向社会输出的公共信息服务以及社会向政府反馈的公共信息需求。如政府提供的医疗服务、就业服务、法律服务等以及公民向政府提交的申报个人所得税、财产税和办理身份证、毕业证、出生证明、结婚证等。

2. 政府信息资源管理的特点

与一般的信息资源管理有所不同的是，政府信息资源管理在对象、方法、手段等各方面都有自己的特点。

（1）管理目标的全方位性

政府自诞生之日起，"既包括执行由一切社会的性质产生的各种公共事务，又包括由政府同人民大众相对立而产生的各种特殊职能"。② 即作为公共管理机关的属性和作为组织统治工具的双重属性，其信息资源管理的目的也必然是围绕上述职能目标而展开，涵盖社会各个领域，体现在对整个社会信息资源的宏观管理和控制上。同时，其具体的管理目标又可分解为两个层次，一是政府信息

---

① 陈秀珍. 政府信息资源管理与开发利用. 学会月刊，2002（4）.

② 马克思. 资本论//马克思恩格斯全集：第 25 卷. 人民出版社，1979.

资源管理的基本目标，主要包括对社会信息资源的宏观调控与战略规划，实现信息资源的社会效用；二是政府信息资源管理的具体目标，指政府在职能履行过程中对相关信息的搜集、加工、存储等不同方面的业务性工作。当然，不同政府工作部门基于不同的出发点，其具体的信息资源管理目标也不尽相同，如政府综合办事机构的信息资源以为政府决策当好参谋为出发点，政府职能机构的信息资源管理则往往从提高办事效率，实现办公自动化角度考虑，而政府信息部门由于担负着政府信息传递与公开等责任，其主管的网站会把树立政府形象、提升政府信息影响力作为基本工作职责。

（2）管理效果的权威性

政府代表国家依法行使信息资源管理职能，它与其他社会组织的最大区别就在于因公共性而先天具有的权威性。这种权威性对社会具有普遍约束力，给政府信息资源管理带来了许多得天独厚的便利条件，既可以打破诸如地域、部门、行业乃至所有制结构的限制，无障碍地获取与政府工作相关的任何信息资源并对其进行有效整合，使之成为宝贵的国家资源；同时，政府权威也使政府信息资源管理行为带有一定强制力，具有广泛的社会动员能力，任何集团和个人的信息资源管理行为在作用的广度和深度上均无法与之相比。

（3）管理手段的多样性

相对于其他组织而言，政府既可以运用行政管理的手段采用层级节制的方法逐级管理政府信息资源，也可以运用宏观政策引导以及法律、技术、经济等多种手段组织和鼓励社会各类机构开发利用政府信息资源。当然，政府信息资源管理对象的复杂性也导致单一的管理手段很难对所有组织或个人奏效，需要有针对不同部门职能特点的灵活多样的信息资源管理方法来应对。

（4）管理内容的层次性

政府管理社会的职能决定了政府信息资源管理内容的异常丰富，不仅包括了政府内部行使职权时所产生的信息，也包括了国民经济和公众生活的方方面面，涉及的对象上至中央政府、下至普通公民，从国家大政方针到卫生保健、社区服务、市场信息等基层信息，凡是与公共利益相关的任何信息资源，都属政府管理的范围。

（5）管理标准的规范性

政府信息资源管理的目的是实现公共利益，满足公众需求。公共性特点决定了其信息资源管理波及范围广，适应面大，无论对技术的稳定性还是内容的连续性、影响的正面导向性等都有明确的政治要求和技术标准，其信息资源建设也必须要有统一的规划、健全的制度以及长远的工作考虑。

3. 电子政务与政府信息化

20世纪90年代以后，随着信息网络技术的飞速发展，政府网站的开发利用已经成为网络世界增长最快的活动之一，电子政务已经在世界各国得到广泛应用，美国公共管理协会（ASPA）与联合国公共经济与公共管理组织（UNDPEPA）将电子政务界定为"利用因特网和万维网向公众提供政府信息和服务"。国外的一些学者如Perri（2001）、Moon（2002）等认为电子政务是政府一系列基于信息技术应用的各种活动的集合体，既包括政府电子数据、电子信息的搜集、存储、加工组织以及检索传递等①，也包括面向公众、企业和政府自身的在线互动及其他电子服务的提供。可见，电子政务建设的重要内容就是政府信息的开发利用，即政府机构运用现代计算机、通信网络技术，将其内部和外部的管理以及公共服务职能通过对信息的整合、重组、优化以及传播在网络上完成，不仅跨越了时空地域和部门分割的限制，而且也为公众及政府系统自身提供了一体化的高效、优质、廉洁的管理与服务（见表2-1）。"这样，政府信息化的过程也就是政府以信息为根本资源来实现对社会及自身进行管理的过程。"② 从一定意义上讲这也是政府信息资源管理主导行政管理的开始。

---

① Perri. E-Governance. *Do Digital Aids make a Difference in Policy Making*? Designing E-Government. The Netherlands：Kluwer Law International. 2001（6）. Moon M. J. *The Evolution of E-Government Among Municipalities：Rhetoric or Reality*？. Public Administration Review，2002，4（62）.

② 教军章. 政府信息化对行政组织变革的6大影响. 中国行政管理，2003（3）.

在实际运行中，政府网站不仅仅被视做重要而可靠的公共信息源和客观权威源，而且也是推动政府组织流程及管理变革的重要推动力量。马尔香和克雷斯莱因认为，电子政务促使政府部门发生了如下显著的变化：

（1）许多政府（和商业）机构为了实施战略规划和操作，已用数据处理、办公自动化、通信技术等方面的集成管理取代了对这些技术的垂直管理和控制。

（2）由于各种组织机构变得越来越依赖于信息技术的内部利用，他们也更加关注信息技术规划在组织机构的战略规划中的整合应用。

（3）设计多功能办公自动化网络的需求对于数据处理、通信、办公室管理、文书管理等方面的跨领域利用提出了更多的要求。

（4）许多机构在信息技术方面增加的投资要求最高管理层更多地介入对信息技术利用的监督。①

表 2-1   各国以电子方式开放政府信息资源的目标

国家或地区	以电子方式开放政府信息资源的目标
加拿大	提供途径以单一视窗获取多项服务
香港	政府全部信息于 1997 年年底在互联网上提供 鼓励政府各个决策科及部门利用互联网的香港政府信息中心 公布其政策及计划，根据《公开资料手则》的规则，提供资料，就新政策措施，征询及收集公众意见；评述各项公法建议及提供有关政府服务的最新资料
英国	多数国民感兴趣的所有政府刊物，均备有免费的电子文本 政府所有绿皮书可透过电子方式进行咨询

---

① Marchand Donald A, Kresslein John C. *Information Resources Management and the Public Administrator*. In: Rabin Jack, Jackowski Edward M. Handbook of information resource management. New York: Marcel Dekker, Inc, 1988.

续表

国家或地区	以电子方式开放政府信息资源的目标
美国	所有联邦机构，国家及地方政府均应扩大可供公众取用的资料范围，并确保公众能轻易及公平地取用政府的信息

资料来源：香港立法局秘书处．海外的全民咨询基础建设政策，1997

　　站在信息管理角度判断，电子政务的实质就是政府信息资源管理的现代化，即以先进信息技术为依托的政府信息资源管理的电子化、网络化，因此，论及现代意义上的政府信息资源管理，就不可能脱离电子政务，电子政务的核心仍在于对政府信息资源的整合管理和开发利用。

二、公共信息资源管理的理念和基本内涵

　　公共信息资源概念的提出虽然很晚，但公共信息资源管理实践活动在人类历史的早期就已经出现。在经历了漫长的量的积累和形态的变化后，公共信息资源逐渐从与政府信息资源的重合中分化独立出来，并在现代社会，开始形成了独特的理念以及与之相适应的组织结构等渐趋完整的体系。

（一）公共信息资源问题的提出

　　信息的价值在于其流动性和共享性，众所周知，信息是人类生产、生活以及管理活动的基本元素，任何政府、社会组织及公民都需要一定的信息服务来提供基本的学习、工作乃至生活条件。同时，公共利益的存在，也促成了公共信息资源的形成，因为无论是中文解释还是英文解释，"公共"的原本意义都与多数人利益相关，有较多社会公众参与的事务领域，并强调群体的共同关系，即多数人共有或公用。著名行政学家埃莉诺·奥斯特洛姆教授将公共服务的提供与生产领域概括为一个产业，并将公共领域看做"是

基本属于公共物品范畴，因为：

（1）消费上的非排他性

任何消费者都可以免费消费公共信息资源，单个人对公共信息资源的利用不影响其他人的同样消费，只是个体对公共信息资源的利用取决于社会所能提供的公共信息资源总量，同时也意味着消费的无可选择性。另外，从消费角度分析，公共信息资源还具有公共消费性，表现在三个方面：其一，消费过程的公共性，"它表现为起码是两个以上的消费者同时使用或消费单位公共品"①，具有"集体消费"的非排他性质；其二，公共信息资源消费支付的公共性，公共信息资源的消费使用主要由政府财政支付，以免费或者低价有偿使用的方式提供给用户；其三，信息消费的普遍性，即服务种类方式的无可选择性。

（2）收益的非竞争性

一方面，公共信息资源一旦由既定的成本生产出来，增加消费者数量并不额外增加生产成本。另一方面，个人从公共信息资源利用中获得的收益并不排除他人从中受益，也不可能因为自己受益而阻止他人同时消费同一信息产品或服务，人人都有共享公共信息资源的权利。

（3）信息提供的不可分性

作为公共物品，公共信息资源的供给形式具有整体性，人们既不可能为某一个用户生产加工特定公共信息资源而阻止其他人从中受益，也不可能把它细化为若干部分分别供给不同用户，只有把整个信息集合呈现出来，其效用价值才得以实现。也就是说，公共信息资源的开发利用效用应为全体公众所共享，只能联合消费共同受益，而不应该被分割为若干部分，分别归属不同的人员和单位享用。②

从现实层面上看，具有完全非排他性和非竞争性的纯公共信息

---

① 任俊生．中国公用产品价格管理．经济管理出版社，2002.

② 刘强，吴江．政府信息资源分类共享方式的研究．中国行政管理，2004（10）．

资源十分有限，并不是所有的公共信息资源都同时具备上述条件，成为纯粹的公共信息资源，也不是所有的私人信息资源都同时不具备上述条件，成为纯粹的私人信息资源。

（1）公共池塘物品——非竞争性不完全的公共信息资源

有些信息资源只符合非排他性条件，而不符合非竞争性条件，会"随着消费者人数的增加而产生拥挤，从而会减少每个消费者从中可以获得的收益"。① 如公共图书馆的图书借阅活动，作为公共信息服务的重要手段，任何人都可以根据需要提出借阅要求，但具体的图书外借活动却是竞争性的，因为在资源、人员以及技术条件极为有限的情况下，一部分人图书外借需求的满足必须排除另外一些人对同一种图书的借阅要求。经济学上把这种服务或物品称做"公共池塘物品"（common-pool goods），就像公共池塘里的水一样，既然是公共的，谁都可以自由地去打水或灌溉，但打水或灌溉的消费却是竞争性的，换句话说，某个人的消费就意味着其他人将减少消费或使用。

（2）俱乐部物品——非排他性不完全的公共信息资源

还有一些信息资源，具有非排他性特点，在消费上也不具有竞争性，但这些特点每发展到一定阶段就会消失，出现排他性和竞争性问题，也即人们所说的俱乐部物品或局部公共物品。比如各高校毕业生网站上针对本校毕业生的就业信息，对于本校毕业生而言，是免费共享的，在其他高校毕业生搭便车点击利用出现拥挤效应之前，每增加一个毕业生利用的边际成本为零，但在周边各高校都纷纷点击借用后，每增加一个外校的信息利用者，就会给本校的毕业生就业带来负效应。对于这类公共信息资源，可以通过低成本收费或设置一定的限制门坎等方式实现排他性。

对此，国外有学者指出，"信息有时是公共物品，有时又不是公共物品，有时一部分是，而一部分又不是，这完全需要根据经验来判断。区分信息消费中的'非竞争性'和信息分发体系对于判

---

① 高培勇，崔军. 公共部门经济学. 中国人民大学出版社，2001.

断信息是否属于公共物品是有帮助的"。① 也就是说，在实际生活中大部分的公共信息资源都属拥挤型公共物品，存在着容量限度问题，在其限度以内，公共信息资源的使用和消费都是非竞争性的，增加一个用户的使用不会影响其他用户的消费效用。"但一旦消费主体数量超出'容量'界限，如公共汽车超过满员状态，该公共品就会出现'拥挤状态'，消费者获得的效用就开始减少。消费开始产生竞争性"。② 因此，公共信息资源带有不同程度的竞争性，大多属于非排他性不完全和非竞争性不完全的准公共信息资源，尽管准公共信息资源不完全具有私人物品的排他性和竞争性，但从整体上讲，还是偏重于公共性。

2. 准公共信息资源生产供给方式分析

准公共信息资源的非排他性不完全表现为可通过收费的方式排除一部分用户消费信息的可能性，如有线电视通过一定的技术手段以加收收视费的方式向付费用户播放专门编制的电视节目，图书馆通过办理图书借阅证可将信息需求并不急切的用户排除在外。至于准公共信息资源非竞争性的不完全则表现在弱竞争信息资源和强竞争信息资源的划分上。所谓的弱竞争信息资源是指那些边际成本相对较低，竞争性较弱，须借助一定有形介质提供的非商业化用途的准公共信息资源。如教育主管部门向高考考生出售的高考录取统计资料、地址勘测部门向社会提供的区域范围内的地质资料等。与此相对，强竞争信息资源指那些具有直接或间接商业价值的准公共信息资源。

从生产和消费的角度分析，作为公共物品，公共信息资源的供给形式具有整体性，人们既不可能为某一个用户生产加工公共信息资源而阻止其他人从中受益，也不可能把它分割成若干部分而分别供给不同的用户。由于收费的困难或收费成本太高，导致公共信息资源的开发生产者无法得到足够的生产回报和必要的价值补偿。没

---

① James Love. *Pricing Government Information*. Journal of Government Information. (1995) Vol. 22, No. 5.

② 任俊生. 中国公用产品价格管理. 经济管理出版社，2002.

有利益驱动，市场供给公共信息资源明显不足。

经济学家对于公共物品的收费问题一直没有达成共识，科斯在其《经济学上的灯塔》中指出灯塔的服务可以由私人提供，由私人筹资建造、管理和所有，政府可以对灯塔的建设者颁发许可证，授权他们向过往船只收费。但约翰·穆勒和萨缪尔森等大多数经济学家认为公共物品的边际成本为零，依靠市场机制，不可能解决灯塔收费困难问题，只能由政府来提供，通过税收弥补成本。这也是长期以来公共信息资源等同于政府信息资源并由政府提供和管理的基本理由。

事实上，"从原始材料到制成品的某个阶段上，每种公益物品都天然地具有私人渊源"。① 公共信息资源领域是一个复杂的混合体，既涉及公众，也涉及私人，其中的一部分公共信息资源因量的限制只能以付费的形式或按照一定的标准被定额定量的配给。资源的稀缺性改变了人们的信息需求方式和消费方式，并需要一定的管理体制与之相适应。

3. 公共信息资源的供求关系探讨

信息需求的变化决定了信息资源管理的职能、体制与行为变化，公共物品属性决定了公共信息资源应该主要由政府来提供，毕竟公共服务是国家统治的基础。"政治统治只有在它执行了它的这种社会职能时才能继续下去。"② 值得注意的是，人们的信息需求是多样的，公共信息管理职能也因此愈加复杂，现实表明单纯的市场或政府管理都不可能完全适应当今社会公共信息资源管理的复杂性与多样化，随之而来的就是免费供应所导致的对信息资源的浪费问题或有效供给不足问题。例如，提供市场信息，指导企业行为是政府的重要职能，但不同企业的信息需求是不同的，政府难以按照单个企业的要求提供订制信息服务；而若将部分政府信息服务职能委托给第三部门等社会组织，允许适当收取费用，实行有偿服务，

① ［美］迈克尔·麦金尼斯. 多中心体制与地方公共经济. 毛寿龙译. 上海三联书店，2000.

② 恩格斯. 反杜林论//马克思恩格斯选集：第三卷. 人民出版社，1972.

则可以解决个性化需求所导致的信息服务矛盾。

作为公共物品，公共信息资源的生产和消费都是统一的，无论用户是农民还是大学教授，无论是在偏远农村还是在经济科技发达的大都市，政府所能提供的公共信息资源，从形式到内容再到供给模式都没有什么大的区别，都是无差别的相同信息资源。这种特性对于整体而言固然达到了形式上的公平，但对于个体而言，要么会造成公共信息资源供给的不足，要么会造成供给的过剩，毕竟有些公共信息资源只对少数人有意义而对多数人没有价值，加之公共信息资源的公共性程度并不是纯粹的，单一的供给与多样化的公共信息需求导致以政府信息资源替代公共信息资源必然带来供给和管理的低效，并向公共信息资源概念的内涵本身提出了挑战。

（三）公共信息资源概念的一般理解

单纯从信息内容的角度看，公共信息资源与公共信息的意义基本重叠，称呼有公共部门信息、公共信息、共享信息、公共数据不一。

在现实层面，公共信息资源与政府信息资源之间的区别一直都不受重视，二者长期等同，如我国外经贸部将外经贸公共信息资源定义为："主要指外经贸行政信息，它是建立外经贸信息服务体系的重要基础。"也有人认为公共信息资源"是为社会公众服务的事业单位所拥有的信息资源，其中有很大一部分是属于政府管理的信息资源"。①

1990 年美国的《公共信息准则》将公共信息定义为联邦政府生产、编辑或维护的信息，并认为"公共信息是属于公众的信息，为公众信赖的政府所拥有，并在法律允许的范围内为公众所享用"。其后，《公共信息资源改革法案 2001》中把政府信息资源分为两部分，一部分是政府内部信息资源，另一部分是公共信息资源，并指出公共信息资源是为国民所拥有、被政府所掌握的战略性

---

① 王欣. 社会公共信息资源网络化建设的若干思考. 情报资料工作，2002 (7).

的国家财富；除法律禁止的，公共信息资源应为公众永久有效利用并应为所有美国人、国家、当地或部落政府、私人企业、学术组织以及其他的公共和私人组织和机构的利益而最大限度地开放。同时，"公共信息资源意味着政府信息资源，指那些主要为公共利用的目的所创建的信息主要为内部使用生产的但并不排除用于公共目的，因为它们被签署确定仅供官方使用的信息资源或者被签署确定为是为严格的行政目的或执行目的而不包含公共利益或教育价值的信息资源，被划分为属于国家安全类的信息资源，或者被诸如隐私法等其他法规所限制揭示的信息资源"。2001 年，美国图书馆学与情报学全国委员会公布的《公共信息传播的综合评估》报告中界定，公共信息指由联邦政府创造、搜集以及管理的信息，其所有权属于民众，政府受民众信任负责对其进行管理，民众可以获得除法律限制的其他任何信息。①

2001 年联合国教科文组织专家认为公共领域的信息，亦称共享信息，指那些可以自由获取的信息智力成果或是可以存储的媒介，这些媒介或成果不侵犯知识产权或破坏其他的公共权利或一些保密的法规等。举例说明，公共领域的信息包括：某些未署名的著作（只要这些信息没有侵犯任何著作持有人的利益）事实；公共图书馆目录；在公共档案馆和博物馆的寄存物、收藏品和目录等；不受知识产权限制或已过保护期的信息；由政府或国际组织生产的官方信息；为公共利益和公共目的而揭示的信息，作者、拥有者和保管人打算为公共利用而生产的信息；从早先的种类中挖掘的信息。为保险起见，尽管信息有可能是公共领域的，但我们也不能假定其不会触犯他人利益和不受控制的使用它。②

2004 年，联合国教科文组织通信与信息部信息社会分部主任

---

① U. S. National Commission on Library and Information Science. *A Comprehensive Assessment of Public Information Dissemination*. http：//www. nclis. gov/govt/assess/assess. html.

② Mr. Paul Uhlir. *Draft Policy Guidelines for the Development and Promotion of Public Domain Information*. http：//unesco. org/images/0012/001297/129725e. pdf

任 Elizabeth Longworth 在报告《发展和促进政府公共信息的政策指导方针》中，公共领域的信息也被称作"共享信息"，指公众不受版权限制或者不侵犯隐私权而可以获取的信息，分为两类：一、任何人可以不经过任何授权就可以被使用的相关权利的著作与客体；二、由政府或者国际组织产生而且提供资源的公共数据和办公信息。① 与之相似，也有学者认为，公共信息是可以公开存取的信息，其利用不会违反任何法律或触及任何保密义务。因而，公共信息涉及那些每个人都可以开发利用而无需授权的所有领域的信息。②

美国田纳西州政府在官方网站中把公共信息定义为："公共信息是在法律或法令以及与官方事务相联系下所搜集、组织和保管的信息，包括政府部门产生的为政府部门所生产以及政府部门所拥有的信息或有权获取的信息。"也有人定义为"公共信息意味着无论其形式和格式，任何机构提供给公众公开、传播和利用的信息。"③

2006 年，世界经济合作与发展组织报告中界定公共信息是"由公共部门制造和/或搜集的任何种类的信息，是该机构职责的一部分"。其特点是"动态的、持续的和直接的由公共部门生产，并和公共部门的职能相联系，在商业活动中易于利用"。④

我国学者对公共信息资源的认识还没有达成一致，主要有三种观点。

其一，认为公共信息就是政府信息，是"指行政主体（包括

---

① Elizabeth Longworth, *Policy Guidelines for the Development and Promotion of Governmental Public Domain Information*. [2005-1-5] http://infolac. ucol. mx/observatorio/public_domain. ppt.

② Koïchiro Matsuura. *UNESCO's Approach to Open-Access and Public-Domain Information*. http://books. nap. edu/openbook. php? record_id = 11030&page = 7.

③ *Recommendation Definition of Government Information*. http: //www. cio. gov/documents/ICGI/CGI-definition. doc.

④ Organization for Economic Co-operation and Development. Working *Party on the Information Economy Digital Broadband Content: Public sector Information and Content*. DSTI/ICCP/IE.

行政机关、法律法规授权委托的组织、来源于纳税人税款的政府财政拨款的社会团体、组织等公务法人、社会组织）在行使公共权力过程或者在该组织职责范围内获得的信息，不包括立法机关制定的法律、法院判决与行政机关制定的行政法规、规章"。① 也有人"把以政府为主体的一切负有公共事务管理职能的组织（包括行政机关，法律法规授权、委托的组织，来源于纳税人税款的政府财政拨款的社会团体、组织等公务事业法人和社会组织）在行政过程中产生、搜集、整理、传输、发布、使用、存储和清理的所有信息，称为公共信息"。②

其二，从广义角度理解，"所谓公共信息是一种特定的实用信息类型，它是指所有发生并应用于社会的公共领域，由公共事务管理机构依法进行管理，具有公共物品特性，并能为全体社会公众共同拥有和利用的信息"③，其中政府公务活动所产生的信息构成公共信息资源的主要部分。有学者进一步指出："公共信息就是与公众利益密切相关的信息和资讯。它的获得主要依靠国家权力机关等政府事业部门的帮助。公共信息的一大特点就是社会共享，这种特点主要表现为：一、公众获得这样的信息必须是免费的。二、提供这种公共信息必须通过一种人群易于接受的渠道"。④

其三，从公共信息资源的社会性角度提出公共信息管理包括公共事业信息管理和公共资源信息管理。其中，"公共事业信息管理研究的是社会公共服务事业部门的信息管理问题，包括社会医疗保险、社会劳动保障、社会保险、人力资源管理、行政管理服务等公共信息资源的开发利用与信息管理。公共资源信息管理主要研究的是社会公共信息资源管理问题，包括社会公共信息资源开发利用，如标准信息资源、专利信息资源、文献检索系统、信息搜索引擎等

---

① 周伟．当代中国公共信息公开制度及其法制化研究．政治学研究，2003（3）．

② 莫力科，王沛民．公共信息转变为国家战略资产的途径．科学学研究，2004（3）．

③ 谢俊贵．公共信息学．湖南师范大学出版社，2004．

④ 刘浦泉，周慧敏．公共信息何以成了"私财"？．今日财富，2007（1）．

应用系统的建立与维护"。① 台湾学者也认为公共资讯是维持每个国民基本水准的生活，并使之能在迅速变迁的社会中得到基本人性尊严保障的必需品，将其定义为"国民在现代社会中求生存时，在民生方面，诸如食、衣、住、行、育、乐、就业、医疗和各种生涯规划等，所必需的资讯"。②

尽管上述概念从不同角度道出了公共信息资源的基本含义和特点，但无论是以政府机构来限定还是以公共管理机构来设定公共信息资源，都在相当程度上缩小了公共信息资源的范围，模糊了政府信息资源、公共信息资源以及私人信息资源、社会信息资源之间的界限，进而造成管理上的混乱和主体权责义务的失衡。因而，重新界定并划分公共信息资源概念有着重要的现实指导意义。

客观地讲，公共信息资源实际指人类公共领域事物的运动状态和状态的变化方式以及公共领域外部与之相关联的事物的运动状态和方式，其基本内涵始终包括下列因素。

1. 公共信息资源与公共问题密切相关

所谓公共问题，是与那些"影响有限，只涉及一个或少数几个人的"私人问题相对的"影响广，包括对不直接相关的人有影响的问题"。③ 信息是对客观世界的反映，公共信息资源事实上反映的是社会公共问题，是涉及全体社会公众整体利益和需要的一系列活动及结果的信息，其基本内涵主要取决于社会公共产品和准公共产品的范畴。因而，在逻辑上，凡与公共利益密切相关，与公共政策制定、相应的制度安排及一切相关的政策执行和事务的信息均可纳入公共信息资源范畴。

2. 公共信息资源的内涵是一个历史演进的过程

"公共资讯的内容并不是一成不变的，随着社会变迁、基本生活水准的提升，甚至于社区、族群的发展，将有更易。"④ 早期的

---

① 信息管理应用概述. http://glxy. hfut. edu. cn/xxglx/jxnr/dzsg/8_ 1. htm.
② 公共资讯系统概说. http://www. sinica. edu. tw/cdp/article/origin16. htm.
③ ［美］詹姆斯·安德森. 公共决策. 唐亮译. 华夏出版社，1990.
④ 公共资讯系统概说. http://www. sinica. edu. tw/cdp/article/origin16. htm.

信息管理中，无论是集权制所导致的国家政治职能和社会控制职能的空前强大，还是社会自我发育的缓慢，政府信息资源与公共信息资源在内涵和外延上确实没有任何区别，但进入现代社会以后，一方面，社会事务日渐复杂，政府生产和掌握的信息资源并不能覆盖所有社会公共事务领域，公共事务与私人事务之间的界限开始模糊，即使是"私人领域当中同样包含着真正意义上的公共领域，因为它是由私人组成的公共领域"。① 另一方面，公民意识的觉醒，民主化浪潮的推进，以及新公共管理运动的兴起，信息技术的发展导致第三部门的空前活跃和人们获取、分析、交换以及处理信息的方式和效率发生了根本改变，为整个社会信息资源管理权力体系的平衡和公共信息资源的合理配置创造了组织条件和社会环境氛围，要求政府生产和拥有以及管理信息资源的策略也要进行相应调整，突出宏观指导和政策引导的政府信息资源与全面反映公共生活的公共信息资源在外延和内涵上的区别渐渐明显。

（3）公共信息资源问题的凸现与信息技术发展相辅相成

尼葛洛庞帝在《数字化生存》一书中针对信息社会数字化、网络化特点提出后信息时代区别于工业时代的特征在于分散权力、全球化、追求和谐、赋予权力等四个方面，也有人指出"21世纪人们的消费注意力将从物质需求转移到精神需求，网络提供了手段和途径"②，意味着信息技术的日新月异不仅导致信息产品的海量涌现，刺激信息消费，而且彻底改变了信息生产、加工、获取、利用在组织结构上的单一性控制，从各个环节给人们带来了多样化选择，公共信息资源的获取、加工、提供可以有更多的机构和单位组织。

（四）公共信息资源管理的特征

如前所述，有学者把公共信息资源管理界定为"以政府为核

---

① ［德］哈贝马斯. 公共领域的结构转型. 曹卫东等译. 学林出版社，1999.

② 江潜. 数字家园. 复旦大学出版社，2001.

心的公共主体为了有效利用公共信息资源，以信息技术为手段，对公共信息资源实施计划、预算、组织、指挥、控制、协调的一种管理活动"①。笔者认为，从信息终极价值实现的角度出发，现代意义的公共信息资源管理是以政府为核心的多元化社会行为主体及其网络化组织结构，为了最大限度地促进信息资源的全社会共享和信息资源效用价值的实现，维护社会公共利益，综合运用各种政治的、经济的、文化的、技术的管理方法和手段，在公共参与下实现对公共信息资源搜集、生产、加工、组织、存储、传播、利用等环节的综合管理。

在公共信息资源管理理论中，对其本质属性及特点的分析是其研究的出发点，通过性质分析，既区分了公共信息资源管理与政府信息资源管理的异同，也进一步明确了公共信息资源多元化管理研究的必要性和可行性。

1. 公共信息资源的本质属性

尽管考虑问题的视角和出发点不同，但可以看出，前面概念界定的共同点在于强调公共信息资源的公共性特征，"公共"是构成公共信息资源的最本质概念，并由此组成了公共信息资源管理的范畴体系。

（1）管理目标的公共性

"公共性"是一个与"私人性"相对立的概念，在职能范围上代表国家、政府以及各类公共组织活动的"公域"而不是个人及其企业市场活动的"私域"，在价值选择上代表多数人利益，具有参与的广泛性、诉求的普遍性特点。这种公共性特点已经从根本上决定了公共信息资源管理的目标，即代表公共利益，根据公众的信息需求提供公共信息服务，也就是说，无论是哪一类组织，只要能够准确、及时、高效地开发利用公共信息资源并为公众服务，就可以具有公共信息资源管理的资格。因为在信息资源无限丰富而边际成本趋向于零的情况下，追求信息权利的平等成为推动社会关系和社会生产力发展的动力性因素。

---

① 黄健荣等. 公共管理新论. 社会科学文献出版社，2005.

（2）管理主体的公共性

尽管在论及公共性时，不可避免地会与政府联系在一起，而且政府独特的地位决定了其拥有公共信息资源管理的绝对优势，毕竟绝大多数信息出自政府或与政府有密切关联，"寻找、接收与传播信息的权利使国家负有积极的义务，以保证获得信息，尤其是政府以所有方式储存的信息"。① 但这只能说明政府在公共信息资源管理过程中的主导地位，并不代表是唯一主体，公域的广泛性决定了公共信息资源管理的主体应该是以政府为核心的开放式体系。在这一体系中，第三部门（在我国以事业单位、行业协会等为代表）虽然没有像政府那样拥有先天的公共性权威，但它作为民众的代表和社会自我发育的产物，其本身所具有的非营利性、自主性、志愿性和公益性等特点促使其本能地关注公众生活和公共信息，对基层公共信息及其技术、组织等有自觉管理的需要。

从物质收益的角度讲，公共性谋取的是多数人的利益，对个体而言则意味着无利可图，但并不排斥企业组织等私营部门对公共领域的介入，只是"由于公共物品的私人提供量会普遍不足，政府必须插手提供公共物品"。② 在公共信息资源管理领域，"信息有时可能会作为一种'副产品'被提供出来，生产者虽然不能对信息收取费用，却可能会通过'免费'提供信息而在其他方面获益"。③ 尽管私营部门在公共信息资源开发建设以及公共信息服务过程中以不同方式参与并提供了产品和服务，如银行在办理金融业务的同时也会公布各类存款贷款利率，企业会主动利用企业网站介绍与产品推广有关的公共知识，但追逐利润最大化的本性决定了私营部门不可能自觉提供公共信息服务，也难以成为公共信息资源管理的主要依托对象，而只能是一定时期内公共信息资源管理的一种

① 周汉华主编. 外国政府信息公开制度比较. 中国法制出版社，2003.

② ［美］保罗·B. 萨缪尔森. 经济学（第12版）. 高鸿业，等，译. 中国发展出版社，1992.

③ 马费成，龙秋. 信息经济学（五）第五讲：信息商品和服务的公共物品理论. 情报理论与实践. 2002（5）.

策略运用。但不可否认，私人部门介入公共信息资源管理，无论是在满足需求还是提高公共信息资源管理绩效上都发挥了独特的作用。

（3）管理客体的公共性

顾名思义，公共信息资源管理的客体只能是公共信息资源而不是追求个体利益的私人信息资源。二者的区别在于，公共信息资源侧重于公众普遍性信息需求，与每一个社会成员都有着直接或间接的联系，具有普遍性、公开性、共享性以及公益性等特点。需要指出的是，除了政府部门产生以及与政府有关的大量信息资源外，许多来自于社会非营利性组织乃至企业的信息诸如报纸广播传播的时事新闻、社会调查以及重要发明创造等都属于公共信息资源。因为无论是纯粹的公共物品属性的信息资源（外交、国防信息等），还是准公共物品属性的信息资源（社会福利、科教文化等），其目的都是为了满足不同范围的公众信息需求，实现公共利益，具有明显的公共性特征。

（4）管理手段与评价标准的公共性

人们对信息资源的使用与消费取决于有关部门向社会提供的信息资源的数量与质量，与政府信息资源管理"以我为主"做法有所不同的是，公共信息资源管理的最终目的是实现信息资源的合理配置，使公共信息资源得到充分的利用和全面的共享，以满足公众信息需求，维护公共利益。顾客导向（customer-driven）、任务导向（mission-driven）、结果导向（results-oriented）不仅要求从事公共信息资源管理的相关组织和人员要了解公众信息需求的类型与要求，按需定制，而且还应在管理的手段与评价标准上一改以往政府独家评估检验的做法，便利的操作使用和良好的社会互动已经成为当前评价政府网站质量的重要标准。

显然，之所以采用公共信息资源管理而没有继续沿用政府信息资源管理就在于政府信息资源管理已经在相当程度上限定了其管理的目标、对象、价值取向并与官僚体制发生不可分割的内在联系，侧重于政府内部信息资源的管理和政府系统内部信息资源的循环流动，强调行政系统对信息流动过程的全程控制。而公共信息资源管理不仅摒弃了政府信息资源管理在体制、观念的束缚，拓宽了管理对象、内容，真实反映"公共性"本质，而且也表明公共信息资源在政府机构、第三部门以及企业的生命周期过程，遵循了信息流动规律和以人为本的管理思想。

2. 公共信息资源管理的基本属性

萨缪尔森说过，信息是一种与一般物品有着本质区别的商品。① 除公共性外，公共信息资源还具有其他属性与特征。

（1）公共信息资源管理的对象是社会公共信息资源

从语义角度理解，"公共的"（public）是与"私人的"（private）相对的概念，在整个信息资源体系中，公共信息资源管理所针对的只是社会公共信息资源，即一定时期与一定共同体成员共同利益相关的社会信息，体现为一定共同体成员普遍需求的所有信息，如公众事务、公共生活以及公共利益的状况及变化方式信息等。从概念限定中可以找出公共信息资源与政府信息资源的不同之处。

① 公共信息资源具有普遍的社会性，反映的是社会公共事务，与公众生活密切相关，其管理状况直接关系到每个人的切身利益。

② 公共信息资源代表社会公共利益，是社会的共同财富。1999 年欧盟委员会发表的公共信息资源绿皮书将公共信息资源定位为"关键资源"，而美国《公共信息资源改革法案2001》正式提出了"公共信息是国家战略资源"的观点。

③ 公共信息资源具有层次性，尽管涉及主题范围宽泛、数量规模巨大、用户种类分散，但从反映对象的时空角度可将其划分为社区公共信息资源、地方性公共信息资源、区域性公共信息资源以及国家或全球性等层次，不同层次的公共信息资源数量及开发利用的方式也各有不同。

④ 公共信息资源具有动态性，不同时期不同区域内的公共信息资源范围是不同的。同时，它与私人信息资源没有绝对的界限，

---

① ［美］保罗·B. 萨缪尔森. 经济学（第 16 版）. 萧琛，等，译. 华夏出版社，2002.

私人部门的一些信息内在地有符合公共信息标准的地方，例如上市公司的财务报告、市场交易信息等都属于公共信息。也就是说，私人信息资源也可在一定环境下成为公共信息资源的组成部分，其边界就在于是否触及公共利益，一旦私人信息资源影响到公共利益就应归属公共信息资源，如公众人物的私人信息在很多场合无法适用隐私权保护。同时，私人信息资源的总和构成公共信息资源，例如人口统计信息需要搜集获取全社会每个公民的私人信息。

公共信息资源的上述界定较之政府信息资源，带来了管理上的如下改变：一是在范围上的拓展，即产生在公共领域的信息并不一定归属政府管理，非政府的社会组织同样具有一定的公共信息资源管理职能。二是表明公共信息资源管理的成效在于公共信息资源效用价值的实现和公共利益的维护，而不仅仅停留在政府效率、目标的完成上，主张利用一切可用资源和力量来促进信息资源的全社会共享，从而摒弃了政府单方面管理公共信息资源的局限。三是尊重了公共信息资源自身的复杂性和层次性，也意味着在管理方法上应根据公共信息资源的类型特点有针对性地加以选择，而不是政府集中管理的一统天下。

（2）公共信息资源管理主体的广泛性

一直以来政府都是公共信息资源管理的主体，但"公共部门在管理信息资源时有自身独有的问题，公共部门管理者比私人部门管理者要处理更大的系统间相互依赖性、更多的繁文缛节、采购硬件时的不同标准以及更广泛的组织外连接"。[①] 政府信息资源管理能力的有限性决定了公共信息资源管理主体的多元化，不仅包括行政机关，而且包括立法、司法等国家机关和各种非政府的公共组织。同时，网络技术的发展使"用户变成了数字内容生产、营销

---

① ［美］尼古拉斯·亨利. 公共行政与公共事物（第 8 版）. 张昕，等，译. 中国人民大学出版社，2002：265.

和传播链条上的重要参与者"①，在一定程度上导致公共信息资源
管理权力的下放，原有的组织化公共信息资源管理模式逐渐向分散
化个体化方向转变，各类信息机构乃至个人均有望成为社会公共信
息服务的主体。

笔者认为，从信息流动的角度考察，任何组织活动无一不是信
息的生产、交流与传递活动，如把所有社会组织因此纳入公共信息
资源管理主体范畴，则过于宽泛，同时也难以摸索总结公共信息资
源管理有别于其他信息管理的规律，因而，主张仍将考察的对象限
定在所有专司信息资源的生产、加工、存储、传播与利用的专业性
信息管理机构。对于政府信息资源和企业信息资源的开发建设人们
不难理解，但由于第三部门概念界定的宽泛性，不同国家和地区对
其理解也是不同的，在我国，从事公共信息资源开发建设的第三部
门主要指：

● 为社会提供公共信息服务和准公共信息服务的民间非企业单
位和国家事业单位，如公共图书馆、档案馆、信息中心以及科技情
报机构等。

● 向组织成员提供互益性公共信息服务的社会团体和行业组
织，如各类行业协会、学会以及商会等都不同程度地负有整合行业
信息资源为协会成员参考决策服务的任务。

● 面向社会提供无偿公益信息服务的民间公益组织，如志愿者
组织和慈善机构等。

● 带有成本收费性质的民间社会组织，如各种社会、市场中介
组织和非营利民办信息咨询机构等。

● 区域性自我管理自我服务性社会组织，如分布在基层的各类
社会自治组织。

管理主体的多元化为促进公共信息资源的全社会共享，加速信
息的传播与利用提供了新的社会资源并为原有的政府理性化管理注

────────────

① Balkin, Jack M. *Digital Speech and Democratic Culture*: *A Theory of Freedom of Expression for the Information Society*, New York University Law Review, http: //ss-rn. com/abstract = 470842.

入了活力，开辟了政府以外的社会组织参与公共信息服务的新途径，既有利于弥补政府公共信息资源管理的不足，也加速了社会公共信息资源管理的自组织程度，形成了公共信息资源开放式管理格局，其体制意义在于：

① 公共信息资源管理权限的多中心。在承认政府公共信息资源管理主导作用基础上，根据公共信息资源涉及范围和利益关联性程度建立分权自治的、多中心的、上下协调的多元管理体制，广大的第三部门组织和企业单位在具体的基层公共信息资源开发建设方面可充分发挥作用。

② 更多的公共信息资源采用合作管理的方式。与公共信息资源的单一化政府提供相比，多元管理体制则在政府机构之间、政府与第三部门之间、第三部门与企业或政府与企业之间以及与公民之间形成互动合作的网络化组织结构。

③ 政府信息资源管理的功能发生了变化。实际上公共信息资源管理就是各种公共组织从各自擅长的不同领域和层面向公众提供公共信息服务和公共信息产品。作为公共信息资源管理的最高层次，政府的主要职责应定位于确保公共信息服务的顺利提供，既要加强公共信息资源开发利用的战略部署，建立高效灵活的公共信息资源管理体制，规范管理，维护公共信息的有效传播秩序，也要投资于基本的公共信息服务和信息基础设施，提高公众信息素质，消除信息鸿沟等。

③ 公共信息资源管理以追求公共利益实现信息资源的充分共享为宗旨

公共性属性决定了公共信息资源管理必须植根于社会，关注公众信息需求，促进信息共享，其本质在于公共利益的维护。与政府信息资源管理关注"包括信息成本、政府的行政效率、政府信息用户的权利、信息立法和信息政策、信息资源管理的组织和实施等问题"[1] 相比，公共信息资源管理必须以公共信息需求为导向，与社会成员有着广泛的直接或间接联系，具有社会性、公共性、共享

---

[1]　霍国庆，等. 信息资源管理思想的升华. 图书情报工作，2002 (4).

性和公益性等特点，其检验评估标准则是公共信息需求的满足程度，也就是我们通常所说的顾客满意度。公共性取向不仅诱发各类社会组织对公共信息资源管理的关注，而且也使政府信息资源管理行为从强调政府系统内部的利用向为公众服务的顾客导向转变。

④　公共信息资源管理过程的政府——社会互动性

公共信息资源管理更加强调社会对公共信息资源管理过程的全程参与和监督，且在具体的参与和监督方式上体现出政府与社会的互动呼应。

● 政府以"外包"的方式将公共信息资源开发建设的某项具体任务移交给企业运作。

● 政府直接授权其下属的公共部门如图书馆、档案馆、信息中心等面向公众完成公共领域的信息搜集加工和传播等任务。

● 政府鼓励和引导更多的社会组织实现公共信息资源的自我管理与服务，各类基层自治组织立足自身积极开展社区信息开发与服务。

● 政府放松了对公共信息的控制，通过系统内部的放权，加快电子政务步伐，加大信息公开力度，促进信息共享的同时，鼓励信息消费，提高公众信息意识和信息获取能力。

● 第三部门、企业和公众自觉关注和参与公共信息资源开发和建设，并借助合法的程序和途径反映公众信息需求、参与政府领导下的具体信息资源管理项目，推动政府信息资源的开放进程。

社会组织直接与政府信息资源管理行为发生互动关系，来自社会的第三部门、企业和公众扮演了不同的角色，如服务对象、顾客、被管制者、参与者、监督者等，逐渐影响和改变政府信息资源管理方式。

服务对象和顾客。公众和组织产生了一定信息需求，通过各种手段的协调沟通和聚合上升为公共信息需求传递给政府或其他公共组织。随着社会民主进程的加快和信息技术的普及，公共信息需求在数量和质量上还将会有较大的增长，并影响或决定公共信息资源管理方式的选择。

被管制者。由于信息内容的限制，并不是所有的公共信息资源都能够即时向社会公开，也不是所有的社会组织都有承担具体公共信息服务的资格，承担服务与接受政府管制往往是相辅相成的，在服务的资格、内容和形式等诸多方面社会组织都要听命于政府的安排。

参与者。社会的参与既赋予了公共信息资源管理内容的创新，也决定了公共信息服务的深度和广度，同时，也会提高政府信息资源管理的社会回应程度，事实上，相当多的政府信息资源管理项目都需要社会各界的踊跃参与，如国家基础数据库建设，没有了社会的支持，基础数据就难以采集建库。

监督者。对切身利益的自觉关注会促使社会时时监控公共信息资源管理过程，其监督范围广泛，大到国家公共信息资源开发战略、法规制度的拟定，小到具体公共信息资源管理主体、行为、结果、程序以及具体环节等都属于不同社会组织和群体关注的对象。当然，社会监督的充分落实在相当程度上促进了政府信息公开和电子政务的深入，这也是当前政府与社会信息资源管理互动结果的最高体现。

（5）公共信息资源管理集公共性与管理性的统一

公共性原则不仅决定了公共信息资源管理的对象、内容、主体、目标和检验标准、价值理念等，而且也需要借助现代管理的技巧和方法来实现其目标，因为"在任何地方，管理都是相同的，公共部门和私人部门之间由于专门知识很容易相互转换而非常相似"。① 在管理的技术层面，私人信息资源管理手段和市场运作机制不无借鉴作用，如具体的信息项目管理、目标管理、战略管理、质量管理以及人员、设备管理方法等对于提升政府信息资源管理效率、提高公共信息资源管理的顾客满意度起着积极推动作用。

（6）公共信息资源管理边界的模糊性

正如人们难以划分公共管理的外延，给出明确的对应产业、领域和部门一样，公共信息资源管理复杂性的表现是多方面的，既涉

---

① ［澳］欧文·E. 休斯. 公共管理导论. 彭和平，等，译. 中国人民大学出版社，2001.

及信息内容产业，也需要 IT 技术的发展，既需要信息管理、出版、知识产权等专业背景，也依靠经济、法律、社会、公共管理等学科知识的支撑。因此，难以建立一个专门机构统一管理公共信息资源，各国政府并没有对公共信息资源进行集中管理，而是把握公共信息资源生命周期不同阶段的变化，通过公共信息资源生产、搜集、处理、传播、利用、存储等环节相对应的不同政府部门、社会组织实施分类分级管理。但无论是电子政务，还是电子商务乃至电子社区，无论是政府网站建设，还是数字内容产业的发展，都会把公共信息资源的开发利用作为核心要素。

3. 公共信息资源管理产生的前提

① 公共领域范围的不断扩大。美国学者本（Stanley L. Benn）和高斯（Gevald. Gaus）从社会领域的构成要素入手，认为公域和私域都是由机构、利益和参与 3 个元素构成的。公共领域是一个动态发展的概念，从历史演进的角度看，早期的公域仅指国家的政治统治和简单的治安、税赋管理等维持社会基本运转的治理职能，政府信息资源与公共信息资源完全重叠。只是到了现代社会，公共信息资源的分布已不同于传统社会集权式的"累积—集中"模式，而是呈现出"弥散—相对集中—辐射"散布，在布局上就已经降低了政府对信息资源的绝对垄断，造成了社会信息资源和公共信息资源与政府信息资源分别从不同视野入手拓展信息资源的新格局。

② 现代信息技术的快速发展。计算机技术、网络通信技术等使海量的信息开始采取数字化方式以光速传输，信息流量的加大，信息传播的方便性、全球性和快速性，打破了区域和部门限制，加速了公共信息资源的社会化，使任何人在任何时间既可以在各种公共数据库、图书馆、专业论坛和愿意提供帮助的私人中间检索自己需要的信息，也可以向他们提供数据、发布信息或提出建议，人们获取信息资源的能力空前提高，网络空间为公共信息资源管理的出现提供了新的载体平台。

③ 社会自我发育的成熟。社会是独立于国家之外的自主领域，并与国家之间存在着一定程度分离、对抗、制约与平衡的关系。随着公民民主意识的增强，尤其是 20 世纪 80 年代在全世界兴起的结

社运动，不仅加快了经济的市场化进程，推动了行政改革的深入，而且也促进了社会文化的多元化与世俗化，第三部门得到了空前发展，公众自我服务、自我管理能力不断提高，为公共信息资源管理的形成奠定了思想基础、组织准备和参与的动力机制。

（五）公共信息资源的内在结构及管理层次

1. 公共信息资源的内在结构

"信息的结构限制了我们进行信息选择的范围，也限制了我们获取信息的数量。"① 公共事务的广泛性、普遍性决定了公共信息资源结构的纷繁复杂。

按照经济学公共物品理论，可将公共信息资源划分为纯公共信息和准公共信息。其中，纯公共信息是具有完全排他性和完全非竞争性的信息物品和服务的统称。此外，还要具有消费效用的不可分性和公益性特点，即公共信息面向全体社会成员提供，其效用为全体社会成员所共享，不能将其分割为若干部分分属不同部门和单位享用。例如国家通过各种载体向公众颁发的政策法规、银行的利率调整通告等。准公共信息资源是具有不完全排他性和不完全竞争性的信息物品和服务的统称，可以进一步细分为公共池塘型信息资源（公有私益信息资源）和俱乐部型信息资源（私有局部公共信息资源），例如高考成绩统计资料、企业名录、法人数据库等在公共性与私人性之间偏重于公共性，其区别仅在于竞争性的强弱以及收费手段的差异。

按照公共信息资源的所属部门划分，可以分为政府公共信息资源、社会公共信息资源以及企业公共信息资源。其中，政府公共信息资源是指政府部门在公共管理过程中所形成和拥有的信息资源。社会公共信息资源是指各类社会组织在自身事务管理和服务过程中形成的信息资源。企业公共信息资源则指企业在追求自身利益最大化过程中出于企业声誉、竞争以及产品策划需要等不同动机而产生

① ［英］布瓦索. 信息空间：组织、机构和文化中的学习框架. 王寅通，译. 上海译文出版社，2000.

的并向社会提供的符合公共利益的信息资源。

按照信息资源作用领域，可将公共信息资源划分为教育、卫生、科技、文化、体育、规划设计、环境保护、通信、交通、社会保障、公共基础设施和公用事业等不同领域的公共信息资源。其中，经济类信息——财政信息、有关企业信息、经济统计等，环境类信息——与水文地理有关的自然信息、土地利用信息、环境质量信息、地理和气象信息等，农业和渔业信息——有关农业收成信息、资源利用信息、水产信息等，社会信息——人口统计信息、行为举止信息、有关健康和疾病信息等，法律信息——有关司法审判、犯罪等法律调控范围内的信息等，科学信息——政府和大学资助下的研究机构产生的科学研究结果等，文化信息——存放于图书馆、档案馆、博物馆、艺术画廊的文献及各种物品等，政治信息——政府发布的出版物、建议和咨询报告等。①

按照信息种类，公共信息资源可以分为国家的政策法规、稳定的宏观经济环境（包括国内和国外）、经济基础设施（基础科学研究、市政基础设施和公共交通系统）、公共服务信息，也包括技术资源、专利信息和招商信息、企业数据等。②

根据现代知识产权制度，公共信息资源还可划分为以下几种：

（1）公共信息。主要包括政府信息、法律法规、国家机关的决议、决定、命令和其他具有立法、行政、司法性质的文件及其官方正式译文；历法、数表、通用表格和公式；媒体信息如报刊评论、读者专栏等；公众信息，如气象信息、灾情预报以及有关的公式、原则等。

（2）智力活动的规则和方法。

（3）社会公知技术与信息。③

---

① Johan Pas, Lic. Rechten. *The Commercialization of Government Information and the Proposal for a Directive* COM（2002）207 by the European Commission.

② 朱正萱．提供公共信息服务：政府的主要职能．江苏商论，2002（3）．

③ Association of Research Libraries. *Intellectual Property*：*An ARL Statement of Principles*. http：//www. ifla. org/documents/infopol/copyright/arlip. txt.

　　按照形成主体的区别，还可将公共信息资源分为政府自产的公共信息资源、政府获取的公共信息资源以及社会生产并占有的公共信息资源。其中，政府自产的公共信息资源是指政府公共管理活动所产生的信息资源，如政府机构信息、政务信息、政策法规信息等；政府获取的公共信息资源是指政府在其职责权限范围内通过有偿或无偿方式获取的供公众利用或公共服务的信息资源，如市场供求信息、预测信息以及国家基础数据的搜集整理等；社会生产并占有的公共信息资源是由非政府部门生产并为各类社会组织所拥有，为公共利益服务的信息资源，如各种民间慈善活动、社区服务活动以及企业经营活动所产生的信息资源等。

　　就宏观公共事务层次而言，可将公共信息资源分为国家公共信息资源、政府公共信息资源以及社会公共信息资源。其中，国家公共信息资源是有关国家国体、政体信息以及关于国家整体职能把握的宏观控制和重大影响信息，如国策、方针等；政府公共信息资源是与政府公务活动有关的信息资源，如政治选举信息、行政区划与国家礼仪等政治性信息、国家安全信息、对外关系信息、人事行政信息、财务行政信息以及政府机关管理信息；社会公共信息资源主要涉及与人们日常生活密切联系的社会公共事务信息，包括反映教育、科技、文化艺术、医药卫生、体育等公共事业和社会服务、社会公用事业以及维持社会秩序等方面的信息。（见图2-2）

　　2. 公共信息资源管理的内容体系

　　公共信息资源管理是分层次展开的一项复杂管理活动。从社会组织的微观层面看（操作层次），公共信息直接来自个体及社区等基层组织，往往与基层社会事务有密切关系，是公众敏感性信息，但并不都属于政府管理范围，毕竟政府与社会是有区别的，政府难以有足够的资金人力投向此类公共信息资源，需要发挥社会自身的力量，通过公共信息资源的自我管理机制满足公众需求。主要表现为基于基层公共事务的管理活动过程，由若干相关而有序的环节组成如公众的信息需求、对需求的分析、公众信息来源的综合分析、基层组织公共信息的采集和转换、公共信息的组织、检索以及对公共信息资源的开发和面向组织和公众的传播与利用等环节。

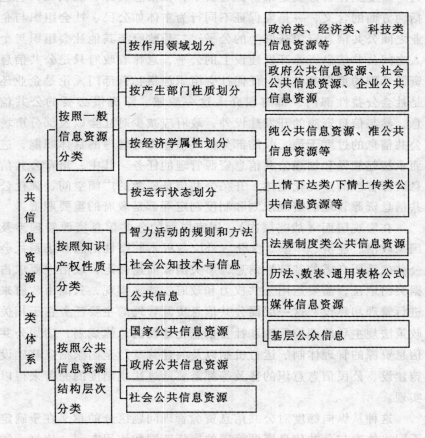

图 2-2　公共信息资源的分类体系

　　在社会组织体系的中观层面（管理层次），保证最低数量和基本质量的公共信息服务既是政府行政的前提，也是中观层面公共信息资源管理的重要组成部分。公共信息资源管理活动的主体，无论是担负执行任务的政府职能部门还是企业、第三部门等社会组织，其活动主要体现为一种以人为本的网络化交互式无缝隙管理，通过灵活的组织机制建立应对不同需求的公共信息系统，各系统之间协调合作实现系统的集成化管理，以实现公共信息资源的共享，满足公众个性化信息需求，提供高质量的公共信息服务。同时，政府的另一重要工作目标就是维护社会公平，在信息资源管理领域，它包括两方面的含义，一是要保证不同行为主体如公民、社会组织与企业之间公共信息资源获取上的公平；二是政府与其他社会组织与个人之间公共信息资源开发建设上的公平，意味着政府只是公共信息资源管理的重要参与者，任何社会组织包括私营部门无论是企业还是社会公益性部门，都有权介入这一领域。除提供必要的公共信息，参与信息资源的开发建设外，政府应减少对社会以及部分市场公共信息的过度干预，收缩部分公共信息资源管理的具体职能，进而承担起领导和加强公共信息资源管理的任务。其中，培育公共信息资源管理的多元化主体、开拓公共信息资源的广阔空间、强化公共信息资源管理的宏观规划和制度制定等都是政府的重要职责。

在宏观层面（战略层次），国家层面的公共信息资源管理涉及国家政治、经济、军事、文化、外交等根本制度性信息和维系社会公共生活所必需的基础性信息，事关国家前途命运，政治性要求占据突出地位，需要运用公共权力和政府权威来实现，只能由政府来进行管理和建设。这一层面公共信息资源管理的主要任务在于相关政策法规主导的调控管理和社会信息化建设的总体规划，诸如公共信息资源的管理体制、运行机制以及共建共享乃至国家信息基础设施建设、公民信息意识的普及等都需要通过法规制度的完善来得以实现。

这种从纵向纬度对公共信息资源管理问题区分的意义在于确定不同主体参与公共信息资源管理的责任范围和作用空间，使每一类公共信息资源管理问题都对应于相应层次的管理主体。与此相对应的，是从公共信息资源的横向性质纬度考察。

（1）对于像法律法令规范类和外交国防等纯公共物品属性的管制性公共信息资源必须由有权实施强制的政府加以管理。

（2）对于促进经济发展、增进公共福利和基础数据库建设等基础性公共信息资源管理主要凭借高绩效的制度安排和公共权威机构解决。

（3）对于社会保障、医疗服务、交通运输等直接面向公众的服务性公共信息资源管理问题以信息需求是否得到满足为目标，通过政府、第三部门以及企业在内的多元化体制解决。

（4）对于生态环境、人口、能源、科教文化等保障性公共信息资源必须明确各参与主体的权力职责并发挥积极作用。

可见，不同性质的公共信息资源之间具有潜在的关联性，因而，不同层次和性质的多元主体之间相互合作有参与监督的动力和激励。

通过以上分析可以推论公共信息资源管理是围绕公共信息资源的供给与需求而展开的信息搜集、加工、存储以及发布、服务和沟通等活动的统称，具有政治性、层次性、广泛性、公共性、整合性、技术性以及服务性、知识性和互动性等特点，其具体内容如下：

公共信息资源的开发与收集；

公共信息资源的整理与加工；

公共信息资源的存储与检索；

公共信息资源的服务与利用；

公共信息资源的传播与反馈；

公共信息资源的分析与研究；

公共信息资源的综合管理。

同时，从组织系统的角度观察，还可以划分为公共信息资源的内部管理和外部管理，内部管理侧重于局部的、微观的、组织系统内部公共信息资源的整合，而外部管理则偏重于总体的、宏观的、与社会的信息交流与监管。

（1）公共信息资源的内部管理

组织内部公共信息资源管理活动，涉及信息资源的搜集、加工、组织和存储等，其着眼点在于对生产性环节进行公共信息资源的质量管理，如广泛动员各方面力量组织公共信息的采集、进行专题数据库开发以及信息检索揭示，为以后公共信息服务的拓展和公共信息资源管理工作的有序进行奠定基础。尽管内部管理是参与公共信息资源管理的各类组织系统内部的职能业务，围绕具体的组织目标有针对性地展开，其管理主体应是组织系统本身，但也不排斥其他主体有条件地参与，如居民、民间组织以及企事业单位对公共信息采集的主动参与，以及在公共信息资源的加工分类和整理等技术性环节，各类科研教育机构和公司以合作开发或契约委托等形式的有限介入。

（2）公共信息资源的外部管理

一方面指组织面向社会进行的公共信息资源的宣传、交流、传递、增值服务与信息反馈等活动，目的在于信息的发布、指引以及互动反馈；另一方面也指社会对组织公共信息资源管理活动的监管和评估，主要是从经营性的角度管理公共信息资源。如果说内部管理强调的只是公共信息资源内容本身管理的话，那么，外部管理则涉及用户、信息基础设施、信息环境以及资金、文化等管理的各要素，互动性、回应性以及社会性要求使得公共信息资源的外部管理更加注重社会各种资源的充分利用，与社会保持紧密合作是顺利完成这一阶段管理目标的必然要求。

3. 公共信息资源管理的运作框架

公共信息资源管理是一项复杂的系统工程，包括管理结构、管理规划、管理融资、方案评估以及管理执行和质量监控等 6 个环节。

（1）公共信息资源管理结构。根据政府公共信息资源管理体制、文化传统以及不同时期公共信息资源开发建设的不同侧重点，各国都会根据自己信息化发展水平、信息资源管理的任务等确定其公共信息资源管理的基本工作结构和运行机制。一般来讲，公共信息资源管理结构主要由统筹信息资源开发建设的战略规划、分领域实施、具体部门落实、相关人员的职责履行以及公众信息需求的回应性处理等 5 个层面构成，其中，信息资源战略规划的制定是公共信息资源管理的关键环节，属宏观管理层面，须根据一定地区经济文化发展的实际，尤其是信息化建设的不同阶段客观科学地制定本区域内公共信息资源管理的总体目标、发展策略、原则等方向性框架。处于第二层面的按领域推进涉及政府职能部门公共信息资源管理职责的行业化推进，如教育部门对教育信息资源的开发建设、卫生部门对公共卫生信息资源的开发建设、交通部门对交通信息资源的开发建设等，均须在国家或本区域内信息资源管理的总体规划下，具体部署本领域内公共信息资源管理的具体目标、标准、要求等。第三层面的部门落实也就是公共信息资源管理职责的实际履行，如政府信息部门、图书馆、信息中心、咨询服务机构等直接承担了公共信息资源开发建设任务。第四层面是指公共信息资源管理人员根据各自的岗位职责从事职业化信息资源管理。第五层面指相关部门和人员根据公共个性化信息需求提供互动式信息服务。

（2）公共信息资源管理规划。对公共数据的搜集、获取到处理、存储、传输及利用进行全面规划需要有一整套公共信息资源开发建设的理论方法、标准规范、软件工具及其实例实证所构成，如对公共信息资源管理目标的说明、管理方法的选择、管理执行落实情况以及管理效率的评估等。在实践中既可以通过渐进的过程制定也可以通过逻辑推理综合分析的方式确定。

（3）公共信息资源管理融资。即公共信息资源管理的资金来源，如税收、有偿服务收费、借贷、捐赠、许可经营等。不同的融资渠道意味着公共信息资源开发建设的不同模式，目前，越来越多的国家倾向于多元化并重的模式管理公共信息资源，如委托图书馆、信息中心等第三部门与私营企业合作等形式吸纳各种可供利用的资源全面开发建设公共信息资源。为平衡各方利益关系，国家或地区会制定一系列激励扶持政策，并推行一些限制性条款保证公众利益不受损害。简要地讲，公共信息资源管理预算分为一般性支出和硬件建设支出两部分，其中，一般性支出主要指日常公共信息资源管理活动的经常性开支，如信息存储、加工等处理费用，可通过专门项目管理的方法列支；硬件建设支出则指公共信息资源开发建设所必需的硬件设备的购置，如计算机设备、大型管理信息系统的采购等。

（4）公共信息资源管理方案的评估。公共信息资源不同于一般公共物品的特定体验型产品属性决定其方案评估标准的复杂多样，首先是效率评估，即公共信息资源管理的基本目标是否实现；其次是效益评估，既包括公共信息资源效用价值实现促进社会发展情况，其基本检验形式就是信息共享程度，也包括如何以最低的成本提供高质量的信息产品。事实上，公共性本质使得公共信息资源开发建设必须以社会效益为重。再次，公平性评估，即公共信息资源开发建设以及获取利用过程的平等待遇，也就是公民、企业和各类组织信息权益保障问题，特别需要指出的是，不同阶段、不同时期衡量公共信息资源开发利用的平等标准并不是绝对的，如对社会弱势群体信息获取利用的特别扶持在相当意义上体现了对公民信息权利的尊重，也是社会文明程度和信息化发展程度的重要标志。

（5）公共信息资源管理任务的实施。由于管理范围和对象过于宽泛，公共信息资源管理往往是以局部或者具体领域的形式出现，如政府文件管理、社区信息资源管理等，从宏观角度归纳总结尚显不足。国外学者在比较公共与私营信息管理部门战略优先选择的基础上认为，影响公共信息资源管理实施的三个关键要素是：环境因素（复杂的受众群、组织间合作、隐私保护、预算控制、信息技术设备采购决定）、公共组织与环境关系因素和内部结构问题（如缺乏创新、员工雇佣困难、高级执行官素质过低、组织知识控制等）。①

（6）公共信息资源管理质量的监控。从政治学角度分析，公共信息资源管理也是对信息利益调整、运转、循环过程的管理，公共性本质注定其质量监控的主要手段应从制度体系建设入手如制定政府信息公开法、明确公众信息权益等对参与公共信息资源开发建设和服务的不同主体公共信息服务的公平性、有效性等进行监督。

（六）公共信息资源管理与政府信息资源管理的概念比较

1. 公共信息资源管理与政府信息资源管理的区别

目前，国内外学术界对公共信息资源管理和政府信息资源管理的异同并没有形成一致的观点，笔者认为，公共信息资源管理不同于政府信息资源管理。

（1）并不是所有的公共信息资源都属于政府管辖范围。公共

---

① Mark A. Ward, Scott Mitchell. A Comparision of the Strategic Priorities of Public and Private Sector Information Resource Management Executives. *Government Information Quarterly*. 2004，21.

信息资源是一个十分宽泛的概念，它是指一切公共领域所产生的直接和间接信息资源的总称。在现代社会，政府的职能范围与社会的职能范围虽有一定重合，但并不完全重叠，公共信息资源的分布也不同于以往"累积—集中"模式，而是空前繁杂，呈现出"弥散—相对集中—辐射"模式，从客观上表明政府对公共信息资源的绝对垄断已经成为历史，相对分工的多元化信息资源管理模式必然成为新的选择，这是由公共信息资源本身包罗万象的广泛覆盖面及社会的自我发育水平和政府自身能力的有限性所决定的。从经济学角度分析，尽管公共信息资源属于公共物品范畴，但现实世界中纯粹公共物品属性的信息并不多（如外交国防以及国家的各种制度规范型信息），甚至同一信息在不同的环境条件下会具有不同层次的公共物品、准公共物品以及私人物品属性，大多数信息属于准公共物品范畴，不可能同时具备非竞争性和非排他性特征，市场机制等有其介入的合理性，即在确定政府承担公共信息资源管理主导责任的前提下，引入市场激励机制，有助于政府公共信息资源管理有效性的提高。

（2）并不是所有的政府信息资源管理都属于公共信息资源管理范畴。政府虽然是公共利益的代表，但政府利益总是现实存在的，因而政府行为的双重性（公共性、自利性）难以避免，也必然会导致政府信息资源管理的复杂性。从管理内容的角度可以将政府信息资源管理分为两部分，一是为履行公共管理职能而对社会公共信息资源的有效管理，二是为履行职能而对产生于政府内部的行政事务性信息资源所进行的管理。除公务活动外，政府机关及公务人员的其他活动所形成的信息则不属于公共信息资源范畴，如政府工作人员的个人信息、隐含的地方和部门利益信息以及涉及具体政府机构利益的信息等，所围绕的只是个人利益、机关利益和部门利益等自身特殊利益，已经远远偏离了公共性要求。只有政府机关公务活动所涉及的信息资源才属于政府公共信息资源。其中，"公务是指行政主体为了直接满足公共利益的需要而从事的活动，以及私人在行政主体控制之下，为了完成行政主体所规定的目的而从事的满足公共利益的需要的活动。因此，公务是行政主体的一种活动，这种活动的特点是满足公共利益的需要"。①

（3）政府公共信息资源管理的动态性。信息资源的公共物品属性并不是固定不变的，其公共性程度及划分边界应根据不同的现实环境与条件进行判断。从信息管理角度分析，政府行政过程实际上是通过对信息的选择、判断、处理而作出决策的过程，既需要由政府行政主体的参与，也需要行政相对人的积极响应，其信息流程并不是孤立的政府行政系统内部循环过程，而是要不断注入社会的外在信息。如果说政府系统内部的制度规范等已经成为固化的静态信息资源的话，那么，从具有明显私人性质的社会信息资源转向具有公共性质的政府公共信息资源则是一个动态过程，只有当这些信息与政府公务活动联系起来并成为政府公务活动的有机组成部分时，原有的私人信息才转变为政府公共信息，进而上升为政府公共管理范围，也就是说，政府公共信息资源管理内容并不是固定的，而是充满了变化。这种由交换性所导致的动态性不仅要求政府公共信息资源管理必须时时注意与社会保持密切畅通的信息交流，而且也需要政府具有快速、及时的信息加工、整理、存储、利用及反馈能力。

2. 公共信息资源管理是政府信息资源管理的创新

从整体的角度理解，公共信息资源既包括政府信息资源也包括社会公益性信息资源（主要指面向社会公众，带有福利性质，由第三部门或企业所提供的信息）。二者都具有公共性特征，在管理的对象和内容目标等方面有一定重合，但就总体发展而言，"公共信息资源"概念的提出以及对管理体制的要求等顺应了当今时代的发展趋势，具有一系列创新之处。

（1）公共信息资源管理格局的创新。公共信息资源不同于政府信息资源，它不局限于政府行政系统内，把触角伸展触及公共生活的方方面面，既包括了基层公共信息，也包括了协会信息、政府信息等多层次、多层面的信息资源的集合。

（2）公共信息服务的创新。公共信息资源管理的宗旨是服务

---

① 王名扬. 法国行政法. 中国政法大学出版社，1991.

于公共利益促进全社会的信息共享，与政府信息服务相比，它强调公共信息服务形式的多样化，不仅要提供简单的一次性公共信息，而且还要加强公共信息资源的挖掘和深加工，提供高层次的公共信息产品或服务，不仅要面向大众化信息需求，而且还要根据用户群体的变化，提供个性化公共信息服务。

（3）公共信息资源管理模式的创新。"同样的信息，在不同的体制和机制下将可以发挥出不同的效益。"① 公共信息资源生产和提供主体的可分离性以及公共性特征的相对性导致公共信息资源管理主体的扩大，除政府继续承担公共信息资源管理的主要任务外，社会组织、企业乃至公民个体都有了介入该领域并发挥作用的可能性，在管理模式上也从以往的政府单向驱动向政府社会的双向互动模式转变。

（4）公共信息资源领域新的关注点的形成。与政府信息资源管理着重关注行政系统内部的组织结构和管理所不同的是，公共信息资源管理强调信息的共享和充分利用，更加注重信息的公开与不同主体的公平参与，以各种社会公益型信息资源和政府信息资源的协调配置为目标，把各类参与者整合到统一的公共信息资源管理框架内。

综上，公共信息资源管理概念的提出，无疑既丰富了已有的信息资源管理理论，也加深了政府信息资源管理研究的深度。两者的关系就在于公共信息资源管理不仅限于政府信息资源管理，政府信息资源管理是公共信息资源管理的关键。从结构视角来看，在最广泛的范围内，公共信息资源管理可以划分为宏观、中观和微观三个层次。

宏观层面的公共信息资源管理主要是从国家统治的角度研究公共信息资源的国家治理策略，是公共信息资源的战略型管理；而中观层面的公共信息资源管理，则反映了公共信息资源管理的具体模式与运行机制，突出政府信息资源管理的作用；微观层面管理的重点是解决公共信息资源管理的技术与具体方法问题，管理体制以及

① 刘强. 政府信息资源分类共享方式研究. 中国行政管理，2004（10）.

组织结构等均在这一范畴内体现。因此，政府信息资源管理是高层次的公共信息资源管理，它既区别于一般的信息资源管理，又有别于公共信息资源管理的执行层面或具体的体制方法技术层面，是公共信息资源管理的核心与灵魂，起到统领全局、把握方向的作用。同时，就广义层面的公共信息资源管理而言，政府信息资源管理并非独立于该系统之外，而是与宏观微观等不同层面的管理有机联系在一起的，从一定意义上讲，社会各界广泛参与的公共信息资源管理也是政府信息资源管理实现其目标的途径。

三、管理体制与公共信息资源管理体制

（一）管理体制

"体制"在古文献中原指文学艺术作品的体裁和风格，现代社会引申为由众多相关因素连接而成的一个复合体，是被体系化、制度化的关系模式。管理体制是在一定社会制度下，国家、地方、部门、企业等各类组织及其内部层次之间所形成的管理体系、管理制度、管理机制和管理方法的总称。其实质是管理过程中责、权、利的分配和相互关系及实现机制，所涉及的范围极广，既包括组织形式、机制、机构设置、权限划分、制度设定、决策方式和程序、调节、监督、控制系统，也含有利益分配关系和责权利的划分实施等。人们习惯上把管理机制、管理制度和管理机构作为管理体制的核心要素。

任何一种管理体制的选择都不是个别人凭空想象的，而是与一定的社会生产力发展水平、政治文化传统、社会意识形态、所管理对象的资源分布状况以及所有制结构等多种因素有机结合的。由于管理体制是整个管理活动过程中决策、计划、组织、调控、监督、反馈等综合体系的反映，是管理的整个制度和方法，既是具体活动的组织管理形式，也体现了参与管理的各部门、各单位的地位和相互关系。同时，管理体制也不是一成不变的，必须随着环境的变化而进行相应的调整。

顾名思义，公共信息资源的管理体制就是在公共信息资源的生产、开发、存储、利用等管理过程中所形成的组织方式和管理制度的总和。它以组织机构和公共信息资源的相关管理制度为外在表现形式，以公共信息资源管理权力在不同层次和地域的划分和配置为核心。其目标是实现公共信息资源的全社会共享，以公共信息资源的优化配置和调动各参与主体公共信息资源管理的主动性、积极性为出发点。

科学、合理的公共信息资源管理体制对于协调不同公共信息资源参与主体之间的关系，提高公众信息意识，促进公共信息资源的开发利用和全社会的共享有着重要而深远的现实意义。

1. 有助于公共信息资源宏观调控管理的顺利实施

宏观调控的实现是以合理的管理体制为前提的。在市场经济环境下，政府、企业、第三部门等各类组织出于不同的利益考虑都有开发利用公共信息资源的动机，为确保不同主体在公共信息资源开发建设过程中的行为符合国家信息资源开发建设的总体目标，保障不同主体的正当权益，有必要对参与公共信息资源开发建设的不同主体进行调控和管理。

2. 有助于调动不同组织和个人公共信息资源开发建设的积极性、主动性

公共信息资源来自社会，最终的价值也必须在服务社会中才得以体现，其开发利用只有充分调动了政府、第三部门、企业和个人公共信息资源管理的主动性、创造性才能够真正形成全社会共同参与的良性互动局面。尽管从总的方面讲，不同性质的组织在公共信息资源开发建设上的总体目标趋向一致，但因所处地位和部门利益等因素的限制，其开发管理公共信息资源的动机目的不尽完全相同，有时甚至会发生矛盾，需要有客观合理的管理体制来协调公共信息资源管理过程中所发生的各种关系，规范不同参与主体的行为，明确他们之间的责权利。

3. 有助于遵循公共信息资源管理规律，提高全社会公共信息资源管理效率，促进公共信息资源的无障碍共享

公共信息资源管理是一项专业性强、复杂度高、牵涉面广的管

理活动，科学合理的管理体制不仅能够规范不同组织和人员的公共信息资源管理行为，保证公共信息资源开发利用活动的正常进行，而且还可以促进公共信息资源管理体系中不同部门组织在业务上的融合和渗透，激发不同组织公共信息资源开发建设的创造力，增强管理的活力和效率。

4. 建立公共信息资源管理体制的要求和原则

（1）适应社会主义市场经济的原则，充分运用市场手段配置信息资源。

（2）适应我国公共信息资源管理的现实状况，遵循公共信息资源供给与需求的基本规律，增强政府公共信息资源管理的主导地位，提高公共信息资源管理效率。

（3）适应政府机构改革和事业单位改革的总体思路。

（二）　公共信息资源管理体制的范畴及所要解决的根本问题

有人说，"20 世纪人类的发展相当于人类前 5000 年的发展，关键就在于信息资源管理体制的变化使绝大多数人能够共享全人类创造的信息资源，能够踏着前人的肩膀向新的高峰攀登"。[①] 经济学理论认为，应针对公共物品的不同性质特点采用不同的供给主体和管理方式。即使是纯公共物品，科斯在其《经济学中的灯塔》中也证明了灯塔私人建造和收费的可能性，进而反驳了以往私营灯塔无从收费和无利可图以及认为公共物品市场供给失灵的观点。对于准公共物品，政府、第三部门和市场都有介入的可能，"如果由私人部门通过市场提供，由此而带来的正的外部效应，必须由政府给予补贴，否则很可能会出现供给不足。如果由公共部门直接出资经营，往往也需通过市场上的销售渠道，利用市场价格机制。无偿（免费）供给的情况是不多见的"。[②] 可见，公共物品可以建立多元并存的管理体制，而谁主导谁辅助，则要视物品的公共性程度和各主体自身的能力情况而定。

---

① 霍国庆，等. 信息资源管理思想的升华. 图书情报工作，2002（4）.

② 高培勇，崔军. 公共部门经济学. 中国人民大学出版社，2001.

"信息资源管理体制决定着特定时代和特定国家信息资源管理的任务和目标，规定着信息资源管理开放和共享的范围与程度，影响着信息资源管理的效率与效果。"[1] 公共信息资源的特定内涵决定了公共信息资源管理必须是开放式、民主化的管理，各参与主体以服务公众、满足多样化信息需求为目标；同时，作为系统工程，公共信息资源管理必然要涉及诸多因素，如管理机构、管理人员、管理规则和运行机制等，其中，管理机构是公共信息资源管理体制得以确立的基础，专业化的人员队伍是推动管理体制运转的依托，而一定的规则和运行机制则是引导公共信息资源管理体制良性运作的保障，这些都是公共信息资源管理体制的基本框架。

首先，应该把公共信息资源管理体制理解为一种促进公共信息资源开发建设和充分利用的制度策略，即人们从事公共信息资源管理活动的总体形式，如开放式或封闭式、集权式或民主参与式等。其次，还应该把公共信息资源管理体制理解成一种"组织体系"和"秩序制度"，是整个社会公共信息资源管理活动中所有参与要素的组合方式及其框架所形成的组织体系和秩序制度的总和，既包括参与公共信息资源开发建设的各主体之间的权责分工与人员能力素质，也包括有关公共信息资源管理的法律、法规、政策规定、行业专业技术标准以及具体的作业制度和章程等。同时，还应该把公共信息资源管理理解成动态的系统过程，各构成要素之间相互作用的方式和规律也就是运行机制充分保证了公共信息资源管理过程中的计划、组织、协调、控制等活动的实施，它包括竞争机制、激励机制、协调机制、反馈机制、监督机制和诚信机制等。

公共信息资源管理体制所要研究和解决的基本问题是：在社会信息化进程中，以提高信息公开程度和全社会共享，满足人们多样化信息需求，增进公共福利为宗旨；在完善政府信息资源管理和公共信息服务职能的前提下，合理划分政府、第三部门和企业在公共信息资源开发建设中的权限地位，充分调动各方积极性、主动性，形成集中管理与分散管理相结合的多元化管理体系；按照"公共

---

[1]　霍国庆，等. 信息资源管理思想的升华. 图书情报工作，2002（4）.

物品"和"准公共物品"属性界定划分公共信息资源类型，以社会效益优先，兼顾成本和经济效益原则，在规范监管、明晰产权的前提下，使部分公共信息资源管理走社会化、市场化道路，并逐步完善公共信息资源管理的立法，建立开放式的公共信息资源管理模式。

（三）公共信息资源管理体制发展的制约因素

影响公共信息资源管理体制的因素是多方面的，主要有：

（1）技术因素：现代信息技术使公共信息资源管理不再局限于特定的物理部门，管理体制的分散化与分权化成为可能。

（2）观念因素：对公共信息资源的认识程度，如工具化倾向和资源化倾向在管理体制的选择上会出现集中与分散的不同走向。

（3）利益因素：代表官僚利益的政府倾向于垄断型的公共信息资源管理体制，而代表公众利益的社会则试图渗透并形成开放型信息资源管理体制。

（4）成本因素：在社会资源有限的条件下，公共信息资源的管理成本直接决定其管理体制。

（5）人员因素：人员信息素质、配备的数量与结构直接决定公共信息资源管理的效率。

（四）多元化的内涵

1961 年，以文森特·奥斯特洛姆为代表的政治经济学家认为大城市地区管辖单位的多样化可以理解为一种"多中心的政治体制"，"多中心"意味着有许多在形式上相互独立的决策……它们在竞争性关系中相互重视对方的存在，相互签订各种各样的合约，并从事合作性的活动，或者利用核心机制来解决冲突，在这一意义上大城市地区各种各样的政治管辖单位可以连续的、可预见的互动行为模式前后一致地运作。也在这一意义上，可以说它们是作为一个体制运作的。它们突破了传统意义上政府与市场两种秩序的二元思维，不预设只有市场和政府两种秩序，逐渐认识到在地方公共经济中能够实现秩序和比较高水平的绩效，在此大、中、小规模的政府和非政府的企业既相互竞争，又相互合作。① 通俗地讲，多中心就是公共信息资源的生产者和提供者并不是一一对应的，既可以由一个生产者对应多个提供者也可以由一个提供者对应多个生产者，其暗含了这样的道理，即不同的公共信息资源生产者和提供者可以根据不同层次和类型的公共信息需求来综合决定是否参与管理及如何提供服务。同时，多中心不仅意味着公共信息资源管理的多个管辖单位和生产提供单位，而且表明"同时存在多个机会，据此参与者能够在不同的集体性实体之间确立或终止关系"。② 在信息服务过程中，多元化"就是多渠道、多形式的信息服务。除了能够较好地满足多样性的信息需求以外，还有一项重要的功能，就是能够或者有条件弥补单一信息服务渠道容易出现信息不全、不准或者失真的缺陷"。③

　　运用多元化理论分析公共信息资源管理，并不是否定政府在信息资源开发建设中的主导作用，而是基于当前公共信息资源管理现状的理性分析。一方面，公共信息资源生产和提供的分离，可以使我们从公共信息资源的政府安排转向政府、社会、市场相结合的多元化管理体制，因为"公益物品和服务的提供与其生产相区分，开启了最大的可能性，来重新界定其公共服务经济中的经济职能。在服务提供方面，根据绩效标准可以维持公共控制，同时还允许在生产公共服务的机构之间发展越来越多的竞争"④，从而避免了公共信息服务的有效供给不足和供给的低效率；另一方面，公共信息资源管理问题的解决是以公众信息共享为目的的，公众是公共信息服务的对象，具有不同组织动员能力和资源优势的多元主体不仅为

---

　　① ［美］埃利诺·奥斯特洛姆，等. 公共服务的制度建构. 宋全喜，任睿，译. 上海三联书店，2000.
　　② ［美］迈克尔·迈金尼斯. 多中心体制与地方公共经济. 毛寿龙，译. 上海三联书店，2000.
　　③ 郭作玉. 农业农村信息服务：多元化、社会化、网络化. 中国电子报，2007-01-12.
　　④ ［美］迈克尔·迈金尼斯. 多中心体制与地方公共经济. 毛寿龙，译. 上海三联书店，2000.

偏好不同的公众提供了个性化公共信息服务的可能性，而且其对公共信息资源开发建设的全面介入，也有效填补了政府信息资源管理的不足，使公共信息在公共领域自由游弋，体现了公民参与和自主管理的新型理念，进而构筑了政府与其他组织在公共信息资源领域的混合型、参与型治理结构。

因此，公共信息资源的多元化管理指在现代社会，政府根据公共信息资源开发建设的实际需要以及不同用户群体信息需求特征，以多种形式和手段，依托不同信息机构有效提供公共信息服务，其中，多元化所要解决的主要问题包括：

1. 管理主体的多元化

在当今时代，公共信息资源的极端重要性引发了社会各方的高度重视，不仅政府出于职能履行的需要担当主要的管理者，其他的各方主体也会采取不同形式介入公共信息资源领域（如特许经营、合同承包、资助、参股、出让经营权和共同投资等）。充分利用不同主体的资源优势、竞争优势是实现公共信息资源全社会共享的必然选择。

2. 管理方法和运行机制的多元化

除却政府行政指令性管理外，根据公共信息资源的产生、搜集、加工、存储、利用等不同生命周期阶段的不同特点，有选择性地决定管理方法，如技术手段、市场手段、法律手段、文化手段等都有其作用的侧重点。同时，计划指令机制、市场竞争机制、社会自我服务机制以及志愿服务机制等都是公共信息资源管理的有益补充。

3. 管理目标的多元化

与以往的信息资源管理注重组织系统内部信息的整合管理，借此提高组织工作效率不同的是，公共信息资源管理不仅要以信息流程改造组织流程，讲求组织效率与成本，而且在价值理念上更强调以人为本的思想，满足公众信息需求、实现信息效用的最大化、构建信息共享的和谐环境等都是公共信息资源管理所要追求的目标。

第三章

公共信息资源的优化配置

资源稀缺性的客观事实导致了人类信息需求的无限性与公共信息资源的有限性这一突出矛盾。在市场经济条件下，公共信息资源与其他物质资源一样，也存在着产权界定的必要性。公地悲剧是产权界定不清引起的严重激励问题，而公共信息资源配置的效率与公平问题一直是公共信息管理体制改革所要解决的重要问题。

一、公共信息资源的产权界定

产权问题是经济学研究和法学研究的重要问题，涉及资源的所有权、使用权、转让权及收入享用权等问题。科斯认为，在市场中交换的是资源的产权，如果资源的产权界定不清，必将会影响资源的市场价格。公共信息资源的产权问题是公共信息资源开发利用的一个基本问题，是产权在公共信息资源开发利用中的具体体现，关系到公共信息资源的开发建设以及政府信息资源管理体制改革等一系列问题。有什么样的产权制度，就会有什么样的组织结构和管理运行模式。如不从理论上解决这一问题，公共信息资源就难以进入市场，市场机制的作用也就无法正常发挥，因此，有必要从产权界定等理论上分析公共信息资源进入市场的可能。

（一）公共信息资源产权界定的意义

由于产权界定具有激励功能、约束功能、外部性内部化功能和高效配置稀缺资源的功能，因而，公共信息资源管理体制建立的前提就是要对公共信息资源的产权进行科学的界定，以便揭示信息公开和共享的内在原因，为全面提高公共信息资源的配置效率寻找组织结构和制度结构等出路。因为就公共信息资源而言，科学合理的产权界定不仅可以使公共信息资源的市场配置成为可能，从而提高信息资源的利用效率，而且准确适宜的产权界定以及与之相应的制度安排对于增强公民信息意识，推动政府行政体制改革，促进全社会的信息共享以及提高国家信息化水平都有着重要而深远的影响。

1. 促进公共信息资源的优化配置

"法律上的产权关系是对经济关系的反应、认可和保护。"① 市场配置资源的前提条件就是要有明确的产权归属界定，排他的和可以交易的产权实际上也是公共信息资源得以市场配置的先决条件，因为产权主体在市场竞争中所受到的约束和激励表现为直接承担决策所产生的结果，只有公共信息资源产权归属明确，其主体才会在信息资源开发与建设中有寻求自身利益最大化的经济激励，从而进行成本效益分析，使信息资源流向生产效率和收益率最高的部门，以生产出最为社会需要的公共信息产品，实现公共信息资源的合理利用。

在信息社会，公共信息资源开发已经成为推动信息产业发展不可或缺的组成要素，围绕公共信息搜集、加工、咨询、传递和服务而构成的信息咨询、数据库开发、信息系统构建等蕴含着巨大的商机，为了维护社会信息公平及信息市场的正常秩序，需要有归属明晰的信息产权来规范和指导人们的公共信息开发、利用行为。

---

① 刘凡，刘允斌．产权经济学．湖北人民出版社，2000.

2. 促进公共信息资源开发及高效利用

不同的产权形式对应着不同的资源配置方式，产权方法的中心任务是要表明产权的内容如何以特定的和可以预期的方式来影响资源的配置和使用。在我国，公共信息资源开发的滞后已经严重阻碍了社会信息化建设的步伐。信息资源匮乏、各地信息化水平的不均衡发展以及公共信息服务的低层次徘徊等从另一个侧面表明不清晰的产权安排和不明确的权责制度已经难以适应信息时代发展的需要。在产权归属清晰、权责明确的背景下，产权主体获取经济利益过程中的全部成本和风险都要由具体的个人承担，要获得预期的收益，就必须对信息产品的市场需求有一个准确的定位，并在收益和代价之间进行综合权衡，作出理性的使用信息资源的安排，从而避免公共信息资源利用的公地悲剧。但在不完全信息和有限理性的环境下，政府对公共信息资源的垄断型管理不仅付出了昂贵的维持成本，而且也抑制了社会力量参与公共信息资源开发建设的积极性，并直接导致公共信息资源在政府与社会之间以及政府内部不同部门之间的不均衡分布。要真正使公共信息资源为民所用，就必须明晰公共信息资源的产权，以此激发全社会的积极性，共同参与公共信息资源的开发建设。

3. 改进政府信息资源管理模式，提高政府信息调控能力

公共信息资源的国有产权曾导致了公共信息资源的政府单一化管理局面，为进行有效的管理，我国政府行政系统内部不仅设立了专门的职能机构如统计局、计委、科委等来负责信息资源的集中管理，而且还在综合办事机构内设立秘书科、信息中心等部门专司信息资源的合理流动与反馈，在全国范围内形成了庞大的纵横交错的政府信息资源管理网络。但由于国有产权与具体机构、人员在权责划分等方面的脱节，政府既担当公共信息资源的配置者又扮演管理者、提供者等角色，多重职能既导致政府在公共信息资源管理过程中出现角色定位的越位与缺位并存现象，一方面，不同政府部门间各自为政，纷纷建立了一整套系统内部纵向循环的信息流通网络，造成部门间公共信息资源利用的诸侯割据状态，大量的信息资源被束之高阁，信息封锁与信息浪费现象严重；另一方面，社会经济文化建设迫切需要的基础性信息资源的开发无人问津、政府应当履行的信息指导与调控职能有名无实，一批具有技术、资金、人员和管理优势的社会组织却难以进入蕴含着巨大商机的公共信息资源产业链。

总之，产权关系或所有制形式是一个组织最根本的形式，界定公共信息资源的产权就是以法律为基础形成一套完整的制度，明确具体公共信息资源的产权分别属于哪些人、哪些组织，并如何在政府、第三部门和企业之间进行分配和转让。

（二）公共信息资源产权界定的难点

产权界定的目的在于产权权利的转移，促进公共信息资源的开发利用。按照产权理论及实现信息效用最大化的目标，公共信息资源的产权界定应符合下列标准：

（1）产权主体明确、产权边界清晰，既需要有确定的主体行使产权，也需要有明确的机构分配和监督产权行使过程。

（2）产权能够在不同主体间自由流动和交易，意味着要实现产权主体的多元化。

（3）产权主体内部产权结构安排合理，责权利明确，具有完善的法人治理结构。

（4）产权受法律保护，其结构演变及组合要兼顾公共信息资源的社会效益与企业经济效益。

标准总是与现实有差距，公共信息资源不同于其他物品的内在特征决定了公共信息资源产权界定的困难。

1. 公共信息资源的无形性

与其他有形资源相比，公共信息资源是无形的，要附着在其他载体之上，其外在的表现形式是知识、技能的凝结；时效性特点导致公共信息资源若不能及时被利用、更新或不当利用，其价值就会降低。同时，信息资源是通过不断的流动来体现其价值的，公共信息资源的流动过程往往也存在着产权主体的不断变换。从社会学的角度看，其管理既是一种投资，也是一种消费，一方面，公共信息资源的公共性特征决定了它的非营利性特点以及公共信息资源本身所具有的正的外部效应等使得单纯以经济学标准划分界定产权制度的欠缺；另一方面，公共信息资源是体验型产品，只有被有效利用完全消费才能体现其价值，而个体接受和吸取公共信息资源并转化为人力资本或知识创新还要依个体的差异而有所区别，这种资源收益评估的差异性也在一定程度上导致了产权的弱化，无疑增加了其产权界定的可操作性和明晰性难度。

2. 公共信息资源产权的外部性

公共信息资源具有明显的外部性，既有积极的外部经济性（社会效益），也有消极的损失（经济效益、社会效益）。如果产权主体在信息资源开发过程中过于突出经济收益，以高产出、高回报为终极目标，尤其是在科技信息服务中，则会形成负的外部效应，导致用户需求的下降，阻碍科技创新的进程。同样道理，政府网站建设在强调功能、技术与内容的先进时，如忽视了网站的可进入性和信息内容的可获取性，就会将相当的用户尤其是老年人、残疾人，偏远地区的农民以及妇女、儿童等弱势群体屏蔽在现代信息技术和民主政府的福祉之外，形成新的社会排斥。

3. 产权关系的复杂性

从总体上讲，公共信息资源的产权外延应与政府、第三部门和企业等组织能够支配运用的公共信息资源范围相一致，但部门之间公共性程度以及性质特点的迥然差异、类别划分的交叉重叠等带来公共信息资源产权界定的模糊性、产权主体的多样性、产权转移对象的难以对应性以及许可授权的限制性，使各种权利的确定比私有产权要复杂得多。而在不完全信息和有限理性的环境下，完全以政府垄断公共信息资源管理需要付出昂贵的成本，因为公众不容易对政府的行为进行约束，不便监督政府公共信息资源管理的实际情况。

（三）公共信息资源的产权性质

1. 公共信息资源产权的内涵

公共信息资源产权，指产权拥有者对公共信息资源的一系列产权，即拥有者对公共信息资源开发利用的控制程度和享有该资源所产生经济利益的范围，主要调整公共信息资源产权主体之间因信息搜集、加工、公开、传输与传播、交易、存储、咨询、许可使用等而发生的各种平等的民事关系。

根据经济学理论，物品的差别主要在于其是否具有排他性和竞争性，正如上一章所分析的，公共信息资源既不完全属于纯公共物品，也不完全属于纯私人物品，而是一种混合物品，其产权界定有其特殊性，"产权的具体形式取决于一定经济发展水平条件下资源利用者间的博弈均衡结构"①，必须兼顾公共性程度的差异。为便于理解，拟对公共信息资源的产权体系进行纵向和横向的剖析。

从纵向来看，公共信息资源产权实际上包含着多个层次级别的层级结构，按排他性强度和产权主体特征划分，可分为纯公共产权（国有产权）、俱乐部产权和私有产权等不同种类：

（1）纯公共产权（国有产权）。那种基本不具有排他性，处于自由进入状态，任何人都可以使用支配的纯公共物品属性的信息资源如外交、国防信息均属于公有产权，不存在产权分割问题，只能由公共部门承担。但大多数国家政府信息管理的实践表明，由于公共产权使内部成员的努力程度普遍降低，其有效形式往往依赖于高昂的内部管理成本，公共信息资源的政府垄断并没有解决公共信息提供的低效率问题，有效的供给应根据公共信息资源的不同属性适应形式各异的产权制度。

（2）私有产权。与公共产权相对的则是排他性强的私有产权，主要由私人企业承担，尽管私有产权可以解决公共信息资源由政府单方面管理和提供的种种不足，但"看不见的手"和公共信息资源的客观属性决定了完全由私人经营公共信息资源必然会导致公共信息资源效用实现的不足和可能出现的供给不足。私有产权并不是公共信息资源优化配置的最佳产权安排。

（3）俱乐部产权。介于公共产权和私有产权之间的中间状态，是一种只对群体内部成员开放，但对群体以外的其他人则具有排他

① 王学山，等. 公共资源与国有产权选择. 长江流域资源与环境，2006 (1).

性的产权，准公共信息资源应根据排他性和竞争性程度的差异选择相应的产权管理模式，如租赁经营、承包经营、合作开发、委托经营等。

（4）混合产权。混合产权是现代社会的产物，指不同性质的公共信息资源所有权主体联合投入而形成的一种产权关系，其中，各主体在此产权中的相对地位主要取决于各自产权权重的大小，或投入的相对份额，其剩余分配也是按照资本的相对份额划分。在这种产权安排下，国有资本同样按照市场原则参与到公共信息资源的市场营销活动中。

其实，公共信息资源的产权结构十分复杂，每一个层次内部又可划分出若干众多权利组合不一的亚层次。随着信息技术的进步和文化的发展，纯公共产权性质的公共信息资源范围开始缩小，并有逐渐被其他两种产权制度所取代的趋势。同时，在现实环境中各层次之间的产权界定也不是固定不变的。即使具有纯公共物品属性的信息资源，由于利用这些信息资源的便利程度不同，不同的人所拥有的权利在事实上也是不同的。政府公务人员可凭借近水楼台之便自由获取和利用公共信息，而广大的社会公众，则要通过一定的操作程序、借助一定的信息平台才能够获得所需要的信息，尤其是城市和乡村、大学教授和普通农民不同的信息文化背景与技术条件的差异等因素也决定了不同阶层的人们在公共信息资源获取上所花费的成本是不同的。同样道理，对于属于俱乐部产权的公共信息资源而言，也会包含着众多的分级层次，其产权类型也会依公共性和排他性程度的不同而有所区别。

从横向来看，公共信息资源的产权并不是某一单项权利，至少包括了所有权、使用权、转让权、收益权等。每一种权利都可以进行不同的分解和安排，而权利的不同排列组合又决定了产权的性质和结构。

（1）公共信息资源的所有权与使用权

所有权即最终归属，公共性特征决定了公共信息资源同其他国有资产一样，具有程度不一的公共产权，其所有权应归全体公民，公众有权利无偿获得和使用公共信息资源。从这个角度理解，只有国家可以通过各种调控工具来协调分配公共信息资源的开发利用，以保证公众的信息权和社会公共利益。同时，公民的知情权以及政府信息公开法等都只是所有权的具体表现形式，也是公众以所有人身份监控公共信息资源产权运作的有效手段。使用权的确定应依法获得，事实上，在国有产权制度下，由于没有天然的人格化主体，权利总是由国家选定的代理人（往往是政府）来行使，天生应归政府掌握和自由分配，而政府又是一个层级节制的庞大官僚体系，因而在公共信息资源开发建设和利用过程中会产生一系列委托代理问题，即所谓的"内部人控制"现象。

同时，公共信息资源的使用权具有完全可扩散性，经济学家斯蒂格利茨认为"公众已经通过赋税等方式支付了政府信息收集所耗费的成本，因此这些信息不应成为政府官员的私家收藏，而是应该为公众所普遍享有，这和政府的桌椅及建筑设施以及其他固定资产为公众所有是完全相同的"。换句话说，即使是政府掌握的公共信息，由于公众已经支付了其生产管理成本，其使用和产权收益也应该归公众所有。而实际的效果却是，由于公共产权所有者被虚化或泛化，公共信息资源所有权的范围越大，所有权人的行为、所有权制度的约束与激励功能就越虚无缥缈，每个人对公共信息资源的独立支配权就越小，个人利益与公共信息资源开发利用的相关度就越低，其结果就是，一方面，公众对公共信息的关心度降低，另一方面公共信息资源的实际支配权越来越集中在少数政府官员手中。

（2）公共信息资源的转让权

即安排、配置公共信息资源的权力，由于信息只能被经历而不能被占有，信息的转让不同于有形物品的转让，其转让只是在信息资源的交换和消费过程中从一种载体转移到另一种载体，而信息内容本身没有损耗或消失，并不影响原拥有人的所有权或使用权。例如政府可以在一定环境和条件下将自己所掌握的部分公共信息资源转让给第三部门或企业来开发，但并未剥夺政府对这些信息资源的使用，其转让并不是经济学意义上的产权彻底转让，而往往要根据公共信息资源公共性和外部性的大小来安排其转让权。因此，公共信息资源的转让包括转让和公开两层含义，既然公共物品属性决定了公共信息资源属于社会公众所有，无论是政府还是第三部门以及企业不仅有向公众而且还负有向其他相关部门公开信息的义务。如社区组织发现的基层疫情不仅有向社区内居民公布的义务，而且还有及时向上级政府主管部门和社会卫生防疫组织包括周边医院通报的义务。而产权意义上的转让只针对政府、第三部门、企业或公民进行的公共信息资源有条件的出售或一定约束下的有偿转让。例如我国中文网上期刊全文数据库的供应就采取了商业化拓展市场的方式分别由清华同方和重庆维普以及万方数据三家公司有偿经营。

（3）公共信息资源的收益权

这是一个十分复杂的问题，其一是因为公共信息资源的风险很大，其生产、经营和消费过程中存在着明显的外部性，收益权的难以排他性导致投资公共信息资源难以形成可抵押的资产，在我国，目前，由公共信息转让带来的收益还微乎其微。其二是收益权的归属问题，委托代理原则和所有权性质决定了公共信息资源的收益应归全体公民，即将收益上缴国家财政，而不应归具体的机构支配。但随之而来的问题就是如何解决具体公共信息资源管理部门的激励约束问题，只有委托人具有了剩余索取权和最终控制权，才有动力去监管代理人的行为，一旦公共信息资源管理的权利、责任、收益、风险不对等，就会带来收益和风险的失衡，造成主体参与公共信息资源开发建设的动力衰退等一系列问题。

2. 公共信息资源产权安排和变迁的原因

（1）稀缺

资源的相对稀缺不仅是产权关系存在的基础，而且稀缺程度的改变还会引起产权制度的变化。公共信息资源的稀缺性表现在现有条件下，由人力、物力、技术等原因的限制导致公共信息资源拥有量总是有限的，难以满足所有人的信息需求，以及公共信息资源的总效用（即使用价值）会随着利用次数的增多而逐渐衰减。众所周知，在利用稀缺性资源的过程中，人们会产生竞争性的使用关系，必须通过产权界定明确稀缺资源的占有使用关系，保持资源的有效开发和利用。从政府信息资源管理制度的演变形成过程可以发现，现代社会信息量的激增并没有同步改善人们的信息利用状况，相反，信息需求的扩大以及人们获取利用信息能力的停滞反而带来了政府有效信息供给的贫乏。在当今社会，公共信息资源的相对稀缺性日益增强，公共决策所需信息难以全面准确及时地提供到决策者手中、公众信息需求因体制、技术的限制无法一一满足，政府提供公共信息服务的能力还十分有限，适当的产权安排和制度调整实际上是解决这一问题的有效途径。如作为知识产品，数据库是一种稀缺资源，公共性原因导致建立数据库的巨大投资与廉价复制的反差，使得完全由政府无偿投资和管理既不现实也不经济，而通过明确第三部门和私人企业在数据库开发制作上的产权，使其依法占有、收益和处分数据库产品，则在促进数据库产业健康发展的同时，也提高了全社会的信息和信息共享程度。

（2）交易费用

简单地讲，交易费用包括一切不直接发生在物质生产过程中的费用，常指具体的制度运行成本，如市场制度、企业制度、管理制度、政治制度以及各种社会制度的非生产性耗费等。不同的产权界定及相应的制度安排，其运行成本的结构和数量也是有区别的，而有效的制度安排肯定是交易费用低的制度安排。目前，公共信息资源数量的严重不足和质量的亟待提高都从另一侧面表明，完全由政府垄断公共信息资源的开发建设和管理等所有环节的制度安排既造成了政府机构盲目追加人员、资金以及增设新的机构进而带来新的政府工作效率乃至信息官僚等问题的出现，也说明公共信息资源的单一国有产权安排并不符合公共信息资源的稀缺关系，不但有限的信息资源无法得到充分的利用，而且还会导致信息寻租、无序竞争，进一步加重信息资源的稀缺性。

（3）技术

信息技术和通信技术等的飞速发展一方面促进了信息数量的激增，提高了信息资源的生产和利用效率，从而改变了公共信息资源的相对稀缺关系并由此带来相关管理制度的调整；另一方面，技术的变革也带来了相对价格的改变，同时，技术的发展和应用也需要有一定的制度安排与之适应，如计算机软件的大量使用使计算机软件专利性问题成为人们讨论的热点，网络技术的发展也引发了网络信息资源与传统商标制度、知识产权制度、保密制度等的冲突以及域名信息资源管理问题等。同时，现代技术的进步也为公共信息资源的产权界定提供了可操作性条件，如加密技术、打包技术、电子合同等，使得公共信息资源可以在一定范围和条件下具有排他性，使生产者和投资者有能力控制公共信息资源外部效应的外溢。

（4）意识形态

意识形态是一个广义的概念，指具有一定价值取向特征的思想观念体系，如政治思想、宗教、传统、民族文化、职业道德以及观念习俗等。意识形态的认识功能、行为规范和批判功能等是通过人们的自觉活动来表现的，在公共信息资源管理过程中，意识形态会在无形中转化为用户的主观因素和具体信息行为。如在公众信息意识尚未形成、信息需求不高的时期，公共信息资源基本上是为政府决策和执行服务，以在政府行政系统内部循环为主，其制度安排的着眼点也由此聚焦在政府。同时，意识形态对各种制度安排均有直接影响，人们信息资源观念的形成、信息文明的建设不仅会激发不同主体参与公共信息资源开发利用的积极性主动性，为公共信息资源产权的调整奠定思想基础，而且还增强了政府信息公开的呼声，降低了对政府信息资源管理监督的费用和相关制度的运行成本。此外，有学者在研究中发现，相对私人部门的信息管理而言，在内部组织和工作流程上，公共信息资源管理的数据由于受到非连贯政治过程的影响而难以保持连续性。[1] 出于选举、政治动员乃至职业习惯等因素的作用，公共信息资源产权安排容易受到外在因素的干扰，稳定性较差，同时，产权制度的实施也不可能完全做到照章办事。

除上述因素外，社会的组织结构、人们的信息素质以及文化观念等也会对公共信息资源的产权安排产生一定的影响。

3. 公共信息资源的产权特征

作为一种特殊的产权形式，公共信息资源产权除了具有一切产

---

① Gorr, W. L. Special event data in shared databases. *Management Information Systems Quarterly*, 1986（10）.

权所具有的排他性、可分解性、可转让性外，还具有一些其他特征。

产权载体的依附性。公共信息资源产权需依赖于其他载体而存在，一方面，公共信息资源必须借助于其他载体形式表现，不能脱离其载体而独立存在；另一方面，公共信息资源的形成、加工与存储、利用需要与一定的信息技术、设备、资金以及人的智力劳动相结合，受环境影响大。

产权结构的稳定性。尽管公共信息资源的产权结构与私有产权一样包含了所有权、使用权、收益权、转让权等内容，但公共性特征决定了其产权主体的活动是受公众委托而对公共信息资源加以整理开发的，公共信息资源的所有权、最终决策权以及收益权应归公众，而占有权、使用权则分别归政府、第三部门以及个别企业组织。这些权利的分配组合往往以正式制度的形式出现，不易更改，与私有产权各权利的可交易性相比无论是内容结构还是执行操作程序都更加规范。

产权界定的相对模糊性。一方面，任何一种公共信息资源都有其特定的效用范围和适当的供给方式、专有权利的维护方式和付费方式，其外延十分宽泛，凡涉及公共利益的信息均可划入，而不同信息资源公共性程度的差异又导致产权主体的多样性特征出现，使各种权利的划分愈加复杂。另一方面，信息资源的价值是在循环流动中体现的，在公共信息资源开发利用的不同环节，其产权主体也是不断变换的，即使是政府信息资源，也存在着在不同系统和不同部门之间的转换，这些都增加了公共信息资源产权清晰界定的难度。

产权约束的特殊性。与私人产权相比，公共信息资源的产权则因公共性特征而格外受到一些特殊的约束，如产权主体身份的种种限制（特许、行政审批等）、产权交易目标确定上社会效益重于经济收益、产权交易运行中公众的参与和监督等，都构成了对公共信息资源产权的必要约束。如前所述，尽管公共信息资源的产权可以分解和转让，其产权主体也能够转移和更换，但公共性特征也导致公共信息资源产权分解和交易的不完全性，即在产权交易过程中国家转让的仅仅是公共信息资源产权中的一部分或形式上的所有权及由所有权派生的各种行为权利，产权事实上仍受信息资源载体的牵制和制约，尤其是公共信息资源占有者的主观控制状况实际决定了公共信息资源产权作用的发挥，其内在可控性和终极所有权仍归国家和全体公民所有。

产权维护的脆弱性。撇开人性的因素，单从产权制度运行的角度就不难发现，相对于私人信息资源而言，公共信息资源很容易受到侵犯和剥夺。一方面，与其他有形公共物品所不同的是，公共信息资源是无形的，法律规章对其消费、使用往往泛泛而谈，并无具体明确的限定，例如官员在公共信息资源管理中的有意屏蔽、寻租等行为，普通公民是难以监控的；另一方面，公共性特征往往导致公共信息资源产权的超经济性质，行政的、政治的等各种非经济化手段的过度影响与干预，使得公共信息资源的权、责、风险与收益常常处于失衡状态，同时，政府是公共信息资源的主要管理者，其特有的层级节制体系也极易带来公共信息资源产权的所有者虚置并引发委托代理问题，上下级政府间的委托——代理链越长，权责就越不清晰，滥用代理权的情况就会层出不穷，其结果就是公共信息资源的所有者实际上被虚化或泛化，所有权人的行为、约束与激励等也随之消失。

产权收益的难以计量性。产权是一组行为权利，获取这些权利的前提依赖于占有的要素的数量，而信息资源只有被利用才能测算出其真正的价值，其收益并不能像某些公共物品一样产生立竿见影的效益，而须经历一个较长时间的吸收积累过程，同时，由于不具备权益上的排他性和消费上的竞争性，加之作为体验型产品，不同用户利用公共信息资源所产生的收益也会因个体的差异而各有千秋。此外信息资源的流动性也造成了其产权计量的困难，尤其在衡量公共信息资源的质和量以及其收益量时没有固定可操作性的标准可以把握。

（四）我国现行公共信息资源产权界定特征及问题

从产权制度安排来看，尽管国家还没有出台统一的公共信息资源管理法案，但在统计法、档案法、保密法、知识产权法、政府信息公开条例、电信管理条例以及气象法、传染病防治法等相关分散的法律规范中分别从不同角度明确了公共信息资源公有制理论。根据《中华人民共和国宪法》（1988 年）第 12 条的规定：“社会主义的公共财产神圣不可侵犯。国家保护社会主义的公共财产。禁止任何组织或个人用任何手段侵占或者破坏国家的和集体的财产。”

作为公共物品，公共信息资源的所有权属于国家，使用权由政府主管部门授予。《中华人民共和国档案法》第 3 条明确规定："一切国家机关、武装力量、政党、社会团体、企业事业单位和公民都有保护档案的义务。"统计法第 3 条指出：" 国家机关、社会团体、企业事业组织和个体工商户等统计调查对象，必须依照本法和国家规定，如实提供统计资料，不得虚报、瞒报、拒报、迟报，不得伪造、篡改。"2000 年实施的气象法指出，气象事业是经济建设、国防建设、社会发展和人民生活的基础性公益事业，气象信息服务是公益性信息服务。

在公共信息资源的开发利用等具体事务管理方面，则采取了国家职能机构统一领导、各级政府机关逐级实施的方法，通过行政手段来落实、协调各方利益关系。如 2007 年 4 月颁布的《中华人民共和国政府信息公开条例》第 3 条指出，"各级人民政府应当加强对政府信息公开工作的组织领导。国务院办公厅是全国政府信息公开工作的主管部门，负责推进、指导、协调、监督全国的政府信息公开工作。县级以上地方人民政府办公厅（室）或者县级以上地方人民政府确定的其他政府信息公开工作主管部门负责推进、指导、协调、监督本行政区域的政府信息公开工作"。档案法第 5 条规定：“档案工作实行统一领导、分级管理的原则，维护档案完整与安全。”统计法第 4 条明确规定“国家建立集中统一的统计系统，实行统一领导、分级负责的统计管理体制”。第 13 条规定：“国家统计调查和地方统计调查范围内的统计资料，分别由国家统计局、县级以上地方各级人民政府统计机构或者乡、镇统计员统一管理。”互联网信息服务管理办法对经营性信息服务和非经营性信息分别实行许可制度和备案制度等分类管理的办法。

　　从当前我国公共信息资源产权制度运行的实际效果来看，由于忽视了公共信息资源产权的经济功能和解决公共信息资源供需矛盾的基础性作用，公共信息资源所有权、使用权相互混淆、产权界定不清，形成了与一般资产产权所不同的特征。

　　1. 产权主体虚置，产权界定模糊

　　从法律上讲我国公共信息资源产权属于国家，但事实上的真正所有者主要是各级政府机构及其所属的企事业单位，由于各种产权关系缺乏明确界定，且冗繁的内部层级体制导致产权结构层次复杂，公共信息资源的国家所有权缺乏人格化代表，在没有竞争和约束的环境下公共信息资源的国家所有权流于形式，权利被稀释，容易产生公共信息资源管理的"政府代理失效"，无法通过正规的产权交易来实现公共信息资源的合理配置。从实践上看，现行的政府公共信息资源管理体制具有明显的部门所有、地区所有现象，造成公共信息资源分配不均、受益失衡，由此引发的纠纷很多，如2005 年发生在我国部分省市的气象信息转播权问题纠纷，实质是由气象信息所有权、使用权引起的利益平衡问题。

　　2. 产权权责划分不清

　　一方面，所有者、管理者、经营者的名称和包含的意义是完全不同的，提供公共信息资源和经营公共信息资源是两个不同的概念，现有的政策法规在规定公共信息资源属于国家的同时，并未从物权角度对信息资源的使用权作出明确规定，所有权与使用权相混淆，导致政府垄断公共信息资源开发建设和管理的各个环节。即便政府把部分公共信息资源的经营权下派给所属的国有企事业单位，但由于并未实行真正的自主经营、自负盈亏，国家与企事业单位在公共信息资源开发建设上的责权利并未明确。有相当多的国有信息机构仍然是政府机构的附属物，依靠行政指派和得天独厚的信息资源维持日常运作，无法按照市场需求调整经营方向。

　　另一方面，现实中奉行的"谁拥有，谁开发，谁受益"政策，使公共信息资源开发利用的巨大收益被转化为个别部门乃至个人的利益，扭曲了所有权和经营权的正常界定关系，造成大量信息资源资产价值的流失。在赋予信息资源相关经营权的同时，缺乏责任约束，信息加工生产部门不承担信息资源的保值增值责任，短期行为严重。

3. 产权权利泛化，缺乏监督

在现实中，公共信息资源管理的诸多权能被分散到政府各部门，形成了公共信息资源占有利用的条块分割格局，由于政府机构自身具有诸多超经济性特征，加之部门间、地区间信息资源管理标准的差异、管理信息系统以及管理责权利的不统一等使得政府公共信息资源管理行为为政府机构及其个人的多重目标所左右，导致信息流动受阻，不能有效解决不同部门因信息利益所造成的冲突，信息孤岛难以根除，公共信息资源共享困难。

由此可见，计划经济体制下单一公共信息资源产权的束缚，导致我国公共信息资源政府垄断式管理的低效和中央与地方、政府与社会产权划分的模糊，已经不能适应公众信息需求和社会信息化发展的需要。要构建科学合理的公共信息资源产权制度就必须充分考察公共信息资源管理的成本与效益，使公共信息资源的开发利用达到成本的最小化、价值的最大化。

二、公共信息资源配置的含义及原理

（一）公共信息资源配置的内涵

人们总是倾向于以最小的成本获取自身效用的最大化，因此，产权经济学强调产权结构与人类行为激励之间有着密切的内在联系，而产权界定是基于成本和收益（效用）的权衡比较作出的理性选择，不同的产权制度和产权结构会对资源配置产生迥然不同的差异和影响。界定公共信息资源产权的目的在于建立起公共信息资源资产所有权，激励信息经济行为的内在联系，明确不同主体的权利与责任，促使公共信息资源资产产权的有序流转，利用产权的行为性来规范引导各方开发利用公共信息资源，使人们在经济利益驱动下的信息资源管理行为与公共信息资源的充分共享要求相一致，以防止公共信息资源开发利用过程中的部门垄断或私人寻租。

　　资源配置指为最大限度减少经济浪费和使社会福利最大化而对现代技术成果和各种投入要素进行有机组合，是一个连续动态的过程。简单地讲，信息资源配置是以人们的信息需求为依据，以提高信息资源配置的效率和效果为目标，来调整当前信息资源分布和分配预期的过程。公共信息资源配置就是在国家宏观调控下，根据公众和不同组织的信息需求，以效率和效果为指针，来调整公共信息资源的分布和流向，包括时间（过去、现在和将来）、空间（不同部门和地区之间）和数量（存量配置和增量配置）上的分配，以尽可能小的配置成本争取尽可能大的配置效益。

　　根据科斯的产权理论，只要资源的产权得到明确界定，总可以通过谈判进行交易（假设交易成本为零）使资源最终得到有效率的配置。① 同样道理，在现代市场经济条件下，公共信息资源的流动、配置也可以通过产权交易来完成，因为"一个社会中的稀缺资源的配置就是对使用资源权利的安排……实质上是产权应如何界定与交换以及应采取怎样的形式的问题"。② 与原有计划经济时代单一的国有产权制度相比，多元化的公共信息资源产权界定是与市场经济相适应的公共信息资源配置方式，因为公共信息资源的供需关系事实上也是与公共信息资源的产权界定及相关制度安排密切相关的。对于公共信息资源而言，其配置包含三层含义。

　　从宏观角度划分，指在国家层面或地区层面的总体配置情况，由国家通过专门的信息资源管理部门运用行政权力和行政命令以及法规政策等对社会公共信息资源进行组织、协调和开发利用，其主要任务在于从总量和结构两个方面来组织、协调公共信息资源开发利用活动，基本内容包括两方面。一是统筹规划、促进共享，即制定国家信息资源管理总体战略，规划公共信息资源保障体系，鼓励和促进相关公共信息管理部门共建共享，构建全国公共信息资源共享体系；二是制定和完善公共信息资源管理法规制度，如加强信息立法、完善已有制度规章，统一信息组织的技术标准等，以保障公

---

① 高鸿业. 西方经济学. 中国经济出版社，1996.

② ［德］埃瑞克·G. 菲吕伯顿，鲁道夫·瑞切夫. 新制度经济学. 孙经纬，译. 上海财经大学出版社，1998.

共信息资源开发者、经营者、管理者及用户的权益。

从中观角度划分，指政府行政系统内的公共信息资源配置，由政府行政机构借助行政手段在行政系统内部的不同地区和行业进行公共信息资源的运用和优化组合，包括政府公共信息资源管理计划——▶行业性或地区性公共信息资源管理政策条例等——▶行政拨款——▶系统内部公共信息资源的采集加工——▶系统内部公共信息资源的流动与配置等环节。中观层次的公共信息资源配置具有承上启下的作用，既要遵从宏观层次的国家公共信息资源发展战略，也要有利于微观层次公共信息资源管理活动的指导，其主要任务是组织协调和指导一定区域、行业范围内公共信息资源的开发利用活动，均衡公共信息资源的配置。

从微观角度看，指具体的行政机构以及第三部门、企业等组织内部信息资源的多种形式的组合，是最基层的公共信息资源配置，主要通过市场机制和计划手段以及二者并用的混合机制来完成，其任务在于提高组织成员对公共信息资源重要性的认识，了解和掌握公众信息需求，合理组织协调公共信息资源的开发利用活动，直接为不同用户群体提供信息服务。

（二）　影响公共信息资源配置的相关因素分析

1. 信息基础设施建设情况

信息资源的价值必须依靠和借助一定的载体条件才能得以体现，如果没有必备的技术环境条件作支撑，公共信息资源的传播和流动就难以实现。信息技术跨越时空和数量限制的信息处理能力、信息存储能力、信息检索能力以及信息复制和传播能力使网络信息资源配置成为公共信息资源配置的主题。

研究表明，不同国家间信息技术发展的不一致反映了收入及其他社会经济因素的不一致。① 由于经济、地理以及文化等环境因素

---

① International Telecommunication Union. *Challenges to the Network*: *Internet for Development*. 1999. Franciso Rodriguez and Ernest Wilson III. *Are Poor Countries Losing the Information revolution*? May 2000. InfoDev Working Paper. http：// www. cidcm. umd. edu/library/papers/ewilson/apxc. pdf.

的显著差异，特别是区域经济发展的不平衡造成了信息基础建设分布不均的现状，这种不平衡使得不同国家和地区、不同群体之间在信息资源配置方面的"短木板"效应越来越明显。根据联合国的调查，从总体上看，占世界人口和土地面积最多的广大发展中国家拥有的计算机数量仅占全世界总量的30%，全球34%的互联网用户居住在发展中国家。① 2005 年，联合国对我国信息基础设施测评的排名为 74 位，与信息化建设的总排名 57 位有不小差距，表明我国信息基础设施建设状况在世界上还只处于中下等水平。②

信息基础设施的巨大反差不仅造成了人们信息资源拥有上的贫富分化而且又反过来加剧了信息化的差距进而强化社会的不均，从根本上违背了公共信息资源管理服务公众的初衷。正如联合国秘书长科菲·安南在《2002 年电子商务与发展报告》前言中所说："如果世界真的想要实现到 2015 年将赤贫人数减少一半这个'千年发展目标'，信息和通信技术就必须在这一努力中占有突出地位。创造数字机会，利用信息和通信技术为发展服务，关系到政府、民间社会、企业部门等每一方的重大利益。"

2. 公共信息资源的总量与地域分布差异

一方面，信息资源的总量会随时间、技术、环境的变化而不断累加增长，但对于用户而言，绝大多数新搜集生产的数据、信息属于初始信息，往往是无序的、随机的、杂乱的和不确定的，且更新频繁，人们很难直接利用，面临着分类组织、增值加工等一系列开发任务，需要有专业化的人员进行整理和加工，才能真正为社会所利用。也就是说，公共信息资源的配置并不仅仅取决于初始信息的总量，而主要取决于相关部门公共信息资源的加工处理能力。"我国目前网络建设的投入和网络建设的速度都大大高于信息资源的开

---

① UN Global E-government Readiness Report 2005：From E-government to E-inclusion unpan 1. http：//www. un. org/intradoc/groups/public/documents/un/unpen 021 888. pdf.

② 刘绿茵. 国际机构对中国电子政务发展评价综述. //王长胜主编. 2006 年中国电子政务报告. 社会科学文献出版社, 2007.

发，与网络建设相比，信息资源开发需要更广泛的社会参与和更高的社会管理水平。"① 公共信息资源总量的增加对开发利用也提出了更多的要求，谁具有较强的信息处理优势，谁就有可能占有和利用更多的信息资源。

另一方面，公共信息资源在不同地区间、不同阶层间的非均衡分布也极大地影响到公共信息资源的社会分配，给信息获取和利用带来了相当的对比反差，由于计算机网络、图书馆等信息基础设施大都集中在经济发达的大中城市，城乡之间以及不同地区之间人们在公共信息资源获取上的强烈反差导致公共信息资源拥有与利用上的矛盾日益突出，"专家发出警报：已经上网的公共信息有可能不再属于所有人，这是因为发达国家利益集团想方设法确立他们对信息的垄断"。② 公共信息资源地区分布、阶层分布的不均衡使得人们始终处在信息爆炸与信息饥渴的矛盾之中。

3. 公众信息获取能力的差异

公共信息资源的获取能力与用户的受教育程度正相关，来自不同社会阶层的群体在获取利用公共信息资源的途径和能力以及效应上都存在明显差异。一方面，受教育程度越高人们获取利用公共信息资源的态度就越主动、途径就越广泛，从报刊杂志等新闻媒体到政府机构乃至计算机网络，从文本信息到网络信息和多媒体信息，形式越来越多样，内容也就越全面，公共信息价值的内在效应就发挥得越充分。另一方面，公共信息资源的配置也与人们的文化传统、信息意识和一定的社会环境关系密切，在开放、民主社会，人们易于接受新事物，获取信息的态度积极。据 2003 年 9 月中国社会科学院《中国城市互联网使用状况及影响调查报告》显示，我国城市网民占人口的比例约为 25%，网民的分布与城市规模的关联程度不高，而与城市的政治、经济、文化因素有关，与地区差异、家庭和个人收入、受教育程度、性别、职业和年龄关系密

① 董小英. 信息服务：网络环境下的热点. 中国信息导报. 1998-03-12.
② 苏菲·布卡里. "公共信息"能否姓"公"？. 科技潮. 1999 (4).

切。① 根据欧盟执委会关于数字鸿沟的调查报告，2004 年一季度，中学以下教育水平者的上网率只有 25%，完成中等教育者的上网率为 52%，高等教育学历者的上网率达 77%。② 国外相关调查表明，那些不能上网的人往往是最需要上网并利用公共信息寻找工作、申请资助以及其他服务的社会弱势群体。③ 因此，提高国民的信息素质和信息获取能力，是扩大信息获取、促进信息共享的必然选择。各国都十分重视信息教育的普及，如欧盟在 2003 年底以前让在校学生了解数字文化，创建教育网站，编写网上教程，让每个劳动者接触数字文化。韩国国家信息技术知识的培训对象不仅覆盖在校学生和在职员工，而且还包括了家庭主妇和边远地区人口。

4. 公共信息资源配置的政策环境差异

作为制度安排，公共政策具有调控公共信息资源配置的导向功能，健全合理的政策规范是实现公共信息资源配置的制度保障。从公共信息资源的生命周期来看，相关的政策法规应涵盖如下内容：信息资产保护、信息公开、信息搜集、信息生产加工与保管检索利用、信息传播行为与过程管理以及公民信息权利保护、社会信息网络及信息共享、信息安全、各类信息冲突以及信息利益的协调等。

在不同政策环境背景下，公共信息资源配置的实现条件和结果会有较大的差异，因为不同的政策制度催生了不同的公共信息获取途径和渠道，直接影响到公共信息的供给质量和数量。据欧洲委员会估计，从金融、旅游到地理数据等一系列由公共机构掌握的大量信息，共计价值 680 亿欧元。然而，欧盟各国不同的法律及各种实施办法，阻碍了出版商在这个市场的发展。④ 无独有偶，我国证券

---

① http://www.shcia.org.cn

② 欧盟公布数字落差报告，南北欧有差. http://www.find.org.tw/find/home.aspx? page = news&id = 4014. [2005-11-17].

③ Paul T. Jaeger, Kim M. Thompson. Social information behavior and the democratic process: Information poverty, normative behavior, and electronic government in the United States. *Library & Information Science Research*, 2004 (26).

④ 艾茂林. 欧洲委员会试图减少获取公共信息的障碍. 国外出版展望. 2002 (14).

市场上的信息操纵问题、会计信息失真问题如"中科创业股份操纵案"等都说明了现有的信息资源管理政策还存在着信息垄断和寻租的可能，政策效果差。不仅如此，宽松的政策环境还会激发人们公共信息资源获取的动机，激励社会主动利用信息。

5. 信息市场的发育及成熟程度

在现有条件下，市场也是公共信息资源配置的重要手段，一方面，公共信息资源的生产开发需要耗费大量的时间、人力和金钱，属于高成本物品，"真正达到信息传播的有效性的标志是信息能为大众免费取得。但实际上这种有效总是有折扣的，免费只能是一种理想的状态"①，信息资源的稀缺和需求的个性化为信息市场的发展创造了条件。另一方面，从经济角度考虑，任何个体的信息获取行为都要借助一定的载体，花费一定的时间精力乃至金钱，信息资源的市场配置始终在以显性或隐性的形式发挥作用。美国教育统计国家中心的研究报告指出，美国学生的网络利用情况与父母收入状况正相关，低收入家庭的学生中只有41%可以联网，而高收入家庭的学生中有74%可以联网，这表明经济承受能力不同的人获取公共信息资源的能力以及数量、质量也是有差别的。② 非洲贫困国家的普通公民与发达国家的公民在公共信息资源利用能力上有着天壤之别。

（三）公共信息资源配置效率的测定标准

简单地讲，经济学意义上的资源配置效率就是帕累托效率，即对于某种经济的资源配置，如果不存在其他可行的配置，使得该经济中的所有个人至少和他们在初始情况一样良好，而且至少有一个人的情况比初始时更好，那么，这个资源配置就是最优的。其实，在现实生活中，由于信息不对称和人的有限理性等因素限制，真正

---

① 李蓉. 关于信息资源共享与知识产权保护的制度均衡. 国外社会科学，1998（3）.

② 袁勤俭. 数字鸿沟的危害性及其跨越策略. 中国图书馆学报，2007（4）.

的帕累托最优只是一种理想状态，各种资源配置方式也只能是次优选择。

公共信息资源配置不同于一般的资源配置行为，它既要追求以一定量的投入获得符合社会需要的最大产出（公共信息资源的经济收益），即资源配置的效率原则是围绕公共信息需求以改善公共信息资源结构和提高公共信息产品质量、品种为前提的。同时，也强调公平效应和导向效应，公平的内涵并不是要求每个人都要同等量地占有公共信息资源，而是要确保每个人平等获取利用公共信息资源的机会，通过某些优先公共信息资源配置的放大效应来带动个别地区（如老、少、边、穷地区）的超速发展进而实现公共信息资源的均衡配置，创造全社会公平利用公共信息资源的机会。

简要地讲，测定公共信息资源配置效率的主要标准有：

（1）公共信息资源配置机制是否能够满足公众信息需求、保障公众信息自由、实现公共信息获取的平等，即追求社会经济福利的最大化。公共信息资源配置无论是实践、空间矢量上的配置还是品种、数量上的配置，都必须以公众信息需求的满足为依据，公众信息需求是影响公共信息资源配置的决定性因素。就实际结果而言，满足公众信息需求的程度越高，其资源优化配置的程度就越高。

（2）公共信息资源的个人收益率与社会收益率是否相等或相近，即公平与效率的实现问题。公共信息资源配置的核心问题是协调利益关系，一方面，公平性原则要求公共信息资源的配置能够确保每个信息利用者都可以平等地获取所需要的信息产品和信息服务；另一方面，在必要的公平性环境下，效率性原则又促使人们优先满足那些总是能够带来更大效益和价值的信息需求，因而需要以市场需求为导向，通过知识产权、著作权、商标权的维护与社会信息共享的协调来平衡不同群体的信息收益，实现公共信息资源效用价值的最大化。

（3）公共信息资源收益的外部性是否内部化。外部性的存在意味着有关公共信息资源的一些费用和收益不会被信息利用者考虑，也因此造成开发利用公共信息资源的动力不足，导致信息资源的浪费和效率的降低。而外在性的内部化就是使那些与外在效应相关的成本和收益都被有关主体考虑，形成合理的预期，其基本途径就是确立产权，据此确定各参与主体的行为和利益边界，使其对各自拥有的权利进行交易，促使公共信息资源流向那些最有效的使用者手中。

（4）公共信息资源的产出质量和社会信息共享程度是否提高。产出质量一方面是指公共信息资源的投资效率，突出投入后的产出数量，信息资源通过市场机制的作用，会流向那些最能实现价值增值的领域，这只是信息共享的基本条件；另一方面，只有符合用户需求的信息生产才能被社会接受，进而实现共享，因此，需要各类信息资源的生产加工部门根据公众信息需求决定公共信息资源配置的层次、内容及手段。

三、公共信息资源配置机制与模式

新制度经济学认为，市场、政府都是配置稀缺资源的制度安排。其中，市场处于基础性地位，基于平等原则，以价格信息为引导，通过谈判进行。另一种是基于命令—服从的政府体系，即计划手段。

（一）公共信息资源的非均衡分布

信息资源的分布（包括信息资源的种类数量与内容深度）既是一个自然状态，又是一个人为状态，一方面是指信息资源在地理空间上的分布；另一方面指在国家政治经济活动中信息资源在不同使用方向上的分配。后者可从两个层次来理解，一是信息资源如何分配于不同地区、不同部门和不同生产单位，也就是宏观层面的信息资源分布，其合理性表现在信息资源有效配置在适宜的使用方向上；另一是指在信息资源分配既定的条件下，一个地区、一个部门以及一个生产单位内部如何组织并使用信息资源，即微观层面的信息资源分布，其合理性反映在信息资源配置效率的最优化上。

由于公共信息资源的配置受社会政治、经济、文化和技术等因素影响，信息资源在不同地域、不同组织以及不同人群间公平均衡的分布只能是一种理想状态，现实生活中公共信息资源的分布以不均衡状态的形式呈现出来，即公共信息资源在不同社会主体间的分布是有差异的。

1. 公共信息资源的不完全分布

由于人们的认知和信息获取能力的差异以及客观环境条件的限制，同样的信息内容，对于不同的人群、不同的组织其理解和运用程度也各不相同，人们难以掌握和充分利用完备的公共信息资源。

一方面，人类对事物的认识只能处于相对真理状态，不可能达到绝对真理境界。由于对 SARS 病毒致病原理认识的不全面，非典初期人们无从防范，难以找到可行的治疗方案，导致大批的患者死亡，表明将个别的数据案例转化为对全社会有用的公共信息资源还有一段距离，需要信息能力与专业能力的有机结合。另一方面，即便存在着完全充分的公共信息资源，但受社会信息流通渠道、政府信息公开程度以及个人获取能力的制约，普通用户也难以掌握完全的公共信息。如非典初期，我国部分省市为维持社会稳定采取了封锁信息的做法，在正当的信息渠道不能履行信息职责时，社会就会谣言四起、人心不稳，给政府防治非典造成被动。但 2003 年 4 月 21 日，我国政府举行关于 SARS 的新闻发布会后，形势发生了转变，兰德公司的调查表明，市民相信非官方消息的比例从 31% 骤然降至 19%。① 此案例说明，公共信息分布的不完全程度越高，用户获取信息的要求就越迫切，越需要有正当的信息渠道来疏通引导。

2. 公共信息资源的不对称分布

主要指公共信息资源在不同信息主体间的分布差距，包括三种情况。一是公共信息拥有者主要是政府信息部门与广大用户之间公共信息资源分布的不对称，其中，信息公开程度决定了不对称的程度；二是不同信息管理机构之间的公共信息资源分布不对称，如政

---

① 郑力，等．突发公共卫生事件信息共享对策研究．中华预防医学会预防医学情报专业委员会第十四届学术交流会论文．

府决策部门与执行部门之间的信息不对称，不同政府系统之间的信息不对称，主要受制于部门间信息共享程度；三是不同阶层、不同群体用户之间公共信息资源分布的不对称，表现在用户职业间、年龄间、性别间以及兴趣和受教育程度不同而在公共信息需求上的差异，受社会信息服务状况的影响。

从表象上看，公共信息资源的非均衡性分布是由用户认知及信息获取能力差异导致的，而隐藏在其后的深层次问题则涉及公共信息资源管理制度设计与实施效果，要维护社会信息公平，实现公共信息资源的均衡配置就必须从公共信息资源管理制度如信息产权制度、信息公开制度、信息开发制度等的调整入手。

（二）我国公共信息资源的分布状况

对公共信息资源分布状况的考察可从时间、空间的不同维度去全面地认识和了解其分布规律，由于政府掌握的信息资源占据了社会信息资源的绝对多数，从政府网站信息资源的分布特点可以推导、把握公共信息资源的分布规律。

1. 公共信息资源的时间分布

时效性是信息资源的重要特征，"网页或数据库记录更新速度越快说明网络信息资源的老化速度就越快，网络信息资源的质量就越好"。① 政府网站建立的时间、网页更新的周期等因素可以在一定程度上反映公共信息资源总量与品质的变化趋势。

根据 2005 年中国互联网络信息资源数量调查报告，从政府网站各类信息更新情况来看（见表 3-1）②，经常更新的公共信息主要是政府信息、企业/行业信息和统计数据/资料查询信息，一方面这些信息内容具有很强的实时性，其信息价值表现在某个固定的时间段内，时效性要求高，对更新速度有明确要求。一旦超过一定的时间期限，则配置无效。同时，办事指南、部门信息因总体内容趋向

---

① 马费成，裴雷. 网络信息资源的分布规律. 情报科学，2003（11）.
② 2005 年中国互联网络信息资源的数量调查报告. http://www. cnnic1. net/ download/ 2006 ［2006-05-16］.

稳定，时效性较弱，更新要求不高，说明不同类型的公共信息资源，其生命周期也各不一样，要保证信息资源配置的时效性，就必须准确把握公共信息资源的生命周期。另一方面，在政府网站中，除上述信息类型外，时效性要求较高的信息类型还有许多，如便民生活/住行信息、办事指南、表格下载等都是公众日常学习工作和生活所必需的，也需要实时更新，但并没有排在前列。2005 年，中国政府网的调查结果揭示，用户访问政府网站的主要目的依次是了解国家大政方针、反映民情民意、了解经济社会发展状况、查询法规文件、浏览政务信息等。同时，浙江、河北的网民认为政府网站最需改进的是网站功能和网站内容。① 政府网站不同类型信息更新情况与用户需求的不匹配反映了政府公共信息资源管理中以政府为中心的思想，即在信息资源组织中更多以政府导向为指导，而不是用户导向原则。

表 3-1　　　2005 年中国政府网站各类信息更新情况排名比较

	第一名	第二名	第三名
每日更新的网站	政府新闻 36.4%	企业/行业经济信息　22%	统计数据/资料查询 16.9%
每周更新的网站	企业/行业经济信息　22%	政府新闻 10.6%	其他信息　10.5%
每月更新的网站	其他信息 15.8%	便民生活/住行信息　11.9%	统计数据/资料查询 8.5%
每 6 个月更新网站	办事指南/说明 5.6%	部门介绍、统计数据/资料查询 5.1%	企业/行业经济信息 4.9%
不固定更新的网站	政府通知/公告 74.2%	法律法规/政策/文件　72.2%	办事指南/说明 55.6%

---

① 张新红．2005 年政府网站建设综合评价．//2006 年中国电子政务报告．社会科学文献出版社，2007．

从政府网站各种服务的更新周期来看,排在前列的是在线交流论坛/BBS、网上审批、在线岗位/职务申请、网上招标、办事进程状态查询等服务,这既表明政府与公众信息互动交流程度的改进,也预示着政府公共信息服务时效性的提升。因而,就会吸引更多的用户关注政府网站,参与到网上论坛、BBS 等交互式服务栏目中,信息服务与公众信息利用开始向良性循环的轨道发展。同时,政府网站网页数量和网页字节数量的迅速增长也表明我国政府网站公共信息资源总量在增加,但距离公众需求以及与发达国家的政府网站相比,其广度和深度还远远不足。

2. 公共信息资源的空间分布

公共信息资源的空间分布可从信息资源的地域分布、行业分布的角度来判断,代表了信息资源分布的集中—分散程度和信息共享水平。我国政府网站的空间分布情况表明公共信息资源的空间分布呈明显的不均衡状态,这种不均衡既表现在东部、中部与西部不同省份之间,也在城乡差异、职业分布差异、组织机构的层级差异中有所反应,说明促进信息共享、缩小数字鸿沟差距的形势依然严峻,显然不利于公共信息资源的获取利用。

(1)地区分布的不平衡

从政府网站的普及情况看,东南沿海经济发达地区,政府门户网站所占比例很大,江苏、浙江、山东、广东是我国政府网站整体水平最高的省份,集中了全国 85% 以上的领先网站。不仅政府网站的地区配置,而且网站信息公开、公共服务等绩效差距突出,根据 2004 年中国政府门户网站发展比较研究报告,东部地区的省、地、县级政府门户网站绩效分别是西部地区的 1.5、1.6 和 2.3倍。① 特别是在县级政府网站绩效比较中(见表 3-2),地区差距悬殊,具有明显的由东向西渐次递减的迹象,不仅反映了政府公共信息资源地域分布的极不平衡,而且也揭示了内在的深层次原因,如政府网站建设用户导向意识的薄弱、信息公开的不足以及公共信息服务能力的欠缺等阻碍政府公共信息资源开发建设的因素。

---

① 赛迪顾问股份有限公司. 2004 年中国政府网站绩效评估报告.

表 3-2　　　**2004 年我国不同地区县级政府门户网站绩效的比较**

	东部	中部	西部
公共服务	0.18	0.09	0.07
政务公开	0.3	0.23	0.14
客户意识	0.2	0.14	0.09
平均绩效	23.3	15.4	10.1

（2）行业分布的不平衡

我国政府公共信息资源发展的行业性结构差异主要体现在以下两个方面：一是根据第 18 次中国互联网络统计报告中网站的类别分布，.cn 下的网站数占网站总数的 43.14%；.com 下的网站数占网站总数的 44.17%；.net 下的网站数占网站总数的 9.14%；.org 下的网站数占网站总数的 2.15%。[①] 上述数据说明我国公共信息资源来源的多元化，同时，公共信息资源的网络配置以企事业单位和政府为主，尽管企业固然有源于信息发布和营利需要的动机，但也说明我国公共信息资源行业分布的离散性，大量的公共信息资源散落在政府机构、企事业单位、民间组织，呈无序分布，需要政府相关机构的大力整合。二是从在线数据库分布比例来判断[②]，公益性机构、政府部门等均重视数据库建设，在线数据库占网站数的比例较高（见表 3-3），同时，从数量背后反映的信息内容来看，主要属于经济类、商业和金融类、企业类、政府类信息，集中于新闻、产品信息查询等方面，用于科教文卫的公共信息资源相对较少，且用途单一，难以满足多种类型用户的需求。

---

① 中国互联网第 18 次发展状况报告．http：//www.cnnic1.net/uplo a dfile s/doc/2006/7/19/1036011.doc

② 2005 年中国互联网络信息资源的数量调查报告 1 http：//www.cnnic1 net/ download/ 2006 ［2006-05-16］.

表 3-3　　2005 年我国政府网站在线数据库分布比例的比较（%）

网站类型	政府网站	企业网站	商业网站	教育科研网站	个人网站	其他公益性网站
占在线数据库的总比例	9.4	50.4	4.5	6.4	21.5	7.3
占各类网站数的总比例	36.3	22.3	31.7	25.1	24.8	37.8

③机构层级分布的不均衡

从第五届（2006）中国政府网站绩效评估结果看，目前，我国政府网站的平均拥有率已达到 85.6%，其中，部委网站的拥有率为 96.1%，与 2005 年持平；省级政府网站拥有率达 96.9%，除西藏自治区外，其他省、自治区、直辖市都有了各自的政府网站；地级市政府的网站拥有率为 97.0%，县级政府网站拥有率为 83.1%。同时，在政府网站绩效的对比中，省级政府网站和中央政府网站的平均绩效最高，地级市位于中间，县级市最低。① 这些数据排名进一步说明当前我国政府网站普及率、内容丰富度以及服务深度广度上的层级性落差，也暗示了公共信息资源分布和利用的倒金字塔形层级结构，一方面，大量的公共信息资源集中在中央和省市政府一级，基层公共信息资源拥有的总量不足；另一方面，网站绩效的由高到低意味着政府信息公开程度、公共信息服务水准也按照层级结构体系逐级下降。基层公共信息资源拥有量的不足、信息公开的欠缺以及服务的薄弱反过来会抑制用户数量的扩大，降低公共信息服务的辐射力。

从我国不同类型网站每日页面访问情况的横向比较来看（见表 3-4），政府网站的访问情况一般，不及其他公益性网站，暗示着政府公共信息资源管理水平相比社会其他组织如公益性组织等还有一段距离，政府网站对公共生活的影响以及公众的认可接受还有

---

①　政府网站拥有率提升 满意度有待提高．中国电子报，2007-01-16．

一个时间过程。可见，尽管我国公共信息资源的建设已经形成了一定的规模，且在内容及深层次的信息开发与针对性服务中取得了长足的进步，但在时间、地域以及行业、层级分布上并不均衡，都呈现出一定的波动性和较强的对比反差性，反映出公共信息资源的质量和结构调整与资源整合都有待加强。

表 3-4　　我国不同类型网站每日页面访问情况的比较（%）

	政府网站	企业网站	商业网站	教育科研网站	个人网站	其他公益性网站	总体
50 个以下	17.6	51.5	27.3	36.2	35.5	7	39.6
51~200 个	29.4	23.5	15.6	29.8	20	23.3	22.5
201~1000 个	31.4	16.4	22.3	17	21.6	30.2	20.2
1001~5000 个	11.8	5.1	6.8	4.3	12.3	18.6	8.8
5000 个以上	9.8	3.5	27.3	12.8	10.6	20.9	8.8

（三）信息公地悲剧与公共信息资源配置

经济学上的哈丁"共享悲剧"在公共信息资源管理领域依然存在，假定有一个免费开放的公共信息领域（如政府信息公开共享领域、档案开放领域），为争取更多的现实利益（社会影响、经济收益、上级认可等），每个信息部门都想在这个公有领域内开发更多的数据库、软件产品等，几乎都站在单个部门角度盘算："我再开发一个新系统会有什么收益呢？"结果无外乎正反两个方面。

第一种情况是因为这个信息机构可以完全占有新的信息系统交易后的所有收益，得到了全部正面效应，等于 +1。

　　第二种情况是新的信息系统开发导致公共信息服务的过度商业化，信息市场消费萎缩，不能获得预期收益，但这个收益损失并没有完全分摊给单个信息机构，而是分散了目标客户，转嫁给公共信息领域内的所有信息机构，单个信息机构的负面效应只是整体负面效应－1的极小一部分。

　　正负两方面相比，对于单个信息机构而言，继续开发新的信息系统自然对自己有好处，于是，在利益驱动下，各个信息机构纷纷加入信息系统开发大军。悲剧由此引发，在信息市场中，各个信息机构都在公开与共享的公共信息资源领域追逐自己的利益，但却导致了意想不到的后果，即信息的公开与共享并没有给信息机构带来预期的收益，却因同类竞争的加剧陷入信息经营困境。与普通公地悲剧所导致的共享资源的毁灭相比，信息公地悲剧不仅会导致公共信息资源的掠夺式开发，造成大量的信息浪费，而且还可能在新技术的帮助下形成新的信息封锁（如网络上通行的付费即时浏览），产生大量的信息垃圾分散公众的注意力。也有人提出，随着越来越多的公共信息以数字化形式出现，信息共享的目标就显得越来越渺茫，因为有知识产权的保护，信息共享的范围会越来越少，公众可以自由获取的信息也越来越有限。

　　可见，个体理性、短期与局部利益等因素的存在，使得公共信息资源没有排他性的所有权极易在信息市场中造成过度开发等问题的出现，单纯的市场制度难以保证公共信息资源开发建设的有效性，政府与非营利性社会信息机构的介入是优化公共信息资源配置的必要手段。要特别指出的是，尽管公共信息资源的产权可以分解和转让，但公共性本质特征决定了公共信息资源产权的终极所有权仍然属于全体社会公众，因此，其产权分解和交易过程中转让的只是一部分或者形式上的所有权以及由所有权派生的各种行为权利，这也决定了公共信息资源市场配置的不完全性。

（四）公共信息资源的市场配置

1. 公共信息资源市场配置的理论基础

经济学家认为，市场是资源配置的最佳选择，市场机制能够按照最优化原则通过供求关系、价格、竞争之间的相互作用相互制衡来推动各种资源的合理流动与分配，提高资源的使用效率。由于"公共部门所提供的许多服务基本上具有市场的特质"①，公共信息资源的市场化配置便有了可能。

长期以来，人们都认为公共信息资源应该无偿获取，直至 20 世纪 70 年代，才出现了由无偿获取到有偿使用的转变趋势，1977 年美国图书信息界经过激烈辩论，一度以 96 票对 36 票的压倒多数否决了《免费获取信息的决议》，公共信息资源的市场化配置开始成为人们提高公共信息资源利用率的选择路径之一。1995 年世界银行的分析报告指出，在公共物品的提供方面，私有的产权安排对于提供者的激励远远优于公有产权的激励。当然，公共信息资源本身的复杂性和性质变化的动态性都说明公共信息资源的配置方式不应该是一成不变的，而应根据具体的公共信息资源所具有的非竞争性和非排他性的范围、程度以及信息技术发展水平动态地选择配置方式。

1996 年在瑞典首都斯德哥尔摩欧盟各国召开了题为"获取公共信息——产业增长和电子化民主的关键"的国际会议，与会专家普遍认为，公共信息是一个新的经济增长点，公共部门在许多领域都是最大的，也是唯一的生产者；为提高效率，公共部门应更多介入信息市场，并以比私营机构低得多的价格提供电子信息服务。可见，公共信息资源的公有产权与市场化配置之间具有一定的相容性，产权明晰的过程实际也是信息市场发育、建立和成熟的过程，市场配置有其现实基础和实现可能。

其一，公共信息需求的广泛性、多样性和动态性需要有多样化的资源配置方式与之相适应，市场化模式在公共信息资源的深层开发与个性化服务等方面具有得天独厚的优势，是其中的必然选择。

其二，相对于公共信息需求的无限性，现代社会公共信息资源数量和种类的稀缺预示着市场介入的可能。

---

① ［美］盖伊·彼得斯. 政府未来的治理模式，吴爱明，夏宏图，译. 中国人民大学出版社，2001.

其三，公共信息资源的不同类型和特点与适用范围决定了要有不同性质的运作管理方式，不能采取"一刀切"的方式管理和配置信息资源。

其四，不同产权性质的主体在参与公共信息资源开发建设中表现出的生产能力和发展潜力的差别也需要有灵活多样的管理体制与运行机制来激发活力。

其五，抛开社会信息化程度和政府公共信息服务能力的影响，在市场经济时代，作为信息产业链条上重要组成部分的公共信息资源开发利用同样不能脱离整体市场环境的作用而自成体系，成熟的市场制度、健全的市场体系，尤其是信息市场的有序发展，使围绕公共信息资源搜集、加工、咨询、服务内容的部门会逐渐发展成庞大的公共信息资源开发利用产业（见图3-1）。

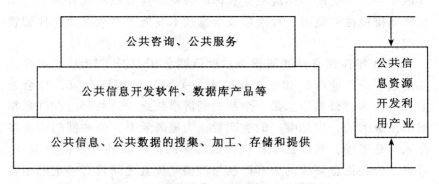

图 3-1   公共信息资源开发利用产业结构图

同时，公共信息资源本身消费上的非排他性、收益上的竞争性和较大的私人交易成本等特点决定了公共信息服务上必然存在着供不应求的矛盾，会出现超消费、搭便车等现象，造成公共信息资源有效供给的不足，市场不失为解决上述问题的明智选择。

2. 公共信息资源市场配置手段

公共信息资源的市场配置就是通过市场机制对公共信息资源生产开发的自组织过程实现的。市场对公共信息资源进行配置的动力和约束条件是寻求公共信息资源效用最大化的内在需求与投资生产公共信息资源获取最大化利润动机相结合。公共信息资源配置是一项高投入、高产出、高风险的活动，市场机制可以充分调动参与各方的积极性，有其作用空间，尤其是公共信息资源的微观配置主要通过市场机制的引导和调节进行，并以供求机制、价格机制和竞争机制为表现形式。

（1）供求机制

供求关系就是公共信息资源的可供量与社会有支付能力的公众信息需求量之间的比例关系，是公共信息资源的生产和消费关系在市场上的集中反映。公共信息资源管理的最终目的在于促进公共信息资源的充分共享，提高信息资源的效用价值，最大限度地满足社会不断增长的公共信息需求。这就决定了开发建设公共信息资源的立足点和着眼点在于公共信息需求，而公共信息需求也是市场配置公共信息资源的起点和终点，供需关系促使各类公共信息资源管理主体要关注、了解和调查信息市场的供求变化，根据信息商品数量和价格间的关系来组织信息商品的产销，使信息商品的规模、结构、档次、质量、数量、销售、服务内容以及替代商品等与市场的需求大致平衡，并随市场的变化而变化。同时，为保持竞争优势，管理主体还要具有超前意识，准确预测信息市场的变化趋势，最大限度地引导市场，满足多方面的需求，以获取尽可能高的利润。

（2）价格机制

价格机制是公共信息资源配置过程中最灵敏最有效的杠杆，公共信息资源的价格是公共信息资源的产权价格。在信息市场中，公共信息产品的价格上升，可能会降低公众信息消费，供给大于需求，生产者就会降低对公共信息资源的投入，资源配置的速度和数量就会降低，信息资源就会流向其他能够实现其效用的信息产品生产中。可见，价格信号的变动是价格机制对公共信息资源流向及需求量与潜在供给量变动的灵敏反应，是供求机制的作用结果。西方经济学资源价值确定的依据是资源的效用，以此标准，公共信息资源价格的确定应由公共信息资源的供求关系和开发利用成本来决定。

但在现实中，公共信息的价格确定是十分棘手的事情，公共性的本质决定了公共信息产品是一种特殊的商品，其价格确定的前提应该是尽可能满足大多数用户的信息需求，按照市场交易规则，这些用户必须愿意消费并具有消费能力。毋庸置疑，完全以成本（信息的生产设备、人员、资金投入等）加利润的定价方法必然会导致公共信息产品价格偏高，用户无力消费，出现无人购买现象，并由此引发一系列信息公平问题。所以，有必要对公共信息资源的市场价格进行一定的控制，目的是在保护公众信息利益的前提下，鼓励各类组织参与公共信息资源开发，维持社会信息的供需平衡。一方面控制价格促使各市场主体节约开支降低成本；另一方面，又通过适度价格水平的保持调动各主体的积极性、防止用户的信息浪费。

具体的价格确定需要遵从政府部门的指导规制，可供选择的定价模式包括成本定价、差别价格、合理收益定价、价格上限等。实质是根据信息产品公共性程度、市场稀缺程度以及社会效益情况等多种因素分门别类，分别采用完全的、不完全的市场价格策略。

值得注意的是，部分公共信息资源的免费使用同样也是价格机制发挥作用的特殊形式，如一些信息经营性组织也会加入城市公共建设信息的免费发送行列，但除了提供城市公共基础设施信息，如交通、商业、旅游等外，还会掺杂一些与之相关的商业性广告，如演艺广告、房地产广告、餐饮服务广告等，免费发送信息的成本被广告收入抵消。在图书馆，争取免费使用或充当数据库生产商的经销者已经开始成为图书馆网络信息资源配置的一种新形式。

要实现公共信息资源的市场配置，就必须符合市场经济主体的成本收益要求，即解决公共信息资源利用的收费问题。对此，可行的途径有两条：一是从排他性技术操作入手，真实地显示用户公共信息资源的实际利用情况；二是从制度安排入手，使用户公共信息资源的消费与收费尽量接近。即便如此，政府仍需在市场机制中发挥重要作用，如利用政府权威性明晰公共信息资源的产权，向相关信息企业提供一定的补贴和政策优惠以弥补公共信息资源开发的高成本，非营利性特点以及对信息企业的必要规制，以保护公众利益等。

（3）竞争机制

"竞争有两个重要的经济功能：选择和激励。"① 竞争机制主要作用于市场机制的主体之间，竞争关系的展开形成了资源的配置过程，反过来又调节供求关系，使资源在组织内部及组织间进行合理配置。

在公共信息资源的国家宏观调控下，公共信息资源的生产者、投资者可以通过与政府合作、签约、申请许可证等形式参与公共信息资源的开发建设，通过瞄准信息市场需求，密切注视竞争对手的市场行为，并随行情变化而调整自己的信息生产经营策略，使得资本、信息、劳动力等要素在生产者内部实现效用的最大化。但就实际运行而言，公共信息市场的竞争并不完全，政府及其所属的国有企事业单位凭借其身份优势、设备优势、专业优势等可优先获得公共信息资源的市场经营资格乃至垄断经营特许。

一般而言，竞争主要集中在四个层面，一是政府系统内部不同部门之间的竞争，即压缩公共信息政府部门占有的空间，促进不同系统、不同部门间政府网络的互联互通，实现公共信息交换，不断降低和杜绝公共信息资源开发上的各自为政、信息资源归属上的部门所有现象，建立统一的政府部门信息管理绩效考核机制，调动各部门公共信息资源开发积极性；二是国有企事业信息机构之间的竞争，通过国有企事业信息机构的改革，推行政事、政企分离，不断扩大国有信息机构经营管理的自主权，通过公共信息资源的项目管理和政府采购等办法参与竞争；三是国有企事业信息机构与私营信息企业之间在信息市场中的竞争；四是私营信息企业之间的竞争。后三者主要通过政府招标的方式将一些公共信息资源的开发建设和提供等业务承包给不同信息机构，形成不同主体的竞争，以提高公共信息服务的供给质量和效率。

总之，在现有社会环境中，解决公共信息资源开发建设问题的有效方式就是通过公共信息资源的合理定价和有偿使用，实现公共

---

① ［美］约瑟夫·E. 斯蒂格利茨. 社会主义向何处去——经济体制转型的理论与证据. 周立群，等，译，吉林人民出版社，1998.

信息资源的有效配置。市场配置公共信息资源，不仅激活了作为主体的基层公共信息资源生产者的潜力，而且还能够根据公众信息需求和投入产出确定公共信息资源开发的内容与形式，把分散于社会中的政府、第三部门和企业等信息机构联合起来，一方面为公共信息资源的交换提供了场所，另一方面也是通过公共信息服务的开展促进了不同信息资源提供者之间的竞争性合作，从而提高了国家公共信息资源的总体供给水平。

阿罗指出：由于信息的公共商品特性，无论是在完全竞争还是在垄断市场结构下，其产出水平都将低于社会最优水平。① 市场运作的基本条件是有明晰的、排他性的、可转让性的产权结构。由于公共信息资源产权界定的特殊性，信息产品的易扩散性和低复制成本，导致公共信息资源在市场化运作过程中需要有很高的维护成本来防止"搭便车"行为，投资者和生产者的成本往往无法通过市场机制得到有效补偿，市场配置始终处于不完全状态，外部效应是市场失灵的一种主要表现。同时，公共性特征所带来的公共信息资源产权界定的模糊往往会使生产者在激烈的竞争压力下采取有违公众利益的短期行为，如以拍卖形式将高考成绩查询权转让给经营性的公司等行为表明，在公共信息资源配置问题上，市场机制的作用是有限的，完全的市场机制并不能解决公共信息资源开发利用与社会经济文化长远发展之间的有效衔接问题，难以保证公共信息资源全社会共享目标的实现，需要通过合作博弈共利共损、产权权属重置以及必要到税收管制等一系列手段来规避市场风险。

（五）公共信息资源的政府配置

经济学家斯蒂格利茨指出："只要承认信息不完全，那也就应该承认市场不能通过自己的机制实现经济的高效性，一定需要政府

---

① K. J. Arrow. *Economic Welfare and the Allocation of Resources for Invention.* // Reading in the Economics of Industrial Organization. New York：Holt, Rinehart & Winston，1970.

干预，这就预示着政府要扮演重要的角色。"① 公共信息资源在社会发展中的独特地位及特点决定了政府必然要在其资源配置中发挥重要作用。

1. 公共信息资源的政府提供方式

在公共信息资源管理领域，政府是以投资者、调节者、管理者和生产者等不同身份出现的。从生产主体角度划分，政府提供公共信息资源包含了公共信息资源的政府生产和政府组织生产两种重要职能形式，只是我们在观念和习惯上往往把公共信息资源的政府生产与政府组织生产完全等同。前者可按照层级结构的不同在中央政府、地方政府之间进行一定的分工。后者意味着以政府委托的方式，通过签订合同、授权经营、政府资助等形式，由一些事业单位和企业来承担公共信息资源的生产开发任务。其目的并不在于促进公共信息资源管理的市场化，而在于克服现有公共信息资源生产和供给的非效率现象，其活动范围仅限于部分强竞争性准公共信息资源，且不得以营利为目的。

区分公共信息资源政府生产与提供的目的并不在于减轻政府公共信息资源管理的压力，而是借此说明公共信息资源的政府提供并不意味着生产和提供环节的政府垄断，同时也包括了不同类型组织参与政府公共信息资源管理的权利。政府公共信息资源管理所面临的问题并不是应否直接生产加工和提供公共信息，而是如何更为有效地提供尽可能充分的公共信息和公共信息服务以及如何根据不同性质公共信息资源的特性规范其生产和供给。

2. 公共信息资源政府配置的内容与形式

有效的政府及其公共信息资源管理体制是与资源的稀缺程度和信息市场的成熟程度相适应的。在市场机制失灵或私有化产权运行交易成本过高时，政府不可避免地要直接参与公共信息资源配置并发挥主导作用。与市场机制借助价格、供求关系等配置资源所不同的是，政府借助政策导向工具、财政扶持工具以及税收优惠工具等行政手段、法律手段和经济手段配置公共信息资源，所关注的领域

---

① ［美］斯蒂格利茨．我的经济学人生．新华文摘，2004（4）.

和作用的目标主要体现在：

（1）充分发挥公共政策的信息资源配置功能与导向作用，推动公共信息资源建设

公共信息资源配置始终围绕着政府信息政策的制定、执行、修改而进行着，在实践中，各国都通过制定有关的政策和相应的立法，从不同层面和不同视角采用各种手段和方法，来促进和规范本国的公共信息资源管理。如俄罗斯的《国家信息政策构想》、欧盟的《公共部门信息再利用指令》、英国的《跨世纪信息化计划纲领》、法国的《社会信息化行动纲领》、德国的《拥抱因特网计划》等均以"计划纲领"的形式表达了各国信息化建设的总体目标和信息资源管理策略，以推动全社会公共信息资源的开发。

（2）加强信息资源立法，促进公共信息资源的全面共享

公共信息资源的有效利用和开发是以信息内容为核心的公共信息服务的基础，因而，通过信息资源立法，可有效规范和促进政府公共信息资源的全面共享、社会公共信息资源的有效传播和使用以及公共信息资源的市场流通等。在此思想指导下，美国、加拿大、瑞典等国均制定了《信息自由法》、《信息获取法》等有关政府信息的法律规范，日本制定了《科技信息中心法》，从法律上明确了政府对信息科技资源开发利用和宏观管理的职责，而美国图书馆和信息科学全国委员会1990年通过的《公共信息准则》确保了公共信息的传播权、使用权以及其他相应的权利，2005年英国的《公共部门信息再利用规则》不仅明确了公共信息蕴含的巨大商业价值和新技术带给公共信息增值利用的巨大潜力，而且对于公共信息市场开发的条件、程序、收费等问题进行了具体规定。此外，政府还可以运用法律手段通过授权以及实施配额利用、许可证、开业许可等形式，确定那些无法实行排他性的公共信息资源的产权，以便部分公共信息资源有偿使用制度的推行。

（3）直接提供公共信息服务，辐射和带动社会整体公共信息资源建设

作为公共利益的代表，政府负有向公众提供公共信息服务的职责和义务，同时，政府所拥有的庞大的统计资料和积累的大量数据

本身就是有待开发的信息资源宝库，通过深层次加工后，例如综合性的行业信息和市场信息等不仅是社会所急需的有价值信息服务，可产生巨大的社会经济效益，而且这种可以将潜在资源变成现实经济效益的公共信息服务还可以起到无形的典范和放大效用，吸引更多的企业和第三部门组织参与公共信息资源的开发建设。

（4）加强信息基础设施建设，引导公共信息资源消费

信息基础设施建设是进入信息化社会的最基本条件之一，是决定公共信息资源管理与开发利用的关键，同时也是一项耗资巨大，短期内投资回报难以收回的基础性工程，其本身的排他性和外部性特征决定了私人部门参与建设的有限性，政府必须在信息基础设施建设中发挥主导作用。如美国政府在实施国家信息基础设施行动计划时，确定了"重点建设数据库，促进信息资源开发和利用"的发展战略，成功引导了其他行业和民间组织对信息资源开发利用的积极参与。同时，除了具有促进社会信息化程度全面提高的功效外，信息基础设施建设还具有显著的经济辐射和带动作用，可进一步拉动公众的信息需求，有效培育社会的公共信息消费。

（5）普及教育和支持科学研究，提高全社会信息素质

在现代社会，教育和科学研究在社会信息化进程中的作用日渐突出，各国政府纷纷把加强信息教育和投入科学研究作为推进信息化建设的重要举措。如日本针对自身不足长期采用官、产、学联手合作的科研体制，使高新技术成果迅速转化为现实成果，成功推动了本国信息产业的发展。德国政府"全体上网"的10点赶超计划里包括不断扩大信息产业的职业培训岗位，各地劳动局的"互联网驾驶证"培训班，给失业者开办使用互联网的知识普及班等做法有效促进了公众信息素质的提高。

（6）规范管理，营造公共信息资源开发建设的良好社会环境

现代意义上的公共信息资源优化配置实际上也是政府信息管理职能向社会和市场的有条件转移，是从以往直接生产和提供公共信息资源向宏观管理和监督以及高品质服务的转化，在此过程中，政府既要制定和实施公共信息资源管理的相关制度法规，加快内部管理体制改革步伐，为多元化参与创造公平、有效和竞争的发展环

境，也要在资金、税收、价格等方面采取得力措施吸引各方积极参与和监督公共信息资源的开发建设。

政府的上述公共信息资源配置职能并不是一成不变的，根据马斯格雷夫和罗斯托的公共支出结构发展模型，在经济发展的早期和成熟期的不同阶段，政府投资也经历了由高到低的依次递减过程，同样道理，在社会信息化发展的不同阶段，信息产业的不同领域，政府作用方式和所扮演的角色也是迥然不同的。20 世纪 60 ~ 70 年代，信息市场尚未完全建立，美国政府在公共信息资源管理方面发挥了典型的"示范"作用，由具体的政府机构直接参与公共信息的生产开发，如美国原子能委员会（现美国能源部）、美国航空航天局等政府机构出面组织并参与相关数据库的生产。但到 80 年代中期，随着信息服务业的发展壮大和公众信息需求的持续增长，美国政府就变原来直接参与信息资源配置为间接组织、宏观调控的资源配置方式。美国的经验告诉我们，在信息市场尚未发育完全，公众信息素质有待提高的情况下，政府必须在信息市场培育、构建、市场规则建立健全等环节发挥主导作用。而在信息化程度整体提升的大背景下，政府在公共信息资源配置中的作用就由"划桨"转变为"掌舵"。

就形式而言，政府提供的公共信息资源可分为政府直接生产和间接生产两类，由政府直接生产的公共信息一般是纯公共信息或自然垄断性较高的准公共信息，如国防、外交类信息以及制度性信息等既需要政府依照法定程序制定，也需要政府向社会公开传播；而公共信息资源的政府间接生产是指政府充分运用预算安排和政策安排形成公共信息资源加工生产的经济刺激，通过签订生产合同、授予专利经营权、政府参股和经济资助等方式吸引利益驱动的私人部门参与公共信息资源的开发建设。可见，公共信息资源的政府提供与政府生产在意义上并不是完全等同的，概念上的厘清有助于区分和确定公共信息资源生产和提供的不同主体，明确政府与第三部门等各种社会组织参与公共信息资源管理的权利，进而使我们从公共信息资源的政府独家安排转向政府、市场和社会相结合的多元安排，以提高公共信息资源管理的整体效率。

例:

比利时政府公共信息资源配置模式

在公共信息的采集上，除依托政府所属的国家信息中心和地方信息中心外，比利时政府还充分利用被称作"信息超市"的商业信息机构，通过付费的方式获取所需信息。对于政府所掌管的公共信息资源，则采取了分类开发管理的模式，以保证各类公共信息能够安全、有序、有效的流通、使用和管理:

（1）对涉及国家政治、经济、军事和社会安全的机密，按照"确保安全"的原则，采取严格限定此类信息在有限的政府核心部门流动的做法，由相关政府部门进行直接加工整理并按照组织程序传递，严禁进入市场。

（2）对气象、人文、自然、教育、卫生、体育等事关公众生活和社会发展的公益性信息，为体现"社会效益"原则，一方面把所掌握的这类信息无偿提供给社会，另一方面又鼓励各种中介组织、社区组织等第三部门积极开展非盈利性的信息增值服务，实现资源共享。

（3）对商贸、投资、金融、科技、人才、企业、经济等具有商业开发价值的公共信息，则按照"市场经济"原则，引入市场机制，允许商业信息机构在法律规范范畴内进行加工增值，实行有偿服务。

比利时政府的上述做法不仅充分调动了社会、市场力量对公共信息资源开发建设的投入，借助外在资源建立起了大容量、高水平的政府信息系统，而且第三部门和企业对政府信息资源的积极开发，如美国 Dialog 语言公司比利时分公司等一系列商业信息经营机构在政府公开信息基础上开展的各项增值服务，促成了鲜明的市场化与社会化相结合的政府信息资源开发模式的有效运行。同时，也以事实表明，公共信息资源的生产者并不一定都要由政府来充当，其他形式的主体同样可以加入这一行列，只是公共信息资源的提供管理需要由政府来全面监督负责。①

3．政府配置公共信息资源的缺陷

"由于公共机构尤其是政府机构本性以及公共物品的供求关系的特点，使得他们提供公共物品也难以做到高效，尤其是产生提供过剩公共物品和成本增加现象。"② 导致政府公共信息资源管理低效的原因很多，主要有：

（1）公共信息资源产权的法律界定不够明确

一方面，从政府与公众的委托—代理关系来看，尽管整体的公众是法律意义上的公共信息资源的最终所有者，但在现实中零散的以个体形式出现的公众却不能被当做真正法律意义上的初始委托人，法律并没有给予他们参与谈判和签约的权力，他们也无法在法律上约束政府信息管理行为，具体的政府机构和官员也就无须作出有关公共信息资源配置效率方面的承诺；另一方面，从政府行政系统内部公共信息资源的委托—代理关系来看，通过层级节制的纵向管理体制尽管可以将公共信息资源管理的权力层层委托逐级下派，但最后承担公共信息资源管理风险责任的部门和官员的法律关系并不明确，管理缺位现象难以避免。

在实际工作中，公共信息资源的搜集、整理、加工、分类、组织等需要花费巨大的人力、物力，是有成本的，但因涉及"公共"，对政府公共信息资源的利用过于强调无偿共享，信息资源开发建设的产权利益关系不明确，抑制了政府部门开发公共信息资源，推行政府信息公开的积极性。

（2）公共信息资源产权设定的科学性不足

一方面，公共信息资源的产权设定应根据公共信息产品的具体性质特征区别对待，不应采取整齐划一的统一产权政策。同时，需要有完全行为能力的产权主体，在政府信息职能部门、附属信息机

---

① 柳国炎．强化政府信息采集管理 发挥决策支持系统作用——比利时政府信息收集和管理体制及启示．信息化建设，2001（7）．

② 陈振明．公共管理学．中国人民大学出版社，1999．

构以及国有企事业信息单位之间责权利划分尚不清晰的背景下，产权激励机制就不能充分发挥作用。

另一方面，现有产权设置的重叠和委托—代理关系链过长。其中，产权设置重叠是指同一资源实体的部分产权被重复委托给不同系统的政府部门，导致权限范围相互重叠，部门之间相互干扰乃至侵权。例如政府综合办事部门和专业化的政府信息中心都拥有相当的公共信息资源的占有处分权，但在政府信息公开以及面向公众服务和信息深加工及应用等方面职能交叉重叠现象较多，具体的直接责任部门缺乏明确的规定。即使公共信息资源产权有明确的法律规定，但在政府行政系统内部，公共信息资源管理的委托—代理关系一般属于多级委托，随着委托—代理关系链条的增长，公众的监督成本也不断攀升，而政府并不是完全意义上的经济组织，在资源配置中并不能完全遵循成本与收益的比较，所要履行的手续远比私人部门复杂，所要花费的实施成本也明显高于私人部门，其产权配置效率就会不断降低。

（3）政府内在结构的缺陷

西蒙曾讲过，后工业社会的中心问题不再是组织起来提高效率，而是组织起来决策——处理信息，公共信息资源配置实际上是开放性信息资源的整合，需要打破系统界限，跨越组织、时空的限制实现公共信息资源的重组。然而，条块分割、各自为政的政府行政体制使公共信息资源的政府配置只能是单一系统内的科层式配置，难以实现充分的整合和共享。同时，在政府行为惯性的驱使下，一旦市场可以达成的交易而不恰当地选择了政府安排，则会导致公共信息的垄断性经营与封闭式管理现象共存，进而造成信息产品价格的非灵活性，出现公共信息资源供给的过剩或短缺。此外，由于从事公共信息资源管理的政府官员缺乏有效的竞争激励与考核机制，公众无法监督其行为，公共信息资源配置的低效和个人信息寻租行为在所难免。

公共选择理论认为，决策成本与参与决策的人数之间存在函数关系，参与决策的人数越多，决策成本就越高，庞大的官僚系统使政府公共信息资源管理的成本必然要高于私人部门，而这些费用基本上都是为保证政府各部门公共信息资源管理的正常进行而必需的开支。如果片面追求成本的节约，反而可能会因决策失误、执行监督不力等造成公共信息资源配置的失衡、信息寻租以及信息封锁等现象的加剧，带来更大的社会总成本。当然，这并不意味着政府公共信息资源配置的成本不能降低，无论是政府内部的体制改革还是进一步理顺公共信息资源产权结构的过程，实际上都是降低政府成本费用的过程。即便如此，完全由政府配置公共信息资源，不仅带有难以摆脱的垄断和计划色彩，而且还会严重抑制公共信息资源的社会自我服务与自我管理能力，削弱市场介入的平台，形成对政府信息提供的严重依赖。同时，政府信息资源管理的行政化风格也会影响和限制公共信息资源的有效利用，如我国以政府经费支持的各类数据库生产，往往经费使用完、鉴定会开过，数据库也就基本成了少有人问津的死库，这是因为数据库不是一次性工程，而政府行政手段虽然有强大的动员力量，但不能深入持久。

4. 计划经济体制下我国原有公共信息资源配置模式分析

在中央集权的计划经济时代，政府信息资源管理过程中存在着严重的供给与需求、成本与价格的关系割裂现象。公共信息资源配置问题主要表现在：

第一，政府与市场完全重叠，政府取代了市场，所有的信息产品几乎一律表现为纯公共信息资源，具有完全的国家产权性质，不仅没有私人信息资源之说，而且也缺乏由社会力量供给的准公共信息资源。

第二，计划经济堵塞了信息市场自身发育的可能，市场缺位导致所有公共信息资源生产加工的成本只能由政府承担，而政府投入的有限性也限制了公共信息资源的生产供给规模，其结果不外乎两种，一是盲目扩大税收，损害社会的再生产机制，最终造成税源的枯竭，使公共信息资源供给难以为继；二是进一步缩减公共信息资源的品种或降低公共信息服务的品质，往往按照政府财政投入决定公共信息资源供给的增减，造成公共信息的供给不足，如1958年

全国邮发报纸 1776 种，1961 年降为 451 种，1962 年在减至 308
种①，因财政负担导致政府公共信息资源供给的随意性可见一斑。

同时，在政治挂帅的计划经济体制下，我国公共信息资源呈现
出强烈的泛政治化倾向，不仅公共信息资源品种少，而且内容和形
式单一，除了片面凸显政治功能外，对公共生活的其他领域几乎丧
失了覆盖能力，难以反映公共利益，其消费也基本成了政府的专
利，不仅公共信息资源开发建设失去了广泛的社会基础，而且也因
人员、财政以及指导思想等偏差导致公共信息资源管理危机的出
现。

（六）市场配置与政府配置的边界

1988 年，美国兰德公司提出了一份由查尔斯·沃尔夫主持的
题为《市场或政府：权衡两种不完善的选择》的报告，该报告对
政府和市场的缺陷进行了对比，指出外部性和公共物品供给失灵、
市场的不完善以及分配不公平（收入或财富）等是市场缺陷的主
要表现，而成本和收入的分离、派生的外在性、分配不公平（权
利与特权导致）等则是政府干预的缺陷，因此，既要政府在改善
市场中发挥作用，又要利用市场的力量来改善政府；既要政府来弥
补市场缺陷，又要利用市场来弥补政府缺陷。

作为两种不同的公共信息资源配置体系，在现实中"政府"
与"市场"都有各自独立发挥作用的范围和领域，都是以不完善
的形式存在的，并非万能。同时，二者之间存在着一条边界，这条
边界是由市场和政府在公共信息资源配置方面的效率极限决定的，
且具有动态性、交叉性和模糊性特点，是一条因时、因地、因一国
政治经济和社会信息化程度的变化而改变的不确定边界。但在同一
国家的同一时期，它又具有相对的稳定性。因而，在政府与市场都
能发挥资源配置的情况下，就需要建立一种有效的选择和协调机
制，使人们根据社会效益至上原则、经济合理性原则与交易成本最
小化原则来判断政府与市场公共信息资源配置的边界，并以此确定

---

① 丁淦林．中国新闻事业史．高等教育出版社，2002．

政府或市场在何种层面、何种程度、何种范围内配置公共信息资源。

　　一般来说，"公共产权并不是提供公共物品的最好的途径"。① 公共物品的属性及服务特性的差异决定了其供给方式的选择，同时，其生产方式、提供方式之间并不是单一的完全重叠，可以形成各种各样的组合方式，如图 3-2 所示。

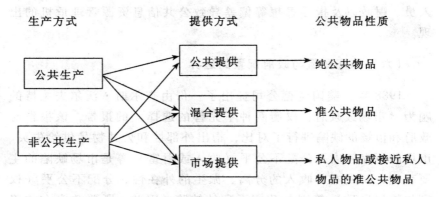

图 3-2　公共物品的不同生产和提供方式

　　根据上述理论，公共信息资源的供给应当根据其类别的不同，可分别遵循完全排斥市场机制（就纯公共信息资源和部分准公共信息资源而言）和适度运用市场机制（就大部分准公共信息而言）的原则。同时，公共信息资源本身的层次性和用户需求的层次性等决定了其资源配置可以实行分层分类所有的办法，即在保留公共信息资源的政府最终所有权的前提下，根据公共信息资源的不同性质，分门别类，将使用权、处置权、收益权等其他权利以租赁、承包、拍卖等形式明晰到企业和第三部门，建立起多样的所有权使用权体系，形成政府、第三部门、企业乃至公民个人多元的产权主体格局，并根据公共信息资源公共性和外部性的大小来确定其管理运

　　① 向玉琼，王显成．公共物品的产权分析与供给模式选择．甘肃行政学院学报，2003（2）．

行模式。

　　在我国，"就原国有信息机构而言，其最好的信息产权安排是实行混合型模式，即在公有产权安排的同时，在局部可以考虑半公有产权的制度安排模式，如只提供部分事业经费，剩下由信息机构自己依赖市场解决"。① 从实际运行情况来看，公共信息资源的提供可以采取公共提供、市场提供和混合提供的方式。（见图 3-3）。

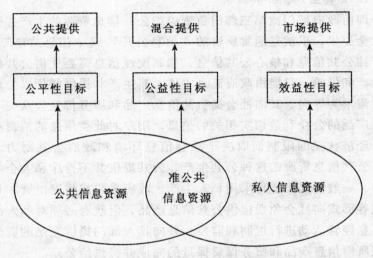

图 3-3　公共信息资源的分类提供及其目的指向

　　其中，公共提供是指公共信息产品或服务由政府无偿提供给用户，以满足社会普遍化的公共信息需求，主要针对具有较强外部性和外部效果、私人不愿提供或没有能力提供的纯公共信息资源；混合提供是指政府及各类事业单位和一些非营利性组织以成本价格为基础，通过政府补贴和向用户收取一定费用的方式来提供公共信息产品和服务，主要针对的是准公共信息资源中的弱竞争信息；市场提供是由市场按照企业化经营模式来提供公共信息产品和服务的经费，并通过向社会收费的方式来收取成本获得利润，属于市场提供

---

①　甘利人．信息物品产权．南京理工大学学报（社会科学版），2003（2）．

的公共信息资源主要是准公共信息资源中的强竞争信息。其实，随着信息技术的进步和社会成熟度的提高，纯公共信息资源的范围也在不断缩小，并有被另外两种提供模式取代的趋势，同时，大部分的公共信息资源都有一个特定的受益范围，属于准公共信息资源范畴，其配置模式不应也不能因循一种固定模式，多元化的配置方式是市场经济和信息时代发展的必然。

1. 公共生产、公共提供

即由政府部门或第三部门负责组织公共信息资源的生产并无偿向社会提供，也就是通常所讲的"信息公开"或"信息共享"，适用于纯公共信息和核心公共信息，如制度性信息需要凭借公共权力来生产和供给，只能由政府充当主体，其生产和提供必须以公众的信息需求为导向，其向社会提供的信息产品和服务都是公众关心并与最广泛的公众利益切实相关的信息，用户对此类信息的消费不受个人经济状况的限制而取决于社会信息环境和政府公共财力。当然，公共信息资源的这种公共生产、公共提供并不排斥私人企业的参与，一般情况下，可采用私人生产、政府采购或政府出资、私人完成等形式向社会免费提供公共信息产品，但政府必须对私人部门的信息经营活动进行规制和监控，并向私人部门提供充足的资金以保证所需信息产品和服务保质保量的完成并提供给公众。

目前，以政府出资的方式委托有关企业参与公共信息资源的公共生产、公共提供的例证越来越多，许多政府网站的建设纷纷委托私人信息企业实施完成并进行日常维护，面向公众开放。如香港特别行政区政府曾委托惠普公司与和记黄埔公司共同兴办"生活易"网站，向香港市民提供办理结婚登记、下载办公表格等纯公共信息产品和服务，按照约定，如果每年香港市民通过该网站成功接受的服务超过100万笔，上述两家公司便可以从香港政府那里获得500万元的奖金，经过近5年的运行，两家公司通过积极开展包括政府信息资源在内的公共信息资源整合，不断扩大服务内容和服务范围，深受香港市民的欢迎。在美国，政府公共信息资源建设的一个显著特点就是资源外包，从公共信息的搜集、统计分析到相关信息服务的开展都可以外包。① 值得注意的是，虽然公共信息资源的生产提供应以需求为导向，但政府在纯公共信息开发建设的作用还体现在对公众信息需求的宏观引导上，即使是公众没有意识到或并不关心的信息，由于对国家发展至关重要，政府也应开发提供。

2. 公共生产、混合提供

即由政府或包括事业单位、非营利性组织在内的第三部门生产并通过收取一定比例成本费用的方式提供的公共信息，收费的多少和政府补贴的数量视公共财力的投入和收益对象的多少而有所区别。这种供给模式适用于那些非排他性和竞争性不完全的弱竞争信息资源。相对于纯公共信息资源而言，弱竞争信息资源的需求范围相对较小，在财力有限的情况下，通过收取一定费用的方式可缓解此类信息资源开发的经费问题，随着公共财力的增加，弱竞争信息资源的供给会逐渐过渡到免费提供的方式。

在现实中，公共信息资源混合提供的案例有很多，如由指定部门发售的国家颁布的各类行业标准手册的发行往往面向特定的行业用户群，通过收取工本费的方式发售。从动态的角度看，准公共信息与纯公共信息都是用来满足公众基本信息需求的，二者的区别只是公共信息需求范围的大小而已，其分割界限并非固定不变，国家投入比例增高，则收费比例就会下降，若国家财政投入大、受益对象多则逐渐向免费提供的方式过渡。当然，政府还可以出资委托相关信息企业对外提供公共信息。

3. 公共生产、市场提供

即由政府部门或行政事业单位等把有商业运作价值的公共信息资源外包给信息企业生产加工，按盈利原则定价，并通过收费的方式向市场提供。适合这种供给方式的公共信息资源基本上为强竞争信息资源，即适合商业化运作的准公共信息资源，其中包括了经过对一次性公共信息资源深加工而提供的信息增值服务。这种公共信息资源的市场定价、有偿共享的模式一方面来源于现代社会公众对公共信息资源的个性化需求。因为以往由政府提供的基本公共信息

---

① 潘卫. 政府信息化建设中的外源化模式分析. 情报杂志, 2001 (12).

服务既无法满足需求也跟不上公众在信息服务时间、地点、形式以及内容等方面灵活多样的超额要求。另一方面，资源的稀缺为市场的介入提供了可能，强竞争公共信息资源具有相当的商业价值，并会给信息用户带来经济利益，使得公共信息消费与市场机制相契合，公共信息提供可借助于市场价格实现，在逐利动机的驱动下，参与主体的决策判断主要依靠市场化价值取向，并通过价格机制、竞争机制提供一定的公共信息产品或服务。

适用于一切目的和需求层次的模式是不存在的，根据目前各国公共信息资源配置的现状，从管理主体差异的角度出发，可将公共信息资源开发模式归纳为以下三种类型：

（1）政府导向型：以政府为核心，在政府的调控指挥下，部分第三部门组织和企业组织（多为国有事业单位、国有企业以及与政府关系密切的非营利组织等）共同参与公共信息资源开发的某一环节或全部过程，其实质是借助企业和社会的资源便利实现公共信息资源自上而下的社会整合。这种模式的优点在于能有效贯彻落实国家信息资源开发的有关文件精神，凭借政府权威和资源动员优势建立起条块结合的公共信息资源开发网络。缺点则是政府的绝对控制和垄断倾向往往会在实际执行中抑制其他主体介入的积极性，从而降低政府公共信息资源开发效率，增加政府财政负担。

（2）市场导向型：在国家对信息资源的宏观调控下，积极发挥市场在公共信息资源配置中的积极作用，以市场为核心开发信息资源。这种模式的优点在于引进了竞争机制，能有效调动各方公共信息资源开发的积极性，缺点是利益最大化的追逐往往会使公共信息资源开发偏离了公共性特点，需要加强开发的规范管理和过程的适时监督，而且这种模式只能在部分准公共信息资源开发中有选择性地推行，并不能覆盖公共信息资源的所有开发领域。

（3）社会导向型：主要是以广泛的第三部门组织如科研单位、高等院校、行业协会以及社区组织等为核心，联合其他机构，共同完成公共信息资源的开发任务，实现公共信息资源主要是基层社会性和科教性公共信息资源自我开发自我管理和服务的一种模式。这种模式的优点在于发挥和调动了广大第三部门组织的积极性，能够根据公众信息需求开发公共信息资源，有利于公共信息资源供需结构的平衡，降低政府费用。不足之处在于需要借助政府的引导和法律的规范，同时亦须有成熟的信息市场。

"与网络建设相比，信息资源开发需要更广泛的社会参与和更高的社会管理水平。"① 公共信息资源配置模式的选择并不是固定不变的，现实中公共信息资源的开发往往会根据客观的信息环境，综合考虑采取哪一种模式或将各种模式结合起来有针对性地使用。即使是政府信息资源的开发，也是以政府为主导的多元参与模式更为有效。

从理论上讲，充分的市场、完全的信息以及生产者消费者行为的竞争状态等是实现信息资源有效配置的前提，而公共性本质特征又决定了评价公共信息资源配置效果的标准不能简单采用利润、效益标准来进行衡量，必须从公共信息服务效果、质量以及公众的满意度等多维视角出发综合考虑。无论采用哪一种形式，其具体的手段都是多样化的，如政府直接经营、与私人企业或第三部门签订信息资源生产加工合同、授予经营权、政府参股以及经济资助（财政补贴、优惠贷款、减免税收、直接投资）以及 BOT 方式（建设—经营—转让）、BOO 方式（建设—拥有—经营）等多种形式。也就是说，影响公共信息资源配置效率的关键在于不同产权的信息资源供给模式，完全的政府计划供给并不见得是公共信息资源有效配置的最佳途径，应通过竞争机制打破公共信息资源供给的政府独家垄断，寻求市场与政府在公共信息资源配置中有效结合的切入点。

需要说明的是，政府采用私人企业的管理模式必须以不违反机会平等和公众监督原则为前提②，因为不论公共信息资源生产的组织方式如何，政府（中央政府和各级地方政府）始终处于公共信息资源的组织者、管理者、供给者和主要生产者的地位。

---

① 董小英. 信息服务. 网络环境下的热点. 中国信息导报, 1998 (3).
② 丁煌. 西方企业家政府理论述评. 国外社会科学, 1999 (6).

四、公共信息资源商品化的经济学分析

在公共利益分配中，信息也是一种具有权威性资源分配的公共权利，而有权力管制的地方，就必然会有人借助权力设法使公共信息资源偏离公共性原则，谋取个人私利。

福建某市公安局就曾将公安人口信息管理系统中的有关数据向中国移动和中国联通等单位出售，上述单位每卖出一个手机号码，就需要到该公安局核实买主所提供的信息是否准确，而每查询一条人口基础信息，就需要向该公安局缴纳 5 元查询费用。①

无独有偶，上海市闸北区民政局福利科科长赵沪光，利用上海下放外省人员（20 世纪 60 年代的历史遗留问题）回沪申报户口的政策条文和操作程序不公开，索贿 73 万元。还是这位小科长，利用民政抚恤政策的不公开，大肆敲诈申请抚恤对象的钱财②。

2002 年 12 月底，负责发掘江苏泗阳一座大型汉墓工作的南京博物院，将此次考古发掘报道权进行"有偿转让"，江苏卫视和南京晨报社各以 10 万元的价格买断了这一报道权③，公共信息资源被明码标价，直接进入市场，变成合法的商业利润。

此外，政府官员封锁、截留、吞食政府信息，漠视、剥夺公民的知情权，以及利用手中掌握的信息资源"寻租"等情形并不少见④，国有企业与民办企业在信息获取上的差异就是明证，商品化现象在公共信息资源管理领域以其隐蔽性而愈演愈烈，给社会公正及市场秩序等带来了一系列不容忽视的危害。

---

① 福建省发展和改革委员会. 福建省政务信息共享平台开发与政务信息资源再造工程推荐表及案例汇报. 2004 (8).

② 政府信息公开条例压缩权力寻租空间. http: //www. chinalaw. gov. cn/jsp/contentpub/browser/contentpro. jsp? contentid = co7332609654.

③ 杨均. 注意公共信息资源的商品化现象. 新闻记者，2006 (3).

④ 孙广厦. 世界贸易组织的行政透明度原则与中国政府效能的提升. http: //qkfz. pku. edu. cn/list. asp? id = 43.

（一）公共信息资源商品化的含义及危害

与在公共服务中扩大私人资本、引进市场机制的私有化运动所不同是，公共信息资源的商品化是一种非生产性手段获取利益的寻租活动，即某些个人或团体，利用手中掌握的公共信息资源的支配权和使用权，为个人或团体谋取私利，使产权的公共性质发生完全或部分质变的社会现象。

在日常生活中，"交通违章查询、考试成绩查询、银行余款查询、机场航班查询……越来越多的公共信息成了某些行政机关和垄断企业的收费项目，成为牟利工具"①，信息领域出现的"公有私化"、"公有虚化"以及"公有私用"等都是其存在形式。同时，信息不作为也成为牟取私利的新型工具，如"非典"期间，一些地方政府为了经济利益和政治前途，采取瞒报疫情的办法以及发生在各地的矿难事件、食物中毒案件、假奶粉事件和其他安全事故等，往往是经新闻媒体揭露后才真相大白。可见，公共信息资源管理的商品化现象既与新公共管理运动所倡导的公共物品的多元化管理形式有着本质的区别，也缺乏企业信息资源管理的合理合法性，有人将其通俗地称为"信息腐败"或"信息寻租"。

形形色色的腐败寻租活动早已有之，但公共信息资源的商品化还是一种新的寻租现象，与其他有形资源的寻租所不同的是，公共信息资源商品化的表现更具隐蔽性，是更加复杂的欺骗形式，往往以合法的形式掩盖了商品化的真相，更容易为人们所忽视。简单地讲，主要包括：①封锁信息，即控制信息源，故意将本应公开的信息束之高阁屏蔽起来，人为造成更多"内幕消息"。在我国，政府信息不但对外实行严格封锁，甚至在内部不同政府部门间以及不同地区间的信息传播渠道也不断受阻。②延迟信息，即推迟拖延公共信息的发布时间、缩小信息传播范围，同时也包括了信息的超前获取。③割裂信息，即根据个人偏好断章取义，有选择性的取舍发布

---

① 沈峥嵘．汤燕雯委员呼吁——莫让公共信息成为牟利工具．新华日报，2007-03-13.

信息，破坏信息的完整性和相关性。④扭曲信息，指违背信息的真实性原则弄虚作假，虚报、瞒报、凭空捏造。⑤捆绑信息，即利用信息资源需依附于一定载体的特点，通过与载体生产厂商的共谋如指定软件系统、数据库等形式，将公共信息资源的无偿获取与个别信息产品的销售紧密连接。⑥变相收费，并不是指信息查询利用过程中正当收缴的复印费、影印费等费用，而是指公职人员借行使职务行为的名义披露信息额外换取媒体或其他组织及个人的"信息费"、"采访费"。

公共信息资源商品化的主体和对象主要是政府官员和掌握在官员手中的公共信息资源如法规制度、决策指令等，其实现途径有两个：一是依托政府对公共信息资源管理的绝对垄断来决定信息公开的内容、时间、程度和范围；二是借助代理人、委托人之间的信息不对称，利用所处的信息优势地位和信息处置权来解释、处理公共信息，使其朝自身利益最大化的方向发展。本质仍然是利用公共信息资源的调控权来改变或抑制公共信息资源的流动方向和范围，继续保持公共信息资源的稀缺状态和高度集中状态，牟取个人或小团体私利。

公共信息资源不仅是搭建信息社会提高社会文明进步程度的基础，而且还具有较强的经济调控能力，可以成为获取个人利益的交易手段。2001年3月11日上午，杭州雷峰塔地宫发掘，各媒体记者纷至沓来。但绝大多数记者只能作"壁上观"，因为考古部门已将现场直播权卖给了当地的浙江影视文化频道，其他媒体的记者只得从电视实况转播中了解发掘进程。职务上的信息优势可以直接转换成部门及个人的现实利益，公共信息资源的商品化成为公共部门寻租的隐蔽形式，且难以在短时间内根除。从高考成绩发布权的竞标到证券信息以及会计信息的失真等大量的事实表明形形色色的信息侵吞已不是个别现象，给社会带来了严重危害。

1. 造成公共信息资源管理的低效，阻碍社会信息化进程

正如卫生部副部长、国务院艾滋病防治工作委员会办公室主任王陇德所指出的："由于信息失真，给国家制定行为干预、患者医疗、经费投入、药物生产等相关政策造成很大困难。"公共信息资

源的"公有私用"或"公有私化"行为名义上虽是公有，实际上是一种小团体私有，它既没有私人产权的效率，也不承担任何财产责任的微观所有权占有形式，既模糊了参与公共信息资源管理各方的责权利关系，也挫伤了人们公共信息资源管理的积极性，在降低信息利用效率的同时，也人为抑制了公共信息需求。

2. 导致公共信息资源资产价值的流失和其他寻租活动的产生

信息是维系社会运转的四大要素之一，对另外三种要素人才、能源、物资具有引导和控制以及支配其流向、流量和流速的能动作用。资产的价值只有通过流通才能够实现，私有化导致的信息封锁、信息割裂等不仅人为阻隔了公共信息资源的有序流动，造成公共信息资源分布的不均衡，而且难以实现公共信息资源的保值增值，大量的公共信息流入私人手中，成为个别人牟取私利的工具。

3. 增加政府运行成本，降低政府权威

公共信息资源尤其是政府提供的信息资源，不仅具有经济价值更具有社会和政治价值，一方面，公共信息资源的私有化必然会带来人们公共信息获取的不公平，造成公众对政府信任度的下降，使政府与社会之间正常的信息交流受到破坏。同时，"如果真实信息缺失，传闻就很有可能泛滥成灾"①，私有化所导致的公共信息资源有效供给的不足还可以造成小道消息的流传，甚至恐慌心理的流行以及社会的不稳定。另一方面，垄断信息、掩盖信息以及虚假信息等会使政府决策在一定程度上偏离公共性，增加政府决策的风险，甚至会直接导致政府决策失误。

4. 公共利益的损害

信息是活动开展的前提保障，大跃进时期的虚假浮夸教训以事实说明掩盖、隐瞒和篡改信息以及错误的信息等都会误导公众和各方行为，造成管理的混乱，既提高了政府公共信息资源管理的成本也增加了公众利用公共信息的开支，使公众和各类组织不得不花更多的时间、金钱用于信息的甄别选择和加工。此外，内幕信息拥有

---

① 叶育登. 信息的透明度政府的公信力社会的凝聚力——从政府对禽流感信息发布工作说起. 中国行政管理，2004（3）.

者通过内部交易获取超额回报等私有化行为，其实质都是一种投机行为，不仅扭曲了公共信息的真实价值，侵犯了公共利益，人为造成公共信息资源的稀缺，也加剧了信息市场的不正当竞争。

5. 干扰市场

公共信息资源不同于一般的信息产品，还具有重要的社会经济功能，对优化资源配置有导向作用，而高品质的信息也是市场配置资源的基础，任何私人占有公共信息资源的动机都基于牟取个人利益的需要，在这种思想支配下，市场运作过程中的各类信息就会因信息占有者的意图被随意加工修改，既不能准确反映市场价格也不能客观报道市场需求，严重的甚至成为信息陷阱，干扰人们的市场判断，扰乱市场秩序。同时，公共信息的私人占有还会导致不平等竞争的加剧，破坏了市场竞争的公平性，造成产权关系的混乱。如股票市场证券信息失真则在使股民蒙受巨大经济损失的同时，也为操纵信息的券商牟取了暴利。

（二）公共信息资源商品化原因的理论分析

经济学分析问题的前提是资源是稀缺的，而人的需求又是无限的，二者的矛盾促使人们的一切活动都是理性的，即竭力以最小的代价换取最大的利益，时时处处地在进行着投入与产出的比较，并在不同约束条件下，选择对自己最为有利的行为方式。同时，在信息不对称的环境下，人们的理性也是有限度的，并具有一种机会主义倾向，若缺少有效的制度约束，就会不同程度地产生损人利己的投机行为。斯蒂格利茨指出："我们今天都强调知识产权的重要意义，而政府产生、采集和处理的信息如同可授予专利的发明一样，同样具有知识产权权利性质。因此，将公共知识产权权利占为己有，与盗用其他公共财产的危害性没有什么本质的不同。"从本质上讲，公共信息资源的商品化就是对公共信息资源产权的侵犯和剥夺。客观地分析，公共信息资源商品化现象的出现与相关制度安排的缺陷有着内在关联性。

1. 政府隐含的自利性

根据亚当·斯密的经济人假设，政府与市场主体一样有追求自身利益最大化的动机，也就是说，政府公共信息资源管理的行为目标与公共利益原则并不是完全等同的。"只要政治代理人即政府是信息优势者，即拥有一些为政治委托人所不知的信息，而政府代理人的本性中又包含有自私自利的成分，那么，理性的政治代理人就有可能利用信息优势牟取私利。"①　自利性驱动下的信息行为必然会扭曲公共信息资源管理的公共性原则，破坏政府与公众之间正常的委托代理关系，正如人们所说，"信息被扭曲的原因在于官僚制本身"②。自利性动机使得处于信息优势的代理人有激励利用信息不对称的某种形式，追求诸如社会地位、改善职业机会、强化在职消费或导致权力寻租等自我目标。也就是说，公共信息资源的政府垄断和信息不对称为公共信息资源的私人占有创造了条件，文过饰非的自利倾向使得隐匿扭曲公共信息成为解决其当前工作困境的重要手段，曾经发生的同仁堂"龙胆泻肝丸"事件，当事人分明知道药中的关木通可致肾中毒，但为了避免个人经济损失，竟把消息封锁起来，直至被揭发。③

2. 政府公共信息资源管理的超载

正如布坎南所言，寻租活动直接与政府在经济活动中的管理权限和作用范围有关。从职能运作情况看，政府并不是单纯的公共信息资源管理者，而是兼具了参与者和管理者的双重身份，在负责公共信息资源的宏观调控与专业管理的同时，还要直接参与公共信息资源的生产、开发和建设，为公众提供多样化的公共信息产品，集裁判员与运动员为一身，对政府综合能力提出了新的挑战。而政府超载是指政府对公共信息资源管理的过度干预超过了政府人、财、物的可承受能力，给部分人的信息寻租行为以可乘之机，并培育了公共信息暗箱操作的土壤，导致公共信息资源供给能力的降低。因

---

① 李春成. 信息不对称下政治代理人的问题行为分析. 学术界，2000 (3).

② ［美］史蒂文·科思，威廉·埃米克，新有效公共管理者——在变革的政府中追求成功. 王巧玲，译. 中国人民大学出版社，2001.

③ 龙胆泻肝丸事件. 同仁堂被索赔 276 万. http：//info. pharm. hc 360. com/HTML/001/006/010/37378. html.

此，政府不应当也不可能在所有公共信息资源管理的各个环节方面都是唯一的或最适当的提供者，因为它不是在每个公共信息服务的提供上都是最低成本和最高效率的。"施本格勒把政府管制作为经济系统的内生变量来看待，人们的注意力也因而转向获取管制的成本和收益上来，同时，管制的商品化也产生了不断的设租和寻租过程。"① 公共信息资源的政府管理与社会自我管理的混淆重叠不仅导致政府公共信息资源垄断式管理，而且助长了政府信息管理职能的无限蔓延，严重脱离了政府自身信息资源管理能力，也导致政府信息机构和人员无节制地增加，加之政府信息资源管理大都分散在各部门管理，部门之间各自为政，行政壁垒使政府对公共信息资源管理的宏观控制越来越困难。

3. 公共信息资源管理自身的复杂性

公共信息资源管理工作并不是个别信息机构职能的简单相加，而是一项牵涉面非常广泛的复杂系统工程，尤其是在信息源多样化、手段智能化、服务超时空化等现代信息环境下，公共信息的传递高效快速、交流频繁密集，服务对象不断扩大，信息传输渠道也不断增加，管理的难度和专业性也与日俱增，无论是新技术的尝试还是新标准的试行都有可能仅顾及某一方面的问题而遗留下管理的隐患和漏洞，为个别人尤其是技术类官员操纵公共信息提供了可能。而且由于不同的行业标准形成了不同的信息资源管理体系，各部门间信息化程度的差异和管理规范化深度的不同步等，使得公共信息资源的协同管理还只能停留在目标建议阶段，从某种意义上讲，缺乏统一的评价和管理标准也就为少数人以行政自由裁量的幌子侵吞占有公共信息资源创造了借口。

4. 公共信息资源产权制度的脆弱性决定了它比私有产权更容易受到侵蚀

公共信息资源产权是最脆弱的产权，由于公有产权结构不具有明显的排他性，即所有权的普遍性和产权主体对公共信息资源支配权利的无差别性致使公共信息资源的所有者代表对公共信息资源关

---

① 卢现祥. 寻租经济学. 中国财经出版社，2000.

注程度的降低，即对公共信息资源的流动、运行以及权益的实现等缺少必要的关注和维护，容易出现公共信息资源资产价值的流失。同时，极低的复制成本不仅使产权得不到有效的保护，而且在产权保护过程中的监督费用过于昂贵，都使公共信息资源的保护更多停留在口号层面。当然，经过多层级委托代理链条的层层转嫁，公共信息资源的实际产权主体落实到少数人行使的局面，既增加了产权监督的难度，也为专业官僚的"内部人控制"提供了条件。

5. 公共信息资源配置模式选择的误区

公共性程度的差异决定了信息资源配置模式的多样化选择，对于纯公共信息资源，基本上以政府生产加工和提供为主，而对于市场化程度较高的准公共信息资源则可以采用政府委托的市场化运作，每种模式的选择主要取决于公共信息资源的属性划分，并没有绝对的统一模式适合所有公共信息资源。但长期以来人们习惯上采用政府配置的方式生产、加工和获取公共信息资源，将其作为免费物品来看待，不仅造成了政府公共信息资源配置的低效，而且也为部分官员信息寻租大开方便之门。

（三）公共信息资源商品化原因的现实分析

经济学家张维迎指出"导致信息寻租的主要原因是传统政务体制里的弊端，即政府权力部门化、部门权利利益化、获利途径审批化"。① 作为一种社会现象，公共信息资源的商品化是由多方面的现实因素引发的，需要作全方位的客观分析。

1. 制度缺位

"制度中内涵的伦理精神并没有通过具体的制度安排体现出来。"② 尽管各国政府纷纷颁布一系列有关公共信息资源开发建设和管理的法规政策，但从实际运行情况看还远远跟不上公共信息资源管理的现代步伐，不够完善和健全。我国在政府信息公开、信息资源开发、知识产权保护等方面至今还只是笼统的政策规定，操作

---

① 张维迎. 浅析电子政务中的互联互通. 中国经济信息, 2004（13）.

② 杨清荣. 制度的伦理与伦理的制度. 伦理学, 2003（3）.

性不强，没有形成具体的制度设计和相关约束，诱使机关部门把手中的公共信息资源当成谋求政治利益和经济利益的筹码。法规制度的不完善、信息寻租风险及追惩成本的低下给个别官员利用公共信息资源牟取私利大开方便之门。例如 1985 年英国国防部高级官员庞廷（Clive Ponting）因在英阿马岛之战中有泄露信息误导国会对阿根廷巡洋舰巴尔格雷诺沉没事件判断的嫌疑，被控有罪，但法官认为他这样做是为了公益行事，最终裁定其无罪。可见，无论是在国内还是国外，如果没有公共信息资源管理的责任机制，侵吞、扭曲公共信息以及管理的不作为现象的责任认定就不能明确，在客观上造成了公共信息资源寻租的巨大收益与较少的风险责任之间形成了强烈的私有化激励。

　　2. 管理体制的欠缺

　　米勒认为，在科层组织中，信息是稀缺物品，个人会因私人信息的策略性歪曲而获得好处。① 再进一步讲，"导致信息寻租的主要原因是传统政务体制里的弊端，即政府权力部门化、部门权利利益化、获利途径审批化"。② 一方面，官僚科层体制具有公共信息资源的独占特权，大量未公开的信息会成为官僚寻租的资本，容易形成人为的高度信息不对称，直至官员共谋操纵上下信息。另一方面，信息资源效益的难以评估性和促进信息共享的利益补偿机制和绩效考核机制的不健全，也助长了小团体及个人谋取信息私利的风气。

　　同时，数字反映了政府官员的政绩，"官出数字，数字出官"的不正常现象也说明公共信息资源质量管理的薄弱与评价标准的简单化。当然，从传统的公共信息资源的政府集权管理到市场、社会多元化分权管理模式的转变过程，由于牵涉体制的转轨、单位制的改革、制度规章的摸索等均为信息寻租活动提供了机会。

---

　　① 盖瑞·J. 米勒. 管理困境——科层的政治经济学. 上海财经大学出版社，1998.

　　② 张维迎. 互联互通难在何处. http：//itb. hainan. gov. cn/xxaq/read. php? ID = 32.

3. 监督乏力

初始委托人（共同所有者）的监督积极性和最终代理人（具体的政府信息机构）的工作努力水平随着公有化程度的提高和公有经济规模的扩大而递减。其原因在于，信息资源公有化程度的提高和公有规模的不断扩大导致委托代理层次的增加，从而拉大了初始委托人与最终代理人之间的距离，使得监督变得更加缺乏效率。① 一般情况下，对于私人部门代理人的"信息扭曲"和"信息封锁"等寻租行为，公众委托人可以通过退出机制和言论机制进行防范。然而在公共领域，政府的独家垄断往往导致人们别无选择，只能借助言论机制来维护自己的权益。界定的困难和监督的难度加上认识的偏差，使公共信息资源的私有化问题很少受到约束和监督，而具体的官员又缺乏自我约束，信息的扭曲改变也就不可避免。

4. 观念淡漠

从根本上讲，公共信息资源是国家的战略资产，具有重要的资产价值，任何参与公共信息资源管理的个人和集体都应按照国有资产管理办法实现公共信息资产的保值增值。然而，现实中的人们仅仅把公共信息资源作为管理工作的手段和工具，并未认识到公共信息资源私有化给社会带来的巨大危害，如果说侵吞国家财物被当做违法行为追究行政责任的话，人们对公共信息资源私有的认识程度还停留在管理思想的差异和工作的失误方面，并未将其与以权谋私的腐败行为等同起来。

5. 电子政务建设的滞后

一方面，"政府网络式（Web-oriented）和开放式（Open-oriented）的办公模式可以大大提高政务活动的透明度，简化政府工作流程，这有利于消除办公流程中的'神秘地带'，避免权钱交易的

---

① 张维迎. 公有制经济中的委托人——代理人关系. 经济研究，1995（4）.

滋生"①，切断不合法的信息获利渠道。另一方面，网络信息传播的高效、快速既提高了公众的信息获取能力，也进一步提升了社会对公共信息资源开发建设的参与力度和监督力度。然而，目前电子政务建设更多地停留在有"电子"无"政务"的初始化、形式化阶段，实现真正与政府公共管理的结合还有段时间。

公共信息资源是社会的感应器，转型期的公共信息资源管理，既要服从市场规律，又要维护公共利益，二者之间的博弈不可避免地会导致一些失衡现象的出现。无论如何，将公共信息资源据为私有，实际是把公共信息资源的管理权变卖为资本，去参与公共信息资源的交易和信息市场的竞争，无疑具有严重的消极后果，必须采取有效措施加以防范和杜绝。

第一，要健全公共信息资源管理的制度规章，尽快制定全国统一的公共信息资源管理的基本政策和法规，如信息公开法、公共信息资源的资产评估以及投资经营和收益处置等规定，全面规范政府和相关人员的公共信息资源管理行为，从制度和体制安排上杜绝公共信息资源的寻租空间。

第二，要从扩大公共信息资源商品化的责任成本，降低私有化的收益入手，不断增加公共信息资源私有化的风险成本，通过加大信息寻租的惩治力度，逐渐减少和杜绝官员的信息腐败。

第三，要通过政府和第三部门及企业在公共信息资源管理方面的分权，放松政府规制，限制政府对公共信息资源的过度干预，建立多元化的监督机制等杜绝商品化行为的蔓延。

第四，要积极推行电子政务，促进信息的公开流动以及信息获取与沟通的透明，提高社会信息共享程度。

第五，有效的外部监督是抑制内部冲动的重要举措，要切实提高公众的信息意识和信息素质，增强社会的信息消费，调动各类社会组织和公民参与公共信息资源管理的积极性、主动性。

---

① 胡广伟等．电子政务调节公共信息非对称性的作用．中国软科学，2003 (10)．

第四章

政府单一制公共信息资源管理体制的沿革与局限

　　"国家是建构在社会之上最系统、最完备、最强有力的组织。"① 由于公共事务与国家事务的重叠以及人们观念认识上的局限，政府长期以来承担了公共信息资源管理的重任，并发挥了不可替代的重要作用，但随着现代社会公共事务的剧增、公共信息资源数量的爆炸以及民主意识和社会自我管理能力的提升，政府单一的公共信息资源体制显现出种种无法逾越的体制障碍，政府公共信息资源管理能力也受到质疑。

一、政府信息资源管理的历史演进

　　政府信息资源管理的历史从国家的产生沿袭到现在已经有几千年了，在不同的历史发展阶段，政府信息资源管理的内容和侧重点也各不相同。著名信息管理专家 D. A. 马尔香认为，政府部门的信

---

　　① 王振海，王存慧. 新视角下的政治——关于社区政治发展的专题研究. 中国社会科学出版社，1995.

息资源管理职能经历了四个阶段：信息的物质控制、自动化技术的管理、信息资源管理和知识管理。在信息资源管理阶段，政府信息不再仅仅是行政活动的支持性工具，人们开始运用管理的原理、方法对政府信息活动所涉及的各种资源包括信息本身和相关资源进行控制，以确保政府目标的实现。

（一）政府信息资源管理的起源

公共信息资源管理的历史可以追溯到国家的产生，作为公共利益的代表，凌驾于社会之上的政府承担公共信息资源管理的任务有其先天的优势。一方面是因为早期社会公共领域尚未形成，公共事务与国家事务完全重叠，政府统治职能的履行是以完成基本的社会治理职能为基础的，如度量衡的统一、人口的统计、税收的征集、水利工程以及防御工事的修建等，自给自足的自然经济与国家的集权统治使公众的需求基本上可以通过自我提供的方式来满足，诉求外在力量解决的公共事务并不多，国家职能相对简单，信息还是君主垄断的私有产品。另一方面，权力是最为有效的社会资源，占有了信息也就占有了其他资源，"知识将永远支配无知"[1]，政府出于统治的政治需要也必然会垄断公共信息资源管理，因而历史上最初系统地生产和保存记录信息的就是政府，我国早在西周时期就出现了各种官方文件。[2]

国家产生以后，政府在进行国家统治和社会管理过程中，需要发布政令、采集信息，因此就产生了与之相适应的政令信息的发布、传达、管理、沟通、协调系统，信息活动作为管理的重要手段运用到政府行政管理过程中。如我国周朝时期就设有"盟府"这一专门管理国家典籍的机构，从事典籍管理的官员则被称为柱下史，以后历朝设立的藏书楼、秘书郎等都是从信息的角度对国家治

---

① Peterson. Karrie, Cowell, Elizabeth, Jacobs. Jim. Government Documents at the Crossroads. *American Librarie*, Vol. 32, Sep2001.

② Rui Wang. Government information of the People's Republic of China on the Internet. *Journal of Government Information*. (29) 2002.

理过程中的信息资源进行有序化管理的专职机构和职位，形成了早期政府信息资源组织管理体系。

综观早期政府信息资源管理过程，管理对象和目的都十分单一，基本上是围绕国家事务即政府内部业务活动所产生的各类信息的记录整理，对相关文献信息进行搜集加工，并在国家政权体系中形成了档案管理、文献管理以及秘书工作等体系完善、队伍庞大的组织结构，起着保存信息载体和承袭以往统治经验的作用，左右着国家政权的运转。从总体上看，这种信息资源管理活动都是由国家出面组织并借助行政手段进行管理和控制的，其信息传输渠道沿着封建等级制度单一或单项流动，政府得天独厚的公共利益代表者身份使其成为古代唯一的最大公共信息资源生产者、搜集者、消费者和传播者，因而，封闭式的社会组织结构、朝代的更迭、统治者信息意识的随意性、工具性造成了古代政府信息资源管理活动长期徘徊在经验管理和记录管理状态。

（二）　政府信息资源管理的形成和发展

进入现代社会，基于文件在政府管理中的特殊价值，政府信息管理从载体和内容仍是单纯以文件为重心的文献信息管理为主，但面对文件数量激增的现实压力，为保证管理的有序化，美国政府开始关注政府文件的有效管理和利用问题，并先后制定了《联邦报告法》、《文件处置法》、《联邦文件管理法》等法规制度，政府文件管理开始得到法律保障。1966 年美国颁布了《信息自由法》，明确提出了公民信息权的概念，并将文件、档案、图书、情报、文献和资料都纳入信息的范畴[①]，进一步扩大了政府信息管理的视野和范围。

随着政府职能的增加、政府公共管理范围的无限扩大，政府文献激增，公共信息种类、数量以前所未有的速度扩展。据报道，卡特总统离任时动用了 19 辆带拖斗的牵引车，而里根总统则调用了 5 架军用运输机才拿走了他们各自需要留存的文件，这种政府信息

---

①　冯惠玲．政府信息资源管理．中国人民大学出版社，2006．

的急剧增长带来了一系列的管理问题，"使得信息的管理和控制反而变得更加困难，宏观层次的信息共享和信息效益无法实现"①，政府信息管理的任务和形势更加严峻。一方面加大了政府开支，引起了社会对政府的不满，另一方面，文献的增加，也造成政府文牍主义的盛行，使大量的政府官员忙于政府文件的生产管理，而削弱了政府行政管理职能的有效履行。此外，政府文献管理的难度进一步加大，无价值的政府信息既分散了公务人员的注意力也造成政府信息管理的不足，严重危及政府决策的准确性和时效性，要求改革政府文献管理制度的呼声越来越高。

1975 年美国国会成立了联邦文书委员会，对联邦文书负担过重的问题进行了为期两年的调查，与政府的其他委员会关注物理文献的控制所不同的是，该委员会重在政府文件报告和记录中信息内容的实时需求与有效管理，于 1977 年 10 月向国会和总统提交了含有 800 项建议的报告，目的在于力图改变政府官员不再把数据和信息视为"免费物品"，并特别强调政府文件信息内容的管理与利用，提高政府信息处理效率。1980 年美国国会通过了《文书削减法》，明确提出"信息资源管理"的概念，即把用于控制和监督诸如资金、人员和设施等资源使用过程中所使用的管理技能都集中到政府信息的管理上，旨在使联邦政府搜集、维护、使用和传播信息的费用降到最低点，使政府搜集到的信息得到充分利用。同时，具体提出了要制定和实施联邦信息政策和统一连贯的信息资源管理政策，并确立了政府机构减轻文书辅导，提高政府信息资源管理效率和效益的共同目标。

附：

《文书削减法》中对政府信息资源管理的相关要求

推动文书工作：明确组织的信息需求，消除信息冗余，保证信息资源共享。

推动数据处理技术和远程通讯技术的应用。

---

① 马费成．信息资源管理．武汉大学出版社，2001.

促进统计工作。

加强记录管理。

实现信息公开与共享。

制定信息政策并加强监督。

健全组织机构。

80 年代以后，计算机广泛用于政府信息的搜集、处理和存储与传递使用，政府办公自动化系统的运用在提高政府信息管理效率的同时，也带来了诸如信息安全、信息保护以及集成管理等一系列技术问题的出现，需要有新的制度规则来指导，在此背景下，1985年 12 月联邦政府管理与预算局制定并发布了题为《联邦政府信息资源的管理，OMBA-130 号通告》，从政府工作的角度定义了"信息资源管理是指与政府信息相关联的计划、预算、组织、指导、培训和控制活动。该名词强调信息本身和有关的资源，如人员、设备、资金和技术"。1986 年美国国会通过了《文书削减重新授权法》，对信息资源管理概念进行了深入界定，"与政府信息成本、搜集、创造、使用和传播有关的计划、预算、组织、指导、培训、推进、控制与管理活动，包括信息管理和诸如自动数据处理设备的相关资源"。有人认为，"这个定义包含了信息生命周期的各个阶段及联邦机构的管理职能。从理论上讲，各机构部门对信息资源管理有了更加统一的认识和规范"。① 针对信息资源的电子化趋势，1987 年，美国联邦管理与预算局（OMB）出台了《电子信息搜集政策指南》，以指导和促进联邦政府部门对电子信息资源的管理。

1993 年、1996 年管理与预算局分别对 A-130 号通告进行了重大修改，全面阐述了美国联邦政府的信息资源管理政策（包括政府信息管理政策、信息系统和信息技术管理政策），同时，还详细说明了政策具体执行的细则和指导方针，具有很强的现实操作性。

1993 年，美国"国家绩效评估委员会"提交了《创建经济高

---

① 樊晓峰，崔旭．从文书削减法看美国政府信息资源管理的得与失．图书馆学研究，2006（12）．

效的政府》、《运用信息技术改造政府》两份报告，建议运用现代信息技术克服政府管理和服务中的种种弊病。为了应对网络环境下政府信息资源管理，美国政府又对《文书削减法》进行了修订并于 1995 年颁布，从体制上进一步加强了对联邦政府信息资源管理的宏观领导。

欧盟国家也高度重视政府信息资源的管理，也颁布了一系列文件规范，尤其在政府信息公开方面，先后制定了一系列制度规则，如《环境信息自由法》（1990）、《公众获取欧盟理事会、委员会文件的行动准则》（1993）、《法院文件的公开获取》（1998）、《欧洲议会、欧洲委员会及欧盟理事会信息公开条例》（2001）、《公共网站及内容的自由访问》（2002）。

从政府信息管理法规制度的演进中发现，政府信息资源管理不再是单纯的信息管理，而是管理社会信息的全过程。通过宏观的政策手段来控制政府信息资源而不再是以往的微观管理方法达到信息的有序化管理。政府信息资源管理既包括政府公共信息资源管理也包括政府自身事务性信息资源的管理，但在习惯上，我们通常所讲的政府信息资源管理主要是指政府对公共信息资源的管理，不仅包括政府公务活动本身产生的信息资源，而且还包括由政府机构资助生产的各种记录、数据、信息以及相关设备和人力。归纳起来，由政府掌管的公共信息资源包括：

① 政府机构信息：包括政府机构设置、部门职责、职能、业务管理办法以及联系人、通讯方式等。

② 政务信息：指政府内部以及部门之间在公共管理过程中所形成的各类信息，如政府文件、政府公报、会议活动以及重大项目实施等信息。

③ 政策法规信息：由政府颁发的各类法规政策组成，既包括国家性的法律制度，也包括地方制定的条例、办法等。

④ 公共服务信息：主要指政府履行职能开展公共服务过程中所产生、搜集的信息，如国际国内和地方的政府新闻以及有关经济、教育、文化、招商引资、卫生、便民指南、社会福利保障、市场需求、热点推荐等与公众生活密切相关的信息。

⑤ 反馈信息：社会向政府的信息反馈，如公众批评建议、来信来访和市政论坛等。

从来源构成的角度来看，政府公共信息资源的来源组成是：

① 政府在履行行政管理职责过程中所产生的信息，如文件、通知、信函等。

② 政府根据法律法规，向社会采集的信息，如企业登记、公民个人信息以及行业统计信息等。

③ 政府使用财政经费，资助相关部门生产的信息。

从现有政府网站信息资源的分类来看，政策法规信息、政府部门职能信息、政务信息、新闻资源、办事信息以及反馈信息等都是网上政府信息资源管理的重要对象。

从以上政府信息资源的划分来看，政府信息资源的范围仅包含了公共信息资源中与政府公共事务管理以及与政府有关的内容，是以政府为中心考察公共信息资源的结果。这种方法抓住了公共信息资源管理的重点，是利用政府管理职能和手段对政府掌管的信息资源进行整体规划和开发利用。因此，"加强政府信息资源管理的目的是采用一体化的方式，高效率、有效和经济地进行政府的信息活动，既要改善政府管理，也要为政府和公众节约资源，既要最大限度地减少政府信息活动的费用，也要最大限度地增加政府信息资源的利用，最大限度地提高整个政府工作的效率"。① 对此，美国图书馆学与情报学全国委员会明确联邦政府公共信息资源管理的主要职责包括：应当保存和管理完整的任何形式的公共信息；应当保证公共信息的发布、复制以及再分配；应当保护信息需求者与利用者的隐私以及政府记录中的个人信息；应当保证公共信息获取来源（包括个人途径和政府途径）的多样化；不应当允许公共信息获取上的公众收费行为、应当保证提供有关公共信息的信息及其各种方式；应当保证公共信息通过国家网络或者类似于存取图书馆的项目

---

① 《政府信息资源的管理与立法研究》分报告之三（上）—国外政府信息资源管理与立法经验研究 . http：//www. cnii. com. cn/20020808/ca90344. htm.

的公共获取而不论获取者的生活和工作地点。①

从涉及领域的角度来看，政府信息资源管理的主要工作内容为：

① 政府信息内容资源的开发管理，如各类政府信息资源建设的科学规划、合理布局以及政府信息数据库群的建设等。

② 政府信息技术资源的管理，如政府信息基础设施建设、政府应用系统管理、信息技术规范和标准管理以及信息安全管理等。

③ 政府信息经济资源的管理，指政府信息化工程项目审批和评估的规范性，强调政府信息资源建设的投入与产出效益。

④ 政府信息组织资源的管理，建立健全政府信息资源管理体制，理顺部门关系，明确部门职责，进而为政府信息资源的开发建设提供强有力的组织保证。

⑤ 政府信息人力资源的管理，借助系统培训提高政府部门工作人员的信息意识和信息素质，规范政府信息资源管理行为。

⑥ 政府信息制度资源的管理，即通过对有关政府信息资源管理法规制度的清理完善，进一步加强政府信息资源管理的规范化、系统化。

（三）　网络时代的政府信息资源管理

1. 概况

"就本质而言，一个'好'的政府和一个'差'的政府的差异首先是反映在对信息和知识的掌握和处理上。就目前经济全球化和信息全球化的发展情况而言，没有一个信息化的政府，即电子政府，是难以领导一个国家或一个地区在全球化的竞争中取得胜利的。"② 在网络时代，"信息资源管理性能的测度与目标总是在持续地被评估与调整过程中要与不断变化的组织内部和外部环境、技术

---

① U. S. National Commission on Library and Information Science. Principles of Public Information. http：//www. nclis. gov/info/pripubin. html.

② 周宏仁. 电子政府：构造信息时代的政府. 网络与信息，2002（1）.

发展水平和基准变化等相适应"①，政府信息资源管理能力更多地体现在电子政务环境下政府网上信息资源的整合与供给以及公众政府信息资源的获取与利用上。

1993年，克林顿政府提出建设"国家信息基础结构"，掀起了联邦政府信息系统的电子化热潮。同时，他还提出应用先进的网络信息技术克服美国政府在管理和服务方面的缺陷。1994年12月，美国政府信息技术服务小组（Covernment Information Technology Services，GITS），提出了《政府信息技术服务的前景》报告。该报告认为改革政府不仅仅只是人事精简、减少财政赤字，更需要善于运用信息技术的力量彻底重塑政府对民众的服务工作；利用信息技术协助政府与客户间的互动，建立以顾客为导向的电子政府以提供更有效率、更易于使用的服务、为民众提供更多获得政府服务的机会与途径。具体内容包括：建立政府资源共享的全国性规划，按信息技术的优先顺序加以排列，让政府各部门间的信息得以互通与共享，并促进与工商界的合作等；增进信息基础建设的发展以建立现代化的电子政府，提供社会大众更有效率的信息和服务，快速回应民众的需求并保护隐私权；强化信息技术的领导能力，使领导者能够善于运用各种信息科技的政策、程序，并建立政府服务标准，以达到顾客导向型政府的目标。②

1998年，美国又通过了《政府无纸工作法》（直译《政府文书工作消失法》），要求政府在5年内实现无纸化办公，联邦政府的所有工作和服务都将以信息网络为载体。2000年9月，"第一政府网"（http//www. first. gov）正式运营，整合了2.2万个政府网站，拥有1.8亿个网页，集成了联邦政府众多服务项目，借助联邦政府与私人企业共同开发的高强度搜索引擎，每天可处理上千万次搜索，一方面可以完成与美国50个州及县市的有关材料及网站的

① Sharon L. Caudle. Strategic Information Resources Management：Fundamental Practices. *Government Information Quarterly*，Volume 13，Number 1.

② 徐志彪. 政府信息化建设探索 . http：// www. ccw. com. cn/applic/forum/htm2003/2003050710UM1. asp ［2003-07-24］.

链接，可基本提供所有政府服务的"一站式服务"，另一方面，又按照便民原则对网络信息资源进行经济与商品、农业与食品、艺术与文化等归类，从国家大政到居民生活，无所不包，运用信息技术成功建立了与公众互动的政府信息服务机制，并成为美国政府电子化公共服务的统一入口。

2002 年，美国政府技术中心提出了政府信息资源管理的 5 项基本要求，即理解用户需求；了解合作伙伴的需求；考虑组织过去和现在面临的信息资源环境；预测未来的状况；确定一种清晰的管理方法。这些要求对联邦政府信息资源管理任务的实施尤其是电子政务环境下的信息资源管理具有重要指导意义。目前，美国联邦一级和州一级的政府机构已经全部上网，已建立的各级政府网站达 202 万个，可以搜索到的分站点超过 5 100 万个，政府信息公开日益全面、网上服务日益完善、政府信息资源共享程度不断提高，形成了"网站多、内容全、网连网"的特点，被誉为世界电子政务建设的领先者。根据有关学者对联邦和州政府网站的调查发现，有 93% 的公民可以通过网络查看公共信息，25% 的政府网站能够提供良好的公共服务。① 2005 年，联合国电子政务报告中认为：能够将海量信息和服务有效组织并便利地提供给用户利用的能力是美国电子政务成功的关键。②

1995 年，英国议会科学技术办公室提出《电子政务研究报告》，1996 年政府公布了《直接政府》绿皮书，建议以电子形式传输政府公共服务、加大政府信息公开，提高行政效率。1998 年 5 月，英国首相布莱尔在《我们的信息时代：政府的观点》中首次宣布要使英国处于全球信息技术领先地位战略的战略决策，要求政府积极应对挑战。此后，英国政府先后发布了《政府现代化》白

---

① D. M. West State and Federal E-Government in the United States. http://www.insidepolitics.org, 2001.

② UN Global E-government Readiness Report 2005//E-government to E-inclusion. http://unpan1.un.org/intradoc/groups/public/documents/un/unpan021888.pdf.

皮书、《21 世纪政府电子服务》等政策规划，把建立"以公众为中心的政府"作为电子政府建设基本目标。

2001 年 2 月英国政府门户网站（ukonline. gov. uk）正式开通，该网站不是简单地将政府现有业务电子化实行"柜台式"服务，而是按照公众需求组织内容，将上千个政府网站链接起来，用户只需点击所需的主题，就可以找到政府关于该主题的所有相关内容，而无需考虑政府哪个部门具体负责，初步实现了其在《政府现代化》白皮书中提到的按照"生活事件"组织政府服务的构想。据德勤公司的调查显示，2002 年英国有 60% 的政府机构的互联网服务网站已经开通或正在建设。① 同时，英国还吸取美国电子政务建设的成功经验，在政府电子公文、电子资料库、国际贸易数据系统等 7 个领域形成了完整体系，并建立了整体信息传输系统，突出政府网上公共信息提供及服务的整体优势。在英国，目前有超过 190 万家商业用户通过电子形式与政府打交道，全国大约有 2000 个在线服务中心提供廉价的接入并培训和教育用户，英国的电子政务发展水平迅速走向世界前列。

在我国，2000 年 10 月，《中共中央关于制定国民经济和社会发展第十个五年计划的建议》中明确"以信息化带动工业化"的战略方针后，电子政务建设进入快速发展时期，政府网络信息资源的管理由此进入新的阶段，2003 年 7 月在国家信息化领导小组会议上，温家宝总理指出："各级政务部门要加快政务信息公开的步伐；在内部业务网络化的基础上，充分发挥部门和地方政府的积极性，推动各级政府开展对企业和公众的服务，逐步增加服务内容、扩大服务范围、提高服务质量"。2006 年 1 月中央政府门户网站正式开通，截至 2006 年 6 月，使用". gov. cn"域名的政府网站总数近 1.2 万个，初步建立了从中央、各部委到省、地、县各级政府及其职能部门的政务网站体系，并搭建了较为完善的政府网络信息资源管理体系。

---

① 英国电子政务发展情况分析 . http：//news. shaanxi. gov. cn/shownews. asp？id = 49062 - 23k.

根据联合国经济与社会事务部公共经济与公共管理司（DPE-PA/UNDESA）与美国公共管理协会（ASAP）对全球不同国家历年电子政务情况的调查，我国电子政务发展取得了跨越式进步。

2002 年——处于低电子政务能力国家总的低端，排在 93 名，位居印尼、牙买加、越南等国之后。

2003 年——政府网站数量与质量明显提高，用户可以下载表格并与政府相互交流，但在线实现服务支付和综合性服务还没有展开，排在 74 名，进入中端行列。

2004 年——排在 67 名，达到中等发展水平，排在澳大利亚、巴西、日本、印度、法国、巴基斯坦、以色列等国之后。

2005 年——因在线服务和综合电子服务能力的提升，排在 57 名。

从相关调查比较中发现，国际社会对我国政府网站建设的进步高度认可，我国政府网络信息资源管理的外在环境基本形成，利用网络开展政府信息资源共建共享的条件初步具备。但与网站建设的相对发达形成鲜明对比的是网上信息资源贫乏、信息服务和综合服务能力低下，有人形象地概括为"电子'无病'政务'有恙'"。①为此，《国家电子政务总体框架》要求电子政务要把服务作为出发点和落脚点，即通过"推进公共服务信息化，及时发布公共信息，为群众生活和参与经济社会活动创造便利条件"。

2002 年，美国联邦政府管理与预算局对电子政务所产生效益的总结可以看做是从成本费用的角度道出了政府网络信息资源管理的种种优势，主要包括：一是节约了公众获取政府信息及服务的费用，实现了公众足不出户获取政府信息的可能；二是节省了企业与政府沟通交往的费用，如降低了企业搜集政府信息的费用，提高了供需双方在相关信息与服务上的匹配效率；三是降低了政府部门之间在数据信息搜集、存储、加工、分发传递中的高昂费用，进一步提高了政府信息提供的精确度；四是降低了政府部门内部的日常运

---

① 李健，陈娉舒. 透视我国电子政务：电子"无病"政务"有恙". http: //www. people. com. cn/GB/it/1065/2695595. html - 29k.

行费用①，据美国商务部估计，该部门每处理一项支付，按照传统方式约需要成本费用 1.65~2.7 美元，而从网上结账则只要 0.6~1.0 美元。

需要注意的是，对于电子政府的研究，电子是形式，政务是根本，信息技术只是将各类政府信息转化为数字形式，而网上信息资源的有效组织和管理则是基础。因而，各国围绕公众信息需求，积极进行网络政府信息资源的开发利用，不断提高电子政务的可利用性，"英国提出在增进政府机制的效率和有效性的同时，建立起政府的信息服务中心，提供单一窗口式服务，发展数字签章、认证、数码电视等。法国提出要开放政府信息，通过网络为社会提供各种窗口式服务"。② 可见，电子政务与政府信息资源的网络化管理是彼此依存，相互促进的关系。

2. 政府网站运营机制分析

电子政务是一项庞大的系统工程，任何一个政府部门都难以完全依靠自己的力量独自进行政府网站建设。同时，网络信息资源管理较强的技术性、关联性、整合性等特点对政府人员、技术以及组织、管理都提出了较高要求，政府并不能像包揽其他社会事务管理那样独自承接包括政府网站开发、维护在内的网络信息资源管理的一切任务，因此，引入市场机制，吸纳社会和企业资源，寻求合作自然成为现代政府的明智选择。

"国外的政府部门更愿意通过与厂商合作的方式转嫁自己的风险，甚至通过适当的合作达到赢利的目的。"③ "许多国家政府部门的电子政务建设、运行维护都是委托市场化的专业外包服务公司提供服务，政府工作人员只承担行政管理职能，进行信息加工分析，提出对公众服务的项目要求。例如，新西兰政府就特别强调政府部

---

① OMB, E-Government Strategy [EB/OL], http://www.firstgov.gov, 2002.

② 王立清. 我国政府电子化公共服务现状与发展趋势（下）. 情报资料工作, 2005 (2).

③ 换向思考中国电子政务建设. http://mie168.com/E-Gov/2005-03/32654.htm - 17k.

门与私营企业的紧密伙伴关系；墨西哥政府通过建立政府部门与私营电信企业的战略伙伴关系来解决电子政务建设中政府联网问题；南非的电子税务系统就是由南非政府的税务总局与私营企业合资建设。"① 政府网站运营的市场化正在成为世界各国推动电子政务发展的一个重要趋势。从政府网站外包的内容层次看，可以划分为低、中、高三个层次，低层次外包的主要范围是电子政务所必需的硬件、软件及网络设施建设，中级层次的外包指电子政务应用软件和人机接口部分，而高层次的外包则指政府行政管理流程与信息技术的紧密结合如政府信息的集成服务、政府业务的网上办理等。

目前，各国政府网站的运营不外乎有两种模式，一种由政府财政负担，采取政府独立开发维护或与其他企业、社会机构合作；另一种是以政务为主导，广泛吸纳社会资金和企业、社会组织的力量，通过合作或完全外包的形式将政府网站开发建设的部分任务委托给政府以外的其他机构承担。网站外包后，政府的主导作用一方面通过政策法规制度的提供来规范承包商的网站开发与服务供给行为，另一方面政府相关部门严密的网络管理体系与量化管理标准直接对外包的全过程形成有效的监督与风险防范，同时，政府也是各种外包关系的有力协调者、组织者。

美国政府充分借鉴电子商务的成熟经验，把政府网站运营作为电子商务的一种特殊形式进行建设，广泛采取了市场运作模式。如美国国家信息财团公司（NIC Inc.）和美国 18 个州政府合作，共同建设政府信息港，推动电子政务应用。政府信息港的建设和维护采取完全市场化运作模式，不仅未花联邦政府一分钱，每年还有大量利润用于电子政府发展和股利分配，电子政务收益年年上升，走上了良性循环的轨道；美国弗吉尼亚州政府网站是全美第一家州级政府信息港，开展了多项引人注目的电子政务应用，但它所需经费完全通过社会融资，政府未出一分钱，还实现了网站盈利；② 纽约

---

① 金江军. 电子政务建设外包模式探讨. 电子政务工程服务网.

② 美国发展电子政务的经验. http://www.bizing.cn/news/2004/8-29/141421.html - 33k.

市政府网站也委托给了名为 Govworks 的应用服务提供商管理，并代理提供相关服务，该公司的首席执行官土斯曼认为，通过应用服务提供商，政府可以对外委托执行一些非常灵活的政府职能如表格填写、纳税申报等。根据 2002 年美国一项地方政府网站调查结果，大约 53% 的政府网站由地方政府自行管理，剩余 47% 的政府网站则采取外包的方式交由当地企业、非营利性组织或全国或区域性的网络公司管理。

　　目前我国电子政务建设还或多或少地存在多头管理的问题，比如：在省级机关，党委、政府办公厅各自管理本系统的电子政务建设，省发改委信息中心负责全省政务信息网络平台建设及各级政府和政府部门门户网站的管理。三套管理系统自成体系，封闭运行。① 除管理体制的不顺外，政府网站运营上的指导思想还未完全解放，尽管大大小小的调查中都会反映出电子政务建设资金短缺的问题，但外包合作机制并未普及，政府网站的外包营利模式处于严重缺失状态。不过，部分地区政府网站建设实践已经提供了参考。

　　（1）首都公共平台网络的建设—拥有—运营（Building—Owning—Operation，BOO）模式

　　北京市政府以"统筹负责制"的方式将首都公共平台网络建设任务交给了首都信息发展股份有限公司，由该公司投资并承担网站的设计、建设、运行、维护、培训等工作，负责网络运营及一些应用系统开发。其中，硬件设备及软件系统的产权归属企业，而北京市政府负责宏观协调、创建环境、提出需求，每年只需向企业支付系统使用费即可拥有硬件设备和软件系统的使用权。随着使用时间的推移，政府的投资将从开始的一次性巨额投入到渐渐减少运营费用，而首都信息发展股份有限公司也将因越来越多委办局的介入而获得更多利润，进而形成了双赢局面。

　　（2）青海劳动保障信息网项目的建设—经营—转让（Bulid—Operate—Transfer，BOT）模式

---

　　① 余建平．美国电子政务中的民本思想．信息化建设，http：//www. csai. cn 2006-04-10.

　　青海省劳动与社会保障厅的青海劳动保障信息网项目由清华同方股份有限公司一揽子承包。按照分工，青海省劳动与社会保障厅负责提供信息资源、政策指导和政策保障，清华同方股份有限公司负责投资建设、运营和维护信息系统，并拥有投资部分所形成的资产所有权。清华同方股份有限公司的这部分投资将通过发售社会保障卡、发卡广告费收入及收取使用费等方式回收，回收部分的产权将相应移交给青海省劳动与社会保障厅。

　　一般情况下，政府部门或者通过与专业化的公司和组织共同合作优势互补的方式保证政府网站的有效运转，或者通过招标形式把网站建设和维护管理交给网络运营商以及专业信息公司，政府只负责对其进行监督和信息的审查。如香港特区政府网站，就委托给社会信息服务商经营，政府给予一定的补贴。① 企业的介入，不但促进了电子政务的发展，形成了电子政务市场，也带动了相关产业和经济的发展，是"一举两得"的好事。"从目前世界各国的做法来看，电子政务的市场化和资金筹措大致可以分为五种模式，即：伙伴关系，外协外包，政企整合，发行债券与广告筹资。"②

（四）单一制政府公共信息资源管理的弊端

1. 公共信息资源管理的复杂性分析

　　尽管在历史上，公共信息资源管理曾一度以政府信息资源管理的形式存在，并成了今天约定俗成的惯例，但在信息化、市场化以及全球化的现代社会，社会公共信息资源管理体系日趋复杂，呈现出下列变化：一是公共领域不断扩展，信息空间扩大；二是公共事务层次结构复杂，公共信息总量空前激增；三是信息技术更新迅速，公共信息获取传递渠道多样化；四是公众权利意识提高，公共信息的资源价值进一步为社会所认识，各界参与公共信息资源开发建设的积极性主动性高涨。对于政府而言，上述变化使管理的维度

---

① 政府上网工程服务中心. 政府上网工程白皮书，2000.
② 国际电子政务发展趋势.//王常胜主编. 电子政务蓝皮书：中国电子政务发展报告. 社会科学文献出版社，2004.

已经超出政府管辖之下，管理的不确定性随之增加，简单地讲，公共信息资源管理系统的复杂性主要体现在：

（1）系统的整体性特征

指公共信息资源管理系统内部各个组成部分之间相互联系和相互制约而形成的有序整体。来自不同领域、反映不同事物、代表不同观念的数据资料围绕公共利益共同汇集构成了公共信息资源，离开了公共性特征，这些单个的数据资料将失去其存在的意义。这种整体与构成要素之间的相互依赖说明，公共信息资源管理的主体与管理的对象之间的关系并不是简单的管理与被管理的关系，而是彼此限制互相关联。公共信息资源管理的目的就是为了保证系统内部各部门之间、各子系统之间以及管理的各环节功能的正常发挥，实现公共信息资源服务社会的整体效果。

（2）系统的结构性特征

作为一个系统，公共信息资源管理体系并不是任由各类公共信息杂乱无章地堆积，而是按照相互联系的固定形式和相互作用的基本方式有规律的排列，如按照载体形式划分结构，按照行业领域以及作用范围进行适当分类等。而公共信息资源管理结构的复杂性体现在管理主体的能动性以及信息的流动性上，作为体验型产品，公共信息资源在人们心理的、认知的、感情的不同感受也会促使人们以不同的态度来接收和传递信息。信息的流动就要触及复杂的社会组织体系，既有规范的政府组织，也有灵活的第三部门组织和营利性的企业；既要经过正式组织也要遭遇非正式组织，而政府在组织体系中的主导地位决定了其必然要在公共信息资源管理过程中发挥决定性作用，但当社会组织的整体结构或其他体系发生变化时，政府相应的信息资源管理组织体系也要与之相适应地进行调整。

（3）系统的有序性特征

信息的流动表明公共信息资源管理系统始终都是有序与无序的高度统一，有序是指人员、信息、资金、技术等公共信息资源管理的要素之间以及宏观微观等不同层次结构之间通过有规则的联系和转化而保持一定的秩序。由于公共信息资源管理系统内部充满的各种矛盾因素和潜在变化因素，如技术、文化、利益等往往会打破系统原有的秩序和稳定，因而保持公共信息资源系统的动态平衡就成了管理的基本要求，这一方面取决于公共信息资源的社会自我组织和服务能力，另一方面取决于政府对公共信息资源管理的宏观把握与调控能力，政府并不是决定系统结构与运转形态的唯一要素。

（4）系统的开放性特征

公共信息资源管理广泛的社会覆盖面、交互性管理需求特征等决定了任何封闭孤立的自我循环系统都难以实现公共信息资源的社会价值，在系统的生命运动中，无论多完善的组织体系都必须与所处的环境进行信息、物质和能量的交换，如与企业、与社会非营利组织的合作可促使新的信息、新的需求以及新的信息传播渠道、信息管理方式的产生。同时，系统的循环运动吐故纳新也相应地会通过公共信息资源自身管理结构的优化来向社会输出具有高附加值的信息资源和高效率的管理模式。如网络技术的运用，不仅拓展了公共信息资源管理空间，催生了新的公共信息需求，而且由此带来的网络化管理模式也提升了管理的效率和水平，使公共信息服务的及时性、便捷性与跨地域性等有了实现的可能。

2. 政府公共信息资源管理的不足

显然，公共信息资源管理系统的复杂性决定了其管理目标、对象、价值取向以及手段方法、组织结构等都不同于单纯的政府信息资源管理，1996 年，美国出版的《信息科学与技术年度评论》归纳总结了政府信息资源管理实践的种种不足（表4-1①），这些问题在其他国家也同样程度不一地存在。在我国，现有政府信息服务基本属于自产自销型，定位于自我服务、内部使用，且部门间纵向容易横向难，管理容易服务难，"缺乏面向社会进行信息收集、管理和发布信息的意识、规范"②，公共信息服务的范围和影响十分有限。

---

① M. E. Williama（ed.）．*Annual Review of Information Science and Technology*，1996（31）．

② 冷伏海．市场信息资源与市场信息行为．北京图书馆出版社．2000．

表 4-1　　　美国公共部门在实施信息资源管理中出现的障碍

考德尔等人	马尔香和克雷斯林	美国总会计署信息管理和信息技术处
组织未能认识到信息是一种资源	概念限制： 没有认识到信息是一种资源 担心信息操纵和过分控制	缺少绩效测定措施 没有战略管理过程 没能对系统开发生命周期
没有对信息的成本和价值进行测算 抵制诸如改变组织结构之类的组织变革	方法限制： 没有对信息的真实价值进行测算 很难对信息在决策中的作用进行评价	进行有效管理 没有对在全机构中实施信息资源管理进行授权 没有把管理的重点放在信息资源管理上
缺少管理支持 缺乏鼓励实施信息资源管理的措施	政治限制： 对组织的规程、结构和过程产生影响 认为信息资源管理是一种威胁，故希望维持现状 结构和功能限制：	职责不明或奖励不足 对目标没有达成共识 没有准确的信息资源管理概念 没有长期预算 没有吸引并留住人才
缺少用于信息资源管理的资源 信息资源管理有一个长期而非短期的事实	缺少组织和管理信息资源管理职能的指导方针 法律限制： 由法律或其他已得到授权的有关信息资源管理问题的程序施加限制 财政限制：	缺少信息资源管理培训和意识
抵制信息专业人员的新作用缺少合格的人力资源	短期内信息资源管理是否需要更多的投入 人员限制： 人员抵制变革 关心失业对工作水平、工资、权限的影响	

　　概要地讲，政府公共信息服务的不足主要表现在：

（1）差别服务

既然是面向公众的服务，就应不分民族、文化、职业和阶层提供平等的普遍性信息服务，差别服务并不是政府根据公众的个性化需求量身定做，而是针对不同用户的社会地位、消费能力等在服务态度、服务内容以及时效性等方面的不平等信息服务。如现有地区间政府公共信息服务水平的差异既导致社会公共信息资源分配的不平等，也进一步扩大了数字鸿沟的影响。再如为谋取部门利益有选择性的政府信息公开行为使得公共信息获取利用上的差别日益演化为个人间、组织间发展机会及竞争力的不均衡态势。

（2）强制服务

服务是与需求相对应的，公共信息服务的内容、形式、时间应根据公众的信息需求来确定，只有对用户需求特点有清晰透彻的了解才能有针对性地提高信息服务的效率，这也是服务型政府以顾客为导向行政价值理念的体现。但政府行为的强制性和系统的庞大复杂决定了政府公共信息服务只能是面向全体公众整齐划一的"一刀切"式服务，无论公众是否需要和认可，都会进行强制性的信息传递和灌输，如许多政府网站栏目的设计、公共信息内容的选择等都是政府部门根据自身利益自上而下有选择性确定的结果，面向公众的个性化服务无从谈起。

（3）不对称服务

即政府在不了解社会、企业和公众想法的情况下，按自己的臆断给公众提供信息内容、确定服务方式。2005年12月27日，济南市政府门户网站的调查显示，公众最需要从政府网站获取的信息依次是便民信息（33%）、政务信息（29%）、网上服务（23%）、招商信息（9%）和企业信息（6%）。而目前，我国政府网站提供的主要信息内容依次是政府新闻、政府职能/业务介绍、统计数据/资料查询、法律法规/政策文件等，信息内容的供给结构与用户信息需求结构明显不一致。

（4）粗糙服务

政府提供的信息服务难以从用户需求的角度确定服务的内容、形式以及时间、程序，往往从形式上满足了公众信息需求，并未从根本上解决用户的个性化信息需求问题，一方面在用户需求的多样性与服务手段的单一性之间形成鲜明对比，另一方面内容空泛的一次性信息提供遭遇公众反应冷淡的尴尬与社会发展急需的有效信息增值信息的短缺反差强烈。

单从政府行政系统自身的角度考察，往往难以全面地发现问题，而从政府信息资源管理与私人信息资源管理的综合比较中可以找出政府的不足。根据美国学者的调查①，影响政府部门与私人部门在信息资源管理的关键性因素的排名序列如表 4-2 所示：

表 4-2　　政府部门与私人部门信息资源管理关键性因素的排名

影响因素	政府部门排名	私人部门排名
制定/实施本部门信息技术的构建	1	6.5
为推广电子政务而进行事业/文化的调整改革	2	10.5
雇用/挽留有专业技术的信息资源管理人员	3.5	17.5
排列信息技术和组织的使命目标	3.5	4
获得信息技术推广规划和方案的足够资金支持	5.5	5
落实跨部门的信息技术资本计划/投资管理	5.5	8
统一涉及不同行业领域的信息系统自动化管理	7	12.5
简化事务管理程序以实现信息技术的最大效用价值	8	1
应用信息技术来改进对顾客/股东的服务	9	2
与上级部门及管理人员建立有效的沟通关系	10	3
获取/加工/占有本部门的知识	11.5	15
制定建立本部门范围内应用信息技术的责任	11.5	9
评估/开发本部门内信息技术应用能力（培训/教育）	13	17.5
处理或更新原有不合时宜的旧系统	14	10.5

---

①　Mark A. Ward, Scott Mitchell. A comparison of the strategic priorities of public and private sector information resource management executives. *Government Information Quraterly*. Vol. 21（2004）.

影响因素	政府部门排名	私人部门排名
保证公众信息获取而不是因系统安全原因决定需要	15	21
提供有效的信息技术基础设施和相应的服务	16	12.5
贯彻执行电子公务的实施办法	17.5	19
总结和报告过去信息资源管理的实施情况	17.5	20
阻止未经授权的系统入侵	19.5	6.5
执行 COTS 计划（如 ERP，CRM 等）	19.5	14
控制信息技术执行的预算	21	16
对本系统外的信息需求的回应	22	22
制定/实施针对残疾人信息获取的信息技术解决方案	23	23

　　从上述排序中可以发现政府部门和私人组织在信息资源管理方面既有共性的一面也有不同的特点，反映了政府信息资源管理在宏观目标的统一、跨部门协调以及高水平专业技术管理人员保障、信息环境营造以及技术标准的规范等方面还存有一定困难。当然，对在信息资源管理预算、系统外资源请求的回应以及对残疾人信息服务开展的重视不足也表明政府信息资源管理的薄弱。

　　上述政府自身管理的不足会导致不同层面公共信息资源管理的结构性断裂，如系统内部上下级之间、不同部门之间、政府与公众之间、不同地区之间、不同阶层之间以及不同社会文化生活之间信息流通渠道的不畅通，彼此信息资源占有和利用不均衡程度的加剧等。一方面，制度观念左右了人们的行动，出于信息资源工具性认知和个体信息利益最大化的动机都使得政府公共信息资源管理退回到单纯信息管理的老路。另一方面，面对日趋复杂和迅速多变的公共信息资源，政府现有的组织结构与运行机制表现出诸多难以适应的征兆，层层授权、层层节制的信息资源管理模式，常常导致人为的公共信息资源分割、传递的失真与滞后等，而政府自我扩张的特点会使政府公共信息资源管理职能超越其能力边界，导致管理的虚置或低效。加之政府与社会在公共领域的博弈，并未与社会形成良好的公共信息资源管理互助合作关系，社会对政府信息资源管理的监督还十分有限，尤其是基层信息搜集反馈渠道不健全，公共信息资源整合机制尚未建立，多元主体参与的管理体制并未形成，导致政府承担了许多超越其自身能力的信息管理职能。

二、政府信息公开与信息共享机制分析

在任何一个国家，政府都是最大的信息生产者、搜集者、消费者和传播者，1998 年美国政府信息搜集工作量达到 350 万人的年工作量。相对于广大的公众，政府一直处于公共信息资源收集占有的强势地位，公开并有效利用政府信息资源可以为国家和社会带来巨大的社会经济效益。在我国第一次工商部门和税务部门数据比对过程中，北京市发现有 17 648 个企业未按规定办理税务登记，杭州市发现 11 718 个企业未按照规定办理税务登记，青岛市发现地税 "漏管户" 近 2 万家，国税 "漏管户" 近 3 万家，深圳也发现类似 "漏管户" 8 472 家，若按照每纳税户月交税 5 000 元计算，仅这几个城市就会导致国家每年税收损失 22.7 亿元，由此可见，政府信息公开与共享具有深刻的政治、经济和社会影响。

（一）　政府信息公开的意义及形式

政府信息公开指政府机关把除保密内容以外的所有政府公共信息资源向公众及其他各类组织公开，其含义包括两个方面：其一为实体的公开，即除了依法应当保密的信息外，政府公共管理过程中所形成和搜集的各类信息都应公开；其二为程序公开，即强调政府信息公开方式的正当性，除信息内容的公开外，公开的程序、规则以及人员、组织等都要按照法律规定对社会公开。

"任何信息的索取即能创造更深层次的民主。"① 1966 年美国的《信息自由法》彻底改变了以往传统上把政府文件当作部门财

---

① 王吕．电子政府与政府管理创新．行政与法，2003（2）．

产，行政机关决定其公开与否的旧观念，明确提出"政府文件具
有公共财产性质"，公众有权了解政府机构的活动情况及制定的政
策、作出的决定、颁布的命令乃至对某一问题形成的态度和意见
等。在 1974 年的修正案里又进一步扩展了公民的信息获取权，允
许公民查阅保存在联邦机构里的有关个人资料，并宣称查阅有关公
共利益的文件也是公民拥有的公共权利；加拿大的《信息获取法》
在赋予公民信息获取权的同时，还设立了"信息专员"（Informa-
tion Commissioner）以帮助联邦法院专门处理信息获取中的纠纷。

　　目前，联合国教科文组织正在全力动员各国政府努力使任何人
都有权使用 4 类属于公众的信息，包括政府信息与法律、档案文献
与文化遗产、公众研究项目的论文与科学类文章、电脑应用公共规
范或语言，简而言之，就是各类可供利用的公共信息资源。也正因
此，许多国家纷纷制定了确认和保障公民信息获取权的政府信息公
开法律以达到对公共信息资源尤其是政府掌管的信息资源进行有效
管理的目的。

　　由于信息公开是信息获取的前提，美国法院强调"信息应该
最大化地为社会长期的整体利益服务"，政府公共信息资源的公开
情况在相当程度上决定了公众信息需求的范围和内容，既是信息资
源全社会共享的前提，也是保障公民权利的基本义务。对于各国蓬
勃兴起的电子政务活动而言，根本意义并不在于电子化的表现形
式，而是如何为公众提供实用的信息和服务，其中，政府信息的公
开化是各国电子政务发展的必经阶段。同时，公共信息需求的范围
也从根本上决定了信息公开的内容和形式，也就是说，信息获取程
度实际上也是公共信息资源公开程度的具体体现，有学者认为
"公众信息获取的困难，也暗含着政府信息透明的缺乏"①，而信息
的公开又是信息获取的必然要求和社会环境。因为"公平获得信
息是可持续发展的必要因素。在一个以信息为基础的世界，信息必

---

① Carmen Caba Pe'rez, Antonio M. et al. *Citizens' access to On-line Governmen-
tal Financial Information*: *Practices in the European Union Countries*. Government Infor-
mation Quarterly 22（2005）258 - 276

然被人类视为平衡发展的一项基本资源，每个人都能够获得"。①但事实上公众能否准确及时地获取公共信息资源，主要取决于掌握公共信息资源的主体主要是政府能否积极主动地公开信息和如何公开信息。

在美国，信息公开方式主要有两种：一种是由政府机构主动公开，另一种是经申请人申请以后公开。目前，我国政府信息基本上是主动形式的公开，2005 年中共中央及国务院的《关于进一步推行政务公开的意见》确立了政务公开的 6 种形式：

一是政府新闻发布会；

二是政府公报、政务公开栏、公开办事指南和其他形式；

三是利用报刊、广播、电视、网络等媒体；

四是社会公示、听证和专家咨询、论证，以及邀请人民群众旁听政府有关会议等；

五是通过各类综合或专项行政服务中心，对行政许可、公共服务等事项予以公开；

六是逐步扩大网上审批、查询、交费、办证、咨询、投诉、求助等服务项目的范围，使群众直接在网上了解相关政务信息。

2007 年 4 月 5 日温家宝总理签署的《中华人民共和国政府信息公开条例》第 15 条规定："行政机关应当将主动公开的政府信息，通过政府公报、政府网站、新闻发布会以及报刊、广播、电视等便于公众知晓的方式公开。"第 16 条还明确"各级人民政府应当在国家档案馆、公共图书馆设置政府信息查阅场所，并配备相应的设施、设备，为公民、法人或者其他组织获取政府信息提供便利"。为促进基层社会的政府信息利用，该条例还规定："行政机关可以根据需要设立公共查阅室、资料索取点、信息公告栏、电子信息屏等场所、设施，公开政府信息。"

在基层，公众获取政府信息的主要渠道是：

①面向社会公开发行的各类政府公报，深圳、顺德、上海、北

----

① 摩尔多瓦共和国常驻联合国代表团 2003 年 7 月 17 日给联合国秘书长的普通照会．http：//www. itu. int/ dms_ pub/ itu-s/md/ 03/ wsis /c/ s03-wsis-c-0008.

京以及广州、徐州等地的居民可在书报亭订阅汇集了政府规范性文件的政府公报。

②图书馆、档案馆等各类公共信息中心开放的政府文件,国家档案局早在1999年就提出,档案馆要充分利用档案资源,成为为改革开放和现代化建设服务的"信息中心",为此,各地档案馆纷纷设立了"现行文件阅览中心",供公众查阅利用。截至2005年,全国已有2 367个国家档案馆开展了已公开现行文件利用工作,占国家档案馆总数的76%。

③政府信息的网上获取,不仅政府网站、公共网站会发布政府信息,一些门户网站如新浪、搜狐等也会及时发布政府信息,吸引用户注意力,同时,一些专业性、行业性网站也会主动刊载一些相关的政府信息。

④新闻媒体是政府的"喉舌",利用报纸、广播电视等大众传媒获取政府信息仍然是公众尤其是中低文化用户和弱势群体的主要渠道。

⑤其他信息基础设施的全面利用,电话、邮政以及社区信息亭等在公共信息资源的社会传播中发挥着不可替代的普及性作用,埃森哲公司的一项国际性调查发现,大多数民众依然习惯于借助传统信息传播方式与政府进行沟通;2005年,电话仍然是市民与政府联络的首要工具。①

(二) 西方国家政府信息公开的启示

在现代社会,信息自由是一项基本人权,政府公开所掌管的公共信息资源既是实现民主政治保障公民权利的需要也是提高社会信息化程度实现信息资源全面共享的重要举措,同时也是建设廉洁、透明、高效政府的必由之路,因而,成为世界性的潮流和趋势,目前全世界已有50多个国家进行立法,先后确立了政府信息公开制度(见表4-3):

---

① 电子政府贴近民众. 参考消息,2006-09-27

表 4-3　　　　　　　　各国政府信息公开情况一览表

法案通过时间	国家	法案名称	备　注
1766 年	瑞典	《出版自由法》	世界上第一部信息自由法案，1949年修改，1991 年制定《表达自由法》作为补充
1951 年	芬兰	《文件公开法》	
1966 年	美国	《信息自由法》	此前曾制定《联邦行政程序法》（1946），1966～2000 年之间多次修改《信息自由法》，1976 年又颁布《阳光下的政府法》
1970 年	丹麦	《行政管理文件法》	包括公众对政府文件的使用权利和程序步骤等
1978 年	法国	《使用政府信息法》	1789 年法国人权宣言里明确"社会有权要求全体公务人员报告其工作"
1980 年	荷兰	《政府信息法》	
1982 年	澳大利亚	《信息自由法》	
1982 年	加拿大	《使用信息法》	1977 年自由党政府颁发了关于政府文书向公众开放的立法绿皮书
1983 年	新西兰	《政府信息法》	
1986 年	希腊	《使用信息法》	
1987 年	奥地利	《信息责任法》	宪法性法律
1996 年	韩国	《公共机关信息公开法》	
1997 年	爱尔兰	《信息自由法》	
1999 年	日本	《行政机关所拥有的信息公开法》	
2005 年	英国	《信息自由法》	1994 年《政府情报公开实施报告》，2000 年 11 月通过《信息自由法（草案）》

从各国政府信息公开的做法与实际效果来看，以下经验可供我国借鉴：

（1）深刻认知政府信息公开的重要意义，并以制度化的形式加以规范。政府信息是公共信息资源的重要组成部分，公众有获取的权利，政府有搜集、加工、整理和公开的义务。"在一个现代信息社会，越来越重要的一种平等首先是基于信息的平等。公众的平等的知情权，是舆论得以成功影响政治过程的前提，它理所当然地反对信息的绝对垄断。"① 因此，各国的信息公开法均对政府信息公开的目的予以明确规定，如日本《信息公开法》第 1 条规定，"本法的目的是：根据国民主权理念，就行政文书公示的请求权作出规定，依次规定谋求行政机关保有的情报更加公开，使政府的各项活动向国民说明责任得到履行，同时有助于推进在国民正确理解和批评之下的公正、民主的行政"。

（2）从国情出发选择适合本国特色的信息公开立法模式。立法是从制度上保障政府信息公开的充分实施，各国的国情和历史文化传统不同，反映在立法模式上的差异也很大，如将信息公开的有关条款分散规定在一些单行法中，待时机条件成熟，再定立单独的信息公开法。也有地方先行立法，再推动制定国家层面的信息公开法；当然，也有国家直接确立专门的信息公开法，对政府信息公开的原则、程序以及范围、形式等予以统一规定。每一种模式都各有特色，究竟采取哪一种模式，要根据信息公开所面临的客观环境而定，如公众信息意识、社会民主化信息化程度、政府行政运行机制以及文件信息管理的规范状况乃至民族文化传统尤其是政治统治文化等都是信息公开立法所要考虑的重要因素。

（3）加强电子政务建设，突出政府信息公开制度的可操作性与便民性。一方面，法规制度的最终目的仍在落实，各国信息公开法在确立了公开原则、平等原则和便民原则的基础上，都对信息公开的法定条件、申请程序、公开方式以及实施机关、收费方法乃至对信息公开制度中除外事项都有明确具体的规定，以便于公众掌握

---

① 　周国文．公民自由、传媒、知情权与政府．花招，2002（1）．

和参与。另一方面，"未来社会，在线信息将成为民主制度的鲜明特征"①，在推进政府信息公开的进程里，各国都把加强政府网站建设，提高网上信息的可获取性作为重要举措。美国弗吉尼亚州政府网站着力架设政府与市民、工商业者之间的桥梁，寻求政府与市民之间的互动机制，其网页所提供的服务对象不仅包括所辖各城市政府、而且还包括广大市民。为此，他们十分注重数据资料的搜集整理，目前，州政府网站的数据资料的 90% 对市民开放，据 2002 年州政府有关情况统计，有 3 300 个相关的网页被市民或工商业者浏览并下载，46% 的资料被政府部门广泛采用。仅此一项，每年州政府可节省费用 110 万美元。②

（4）注重法规制度的连续性与配套性。政府信息公开牵涉政府信息管理体制、文书管理办法以及数据标准确定乃至行政运行机制等方方面面的问题，需要有完善的法规制度与之相协调，即保持信息公开法内在结构的平衡，使各项制度规范能够围绕信息公开共享这一目标一以贯之。如保密与公开的平衡、对申请人的公开与全社会广泛传播的区别以及适当收费与免费的把握、知识产权保护与信息资源共享的冲突等都需要有完善的制度予以明确，以保持法规制度之间的彼此呼应，尽量避免制度之间的相互牵扯。同时，在网络时代，政府信息发布与获取方式的变革也对现行的部分政府信息管理法规制度提出了新的要求，需要相关配套管理制度的完善。

（5）公民信息意识的提高与信息公开社会监督的健全。政府信息背后潜藏的利益决定了政府很难具有主动公开信息的动机，即便是在美国，"政府机关总是想到控制它们所拥有或创造的信息。……以满足机关的利益"。③ 因此，各国信息公开的历程往往标志着公众信息意识的提高和社会自我发育的成熟，是社会强有力地推

---

① ［美］道格拉斯·霍姆斯. 电子政务. 詹俊峰，等，译. 2003. 机械工业出版社.

② 余建平. 美国电子政务中的民本思想. 信息化建设，http：// www. csai. cn［2006-04-10］.

③ 周汉华. 外国政府信息公开制度比较. 中国法制出版社，2003.

动促成了政府信息公开的制度化、规范化。无论是崇尚自由民主的美国还是有着浓厚保密传统的英国以及东方集权型统治的日本，其信息公开进程都离不开公民社会的积极参与。各类非营利性组织借助具体事件发起了呼吁信息公开法的运动，如日本 1979 年市民自由联盟通过的"信息公开法基本原则"，以及 1980 年发生的里库路特事件，通过大众传媒的透露，引发公众和舆论压力，促使政府重视并研究信息公开问题，而 90 年代厚生省对艾滋病有关文件的保密事件等一连串问题，唤起了公众和舆论对开放政府的强烈要求，最终促使国会下决心制定信息公开法。英国公众关于政府信息公开的诉求长期受到来自政府的温柔抵抗，但在议会以及民间非政府组织信息自由运动（CFI，Campaign for Freedom of Information）推动下才逐渐放开。可见，第三部门的介入，不仅带来了政府信息公开的压力，而且也进一步完善了信息公开的监督体系，由不同主体多元参与的监督体系及有效的责任追究制度是信息公开的必要保障。

（三）我国政府信息公开的发展历程

尽管我国没有专门的信息公开法，但许多法律分别从不同的角度对政府信息公开问题作出了具体规定：如《行政法规制定程序暂行条例》规定，行政法规一律刊登在《中华人民共和国国务院公报》，公布是行政法规制定程序的重要环节；立法法第 61 条规定了行政法规和规章的公布程序；行政处罚法第 4 条规定了行政处罚遵循公开的原则；行政许可法第 30 条规定行政机关应当将法律、法规、规章规定的有关行政许可的事项、依据、条件、数量、程序等内容向社会公开。上述法律法规均已不同程度地涉及了政府信息公开的范围、内容、方式、程序等，是推动我国政府信息公开的法律尝试。同时，我国还加入了《公民权利和政治权利国际公约》和《世界人权宣言》，二者都规定了公民享有寻求和利用信息的权利，标志着我国信息公开立法开始与国际惯例接轨。

我国政府信息公开进程始于 20 世纪 80 年代，1987 年党的十三大报告提出建立社会协商对话制度，提高领导机关的开放程度，重大事情让人民知道，重大问题经人民讨论。1988 年，河北省藁城市在全国首创公开办事制度、公开办事结果、接受群众监督，接着河北省海兴县借鉴藁城市的经验，并对政务公开的内容和形式进行了规范。此后，政务公开进一步得到中央的重视，1989 年李鹏总理在政府工作报告中指出："处理同广大人民群众利害相关的事情，要积极推行公开的办事制度，公开办事结果，要增加政府活动的透明性，强化各种制约机制。"在党和政府的积极引导下，国家机关纷纷转变工作作风，不同程度地公开了办事程序并由此带来了政府相关信息的公开。

　　1992 年 3 月，为了统一国家对外经济贸易政策，增加外经贸管理的透明度，国务院办公厅发出了《关于重申制定、发布全国性对外经贸法规、政策有关规定的通知》，明确规定全国性的对外经贸法规、政策均由对外贸易经济合作部审核并统一对外发布（需立法或需由国务院发布的除外），首开政府信息公开的先河。随后村务公开、厂务公开、警务公开直到法院的审务公开、检察机关的检务公开以及人大的信息公开等，都需要以信息的公开为表现形式。

　　2003 年 1 月，广州市在全国率先实施《广州市政府信息公开规定》，明确政府信息原则上都要公开，成为我国地方政府制定的第一部全面、系统规范政府信息公开行为的政府规章；2004 年 5 月 1 日，《上海市政府信息公开规定》的出台，成为我国第一部省级政府制定的有关信息公开的规章。随后，北京、上海、重庆、武汉、杭州等城市也分别制定了有关本地区政府信息公开的条例，与此同时，中央各部委也对政务信息公开积极回应，如 2003 年底，商务部公布了《商务部政务公开暂行办法》；2004 年 2 月，国家环保总局发布了《国家环境保护总局政务信息考核办法》；同年 5 月国土资源部推出《关于切实加强国土资源政务信息网上公开促进依法行政和行政为民的通知》；2006 年 5 月水利部颁布了《水利部政务信息公开规定》等。

　　2005 年，酝酿多年的"政府信息公开条例"草案和说明稿已起草完成，国务院法制办和国务院信息办已将草案上报国务院。事实上，从 2001 年开始，国务院信息办就对政府信息公开进行调研。
到 2005 年底，中央政府部门共制定 30 部政务、政府信息公开的法
规文件，北京、上海等多个地方颁发了政务、政府信息公开的法规
文件。① 同时，全国已累计有 28 个不同层级的地方政府制定了政
府信息公开方面的规定。2007 年 1 月 17 日，国务院常务会议原则
通过了《中华人民共和国政府信息公开条例》，2007 年 4 月 5 日温
家宝总理签署了该条例，并将于 2008 年 5 月 1 日起正式执行。

为加大政府信息公开的力度，保证政府信息发布的及时性和权
威性，1983 年外交部率先任命了新闻发言人，此后上海、北京等
少数国家机关和省市开始任命新闻发言人，2003 年 9 月和 11 月，
国务院新闻办举办了两期新闻发言人培训班，从而揭开了中国新闻
发言人制度全面推行的序幕，随后，北京、上海、广州、南京等
15 个省级政府纷纷建立了新闻发言人制度。2004 年 12 月 28 日，
国务院新闻办首次公布了国务院有关部委的 75 位新闻发言人的联
系电话。从各地已经开展的实践来看，新闻发布主要采取了两种方
式：一是自主发布，由政府新闻发言人定时、定点、定人发布信
息；二是搭台发布，由各地新闻办公室牵头，由具体政府部门发布
信息或者回答问题。

（四）我国政府信息公开存在的主要问题及根源

2000 年 3 月，美国著名的会计事务所布莱斯沃特浩斯在瑞士
达沃斯会议上发表了数值化的"不透明度指数"，该指数包括法律
制度、经济政策、政府规则、会计及企业统计、腐败行为等 5 个方
面，在被统计的 34 个国家和地区中，透明度最高的是新加坡，其
次是美国，日本排在第 15 位，中国被排在最后一位。2004 年，南
京市针对各政府部门网站的调查结果显示，接受调查的 62 家政府
部门及直属单位网站中，能够做到信息每日更新或每周更新的只占
网站总数的 29%②，至少有七成多政府网站的信息公开还停留在口

---

① 胡红军. 加快电子政务建设 推动信息资源共享. 经济日报，2006-08-02.
② 江南. 南京：政府网站为何"公开难"？. 中国信息界，2004（12）.

号式阶段，要真正实现政府信息公开还任重而道远。

"长期以来，权力者，特别是国家权力者，往往运用其权力，垄断信息，拒绝公开；或者把公开相关信息，看做是他们对相对人的恩赐；公开多少，也只是政府'钦定'。这是权利与义务的脱节，权力与权利关系的颠倒。"[1]　即便是政府信息管理比较规范的美国，有研究表明，《信息自由法》和《隐私法》等法律中有超过 200 条以上的条款使很多数据类型免于公开，同时，政府官员仍然可以凭借信息公开的例外等阻止信息的公共获取。

在现实中，政府信息长期处在不流通、不对称、不公开的状况下，所谓的公开更多停留在口号和形式上，所公开的信息基本上仅限于需要行政管理相对人遵守、执行的规范性文件，或者有关机关的工作计划、安排和领导讲话等内容。多数地方的政务公开还只是事务性的、程序性的公开，办事结果的公开，办事过程、办事程序公开少；事后公开多，事前、事中公开少，标榜政绩的经验信息公开多，反映教训的失误信息公开少，被动公开信息多，主动公开信息少，随意性公开多，规范化操作少。概括起来，我国政府信息公开实践中存在的主要问题表现有：

（1）故意隐瞒。政府官员出于自身利益有意封堵信息，如 2000 年许多省市出于地方利益因惧怕农民知晓国家减轻农民负担的相关规定会带来地方乱收费的困难，连续发生了多起地方政府向公众尤其是农民封锁相关信息传播的事件。2001 年 8 月，广西壮族自治区南丹矿山事故受到当地政府和矿主的层层封锁，企图掩盖真相。而 2003 年非典疫情在全国的肆虐以事实说明无论出于何种动机的信息封锁只会使情况更糟。同时，政府信息的保密范围过宽，密级的确定有时过于随意，致使一些本不属于国家秘密应对外公开的公共信息资源锁在文件柜里。

（2）有意拖延滞后。政府信息具有很强的时效性，信息公开的时机把握对于不同的人员而言具有不同的意义，如关于投资、产业结构调整、物价以及建筑工程招投标等信息可给当事人带来不同

---

① 郭道晖. 公开：沟通政府与人民的渠道. 法制日报，2001-01-09.

的潜在利益，因而，格外引人注目。2001 年 12 月 10 日，外经贸部在中国正式入世前几个小时在其官方网站上公布了中国入世法律文件的英文版，可是谈判中的英文文本海外早就公布了。①

（3）有选择性公开。由于政府信息公开的范围标准等没有明确的可操作性规定，政府官员便拥有了较大的自由裁量空间，可依据个人偏好有选择性地公开政府信息的内容，决定公开的范围以及形式等，既可以在信息内容的发布上断章取义，也可以凭主观判断决定信息公开的场合、时机；既可以把应广而告之的政府信息压缩到应申请公开，也可以以保密为名拒绝信息的公开。

导致上述问题出现的原因是多方面的，归纳起来，其根源主要在于：

（1）认知偏差。"民可使由之，不可使知之。"政府部门长期以来并没有从思想上认识到公共信息资源公开的重要性，甚至对知情权存有误解，认为政府信息保密会增加公众对政府的神秘感和依赖感，有助于工作的开展。"有些政府部门及其工作人员把工作领域看做自己的'领地'，把自己所掌握的公共信息视为自己的'私有财产'和权力基础。依靠职权，千方百计地垄断信息，甚至用信息垄断寻租。这种错误的做法，因为认识的不清，在某些部门不但没有得到纠正，甚至用红头文件的形式加以确认，对政府机构的工作产生了极大的危害。"② 几千年延续下来的"法藏官府，威严莫测"的思维定势仍左右人们的思维。

（2）信息利益的博弈。"政府信息公开有助于公共利益的实现，公共选择理论的分析表明，保守信息秘密很有可能是为了满足政府官员及机关特定利益集团的隐秘目的和诉求。"③ 所以，政府官员有控制它们所拥有或创造的信息的动机，但从本质讲，政府信

① 夸克．世贸文件考验政府服务意识 第一次接球就脱手．中国经营报，2002-01-22．

② 彻底调查："政府信息公开条例"的台前幕后．http://www.sina.com.cn［2002-11-05］．

③ ［美］斯蒂格利茨．自由、知情权和公共话语．环球法律评论，2002（秋季号）．

息公开是对政府信息资源这一特殊无形物品产权的重新安排，也就是把原来为少部分人掌握的信息利益归还给公众。此举在实践中不可避免地会剥夺部分政府官员的寻租特权。失去信息特权的官员也会随之失去相应的利益，利益的驱动会促使他们以各种理由和手段来阻碍信息公开的进程。对此经济学家吴敬琏指出："这种情况如果得不到根本改变，就必然出现封闭网络、阻碍互联互通的偏差。这种偏差如果得不到纠正，那种只对行政上级负责而不对群众负责的习以为常的做法就会依然存在，进而使电子政务建设很容易变成又一轮劳民伤财的'形象工程'。"

（3）缺乏相应的制度保证。没有健全的法律制度。所谓的信息公开完全是政府单方面的行为，并非法定义务，公开什么、如何公开、对谁公开等完全取决于政府当事人的态度。而长期奉行的保密原则以及权力的部门分割和部门的寻租利益，必然会阻碍信息公开。"民主过程中的实质性参与，要求参与人必须获知充分的相关信息，而保密减少了公众可获得信息的质与量，使公众参与陷入步履蹒跚的困境。"① 在缺少法治传统的环境下，制度规则的模糊以及制约追惩的空泛必然会带来信息公开的有名无实，需要有统一的信息公开法全面规范政府的信息管理行为。

（4）现有信息公开手段的制约。当前，我国政府信息公开的主要手段是"红头文件"、报刊、印发的专题手册、网络以及广电媒体的新闻栏目等，一般都是政府单方面的传达，公众基本上处于被动地位。一方面，政府对新闻的管制权限制了公众获取公共信息的渠道，公众只能通过政府及其下辖的新闻单位获取信息，而新闻自由的缺乏和公众言论自由的不足又造成了人们把媒体当作"传声筒"、"新闻、旧闻、不闻"的信息获取态度，政府信息的公信力明显弱化。同时，表现为公众迫切需要的信息与政府公开的信息之间在内容与加工层次以及公开的形式上存在着较大差异，造成公众对政府信息关注度的降低。另一方面，信息基础设施的薄弱，互

---

① 斯蒂格利茨. 自由、知情权和公共话语——透明化在公共生活中的作用. 环球法律评论，2002（3）.

联网在不同地区间、阶层间分布利用的不平衡使得信息传播最为快捷便利的网络手段难以普及。

（5）公众信息意识的薄弱。现代政治学理论认为，社会的自主能力与信息的公开程度成正比，政府信息公开与公民信息意识和民主意识密切相连。公众信息意识的欠缺使政府信息公开缺少强有力的外在推动和监督。从利用信息的态度和习惯来看，公众获取信息的渠道仍沿用传统的文本方式和单位内部人际交流方式的单一化渠道，即使是专业化的信息管理人员也往往停留在文件资料等的搜集、加工、分类、存储等物理化的管理水平上，对信息深加工思想和利用信息维护自身权益的意识还有待加强。

（6）电子政务建设的滞后。信息获取手段的改进会使政府更加透明，电子政务建设进一步优化了政府信息公开的环境。对于一般公众而言，政府网站既可以作为通信工具也可以视为推进社会公共关系的重要手段，政府信息和数据可以便捷地被传送给终端用户获取和共享，由此，政府网站常被视为一种重要的可靠信息源和客观权威源①，是当今社会政府信息公开的重要载体。在美国，有58%的互联网用户认为电子政府是最好的政府信息源。② 在我国，政府网站提供的信息内容丰富度与深度往往会因政府机关属性与层级的不同而有差异，且"以政府为中心"痕迹突出。据统计，能够基本做到按用户进行服务分类的地级和县级政府门户网站仅有8.7%和3.2%；而按照政府部门进行服务分类的地级、县级政府门户网站比例竟高达48.1%和50.4%③，政府网站距离真正的网上信息中心还有较大的差距。

---

① Paul T. Jaeger, Kim M, Thompson. Social information behavior and the democratic process: Information poverty, normative behavior, and electronic government in the United States. *Library & Information Science Research* 26 (2004).

② J. B. Horrigan, L. Rainie, *Counting on the Internet*. Washington. DC// Pew Internet and American Life Project. (2002).

③ 赛迪顾问股份有限公司.2004 年中国政府网站绩效评估报告. http://www. ah. gov. cn/otherimages/baogao. pdf.

（五）政府信息共享机制分析

1. 政府信息共享内涵的解读

信息共享是当今社会信息化和电子政务建设的实现目标。2005年11月，在突尼斯召开的"信息社会世界高峰会议（WSIS）"上通过的《突尼斯承诺》里指出："信息的获取和知识的分享与创建可有力地促进经济、社会和文化的发展，从而帮助所有国家实现达成国际共识的发展目的和目标。"同时，信息共享是实现社会信息公平的基础。当前，一些人对政府信息共享的认识有失偏颇，如认为政府信息共享是针对政府内部的，是免费的，必须由政府来提供等。为澄清误解，便于理解，可从以下几方面把握：

（1）站在经济学角度理解，政府信息共享是一个经济效率选择问题。首先，信息共享是有成本的。信息的搜集、生产、加工、组织、存储、传播都要耗费一定的人力物力。其次，信息共享的程度越高、共享的范围越广，则耗费的成本也越高，经过深层次加工的增值信息服务的投入远高于原始数据和政府文件的投入；同时，用于共享建设、运行、维护成本也会直线增长。最后，政府信息共享的收益要大于成本支出，实现经济效益和社会效益的最大化，但是，并不是所有的信息共享都是有效率的。

（2）"'共享'是相对于不均衡占有或垄断而言的。"[①] 政府信息共享并不是指政府信息资源的平均分配，而是指在一定时空条件下，公民或各类社会组织都有平等开发与公平使用政府信息资源的权利。对于用户而言，政府信息共享的效率体现在政府提供的共享信息与社会信息需求结合的紧密度以及信息利用的效率上。

（3）政府信息共享的来源并不单纯来自政府部门，还包括了诸如图书馆、档案馆、信息中心、信息咨询机构乃至信息企业等各类社会信息机构，因为"政府资讯的强大必须建立在民间资讯强

---

① 唐魁玉."信息共享"与网络社会公正.哈尔滨工业大学学报（社会科学版），2002（4）.

大的基础上"。①

（4）政府信息共享的对象主要是经过综合加工、凝结着人类智力劳动成果的增值公共信息资源。

（5）政府信息共享辐射面的大小反映了政府信息服务能力和社会信息化程度，是检验当今电子政务建设情况的一项重要指标。

（6）政府信息共享模式的选择取决于政府信息资源管理的宏观环境，一方面，政府信息技术的应用水平决定了信息共享载体的选择，电子政务是信息时代实现政府信息共享的理想形式。另一方面，政府信息共享模式的多元选择，"哈佛大学人类学系专家 Jim Moore 总结人类的共享行为有 3 种方式：简单的非互惠给予、买卖交换、互惠交换"。② 在具体模式选择的依据上，主要受政府信息加工能力、市场环境、利益补偿机制、激励机制以及用户需求和社会信息服务业发展水平等因素的影响。

（7）政府信息共享的主体并不特指各级政府行政机构和政府官员，所有公众都应享受政府信息共享的福祉，因为政府信息共享的最终目的是满足公众信息需求，促进社会发展。

2. 公共信息通道及政府信息共享技术

一般而言，个体获取公共信息资源的渠道主要有：

①公共信息源：如来自政府、新闻媒体、社区、网络等正式的信息传播。

②直接信息源：指个人为自己的特定目的而直接进行调查、搜集所取得的信息，如个体依申请所取得的政府信息等。

③私人信息源：个人通过自己的人际关系网络获取的信息。

④所在组织的信息发布：个人归属单位发布的信息，既包括组织内部信息，也包括组织外的其他社会信息，如企业发布的关于传染病预防的通知等。

⑤秘密信息源：指通过间谍或不正当渠道获取信息。

---

① 牛洪亮，胡小君．公共信息的公开及其立法．中国信息导报，2006（2）．

② 白洋．信息资源共享应引入市场机制．情报探索，2007（3）．

目前，常用的信息资源共享技术包括：

①元数据管理和应用；

②数据库和数据仓库技术；

③基于中间件（mid-ware）的信息集成和应用集成；

④网格体系（GRID）；

⑤Web Service 体系。

3．政府信息共享路径的选择

"对于民主社会和良好政府形象的提升而言，在政府和公众之间创造一个开放而无制约的信息流通渠道是非常重要的。"① 随着共享技术的不断成熟，实现跨部门、跨时空信息共享的前提条件已经具备，问题的关键在于共享渠道和途径的选择。有人建议，"建立政府信息共享的路径选择应在公民、社会以及政府行政系统三者之间有序推进"。② 在网络环境下，政府公共信息资源共享平台建设的主体及服务对象是公众、政府、非营利性部门和企业（见图4-1）③，政府信息共享的层次可分为政府部门内部、政府部门之间以及面向社会的垂直型、水平型和混合交叉型等不同类型。

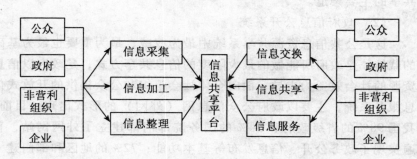

图 4-1　网络环境下政府公共信息资源共享平台模型

① Paul F Uhlir. *Draft Policy Guidelines for the Development and Promation of Public Information.* http：//unesdoc. unesco. org/ images/ 0012/ 001297/ 129725epdf.

② 宋乐永．信息共享的"边界盲区"．计算机世界，2004（02）.

③ 张尧庭，方开泰．多元统计分析引论．科学出版社，1982.

　　根据不同用户需求和环境以及政府信息资源共享的技术条件和制度要求可划分为两部分，一是政府信息的社会共享系统，包括政府信息公开与信息增值服务两方面；一是政府信息的行政共享系统，主要指行政决策咨询和业务信息管理系统。

　　（1）政府信息的社会共享系统

　　从地理数据、自然资源到生产、市场、消费、就业、卫生、交通等政府信息都是公共生活所必需的，公共性本质决定了政府信息共享必须以满足公众信息需求为出发点，如何扩大政府信息的传递渠道、吸引更多的公众关注并有效利用政府信息就成为决定路径选择的重要因素。同时，出于对自身事务的关心和信息利益的维护，政府信息共享的组织已不再是政府行政系统的专利，政府信息的社会共享系统在政府主导的前提下，需要来自企业、民间的各类社会组织及公民的广泛参与和积极呼应，这既是实现政府信息共享的必要条件，也是建立信息民主、维护公民权利的充分条件。简言之，政府信息的社会共享需要多元主体、多维视角、多种渠道的相互支撑。目前，政府信息公开和信息增值服务已经成为全社会政府信息共享的主要渠道。

　　（2）政府信息公开系统

　　这是公共信息资源共享系统中最为权威、最为重要也最为基础的载体，是政府所能做的最大限度的信息共享方式，是政府以信息资源的社会效益为主导，面向全体社会组织和公众提供的开放式信息服务系统，主要以政府公众信息网（外网）的形式出现。目前，我国98%的省级政府和94%的国务院部门都建立了外网网站，普遍实现了政务公开、信息发布等基本功能；72%的地区和部门建立了公文和信息系统；超过60%的地区和部门实现了公文、信息、简报的无纸化传输。① 归纳起来，政府信息公开系统所公开的主要信息内容包括：

　　a. 公告性内容：根据国家有关政府信息公开的法规制度应当让公众了解的规范化信息，如政府公告，各种法律、规章、统计数

---

① 我国政府公众信息网已具相当规模. 中国信息界，2004（5）.

据、工作规划、司法解释等各种需要告知全社会的信息。

b. 服务性内容：政府提供的有关公共管理和公共服务职能的具体程序性、事务性信息，如政府机构设置、办事指南、教科文卫以及社会保障、交通、安全等各类生活性信息等，囊括公众与政府打交道时需了解和掌握的各种信息。

c. 职能性内容：为便于社会监督，政府应依法公开的各类政务信息，如政府机构职责、行政工作流程、重大项目的工作进展、行政决策的相关背景以及人员任免、财务收支的公示等。

d. 经营性内容：尽管公共性原则要求政府信息公开及服务不以营利为目的，但并不意味着政府信息服务不收费，利用政府强大的信用优势和社会影响力为经济建设服务已经成为现代政府的重要职责。发布商业信息，进行网上采购以及在线销售等其他电子商务行为已经成为国外政府网站新的发展趋势。如 2000 年美国政府所属的网站一共收入了 36 亿美元，超过了亚马孙等其他电子零售商。① 据美国私人调查公司——福瑞斯特调查，到 2006 年美国各级政府可从网上收取 6 020 亿美元，占政府总收入的 15%。②

表 4-4　　　　中国政府网站市场信息服务建设情况③

服务项目	统计结果（%）		
	地方政府	中央政府	总计
政策法规	83.95	84.83	84.83
研发信息	33.21	34.25	34.25

① 中国信息协会报告. 信息内容服务业的机制研究（二）. http://www.ciia.org.cn/genfiles/1034644669.html.

② Sharrard Jeremy, McCarthy John C. Tavilla Michael J. Sizing U. S. e-Government. Cambridge// Mass: *Forrester Research Report*, 2000.

③ 胡广伟、仲伟竣、梅姝娥. 电子政务调节公共信息非对称性的作用. 中国软科学, 2003 (10).

续表

服务项目	统计结果（%）		
	地方政府	中央政府	总计
政府招商	17.99	9.58	17.92
商品信息	31.98	18.33	31.04
电子数据库	52.47	65	53.22

（3）政府信息资源的增值服务系统

信息资源的增值服务就是对信息的价值进行深入挖掘，以增加信息的资产价值含量，实现信息资源的充分利用，其本质是实现信息从量到质的转变，使政府手中静态的信息变成对社会有用的物品，这是政府信息资源开发建设的重点。实际上在一个信息资源爆炸的世界里，依赖原始数据量的优势来作为核心竞争力已经变得越来越没有意义，社会迫切需要的并不是初级简单适用于所有部门和个人的原始数据，而是经过分门别类去伪存真满足不同用户需求的增值信息服务，从这个角度理解，政府信息社会共享的重要途径是政府信息资源的增值服务。

目前，建立特色数据库和优化信息咨询服务等已成为政府信息增值服务的主要方式，单就政府行政系统而言，可采取的途径有：

政府信息资源的纵向增值。主要是对政府行业系统内的信息资源进行深加工。如已经开发建设的"金"字工程，通过深化对行业信息资源的介入程度，以专业化挖掘方式进一步提高行业领域内现有信息资源的利用价值。根据赛迪 CCID2002 年 2 月的报告，我国 300 亿元电子政务投资绝大部分应用在纵向垂直领域。

政府信息资源的横向增值。即围绕特定主题，跨越组织系统和行业壁垒限制，利用方法的改进和信息资源增值空间的拓展来提高政府信息资源的利用率，如 2002 年北京工商部门和地税部门基于业务协同的信息交换，使地税部门借助工商系统的企业登记注册信息，进一步加大了税收征管和查税工作的效率，在短期内就查获了大量偷税漏税案件，税收因此增加了2亿元人民币。①

从政府机构已经公开的信息资源类型看，公开的大部分信息还停留在一次性原始信息的发布上。深层次的和面向特定用户的信息加工没有全面展开，增值服务进展缓慢；还面临一些操作上的困难，上述信息加工对人员、时间和资金、技术、设备等都提出了较高要求，超出了政府能力范畴。同时，政府信息资源的增值服务还面临一定的市场风险和安全风险，有使用价值的信息资源并不一定具有可观的市场投资前景，需要有一定的风险承担能力。完全由政府独家垄断信息增值服务，单方面开展服务不仅是不经济的，也是不可能的，政府难以有效地完成从数据搜集直到为最终用户服务的全过程。同时，信息技术的日臻成熟使得政府信息资源的再利用可以获得额外的商业利润，而政府不能从事信息经营业务的基本规定促使政府与社会各界组织开展广泛合作。

兰州市在城市信息化建设中采用"官举民办"的尝试，2001年12月，由兰州市政府联合兰州信息产业投资公司、兰州联创科技股份有限公司等共同成立了兰州九鼎信息科技有限公司作为兰州地区唯一的一家经营数据的公司，主要经营各种政府相关数据，开展政府信息增值服务。目前，发展势头良好。② 无独有偶，由政府出资500万元、占5%的股份，吸纳各类社会投资2亿元组建的"成都信息港有限责任公司"，通过公司化运作较好地承担了成都市电子政务业务管理和包括信息服务在内的相关服务的供给职责，并建成和开通了"成都政务数据中心"和"成都互连交换中心"。

上述案例中，政府的优势在于宏观的调控和过程的管理以及数据资源的搜集，确保数据的可靠与稳定；而对政府数据资料的增值应用，则委托给专业化的信息企业、中介机构来完成，只有采取这种政府与社会、企业广泛合作的方式，才能真正创造政府信息资源

---

① 张维迎. 破解互联互通的成功案例——北京市44家局委如何实现互联互通. 信息化建设，2004（4）.

② 胡英. "官举民办"重塑兰州. http：//www. ciia. org. cn/genfiles/1028797605. html.

增值服务的高效益。至于哪些政府信息资源只能由政府独家提供、哪些可以由市场或社会提供则应根据政府信息资源的经济属性分类及供需特点来确定。

需要说明的是，第一，政府公共利益代表的身份决定了其行政系统自身不得将政府信息资源当做商品、以商业目的从事政府信息的经营服务，即便是为了降低行政成本、减轻纳税人负担也不足取。西方国家早在20世纪末期就进行过类似尝试，结果并没取得预期的效果。例如20世纪80年代初期，美国地质局（USGS）提高了其数据产品的价格，拟回收高昂的数据开发成本，但实际的运行却导致用户的数据需求大幅锐减，迫使地质局不得不将价格恢复到原来水平。无独有偶，1998年，德国气象局被法令授权进行气象信息服务的商业性活动，以最大限度地减少对国家资助的依赖，根据2000年10月德国联邦会计局发布的审计报告，这项所谓的成本回收政策并没有达到预期效果，其数据销售收回不到总支出的1%。第二，政府信息的增值开发需要有统一、公平、有序的市场竞争环境和机制，既要在明晰政府信息管理职能与信息服务职能基础上实行分类管理，也要打破现有的行政壁垒和地方保护，吸引和鼓励来自企业、民间的各类信息机构参与政府信息增值加工。第三，政府信息的公共性特征决定了政府信息的增值开发并不是完全的市场行为，也因此面临一定的市场风险和安全风险，有使用价值的信息资源并不一定具有可观的市场投资前景，既需要信息机构有一定的风险承担能力也需要进一步强调公共信息利益的维护。

（4）政府信息的行政共享系统

简要地讲，"政府机构之间的信息资源共享，涉及的主要是政府内部的政务活动，包括国家与地方的基础信息、政府机构之间各种业务流所需要采集和处理的信息，以及政府机构之间的通信系统和交换系统"。① 其共享渠道主要依托政府行政系统的上下隶属关系而铺设，但并不排除与外界的信息交流，只是其功能和服务对象主要针对政府行政系统内部，信息搜集与发布都有完善的制度保

---

① 陈强. 德国政府机构之间的信息资源共享. 中国信息界，2005（1）.

障。根据国办发〔2005〕31 号《国务院办公厅关于做好中央政府网站内容保障工作的意见》精神，中央政府网站信息内容主要来源于国务院办公厅和地方政府网站、部门网站，采取网上抓取、信息报送、网站链接、栏目共建等方式进行保障。具体包括：

a. 行政咨询信息体系。罗伯特·帕特南教授在《使民主运转起来》一书中指出：政府只有"对他的公民及其问题拥有更多信息，才能够作出更有效的反应"。此话生动说明行政咨询信息在政府决策与行政执行中的地位。由于行政咨询信息是供政府行政系统内部及相关组织和人员使用的信息共享系统，其信息内容的组织更加富有针对性、前瞻性，对信息采集、加工和传播的要求也各不相同。如信息采集分为政府内部信息收集与外部信息搜集两部分，具体的信息获取方式又可分为问卷调查、访问等直接获取和数据库、网络以及购买等间接获取；在信息组织上则注重以问题为核心而不是以资料为核心，其信息共享范围往往遵循"先内后外，内详外略"的原则，具有阶段性变化，在政策酝酿确定阶段，信息的传递局限在政府决策组织和相关人员范围内，而在政策动员与执行阶段，则倾向于政府行政系统之间以及上下层级间的传播，以深化认识统一行动。

b. 政府业务信息管理系统。主要指政府业务智能管理系统，是政府业务流程与信息流程的统一，如在税收、工商登记、出入境管理、户籍管理等政府事务性工作中采用的各行业内部的自动化管理系统，通过系统内部工作人员的信息共享和简单的信息综合，最大限度地发挥信息流对公共管理的驱动，提高政府工作效率，规范政府管理，堵塞滋生腐败的各种可能。如广东开平到阳江的高速公路建设项目，投资概算为 46.63 亿元，因在工程建设中使用了"HCS 公路项目建设管理系统"，使公路建设的全面管理和计算机网络技术和信息管理应用紧密结合，真正实现了全程动态管理和实时监督，其结果使工程招投标节省投资 3 亿元、建设成本节省资金 6.6 亿元、工程变更节省了 2.5 亿元，达到了建设、管理与廉政的多重目标。

与政策研究共享系统所不同的是，政府业务自动管理系统因面对的是具体的服务对象，设计强调微观性、流程性和精确性。其主要管理难度在于服务对象的复杂多变和数据资料的琐碎、浩大，给信息的核对、更新以及管理和维护都带来了一定的困难。

案例：

美国农业信息共享的政府组织体系

以市场需求为导向的美国农业不仅需要从微观角度了解国内各个农产品的市场价格和供需行情，而且还要从宏观角度掌握世界农产品市场的变化情况，因此，建立一个庞大、准确、及时的农业信息网络就成为政府的一项重要职责。目前，美国农业信息系统是仅次于国防部和联邦调查局的第三大信息体系，已经形成了完善的政府主导社会参与的农业信息资源管理体制。

从国家层面对农业信息资源进行全面开发建设和管理的政府部门是美国农业部，农业部认为，如果大量的市场和生产信息不由政府部门来组织，就无法保证信息使用的公平性、及时性和真实性，因此，尽管有许多私人性质的信息机构向社会发布相关农业市场信息等，但农业部仍然在全国建立了庞大的纵横交叉的农业信息网络。[①] 其下属的国家农业统计局、经济研究局、海外农业局、农业市场服务局、世界农业展望委员会以及独立的首席信息官办公室等机构，分别从统计服务、农业研究和市场分析以及气象、农业贸易等不同角度组成了健全有效的美国农业信息搜集、分析、发布组织体系。其中，农业市场服务局与分布在全美各地的农产品市场报价员相互配合，并在各州、批发市场、拍卖场以及装运点等处设有市场信息办公室，农业统计局通过设在45个州的分处直接掌握第一手信息，农业部及其派出机构与各州农业委员会等政府部门间保持着密切平等的合作关系，形成了反应灵敏的农业市场信息体系和国

---

① 孙素芬，等. 建立政府主导型信息服务体系——为"三农"提供信息支撑. 农业图书情报学刊，2004（3）.

家宏观农业信息体系，可针对不同用户的信息需求，提供准确、快捷、及时的服务。

4. 不能公开和共享的政府信息

尽管政府公共信息资源共享无论是对于政府行政效率的提高还是公民信息权益的维护等都有着重要的现实意义，但需要指出的是，并不是所有的政府信息资源都可以无限制地获取利用，有相当的政府公共信息资源必须在一定期限一定范围内保密而不能公开。

①政府机密信息，指关系到国家安全、政治、经济稳定和社会有序运转的公共信息，如外交国防部署、尖端科技、国家重大发展战略等。

②政府所掌握的商业秘密、工业秘密、科技秘密等具有知识产权性质的信息，如企业营销计划、管理方案、工艺流程、技术革新、设计图纸以及科技发明、专利成果等。

③政府掌握的个人隐私性信息，如个人身高、体重、血型、婚姻状况以及性格、爱好、工作单位、具体联系方式等不宜公开的私人信息。

在实际执行中，各国政府往往在信息公开制度中采用排除法对不能公开的信息范围进行了明确，如韩国《公共机关信息公开法》列举了损害国家重大利益的情报、可能危及国民生命、安全、财产及有可能明显损害其他公共安全和利益的情报等 8 项不能公开的事项；日本《信息公开法》列举了包括个人信息；法人信息；安全保障信息；外交信息；为了预防犯罪警察厅在执行工作时的信息；因该信息的公开会造成外部压力或干涉，引起误解和猜测并助长特定投机者的信息；出于监察、检查或取缔可能引起的不公正行为和人事管理部门不能进行正常工作行为的信息等可免于公开的信息。美国《信息自由法》规定了 9 项不能公开的信息，包括国防和外交政策的某些文件、机关内部人员的规则和习惯、其他法律规定适用例外的信息、商业及金融信息、政府机关内部的备忘录或信函、个人隐私、执行部门的调查文件记录、关于金融机构的报告书、包括与油井有关的地图等地质学或地球物理学信息和数据。

我国《政府信息公开条例》第 14 条规定：行政机关不得公开涉及国家秘密、商业秘密、个人隐私的政府信息。但是，经权利人同意公开或者行政机关认为不公开可能对公共利益造成重大影响的涉及商业秘密、个人隐私的政府信息，可以予以公开。

5. 我国政府信息共享的障碍性因素分析

在实际工作中，除却上述信息外，其他政府信息获取利用的广度、深度仍然十分有限，国外有学者认为："社会的、文化的、所有权的以及行政管理的瓶颈等阻止了数据所有者们共享他们所分割的数据和信息资产。"① 在我国，且不论面向社会的信息公开信息共享，即便在政府行政系统内部，"跨越行政隶属关系的横向信息传递十分薄弱。不同部门间，甚至同一部门的不同厅局或处室之间，信息传递不畅的现象十分严重，极大地妨碍了信息资源的共享"。② 其实，影响政府信息共享的行政阻力来自多方面，"既有利益关系，又有设计合理化问题，还有上下级与部门之间的信任问题，也有实际工作的成本分摊问题"。③ 具体包括：

（1）对政府信息共享观念的抵触及部门利益保护的需要

在政府行政系统，部门的信息能力影响着部门的地位与影响力，信息的流转也代表着权的流转。对于具体的政府部门和个人而言，若没有特别的激励和责任追惩制度制约，封锁信息的现实收益要远远高出共享信息；而且无限的行政自由裁量权在客观上为部分官员的信息封锁创造了冠冕堂皇的理由和借口。从更深层次的意义来讲，政府信息共享并不是政府信息的简单公布，而意味着政府业务与资源流程的重组和优化，无论是出于自利性动机还是以往工作惯性的影响，单纯的政府行政系统没有足够的自觉性激励推进政府信息共享。

---

① Fillia Makedon, et al. *A Safe Information Sharing Framework for E-Government Communication*.

② 王燕华，章晓航. 我国政务信息资源共享问题分析及立法研究. 档案学研究，2007（1）.

③ 李佳洋，郭东强. 电子政务信息资源共享的经济学分析. 哈尔滨商业大学学报，2006（3）.

（2）现有政府信息资源管理组织体系不畅

国外有学者指出：信息集成显然是组织间协作的首要目标①，科学分工、相互协作的政府信息资源管理体系是实现政府信息共享的前提保障，但现有政府信息资源管理组织结构限制了信息共享程度的提高。首先，政府部门职能交叉导致信息共享相关责任者的确定困难，如按照《浙江省测绘管理条例》，浙江省测绘局是人民政府管理测绘工作的部门，负责本省测绘工作的统一监督管理。但该条例又规定，政府其他有关部门按照本级人民政府规定的职责分工，负责本部门有关的测绘工作。职责归属的不一致造成信息专业职能监管的薄弱以及促进共享的组织协调障碍。

其次，我国现有政府信息资源管理的组织体系普遍采用按行业系统纵向设置机构的条块分割式办法，历来是"纵强横弱"，即政府信息上下级之间流动畅通，而横向不同系统部门之间较少沟通。其结果是，一方面导致大量政府信息的重复采集和信息平台的重复建设，2006 年浙江省政府信息资源调查结果显示，政府信息资源部门重复采集情况非常明显（见表 4-5），"造成相关数据一致性差、出错率高，并严重制约政务资源跨部门交换共享"。② 同时，政府信息平台建设的各自为政不仅增加了国家的财政投资，而且应用标准的不统一又在技术上树起了阻碍共享的藩篱；另一方面，强化了政府信息的部门所有、内部共享，造成不同政府部门间信息交流与信息利用困难。浙江省开展的政务信息资源调查结果具有一定代表性，2006 年，"省级 44 个部门 3967 项政务资源共享数据指标中，与其他政务部门已经实现共享的为 711 个，只占指标总数的 17.9%；与非政务部门共享的为 209 项，占指标总数的 5.3%；在本部门内部处室之间共享的有 951 个，占指标总数的 24.0%：尚

---

① Jane Fedorowicz, et al. The Ecology of Interorganizational Information Sharing. *Journal of International Technology and Information Management*, 2004, 13 (2).

② 王燕华，章晓航. 我国政务信息资源共享问题分析及立法研究. 档案学研究，2007（1）.

未实现共享的有 2096 个，占指标总数的 52.8%"。①

表 4-5　　　　浙江省 2006 年政府信息重复采集情况调查

指标名称	重复采集次数	指标名称	重复采集次数
发证日期	90	证书编号	19
有效期	76	注册资金	16
法定代表人	76	住所	15
地址	68	身份证号码	14
企业名称	42	性别	14
项目名称	38	单位地址	13
注销日期	35	营业执照注册号	11
联系电话	32	组织机构代码	10
姓名	21	审计处理落实情况	9
注册资本	20	审计通知书时间	9
经营范围	19	税务登记证号	8

（3）政府信息共享的制度设计不合理

按照经济学原理，信息共享必须平衡成本与效益之间的关系，但现有政府信息资源管理奉行的"谁的数据谁负责授权管理"的条块模式难以保证信息提供、维护与收益的正相关。对此，有学者指出："在目前的信息产业发展中，因信息产品而产生的经济效益更多地落在信息传播者、加工者甚至是参与者的手中，知识信息生产者的经济利益实际难以有效地保障。"② 就拿工商系统和税务系统信息共享案例来说，企业基础信息的提供者和数据系统维护者是工商部门，而信息共享的受益者却是税务部门，对于工商系统而

---

① 王燕华，章晓航.我国政务信息资源共享问题分析及立法研究.档案学研究，2007（1）.

② 马海群.信息化浪潮对知识产权法制建设的影响.情报学报，1998（1）.

言，将核心数据让渡给别人既没有部门直接收益，又增加了系统开发、数据维护的人力物力和资金投入，"甲人种树乙人乘凉"，信息共享受益者与提供者之间利益分配的失衡导致"信息孤岛"现象成为必然。对此，北京市地税局信息中心副主任赵伟说，工商税务部门交换企业基础信息的主要困难不在于技术而在于协调。推进信息交换双方互惠互利的项目，协调起来还相对容易；如果仅单方面受益，协调之难将不言而喻。①

除却利益协调机制外，政府信息跨部门协作制度的不完善直接影响信息资源的整合、降低信息共享的质量和效果。2006 年国家统计局发布的全国 70 个大中城市 2006 年 1、2 月份的房屋销售价格情况显示，北京 1、2 月份房价同比上涨 7.3%；而第二天北京市建委、北京市统计局对外公布的 1、2 月份北京市商品住宅预售交易平均价格的涨幅却为 17.3%！② 不同部门各自为政的信息采集、加工渠道缺少数据的交换和共享，使得同一个城市同样内容的信息发布结果却大相径庭。

（4）政府信息共享配套准备不充分

政府信息共享需要借助一定的配套环境，如明确的共享标准不仅包括信息术语、电子文件格式、网络通信协议、电子公文交换等方面的信息技术标准，还需要有诸如网络维护、系统测试与评估、信息资源评价及密码管理等信息资源管理标准以及相关信息服务标准等。尽管各类标准层出不穷，仅国家级标准就达 800 多个，此外还有各式各样的行业标准、地区标准，但却出现了因标准林立而导致的不同系统不同行业不同地区的"信息孤岛"现象，网站信息选取、信息资源服务目录、域名注册与栏目设计以及网页形式、数据格式等各自为政，各类信息标准亟待统一。

同时，政府承诺应与自身信息共享的准备情况相一致，否则，就会把自己置于"不作为"的尴尬境地。上海市颁布《上海市政

---

① 关于"信息资源整合论坛"的参考材料．http：//www.biia.org.cn/ziyuanzhuanti/ziyuanbeijing.asp.

② 张晓楠．穿越信息共享迷雾．每周电脑报，2006-09-04.

府信息公开规定》四个月后，一些试点单位根据相关技术要求，加班加点地整理历年来积累的信息资源，但仍只完成了不到 10 年的信息整理任务，使得一些承诺变为泡影，降低了政府的社会公信力。

（5）政府信息共享外在监督的薄弱

政府信息共享的推动力在于公共信息获取的巨大需求，当公众信息表示乏力、信息监督反馈渠道堵塞，信息共享的动力就会明显不足，加强社会对政府信息共享的参与、监督显得尤为迫切。英国政府的一些做法值得借鉴。为听取公众对电子政务效果的评价，英国政府组成了一个 5 000 人的公众代表会，以从不同阶层、不同角度、不同领域来分析包括政府信息共享在内的电子政务所面临的问题。

（6）信息安全问题

政府信息共享规模与信息组织、存储、加工、传递以及安全等问题息息相关，尤其是"信息共享渠道增加了独立系统的进入点，不仅会使原系统管理复杂化，还会增加被侵害的机会"。① 根据美国国防部的统计，国防部网站平均每年遭受 25 万次以上的攻击，受侵害率达到 65% 。② 尽管政府网站普遍采用了信息加密技术、数字签名技术、防火墙技术、防病毒技术、虚拟专网（VPN）技术等来保障信息的安全，但非法侵入、窃取政府机密信息的行为仍难以杜绝，一名黑客在美国参议院作证时说，在其所有的成功入侵中，90% 是利用了组织内部人员的不经心和安全意识的缺乏。③ 目前，我国政府网站不论是工作人员的安全意识、安全规章还是相关技术的开发应用都十分薄弱，存在着不同程度的安全漏洞和安全隐患，2003 年武汉政务网因遭受蠕虫类病毒入侵而瘫痪；2005 年山西省公安厅网站首页被修改，吉林省人民政府网站遭黑客攻击，政府网站信息安全体系尚未健全。

---

① 丁波涛．电子政务中的信息共享研究．电子政务，2006（4）.
② 罗冰眉．论网络时代我国的信息安全．津图学刊，2004（1）.
③ 何德全．提高网络信息安全意识构建信息保障体系．求是，2000（21）.

6. 促进政府信息共享的举措

①转变观念，深化对政府信息共享必要性紧迫性的认识。战略决策层要深刻认识到政府信息共享的深远社会意义。

②加强电子政务建设，最大限度地向社会公开政府信息。

③制定和完善科学、合理、能充分调动不同组织和个人积极性的制度机制，包括政府信息共享的利益补偿机制、绩效考核机制、激励机制、监督机制等，以良好的制度激励促进共享。

④深化政企、政事改革，从体制上压缩政府信息部门化、商品化的空间，防止公共信息资源的不公平交易。

⑤以人为本，汇集精品，从节约用户成本的角度优化信息共享方案。

⑥加强政府信息资源的标准化和网站安全。

⑦扶持和调动企业和社会组织参与政府信息资源的增值开发，扶持和壮大公共信息资源开发利用产业。

（六）政府信息收费制度

1. 政府信息收费的合理性

世界经合组织认为政府收费"是对政府某一种服务的付出，且这种付出由服务本身成本来决定"；我国学者认为政府收费是指国家机关、具有行政管理职能的企业主管部门和政府委托的其他机构，在履行或代行政府职能过程中，为了特定目的，依照法律、法规并经有关部门批准，向单位和个人收取的费用。① 政府信息收费是一种行政性收费，系指政府部门及接受政府委托的相关信息机构依法向需要获取政府信息的个人或团体收取一定费用，主要是政府信息公开的复制成本费用。

一直以来，人们对政府信息收费问题态度不一，有人认为，公众和各类组织已经通过纳税形式构筑了社会公共服务网络，政府信息资源管理费用已经通过公共支出的形式付费，再收取信息服务费无异于政府信息利用的"重复收费"；也有人指出，"公共资金的

---

① 何崇. 政府性收费的合理性分析. 黑龙江对外经贸, 2006 (3).

支出只是保证了信息资源的搜集，但并不意味着纳税者可以无需付费地使用，正如我们中的任何人都不会想到步入政府办公大楼并使用那里的打字机，仅仅就因为它是用我们纳税人的钱所购买的。"①对部分服务的适当收费是对公众信息利益的维护。

笔者认为，政府信息的获取利用是有成本的，政府信息收费是现有条件下政府在公共信息服务过程中参与国民收入分配与再分配的一种形式，是提高政府公共信息服务效率、增加政府财政收入和提供信息服务补偿成本的一种有效手段，有其必要性和可行性，是现实合理的，理由如下：

其一，按照经济学理论，纯公共物品主要通过税收形式补偿，准公共物品以向定制服务用户或收益对象收取相关费用的形式来补偿。由于大多数政府信息资源具有准公共物品属性，且政府信息服务具有高附加值特征，在信息资源稀缺的情况下，不同的用户对政府信息的偏爱需求和使用频率与程度也各不一样，收费可以较好地体现"谁受益谁负担，多受益多负担"的原则，不仅可以提高政府信息公开效率，还可以解决政府信息服务过程中面临的"拥挤"和"搭便车"的问题。

其二，政府信息收费是降低政府信息管理成本，提高政府信息服务效率的必要手段。为避免政府信息服务中的无节制消费和尽量占有现象，需要有一定的成本费用分摊机制对信息用户进行约束，否则会形成新的信息供需矛盾，导致政府信息管理成本的居高不下。"如开政府信息公开风气之先的瑞典，为了民主参与的顺利进行是一贯坚持不收费的，但也因此引发了一个财政难题，存在着大量滥用申请权，造成资源浪费。"②

其三，合理的信息收费不仅是政府收入的必要补充，而且也是社会收入分配的一种有效调节工具，有助于社会信息公平的维护。

---

① Peterson Dando, L. A Case for the Commercialization of Public Information. http://www.spatial.maine.edu/tempe/dando.html [2002-03-12].

② 简海燕.从比较角度看我国《政府信息公开条例》收费制度.湖湘论坛，2007 (5).

政府信息服务既要与所有用户进行一般性联系也要与有特殊需求的用户进行直接往来，为体现信息服务过程中这种普遍与特殊的关系，相关政府信息提供部门在借助各种信息渠道主动无偿向社会公众公开政府信息的基础上，向特定信息用户收取一定费用进行补偿和调节可在一定程度上降低政府信息管理开支。

其四，纵观各国政府信息公开的法律法规，尽管政府信息公开普遍奉行免费原则，但免费并不等于不收费，而是指任何政府部门不得借政府信息的掌控权牟利，政府信息公开尤其是一次性信息服务不得以营利为目的。在实际执行中，虽然许多国家规定了政府信息提供可依法收费，但因政府信息投入耗资巨大、信息成本结构复杂、信息流通渠道广泛、信息传播环节繁多以及信息成本计量困难、用户信息消费能力限制等因素影响，政府信息收费只能是政府信息服务成本的部分补偿，并不能涵盖所有政府信息服务开支。据调查，澳大利亚政府信息公开的申请费与收取的手续费等只占政府信息服务费用的 3.7%，2000 年美国联邦政府部门与管制机构信息收费的总额只是政府信息公开活动总支出的 2.8%①，公共财政仍然承担了政府信息服务的主要开支。

总之，要全面理解政府信息收费，必须对政府信息收费的主体、依据、目的等予以明确：

其一，政府信息收费的主体是依法行使政府信息管理职能的政府机关及公共图书馆、档案馆、信息中心等相关信息部门。

其二，政府信息收费以政府信息管理职能的全面履行为前提，但并不是所有的政府信息行为都要收费，只是给相关人员带来直接利益的信息服务才收取一定的成本补偿费，且不得以营利为目的。

其三，政府信息收费既是政府收入的补充，也是政府部分社会信息管理成本的补偿手段，旨在维护社会信息公平。同时，政府信息收费在一定程度上比政府信息的无偿提供更有利于节约，突出了政府信息成本管理、效率管理的思想，有利于降低政府信息资源的浪费。

---

① 周汉华. 外国政府信息公开制度比较. 中国法制出版社, 2003.

其四，政府信息收费应经过严格的法律程序依法进行，既需要明确政府信息收费的范围，也应纳入政府统一财政管理体系，建立全社会共同参与的政府信息收费监督审计体系。同时，还应对低收入等弱势群体的信息获取予以一定的减免救济。

2. 国外政府信息服务收费制度

从政府信息公开的实践看，各国政府在一次信息的发布与获取上普遍采用免费或不超过成本收费原则，严禁政府机构以特权方式直接从信息服务中获取竞争性受益。如日本采取提出公开申请与实施信息公开的费用按照成本补偿和方便的原则，面向公众的一般性信息服务原则上免费，但对于利用信息后可获取收益的用户，可向其收费；加拿大政府信息公开申请费用一般为 5 加元，额外信息需求可以收取其他费用，但须事先告知申请者；澳大利亚政府信息公开申请的收费标准是：申请费 30 澳元、内部复议费 40 澳元、搜索和修正费 15 澳元/小时、答复文件制作费 20 澳元/小时。

根据 2003 年 11 月通过的《欧盟公共部门信息再利用指令》，政府信息再利用的收费原则是：

①成本回收原则，即总的收入不超过包括采集、处理再加工、发布的总成本；如果是自筹投资者，允许有合理的投资回报；成本计算要基本适用公共机构的会计制度和成本计算方法，并设上限。

②鼓励只按不超过再利用边际成本的限度收费。

按照欧盟《公众获取欧盟议会、理事会和委员会文件法令》的规定，有关政府信息公开的收费不得超过创建和发布文件的成本价，其中，现场咨询、获取 20 页以下（A4）纸质文件或直接获取电子形式文件不应收费。

英国奉行用户支付的信息收费政策，除极少数可以免费获取的政府信息资源外，大部分政府信息服务的目标取向是"把政府服务卖给更广阔的市场"，鼓励政府机构通过市场公平竞争进行信息增值服务，并借助三个政策要点、两个激励措施和两个控制措施来有序推进。① 其政策要点是：

①鼓励各级政府机构适时按照规则参与商业性服务，以更好地利用政府资产；

②既包括政府有形资产的开发，也包括信息资源在内的无形资产开发；

③一般情况下，政府机构可直接承担商业开发项目，但复杂的大项目，可与私人企业合作开发。

激励措施为：①政府机构有权力保留数据服务收入；②可以使用这些收入，并按运营成本结构比例，抵消部分运营费用。

控制措施为：①商业活动支出仅限于现有资金和运行成本，销售收入按照平常的年度计划安排；②要开发新的数据产品和服务，应与该机构的主要职能目标相吻合，需要大量投资的公司合作项目应交由私人企业完成。

按照美国《信息自由法》规定：信息申请人所支付的费用以处理其申请而发生的部分或全部成本为限，不得按信息的市场价值收费。1986 年修订后的《信息自由法》将政府信息服务的收费分为以下三类情况：

①只有复制成本，如复印费、载体费；

②复制成本 + 查找成本（手工或自动）；

③复制成本 + 查找成本 + 审查成本（是否可以公开）。

至于具体的信息服务项目适用哪种收费标准，则依据信息申请人身份和信息利用的目的而定，一般情况下，信息申请人的身份可分为：

①非商业机构，如媒体、教育、科研单位，不以商业使用为目的，按第一类标准收费；

②商业性质机构，以商业使用为目的的，按第三类标准收费；

③除上述以外的，包括个人、公共机构、非营利组织按第二类标准收费。

---

① Policy and Guidance Note, Enterprise & Growth Unit HM Treasury//*Selling Government Services into Wider Markets*, July, 1998.

从政府信息资源的构成来看，美国政府对不同来源渠道的政府信息资源采取了不同的信息收费制度：①

①联邦政府信息"完全与开放"，以不超过信息传播成本的价格面向所有用户公开，不鼓励联邦机构从事信息增值服务；

②受政府资助的非营利性机构信息，在资助合同中，政府保留了为公共利益免费使用或允许他人免费使用这些信息的条款；

③私人投资开发受版权保护的数据库信息，按照"正当使用规定"，为了公共利益，同样可以适当使用，并非都要付费。

3. 我国政府信息收费情况

由于我国政府信息公开法尚未颁布，有关政府信息服务的收费标准还未统一，在实际工作中存在着部分政府机关和其他公共机构利用手中的公共信息资源吃、拿、卡、要以及乱收费等现象。这不仅抬高了公众的信息获取成本，成为阻碍政府信息公开及信息共享的重要因素，而且也降低了政府的社会公信力，对于政府公共信息资源的采集、加工等都带来了不可估量的消极影响。因此，有专家认为，"有必要将免费作为一项原则确立下来，即政府机关不得借信息谋取利益，不能根据信息本身的价值收费"。②

2004 年的《上海市政府信息公开规定》第 27 条指出：政府机关依申请向公民、法人和其他组织提供政府信息，可以收取实际发生的检索、复制、邮寄、递送等成本费用。收费标准由市财政和价格主管部门统一制定，收取的费用全部上缴财政。申请人根据本市有关规定属于低收入者的，经本人申请、政府机关政府信息公开机构负责人审核同意，可以免除费用。

新近颁布的《中华人民共和国政府信息公开条例》第 27 条规定：行政机关依申请提供政府信息，除可以收取检索、复制、邮寄等成本费用外，不得收取其他费用。行政机关不得通过其他组织、

---

① 王正兴，刘闯. 政府信息资源共享两种模式及其效益比较. 中国基础科学，2005（5）.

② 周汉华. 政府信息公开的基本原则. 中国信息化网，http：//www. ciia. org. cn［2004-03-15］.

个人以有偿服务方式提供政府信息。在具体的收费标准上，规定由国务院主管部门会同国务院财政部门制定，即政府机关不得自定收费标准。同时，该条例还规定，对于经济确有困难的申请者，须提交申请并报请信息公开机关负责人审核后予以减免。

三、西方国家政府信息资源管理的特点与困境

（一）西方国家政府信息资源管理的特点

在现代社会，对信息的掌握、加工、分析及运用能力在相当程度上反映了政府对形势的把握和应对挑战的创新能力，政府信息资源管理能力直接决定了政府工作效能，并对政府业务流程和组织结构运行机制产生深远影响。因此，各国都把加强政府信息资源管理实现电子政府作为推进本国行政改革的重要举措，并进行了积极的尝试，为公共信息资源管理的科学规范积累了宝贵的经验。

1. 从战略高度提升政府信息资源管理的重要性，积极营造促进政府信息资源管理的良好环境

各国政府在电子政务建设过程中，都明确了信息资源管理的重要性。日本政府把信息资源视为特殊的竞争力，是支撑经济结构调整和促进经济复苏的动力；美国把政府信息资源看做国家的战略资源。马钱德和克雷斯莱恩两位学者提出：在政府部门，信息处理既是直接生产信息的过程，也是向公众提供服务的必要手段，政府必须依靠它所拥有的信息来行使职能。[①] 在实践中，一些国家提出要加强政府信息资源的战略管理，并分别以"白皮书"或"计划"的形式从战略和全局的高度对政府信息资源管理的重要性及发展战略进行了阐述，如美国的 1995 年《文书削减法》、《联邦信息资源管理政策》、《公共信息资源改革法案 2001》，英国的《政府现代化

---

① Marchand et al. Information resources management and the public administrator// J. Rabin, E. M. Jackowski（Eds.）. *Handbook of Information Resource Management*. Marcel Dekker, Inc. 1988.

白皮书》、《电子服务协同框架》以及欧盟《2002 电子欧洲行动计划》、《2002 电子欧洲行动计划：欧盟公共部门信息开发框架》、《公共部门信息再利用指令》等。同时，各国政府也纷纷从改革政府的角度强调信息资源管理的重要性，如英国提出建立"以公众为中心的政府"，强调将相关业务按照公众的信息需求重新组合，实现政府职能的重组和跨部门合作。

2. 高度重视政府信息资源管理的法规制度建设，形成了规范健全的制度管理体系

信息政策是实现政府信息资源管理的有效手段，各国政府在信息资源管理的过程中，分别从对政府信息资源管理的认识角度、技术角度以及程序角度、主体参与角度和信息公开与共享以及政府信息的社会监督、成本控制等不同角度制定规则，指导行动，核心是保证公众可以充分获取、复制、检索、利用和保存各类公共信息资源。其中，美国政府的信息政策是最为悠久和完备的。1976 年美国内务委员会向福特总统提交了《国家信息政策》的报告，建议"美国要把制定协调型信息政策确定为目标"。① 同年，洛克菲勒报告也提出了要制定国家信息政策，以应对新技术和信息时代的来临，1977 年至 1990 年，美国政府先后制定了 300 多项有关信息政策的法规，如 1993 年《政府表现与结果法》，要求明确定义政府的执政表现和成果，并指定为取得这些成果所必须实施的信息化战略计划；1994 年的"政府管理改革法"，要求所有的"政府支付"在 1999 年以后必须以电子方式进行；1996 年的"克林格—柯恩法"，要求所有的政府部门在信息技术有关的重大工程项目投入之前，必须分析和确定其相关的业务流是否需要重新设计和改造；1996 年的"信息技术管理改革法"，明确回答了联邦政府的信息资源由谁来管、管什么和怎么管的问题；1998 年，"联邦活动详细目录法"要求所有的联邦政府部门必须将他们的详细的商业活动目录出版并且必须通过公开竞争来完成；1998 年的"政府无纸工作

---

① Domestic Council. Committee on the Right to Privacy, 1976, National Information Policy. *National Libraries and Information Science.*

法"指定联邦管理与预算局大力推进电子通信、电子表格、数字签字等技术的应用以改进政府对居民和中小企业的服务并降低服务成本。

3. 充分利用社会资源，重视与私营企业和第三部门的广泛合作，提高政府信息资源开发利用能力

政府信息资源管理不仅需要耗费巨额的资金，而且还是一项涉及面庞大的系统工程，单靠政府自身的力量难以完成，各国政府信息资源开发建设都采取了开放式办法，普遍加强了与社会的联系。美国联邦政府信息的主要来源包括三个途径，一是政府为履行法定义务而生产或购买的信息；二是政府支持的非营利研究机构生产的信息，"A-110"（1999 OMB Circular A-110）规定政府必须控制给非营利机构赠款数据的权利；三是支持营利机构生产的信息，美国的《联邦获得条例》明确了政府与私营机构在数据使用、复制、散发上的权利和义务；① 而从事政府出版物管理的机构除指定的管理与预算局、国家技术情报服务中心、政府出版局以及国会委员会等官方机构外，还有诸如信息工业协会、公用信息存取团体等一些商业性、非营利性组织参与其中。英国政府通过政府职能的重组，在信息传播技术与信息服务的获取和管理上积极实施私人投资行为，鼓励私营部门的参与，尝试与企业的合作。新加坡政府也不断加强与企业的伙伴关系，充分利用企业的力量和经验加强政府网上信息资源管理。

4. 主动利用先进的信息技术开发政府信息资源，积极推进电子政府建设

信息技术可有效提高政府信息资源开发建设水平，各国政府都敏锐地把握住了现代信息技术飞速发展的契机，并与政府信息资源管理相结合，通过提高政府网络信息资源管理能力打造电子政府，如日本在2000年初的"新纪元工程"中明确提出要在2003年百分之百地用计算机系统处理各种行政事务。新加坡投资15亿新元进

———————————

① 王正兴，刘闯. 美国国有数据与信息共享的法律基础. 图书情报工作，2002（6）.

一步发展电子政务计划。加拿大开始了"e-分组"战略的实施。英国首相布莱尔在"信息时代特别内阁会议"上提出英国全面实施电子政府公共服务的时间要从 2008 年提前到 2005 年，届时全部的政府服务项目都应在网上提供，建设"以公众为中心的政府"。美国政府通过信息技术重组业务流程，截至 1991 年，先后关闭了近 2000 个办公室，取消了近 200 个联邦项目和执行机构，达到了改造政府自身的目的。同时，各国都加强了数据库资源的开发建设，积极建立政府信息资料库，以提供及时、准确、方便和快捷的信息处理与信息输入。美国早在国家信息基础设施行动计划里就提出"重点建设数据库，促进网络信息资源开发和利用"的发展战略，并通过政策推导和市场机制采取分散多元的信息资源管理体制促进数据库产业的发展，保持了数据库数量、质量和利用率最高的世界领先地位。为帮助公众方便快捷地获取政府信息资源，许多政府机构还建立了信息定位系统以强化政府网站的信息功能。

此外，全国性政府门户网站的开通进一步提升了政府信息资源管理水平。电子政务环境下政府信息资源的整合与集成管理不仅使原来封闭式资源信息的管理走向公开化网络化，拓宽了政府信息资源管理的范围和服务对象，而且借助政府网站的互联、互通、互操作，较好地实现了政府信息资源跨部门的利用与共享，推动了政府信息资源向社会的公开，进而提高了公众对政府信息公开与信息服务的满意度，实现了政府信息资源管理指导思想由以政府部门为中心向以用户为中心的转变。

5. 建立完善的政府信息资源管理机构，加大了对政府信息资源开发建设的投入

为加强政府信息资源管理的领导，各国政府都从相关组织机构的建立健全入手，明确各部门在政府信息资源搜集、加工、传播以及技术管理等方面的职责任务，进行政府信息资源整合的跨部门协调。如美国联邦政府下设政府技术推动小组，负责全国政府信息化管理的指导工作，政府管理与预算局负责全国政府机构日常信息工作的管理规划。"首席信息官要宣传信息资源管理的重要性并在组织内部的相关环节和信息资源管理专业人员中进行信息资源管理技

能的升级"①，各部门都要制定本部门的信息资源管理战略规划，内容包括网络建设规划、信息搜集规划、重要信息系统规划等内容，并要提出每年和 5 年的目标及对资源（包括资金）的要求。国会的信息委员会负责监督政府信息化的执行情况，每半年要对国家重大信息化项目进行一次评估。加拿大政府通过总理府财务委员会全面负责政府信息资源的规划、建设和管理。英国的电子大臣直接领导包括公共信息资源管理在内的本国信息化建设。

6. 政府信息资源管理与政府业务的结合日益紧密，成为推动政府行政改革的重要力量

在推进政府信息资源管理的过程中，各国普遍认识到，在政府行政系统内，单独的信息资源管理运作只能解决政府信息管理的局部问题，并不能真正实现政府信息资源管理目的。只有将政府信息资源管理活动与政府业务工作有机结合，实现政府信息资源以及政府信息资源管理主体、管理技术、管理战略的集成，以信息流改造政府管理流程，才能构筑新型科学的政务功能结构，实现政府信息资源高效管理与推进政府行政改革的双赢。1995 年 4 月，美国国会通过了 1995 年《文书削减法》，该法不论是从概念上还是在组织机构设置、职能确定上都力求加强政府信息资源管理与政府行政目标的结合。

7. 在实践中不断修正总结政府信息资源管理理论，提升政府信息资源管理理念

1980 年《文书削减法》在联邦政府机构提出了信息资源管理的政策和实践要求，把信息资源——信息、信息技术和信息人才看做有价值的政府资源，要求对信息资源的整个生命周期进行管理，随后在 1986 年、1995 年的修正案中提出了信息资源的战略规划和战略管理思想。1993 年的《政府绩效法案》和 1996 年的《克林杰—科恩法案》又进一步强化了政府信息资源具有重要的战略价值的思想，提出信息资源战略规划的制定实施有助于政府信息资源

---

① Sharon L. Caudle. Strategic Information Resources Management: Fundamental Practices. *Government Information Quarterly*, Volume 13, Number 1, 1996.

有效利用的观点。为加强对政府信息资源管理实践的指导，联邦政府相关部门主要通过把握政府信息资源管理变革的方向，实施信息资源的战略管理，通过项目管理将任务目标与信息资源管理结果相联系，通过投资理念指导和跟踪信息资源管理项目的实施，运用业务流程创新来推动信息资源管理战略，通过领导的有效沟通来构建信息资源管理流程中的伙伴关系。① 在网络环境下，各国通过政府信息资源跨部门的协调整合、统一政府信息资源管理标准、加强信息资源的集成管理、实行隐私保护与信息安全、深化政府网站以用户为中心的思想等举措在实践中不断丰富和发展政府信息资源管理思想。

此外，为推进政府信息资源的公开与共享，各国政府纷纷采取了一系列的激励型和强制型措施。如德国政府在政府信息资源建设中采用竞争性策略，如果某一政府机构在政府信息资源的共享上（电子政务）不能履行其相应的职责，则这一机构不仅不能获得其他政府部门免费提供的相关信息服务，而且其电子政务方面的职能将会被其他部门所取代。

（二）西方国家政府公共信息资源管理的困境

联合国有关机构 2003 年的研究结果显示，目前，世界各国电子政务项目成功率仅为 53%，发展中国家不足 40%，主要原因在于决策脱离实际或实施方案设计不合理。这从一个侧面反映出当前政府信息资源管理面临的困境。

1. 工具性认知的必然结果

著名信息管理专家达文波特认为"信息资源管理在理论上要比在实践上好得多"。人们对政府信息资源管理的确切含义和实施办法在理解和认识上还存有不同的偏差，并未达成共识。1992 年，美国总审计署公布的一份报告指出，有些人仍然认为信息资源管理计划的重点是 IT 管理活动，并认为它只是 EDP/MIS 职能的新名

---

① Sharon L. Caudle. Strategic Information Resources Management: Fundamental Practices. *Government Information Quarterly*, Volume 13, Number 1, 1996.

词。也有人认为所谓的政府信息资源管理就是运用信息技术重建美国政府。① 有学者对美国政府信息资源管理情况综合研究后认为：由于信息资源管理的目标对许多管理者来说是很难达到的，因而在实践中，政府信息资源管理的重心主要是信息技术管理，管理信息的目标几乎不再受到注意。②

2. 政府信息资源管理的部门化独立化，未能对政府业务流程进行优化重组，导致政府信息资源管理思想在实践中的异化

一些国家电子政务建设项目的失败表明，电子政府信息流程对于政府行政运转举足轻重，只有将政府信息资源管理目标融入政府运作的各环节、各部门，提高对其重要性的认识，才能使政府信息资源管理收到实效。但现实的结果却是，许多国家仅仅是将政府信息管理视做个别职能部门的业务性工作；尽管从资金、技术、人员等方面给予了足够的支持，但由于权威性、协调性的不足，导致政府信息资源管理工作仅仅是孤立的部门工作，各部门"关注的仅是本部门的使命，而不是整个政府范围内的信息资源管理使命"③，无论是政府信息资源管理的作用范围还是对政府流程的影响范围都十分有限。

3. 政府信息资源战略规划流于形式

尽管各类法规政策对政府信息资源的战略管理给予了高度的认可和重视，但在各部门的实践中，还没有一个实质上能够涵盖整个政府范围，适用于所有政府部门的信息资源战略管理规划。《2001—2002 财年首席信息官协会战略规划》既没有把整体目标与提高部门和项目绩效的预期目标联系起来，也没有提出减轻公众信息负担的要求；同时也没有指出消除冗余信息系统的方向等问题，这对于统一政府信息资源管理的整体行动，提高政府信息资源开发利用效果会产生一定的限制。

---

① 谢阳群．美国联邦政府的信息资源管理．国外社会科学，2001 (5)．

② 托马斯·H. 达文波特，劳伦斯·普鲁斯．把握时代——商务·信息·技术．周长才，等，译．海天出版社，2000．

③ G．戴维·加森等．公共部门信息技术：政策与管理．刘五一，译．清华大学出版社，2005．

4. 政府信息资源管理生态环境变化快，牵涉面广，工程浩大，难以做到整体推进

"行政组织的经常变化也会导致数据搜集程序和相关政策的经常性变动。"① 由于各国政府信息资源管理与政府信息化、电子政务建设紧密相连，面对政府信息技术、信息管理法规制度以及用户信息服务的动态调整，政府部门难以迅速整合资源，及时调整和搭建政府信息资源管理框架，实施有效的政府信息资源全局管理。在美国，据总审计署的调查，联邦管理与预算局只完成了《文书削减法》所赋予的4/13 的任务量，只将注意力集中在文书削减和制度规章的检查上，对其他信息资源管理规定没有引起重视。② 同时，新技术、新问题的层出不穷使政府信息资源管理活动始终处在不断的探索和调整适应中。

四、我国政府信息资源管理的现状

（一） 我国政府信息资源管理体系的初步确立

我国是一个有着悠久历史和文化传统的国家，漫长的中华文明史积累了相当丰富的政府信息资源管理尤其是文献信息资源管理经验，并在组织制度上形成了成熟的政府信息集权管理体系。

新中国成立后，政府信息工作大多集中在机关文书方面，因而，早期的政府信息资源管理工作也都是围绕文书工作的规范化展开，如1951 年4 月，中共中央办公厅和政务院秘书厅在北京召开了党政系统的全国秘书长工作会议，讨论了加强文书处理工作和档案工作的若干问题，通过了《保守国家秘密暂行条例》、《公文处

---

① Mark A. Ward, Scott Mitchell. A comparison of the strategic priorities of public and private sector information resource management executives. *Government Information Quraterly* 21 （2004） 292.

② 樊晓峰，崔旭. 从文书削减法看美国政府信息资源管理的得与失. 图书馆学研究，2006 （12）.

理暂行办法》、《关于加强文书处理工作和档案工作的决议》等。1954 年《中国共产党中央和省（市）级机关文书处理和档案工作暂行条例》颁布，1956 年通过《中国共产党县级机关文书处理和档案工作暂行规定》，初步建立起了以机关文书管理为中心的政府信息资源管理体系。

在组织体系上，承担政府信息资源管理的单位体制表现为集权型条块分割的管理体制，在政府组织系统内外分别设立了专门的信息机构从事信息提供与保障、传播服务。①政府所属的信息机构，以专门从事公共信息的搜集、加工、存储、开发利用工作为主，及时为政府决策提供依据，对关系国计民生的重大课题进行咨询和专题论证，如各级政府的经济发展研究中心、信息中心以及办公厅、统计局、计划委员会等。②政府内部的信息机构：以政府综合部门内的政策研究室、秘书科、咨询委员会等辅助性机构为主，对政府即将实施的目标规划、方针政策等进行可行性调研论证，并反馈公众意见。③政府行政系统外的相关信息机构：既包括各级人民代表大会的专门委员会、民主党派和政协的相关咨询委员会，也包括隶属政府行政管辖，履行信息服务职能的各类事业单位，如公共图书馆、科技情报所、新闻出版单位等。此外，为广泛搜集反馈信息，政府组织还充分利用行政系统内外上下交错的层级节制体系，在各部门、各地市、各行业等纷纷设有特邀信息员，及时通报信息，反馈情况，形成纵横交错的政府信息工作网络。

（二）我国政府信息资源管理的现代化进程及存在问题

1. 我国政府信息资源管理现代化发展历程的回顾

我国政府信息资源管理的现代化进程与政府信息化的演进发展历程密不可分。早在 1972 年，周恩来总理就提出了"要积极推广电子计算机应用"的指示。为落实总理指示，1973 年 3 月国家计委向国务院报送了筹建电子计算中心的报告，拉开了我国政府综合经济管理部门应用现代技术工具开展工作的序幕。① 十一届三中全会后，政府信息工作进入规范发展的轨道，1979 年，国务院人口普查小组决定由国家计委信息中心利用计算机进行人口普查数据的处理，在联合国的援助下，初步形成了我国第一个中央和省（自治区、直辖市）两级计算机系统的雏形，并完成了总人口达 10 亿、原始数据量达 400 亿字符的超大规模数据处理任务，标志着计算机在政府信息资源管理中的应用开始起步。

就总体而言，我国政府信息资源管理的现代化历程基本是沿着政府机关办公自动化—政府部门管理的电子化—全面的政府上网工程这一循序渐进的主线而展开的，并经历了起步、推进、发展与快速提高四个阶段。

（1）起步阶段（20 世纪 80 年代初至 80 年代末）

1985 年前后，在政府系统办公自动化建设的初期，主要成果是微机打字，推广使用传真机、复印机、轻印刷和开发简单的单机应用项目等，其应用主要集中于单纯的事务处理层面，处于部门分散开发、各自应用的状况。

1986 年夏季，国务院召开了国民经济信息化工作会议，决定在国务院综合部门和业务部门部署 12 项大型信息系统建设。与此同时，在中南海实施定名为"海内工程"的建设项目，项目目标是在党中央和国务院的所在地，在党和政府的首脑机关率先开展办公自动化建设，逐步为党和政府在宏观管理与科学决策方面实现信息网络化。同年，国务院办公厅率先利用计算机进行公文运转管理，计算机应用直接进入政府机关核心业务。"海内工程"的实施标志着我国政府行政机关以办公自动化应用为起步的信息网络化建设的开始，并逐步成为党政机关的一项基本建设，是国民经济信息化建设的重要组成部分，为我国的电子政务建设打下了良好的基础。

1987 年，上海市政府办公厅引进全国政府系统的首批小型计

---

① 黄苹．中国信息化建设的综述报告．2004 年全国博士生论坛图书情报分论坛交流论文．

算机，开创了建立大型办公自动化应用系统的新局面。随着"全国政府办公厅系统办公自动化工作指导协调小组"的建立，政府系统的办公自动化建设进入快速发展时期。政府信息、档案、要事、会议、值班、文献等普遍开始实现微机管理。

1988 年年底，国务院办公厅秘书局先后开发完成了以"国务院公文管理系统"、"国务院档案管理系统"、"国务院信息管理系统"及"国务院要事数据库"为标志的基于小型计算机的大型应用系统开发，并于 1989 年 1 月 21 日正式投入使用，开始了办公自动化工程。上述系统不仅承担了我国第一代全国数据通信网上的信息交换业务、政府公文、档案、信息等的重要管理业务，创造了政府系统信息管理前所未有的高效率，而且积累了超过 14 万件国务院重要文件的运转管理信息及海量文档信息资源，为以后的数据库建设及政府信息资源的开发打下了坚实的基础，国家信息网络粗具规模。

（2）推进阶段（20 世纪 80 年代末至 90 年代中期）

1989 年 6 月至 1990 年 2 月，国务院办公厅秘书局开始组建全国第一代数据通信网，并完成了基于小型机的加密数据通信系统的研制与应用部署。同年 8 月，在吉林长春召开了有 6 个试点省、市参加的"远程站工作会议"，制定了远程站工作规则和操作手册，并在全国各省、区、市开展了远程站建设，率先在全国范围正式开通"全国政府系统第一代电子邮件系统"。到 1990 年 10 月，西藏自治区最后入网，在全国各地方政府与国务院之间、各地方政府之间实现了政务信息报送的计算机网络化，开始了政务信息的初步互通与共享，大大提高了政务信息工作的质量与效率。政府数据库开发也取得了可喜的成绩。1990 年全国已有 655 个数据库，内容涵盖科技、经济、工程、教育、文化、卫生、法律等，1991 年增加到 806 个，政府信息化建设粗具规模。

进入 90 年代以后，政府信息资源管理的步伐随着网络信息技术的发展而加快了进程，1992 年，国务院办公厅提出建设全国行政首脑机关办公决策服务系统的目标和和具体实施方案，并在政务系统开始推行办公自动化。1993 年，国家经济信息化联席会议认为："信息资源开发利用是我国信息化建设的核心和取得实效的关键。"同年底，国务院正式部署了以"金桥"、"金关"、"金卡"工程等金字头系列的重大系统工程，并列入国家中长期规划，信息资源的开发集中于银行、金融、电信、海关、税务等领域，且偏重于网络信息技术的应用，政府信息资源的网络化、数字化程度明显提高，但多数政府机关的信息资源建设步伐缓慢，到1996年政府数据库仅达1038个，只比1991年增加了232个，与信息技术的日新月异形成强烈反差。

（3）发展阶段（20世纪90年代中至90年代末）

1995年，国务院办公厅通过了《政务信息工作暂行办法》，对新形势下政务信息工作机构、手段、质量及制度等进行了明确规定。各省、自治区、直辖市也据此制定了适合本地区、本部门的政务信息管理规则。

1997年4月18日，在首次全国信息化工作会议上，邹家华副总理再次提出信息资源开发利用问题，指出当前国家信息化建设的主要任务首先就是要把信息资源开发利用作为中国信息化的核心内容。

1997年国家信息中心起草了《国家信息资源开发利用规划》，指出政府信息资源开发利用的主要任务是，建立政府信息资源管理制度，规范部门间政府信息交换方式，确定各级政府部门向社会发布的信息内容，实现政策、法规、公告、办事程序、统计及其他按规定发布的信息网络化，到2000年政府部门生成信息资源的数字化率要超过50%，新生成的数字化率达到100%，到2005年基本建立政府信息资源管理制度，政府信息资源目录管理系统面向社会提供联机服务，网络化水平进一步提高。

从1997年开始，我国政府信息资源建设进入快速发展时期，到1998年底，政府拥有的数据库达到3000多个，内容涉及国民经济的各个领域；在经济、环境、教育、文化、交通、新闻出版以及社会保障等领域建设了一大批专业性和综合性的数据库，中国经济信息网、中国教育与科研计算机网、中国科技网等相继建成，并开始向社会提供服务。

1999 年，政府上网工程正式启动，同年 5 月，开通了专为政府网站导航服务的"政府上网工程"主站点，提供了所有在 gov. cn 下注册的政府站点的"导航中心"、"政府新闻"、"发布政府信息"等栏目，在此推动下，各政府机关结合本部门工作实际，纷纷以政府上网工程为契机，进一步加大了政府信息资源开发建设的力度，促使政府信息资源的管理、利用向网络化、自动化、公开化、集成化方向发展。同时，也推动政府部门依托网络向公众提供政府公共信息资源，政府信息公开呼声高涨。

（4）快速发展阶段（本世纪初至今）

2000 年 10 月，《中共中央关于制定国民经济和社会发展第十个五年计划的建议》中明确了"以信息化带动工业化"的战略方针，电子政务进入快速发展时期，政府网络信息资源建设也随之得到重视和发展。2001 年 8 月，党中央重新组建了国家信息化领导小组，常设办事机构国务院信息化工作办公室也随之成立。同年，国务院办公厅制定了全国政府系统政务信息化建设的五年规划，即《全国政府系统信息化建设 2001—2005 年规划纲要》，指出全国政府系统信息化建设的总体目标是用 3 ~ 5 年的时间，初步建立以"三网一库"为基本构架的我国政府系统政务信息化的枢纽结构，其中的三网是指政府机关内部办公业务网（内网，intranet）、政府办公业务资源网络（专网，extranet）、政府公众信息网（外网，internet），一库指政府系统共建共享的信息资源数据库体系，意即在政府内部政务信息化方面建设行政决策系统，在外部建立为公众服务的系统。

同年 12 月，国家信息化领导小组第一次会议审议通过了《"十五"期间国家信息化工作的初步考虑和 2002 年工作重点》，做出了政府先行、带动信息化发展的决策，表明我国电子政务建设被提到了一个事关中国社会信息化建设全局的高度。2002 年 7 月召开的国家第二次信息化领导小组通过了《我国电子政务建设指导意见》，提出了"统筹规划，资源共享，应用主导，面向市场，安全可靠，务求实效"的信息化指导方针，电子政务工作主要围绕"两网一站四库十二金"重点展开，强调要努力走出一条有中国特色的信息化道路。其中，"两网"指政务内网和政务外网；"一站"系政府门户网站；"四库"则是建立"人口基础信息库"、"法人单位基础信息库"、"自然资源和地理空间基础信息库"和"宏观经济数据库"；"十二金"是政府要重点推进的办公业务资源系统，如"金宏"、"金关"、"金税"、"金财"、"金保"、"金审"、"金盾"、"金质"、"金农"、"金旅"、"金水"和"金智"。上述工程基本覆盖了我国政府网络信息资源建设的各个方面，既涉及信息资源开发，也包括信息基础设施建设、信息技术应用等，初步建成了政府各部门的专网，实现了政府数据的内部网上纵向传递，电子政务建设的基本雏形已具备。

2004 年，国务院办公厅召开的全国政府系统政务信息化工作会议决定 2004 年的政务信息化建设要围绕"加快推进电子政务示范工程建设"等四项任务展开。同年 12 月 27 日国家信息化领导小组第四次会议讨论了《关于加强信息资源开发利用工作的若干意见》和《关于加快我国电子商务发展的若干意见》，提出要加强信息资源开发利用，统筹规划、分类指导；面向需求、立足应用；突出重点，有序发展。

2005 年 11 月中办、国办印发了《2006—2020 年国家信息化发展战略》，既总结了我国信息化建设所取得的成绩，也分析了存在的问题，并将信息资源的开发利用作为未来十五年信息化建设的战略重点。2006 年 4 月国务院信息化办公室发布了关于加强信息资源开发利用工作任务分工的通知，进一步明确了国务院各部委在公共信息资源开发利用中的职责任务。同年 5 月，中共中央办公厅、国务院办公厅联合印发了《2006—2020 年国家信息化发展战略》，这既是我国信息化发展史上第一个全国性的中长期发展战略，也是未来十五年我国信息化建设趋势与走向的纲领性文件。

电子政务和政府信息化进程的深入实施，不仅促使人们对政府信息流程、电子政府工作模式等进行新的尝试，而且也是政府信息资源本身的数量、质量、存储方式以及管理和传播方式等发生了较大变化，对政府信息资源的开发利用提出了新的目标。2007 年《中国电子政务发展报告》明确指出："当前，我国政府上网工作的基础条件和社会需求都发生了重要变化，正面临新的发展机遇，应紧紧抓住'服务'这条主线，实现从政府信息上网到政府服务上网的跨越。"

目前，我国97%以上的地区和部门已经建立了办公业务网，85%以上的地区和部门建设了政府公众信息网，许多政府网站并不是简单地将现有政府业务流程网络化，而是根据公众信息需求，对政府的业务流程进行重组和优化，并对跨行业、跨部门的网络信息资源、数据资源和应用系统进行整合，努力朝信息共享、条块结合和业务协同方向发展。如深圳市信息应用系统建设已经覆盖金融、海关等20个领域200多个数据库，80%以上的数据库均可以在网上向用户提供联机查询。成都市对所有的审批及办事流程进行清理和优化，通过网上政务大厅并联审批，统一集中办理，既缩短了审批时间，也方便了公众办事。天津市政府的"网上办公百项工程"集中整合了各政府职能部门的业务，可以对公众和企业办理审批事项270多项。① 2004年4月底，联合国发布了成员国电子政务的测评结果，我国在191个成员国中排名第74位，表明我国的电子政务建设取得了长足的进步。

附：

"十五"期间我国政府信息化的具体目标②

（1）初步建成标准统一、功能完善、安全可靠的政务信息网络平台；

（2）建设一批重点业务系统，并要求基础性、战略性的政务信息库建设取得实质性成效，信息资源实现较大程度的共享；

（3）初步建成电子政务安全保障体系，加强人员培训工作；

（4）制定一批与电子政务相关的法规和标准。

---

① 曲维枝．服务公众：地方电子政务建设的出发点和落脚点．中国信息界，2004（1）．

② 靖继鹏、吴正荆．信息社会学．科学出版社，2004．

2. 我国政府信息资源管理现代化的主要成绩

（1）政府信息资源建设初见成效

随着政府信息化建设的不断深入，我国政府信息资源开发利用的总量不断增加、质量不断提高，人口基础信息库、法人单位基础信息库、自然资源和空间地理基础信息库和宏观经济基础数据库等国家重点建设的基础信息库建设进展顺利，各部门与各级政府陆续建成一些重要的大型数据库。2006 年 5 月发布的《2005 年中国互联网络信息资源数量调查报告》结果显示，我国在线数据库总量已经达到 30.6 万个，其中，政府网站拥有的在线数据库数量为 16 300 个，占总数的 5.3%。全国网站中拥有在线数据库的网站为 16.1 万个，政府网站拥有在线数据库的网站数为 9 096 个，占各类网站总数的 37.5%，现已形成共享的数据资源基础。

2004 年国家有关信息资源开发利用的文件指出，要依托统一的电子政务网络平台和信息安全基础设施，建立政务信息资源目录体系和交换体系。2003 年，国务院信息化工作办公室对 79 家中央国家机关单位的信息资源开发利用情况进行的调查结果显示，回收的 61 家单位反馈情况表明中央国家机关之间存在着大量的信息资源交换行为，有 25 个部门已经使用了其他部门的数据信息，有 35 个部门需要使用其他部门的数据库，涉及 50 个国家机关。① 2005 年，国务院信息化工作办公室又进行了目录、交换体系试验，各级政府积极尝试政府信息资源的整合与共享，基于信息交换的跨部门业务协同取得了一定的成绩。

（2）政府信息传播能力明显提高

一方面政府网站建设成绩显著，中央政府门户网站于 2005 年 10 月 1 日试运行，2006 年 1 月 1 日正式开通、各级政府网站普及率逐渐提高（见表 4-6），初步搭建了以公众为中心的政府网络信息服务体系。上海市现已形成市、区、街三级政府信息服务网络，97% 的街道拥有社区政务管理平台，尤其是电子政务网络"一站式服务"的开展，极大地方便了民众的信息获取，2005 年联合国

① 王长胜. 中国电子政务发展报告 No.3. 社会科学文献出版社，2006.

公共行政组织的政府网站评比中综合排名位居第5。另一方面，政府信息公开力度不断加大，网上信息服务规模与质量进一步提高。上海市政府及下属的各部门、各区县都制定了"信息公开目录"、"信息公开指南"，各级政府网站通知公告、政策法规、人事财政、统计数据、办事指南以及各类动态信息的及时发布为政府网站建设提供了强有力的信息保证。同时，政府网站信息内容的组织开始按照用户对象进行调整，越来越多的政府网站采取居民、企业、旅游者、投资者等四类常见的分类方法，网站功能设计、栏目规划、页面组织等日趋合理。

表4-6　　　　　**2005年我国各类政府网站拥有率（%）**

网站分类	拥有率
部委门户网站	96.1
省级门户网站	90.3
地级门户网站	94.9
县级门户网站	77.7
总　　计	81.1

数据来源：《2005年中国政府网站绩效评估报告》

（3）多样化信息服务的提供

政府信息资源是政府行政运转的基础，从信息服务内容上看，除政府原始信息的简单提供外，政府增值信息服务有了较大发展，个性化信息定制、深层次信息加工等拥有广阔的市场前景，政府信息资源的再利用越来越受到重视。同时，政府部门垄断公共信息服务的格局因多元主体的积极参与而改变，各种信息内容提供商、民间信息组织以及公有信息服务部门开始涉足政府信息服务领域。

（4）多种信息终端的综合利用

目前，政府信息的利用不单依靠"网络＋计算机"一种模式，而是根据不同地区、不同用户特点充分发挥网络、数字电视、广播、电话以及信息亭等信息终端的作用，通过视频或音频政务信息，把政府公共信息资源提供给用户，通过信息辐射范围的扩大维护社会信息公平。如江苏网站上有视频新闻，广州市在互联网上设置了"失明人之声"栏目，专门为盲人提供有声信息服务、通过紧急呼叫中心，利用手机、互联网和计算机的功能，确定残疾人所在地理位置，为盲人提供导航定向信息服务、为聋哑人提供手机段新服务等。四川省则通过短信服务的形式为农民传播及时性农业信息，在西北，分散在基层的农业信息站受到欢迎。

（5）政府信息资源管理规范标准陆续建立

必要的制度规范是政府信息资源管理的基础，1996～2002年，国家颁布的有关信息网络的法规就有130余部，国家信息化政策法规文件22件，地方系统法规草案5件。在政府信息资源的开发利用上，各部委纷纷下发了可操作性强的制度文件，如2005年交通部颁发的《关于加强交通信息资源开发利用的指导意见》（交科教发［2005］648号）、2006年国务院信息办综合组与国家档案局办公室联合下发的《关于开展档案信息资源开发利用试点工作的通知》等均对行业性政府信息资源的增值加工进行了规范。"2006年，我国下达实施地方性信息政策法规建设或立法92项，其中关于信息资源开发和数字信息资源建设12项。"① 同时，政务信息标准化建设也取得了一定的成绩，传统的主题词、文件编号、文件名等文件管理方式在政府信息资源管理中继续发挥重要作用，国家电子政务标准化总体组发布的《电子政务标准化指南》、《电子政府标准体系》中确定了电子政务标准化的总体目标与工作任务，政府信息资源目录管理开始向电子化转变。

3. 存在的主要问题

吴敬琏认为，国内大多数政府机构还习惯用"内部规定"处理公共事务，很难运用网络技术和电子手段来服务公众，根本不适应信息化建设的需要。传统观念作用往往使得电子政务作为政府工

---

① 裴雷，马费成. 公共数字信息资源的建设与开发利用对策. 中国图书馆学报，2007（6）.

作的一项指标进行对待，而不是作为便民服务的工具和平台。① 归纳起来，政府信息资源管理工作存在的主要问题有：

（1）对政府信息资源管理认识的偏差导致实际工作的低效

一方面，许多政府官员并没有认识到政府公共信息服务对于提高社会信息化程度、提升国民经济运行效率的深远意义，在思想上缺乏开发政府信息资源、主动为社会服务的意识。另一方面，将政府信息资源管理等同于信息技术的推广应用，单纯注重信息系统投入和网站建设等硬件设施，对信息资源开发利用的投入不足。2005年1月河南一家公司受郑州市政府委托，对郑州91个政府网站进行了评估，发现有14个无法正常访问，60分以下的网站多达61.5%。②

（2）政府集权式公共信息资源管理制度安排的束缚

包括公共信息资源的中央计划调控以及单一化的政府资源配置模式的最大特点不仅在于其管理主体的单一性，而且还反映在单向的信息流转渠道上，层层上达式的信息搜集制度和严格的逐级传播制度与社会信息交流的横向性、互动性以及信息需求的时效性针对性形成强烈对比，对公共信息资源的供需结构变化有着深度的影响。一方面，社会自我管理能力的提升未能形成公共信息资源参与主体的空间扩张和运行模式的多元化转变，政府仍在公共信息资源管理中发挥绝对主导地位。另一方面，现有的制度安排尤其是管理体制惯性，也抑制了其他主体如企业、第三部门等参与公共信息服务的主动性积极性，"政府在信息服务中的职能缺乏清晰界定，它试图承担所有角色，却又无法保证全面地、专业化的信息服务，反而造成了行政管理体制对信息服务的分割"③，由于缺少有效的竞争和强有力的外在监督，政府公共信息资源管理能力低下，公共信

---

① 刘艳军.国内电子政务已粗具规模，政务网站数量超过1万.通信信息报，2005（1）.

② 马龙生.政府网站考验政府的政务能力.http//www.ciia.org.cn/ziliao/#.

③ 于良芝等.建立面向新农民的农村信息服务体系——天津农村信息服务现状及对策研究.中国图书馆学报，2007（6）.

息服务呆板匮缺以及信息寻租等无法从根本上得以避免。

（3）政府信息资源建设缺乏统一规划，开发利用层次低

国家信息中心副主任杜链指出："《关于我国电子政务建设的指导意见》出台后，很多部门都向国家主管部门上报了自己的电子政务项目书，并着手建设。但通过研究发现，各部门的电子政务建设相对独立，部门之间的电子政务系统并没有整体的内在联系，相互的系统之间也不关联。此外，由于电子政务存在一种延续性，政府部门并不能对项目的发展做出准确的预期，从而导致政府对电子政务的投入非常谨慎，这一系列的问题让电子政务陷入一种两难的状态。"① 一方面，大部分信息资源都是一次性的原始信息，缺乏深加工，造成政府信息资源质量不高，以此为基础的政府公共信息服务针对性差、用户满意度低。同时，由于缺少全盘规划，我国电子政务建设并未与公共信息资源的开发建设同步，公共信息资源组织、开发、共享等流程与政务信息化建设脱节。另一方面，信息短缺和闲置并存，部门分割、地区封锁导致政府信息资源开发建设的低水平重复，政府系统内部信息资源整合的困难，难以实现信息的共享和交互，存在着信息交流不畅，以及重要经济和社会信息资源流失的危险，在现有国内的 3000 多数据库中，真正流通起来，被利用的不足 10%。此外，公共信息的垄断、分割以及扭曲等政府信息的非公共状态在相当程度上抑制了公众的信息需求和信息表达。

（4）信息技术利用滞后

1998 年联合国经济社会事务部把推进发展中国家政府信息化作为重点，希望通过信息技术的应用来改进政府组织，重组公共管理，最终实现办公自动化和信息资源共享。由于观念和公务员信息素质的差异，我国在政府信息资源存储的数字化、管理的自动化以及利用的网络化等方面的整体水平不高，仅以政府网站的域名管理看，相当多的政府网站并没有遵循统一的命名原则，有的政府网站仍在使用专供社会团体、企业单位使用的域名后缀。如青海省政府

---

① 杜链. 中国电子政务处于两难境地. 中国信息界，2004（9）.

网站除规范域名"qinghai. gov. cn"外，还使用了专供企业的域名
"qhinfo. com"，吉林、广东、广西、云南、重庆、黑龙江、内蒙古
等政府网站仍使用容易产生歧义的首字母缩写格式域名，域名管理
的非规范化从一个侧面反映出政府信息系统安全隐患多、数据标准
不统一、系统之间难以进行信息交换等问题。

（5）政府信息资源建设投资结构不平衡

国外信息化进程的经验表明，三分技术，七分设备，十二分的
信息资源。目前，我国政府信息化的硬件投入比较充分，有限的资
金主要用于硬件设备的采购，但在信息资源开发建设以及日常运行
上的投入则明显不足。根据北京时代计世资讯有限公司的调查，
2004～2005 年我国税务行业信息化的主要投资去向：硬件占 63%、
软件占 21.3%，服务占 15.7%。2004 年审计行业信息化的总投资
为 4.4 亿元，主要投资结构为：硬件 72.1%、软件 16.5%、服务
11.4%，对政府信息服务及相关软件开发的忽视不可避免地会造成
政府信息资源开发的不足，导致大量公共信息平台有车无路的尴尬
局面。

（6）政府信息资源管理与社会需求的不平衡发展

一方面，随着金字工程的成功实施，目前我国政府公共信息采
集能力进一步增强，政府部门及其下属机构仍然是公共信息资源搜
集、加工的基石，但与政府公共信息占有不平衡的是政府公共信息
服务的相对滞后，政府与公众间的信息交流并没有因金字工程的实
施而有大的实质性改观。另一方面，我国不同地区间政府信息资源
建设的水平差距较大，局域网建设发展不平衡，政府信息资源目录
体系与交换体系建设标准不统一，跨部门间信息交换有待加强。尤
其令人担忧的是任何问题都无法回避和忽视广大的农村和基层，有
数据表明，互联网在农、林、牧、渔等行业用户仅占我国互联网用
户的 2.3%，政府上网对于西部地区和农村来讲还只是理想的前
景。

（7）政府信息资源管理的安全性问题突出

政府信息资源的极其重要性决定了安全管理问题的紧迫，根据
国家计算机网络应急技术处理协调中心统计显示，我国各级政府网

站仅在 2005 年就被篡改网页 2 027 次，同年，在已发生的 13 000 余次的网页篡改中，有 1/6 的攻击对象是政府网站。公安部公布的 2004 年全国信息网络安全状况调查结果的显示，在被调查的 7 072 家政府、金融证券、教育科研、电信、光电、能源交通、国防等部门和行业的重要信息网络、信息系统使用单位中，发生网络安全事件的比例高达 58%。

（8）政府信息资源管理的规范化制度化建设有待提高

从单纯的数量上看，现有政府信息管理的法规制度并不匮乏，据统计，仅电子政务建设的相关标准，国家级的就有 800 多个，但由于行业间、系统间、地区间标准制定上的各自为政导致信息孤岛现象仍大量存在，政府信息政策之间的有效衔接、相互对应显得十分关键。同时，还存在着制度规范的指导性强、操作性弱的问题。以政府信息公开为例，尽管国家和各级政府先后制定了一系列法规条例，但由于信息公开内容的宽泛笼统、公开义务人自由裁量权过大等制度设计的薄弱造成信息公开程度的低下，"政府部门掌握的可公开信息中有 80 % 处于封闭状态"。①

五、政府公共信息资源管理能力的结构分析

无论从公共信息需求的数量还是从需求内容的种类划分等不同角度分析，要实现公共信息资源的有效供给，就必须具备在一定区域范围内进行信息搜集、处理、利用和交流等方面的能力，需要投入巨大的人力、物力和财力等，政府的优势就在于此。因为政府能力是"政府有效地采取并促进集体性行动的能力，从产出来看，政府能力就是政府提供公共产品和公共服务的能力"。② 作为政府能力的组成部分，政府公共信息资源管理能力是政府在实现公共信

① 李曙光．电子政务信息资源建设的对策研究——兼谈如何贯彻国家信息化领导小组第四次会议精神．情报资料工作，2005（6）.

② 蔡秋生．1997 年世界发展报告：变革世界中的政府．中国财政经济出版社，1997.

息资源管理、提供公共信息服务，从事公共信息资源的开发、建设和利用过程中所拥有的资源、能量。简单地讲，政府公共信息资源管理的能力结构就是政府公共信息资源管理能力各构成要素之间的排列组合方式、聚集状态及比例关系。

（一）　政府公共信息资源管理能力内部构成要素

所谓内部结构，实际上是从静态要素角度来分析政府公共信息资源管理能力的函数变量。构成政府公共信息资源管理能力系统的要素非常广泛，几乎涉及了维持政府存在和发展的各个方面，构成政府公共信息资源管理的内在要素主要有：

1. 权力资源

权力是最有效的社会资源，构成了政府与其他组织公共信息资源管理能力的质的区别。政府信息资源数量的绝对优势表明，国情和政府行政管理体制与信息资源数量之间存在着紧密的内在联系，如在我国计划经济管理体制下，强政府弱社会的格局导致政府公共信息资源获取能力的超常发挥，有人据此估计，20 世纪 70～80 年代，我国政府信息资源占全社会信息资源总量的 80%。不仅如此，在一定限度范围内，权力的大小与政府公共信息资源管理能力之间存在着正相关的关系，即权力越大，其公共信息资源管理的能力也越强，如中央政府与地方政府公共信息资源管理的差别首先就来源于权限范围的大小。但政府权力的无限增长若超出了政府的实际能力，则有可能导致政府与社会职能角色的重叠，滋生腐败，降低公共信息资源的实际管理能力。

2. 财力资源

正如恩格斯所说，赋税是政府机器的经济基础，政府财政能力的强弱影响到政府公共信息资源的实际调控效果。在信息时代，公共信息资源管理是一项高投入高风险的行业，无论是相关必需技术的投入还是网络技术设备以及人员培训等支出，都需要强有力的经济支持。有时，政府财力资源的不同会形成政府公共信息资源管理能力与效果的反差，如发达国家与发展中国家政府对公共信息资源建设的不同投入带来了截然不同的信息资源利用效果，不仅是因为政府财政投入数量上的差别，而且政府投入还具有强大的示范放大效应，会推动或促进其他组织和个人参与公共信息资源管理。

3. 人力资源

"为政之要，贵在得人"，专业性人才是进行政府公共信息资源管理的前提性因素。如果抛开其他变量，单从量的角度看，从事政府公共信息资源管理人员的数量与政府公共信息资源管理的实际能力之间存在着一种倒 U 形的函数关系，即随着相关专业人数的增加，政府公共信息资源管理能力呈上升趋势，但到了一定幅度后，人员的增加反而会降低政府管理能力。真正对政府公共信息资源管理能力起主导作用的是公共信息资源管理人才的质量。

4. 文化资源

作为传统的潜在变量，行政文化资源对政府公共信息资源管理的影响是无形的，工作人员的信息意识、信息素养等无时不在、无所不在地发挥作用。民主开放的行政文化对于公共信息资源管理思想的创新，形成多元参与的公共信息资源管理体制有积极推动作用；而在相对闭塞而等级森严的行政文化环境下，人们难以接受新思想，因循守旧按部就班的习惯会左右人们的思维和行为，政府公共信息资源管理体系必然会封闭在政府行政系统内部，其他社会组织很难介入公共信息资源管理领域。

5. 权威资源

权威是基于政府合法性的公共影响力，建立在对政府权力及重要性认同的基础之上，是提高公共信息资源可信度的关键性因素，并对推动社会信息化进程起着极其重要的导向作用和辐射作用。邓小平 1984 年 9 月作了"开发信息资源，服务四化建设"的题词后，各省及中央国家机关纷纷成立了专门的信息机构，把政府信息资源建设摆在了重要地位，并掀起了我国政府信息资源建设的第一个高潮。

6. 信息资源

据统计，全世界有 2/3 的行政功能与信息管理是相连的。① 不

---

① 顾丽梅. 政府治理的社会化与信息社会公共行政理念的重塑. 中国信息界，2004（7）.

仅政府管理过程依赖于信息，信息资源能够渗透到其他要素之中，而且政府信息资源的管理同样需要有充分的背景信息作保证，并依赖于行之有效的信息交流机制保证管理的连续性和高效性。

7. 制度资源

制度的规范性与成熟程度决定了政府公共信息资源管理的实际效果。科学完善的法律制度不仅成功指导了政府公共信息资源管理实践，而且也在观念思想上和行为取向上主导了人们的行为。正如美国政府信息资源管理的成果要得益于健全的信息资源法律规范一样，我国公共信息资源管理的滞后往往也是政府相关制度规范缺位的表现。

8. 技术资源

在现代社会，信息技术对管理的影响已经超出了人们的预期设想，政府技术资源的掌握和有效利用程度甚至决定了政府公共信息资源管理的水平，发达国家与发展中国家公共信息资源开发利用的差距通过信息技术的差异可见一斑。同时，信息技术的应用也促使政府组织结构和行政流程的改变，进而实现了公共管理的重组和信息资源的全社会共享。

以上 8 种资源构成了政府公共信息资源管理的基本素质，各构成要素之间并不是孤立发挥作用的，而是具有一定的关联性。因为信息资源的本质就是要协调和集成，需要对人力资源、财力资源、技术资源等各类资源进行整合。

（二）政府公共信息资源管理外显能力的构成

政府公共信息资源管理的内在要素如人力、资金、技术等一经形成便作为政府公共信息资源管理的基本能力而保留下来，并在政府公共信息资源管理的不同环节和领域中作为政府能力的外显形式而表现出来；也就是说，政府能力内部构成要素的外在运用形式就演变为政府管理的外显能力。政府的财力资源、制度资源、技术资源运用到国家信息化建设中就演变为政府的宏观经济调控能力、政府的政策导向能力以及技术指导能力等。简要地讲，政府公共信息资源管理的外显能力受制于政府职能的影响，如政府具有公共信息资源的开发、建设和管理、监控职能，其外显能力就包括了政府公共信息资源开发能力、建设能力、管理能力和监控能力等。当然，政府公共信息资源管理过程的环节划分也会影响外显能力的划分。但无论怎样划分，政府公共信息资源管理的各种外显能力在整个公共信息资源管理体系中所处的地位和作用也是不同的，在不同时期，总有一种或几种处于核心地位。如在信息化程度较低的环境下，政府的制度导向能力、财政扶持能力就显得极为关键；而在社会信息化程度较高阶段，政府的技术调控能力与市场监控能力对于公共信息资源开发建设的健康有序发展则起到了保障作用。

对于政府而言，在公共信息资源开发建设和管理过程中，由于涉及来自政府、社会和企业等不同组织和个人，因素复杂，管理的规模和不确定性也不断加大，特别是在现代社会。随着社会结构的分化，国家与社会在公共领域的力量博弈，使得政府公共信息资源管理的职能及方式也处在不断的变化调整之中，部分职能如信息资源的采集、加工和传播等将推给社会，而部分职能如政策制定、市场监控等又将得到强化。

（三）政府公共信息资源管理能力结构的演进与优化

尽管在一定时间内，政府公共信息资源管理能力呈现出相对稳定的状态，但随着技术的进步、环境的变迁，行政职能的不断扩展，政府公共信息资源管理的内在结构要素与外显能力形式也在不断地聚合、重组，并在规模、水平与各要素之间的关联度上表现出由小到大、由低到高、由松散到紧密的演进趋势。政府公共信息资源管理能力结构的优化则依次递进，包括了合理化和高级化两个方面。合理化的要求是政府能够充分利用政府的各种资源（显性资源和潜在资源），维持公共信息资源的供给结构与公众的信息需求结构的平衡。高级化的要求也就是政府公共信息资源管理结构的现代化，即强调资源的高效能化、技术的密集化、管理的集成化以及主体的多元化。

对政府公共信息资源管理能力结构分析的目的在于指导政府信息资源管理的实践。在我国，当前，政府公共信息资源管理结构的不协调已经严重阻碍了信息资源开发建设的总体步伐。具体表现为构成要素层面各要素之间的不匹配，过分强调权力的强制性推行，重视资金、人员的扩张而忽视信息文化以及相关信息资源法规制度约束等软能力要素建设。

在外显能力层面，与政府内部信息资源管理水平相比，政府公共信息服务能力明显不足。与政府信息基础设施投入以及设备采购等巨额开销相比，政府花费在不同系统公共信息资源的有效整合以及深层次开发的投入极为有限；与政府对信息资源采集、整理、存储的高度重视与细致加工相比，政府对信息资源的公开以及社会的有效利用则始终处于被动应对状态；与传统的高度集权垄断公共信息资源相比，政府应对新形势下的信息资源管理变革能力、创新能力还十分欠缺。也就是说，在加强政府公共信息资源管理能力建设的过程中，不仅要致力于各能力要素"量"的提升，还要注意结构的改善，并将体制结构的优化纳入政府公共信息资源管理的研究视野之中。

六、政府信息资源管理与公共信息资源管理之比较

（一）政府信息资源管理与公共信息资源管理内涵的比较

政府公共信息资源管理的最终目的是将取之于民的各类信息资源加工整理后回馈于民。而公共信息资源管理的视野则要突破政府部门及系统的限制，面向社会，其管理的目标、方式和行为等都围绕公共性而展开，有别于政府信息资源管理。

1. 管理目标的社会性和多元性

尽管政府信息资源管理的目的也是提高信息资源的利用效率，促进全社会信息资源的共享，但这只是政府组织的总体宏观目标，其动力来源于政府自上而下的权力安排，并非自觉行为，根本是为了赢得社会的认可，增加政府的影响力，而政府部门的具体目标则因为部门利益以及所处位置工作重心的差别而出现一定程度的背离。与之相对，公共信息资源管理奉行的理念是"所有民众都有

公平公正的机会参与到为避免信息歧视以及只包括技术精英在内的有限民众参与而新出现的虚拟民主中去",具有深厚的社会基础和良好的社会回应能力,其管理目标是多元的,既涉及社会普遍化公众信息需求的满足,也针对个性化需求做出回应。

2. 管理视野的宽阔性与拓展性

一方面,公共领域的不断扩大,使公共信息资源管理的范围也随之扩展;另一方面,公共信息资源管理立足于公众需求,关注的是社会生活的各个方面,其信息资源开发是分层次展开的,既包括宏观层面的公共信息资源也包括大量分散琐碎的基层公共信息资源,既有综合性的高度浓缩的公共信息资源,也有归属为不同行业领域的公共信息资源,与政府仅关注自身的部门管辖范围以及行政系统的特定职能范围的信息资源所形成的部门壁垒、信息孤岛不同。同时,公域与私域的界限始终处于动态变化之中,尤其是来自基层的基础信息采集,在不同的环境背景下,就会有不同的分属范围,是一种全方位、立体式的管理空间。

3. 管理要素的多样性与复杂性

公共信息资源管理呈现出复合式结构,在服务对象、主体、范围和程度等方面都不同于政府信息资源管理。管理主体广泛,不仅有政府组织还有第三部门以及企业甚至公民个人,管理对象复杂,既涉及政府公共信息资源,也包括社会公益性信息资源,还要以大量无序的各类基层信息为依托。同时,与政府行政系统相适应的政府信息资源管理已形成了一系列规范化的程序和经验做法,组织的有序化程度也带来了信息资源管理的便利。而公共信息资源管理面临的对象既有高度组织化的政府单位,也有灵活的社会组织,除了信息内容的整合外,对相关的设备、人员、资金和技术等其他方面也要进行统一的管理,宏观调控的难度高。

4. 管理方法的兼容性与适应性

根据管理对象选择不同的管理方法是提高管理效率的必由之路,鉴于行政命令式手段只能在严密的组织体系和短期内有效,公共信息资源管理方法的选择就不能拘泥于政府信息资源管理的做法,而要从提高公众信息需求的角度根据信息资源性质的不同有选择性地依靠行政手段、法律手段以及市场的经济管理手段和社会自我发育形式乃至教育手段等，并要注意不同管理方法的协调与统一。

（二）　政府信息资源管理与公共信息资源管理边界的选择

合理的边界划分可以节约公共信息资源管理成本，提高信息资源的利用率。但公共信息资源管理与政府信息资源管理边界的划分并不是一件简单的事情，是涉及公共信息资源管理的权力如何在社会与政府之间构筑的问题，即社会与政府、中央与地方如何配置信息资源管理的权力。

科斯在分析企业组织时得出这样的结论：企业和市场之间相互替代取决于制度安排的边际成本，两者边际成本持平处即是企业组织的规模边际。① 将此观念引入公共信息资源管理与政府信息资源管理边界的分析可以得出这样的结论，即划分的权力边界在于政府信息资源管理的制度边际成本应等于社会公共信息资源管理的制度边际成本，也就是政府信息资源管理的边际成本要等于社会公共信息资源管理的边际成本。而要达到这样的结果，必须依赖于一定的假定条件：第一，当用社会组织如第三部门、企业等替代政府信息资源管理职能时，不会有悖于原来的价值理想如平等、自由等。第二，社会的自我发育程度足够完善，有能力来接替政府退让的公共信息资源管理的各项具体职能。可见，无论是西方发达国家，还是广大的发展中国家，上述条件并不完全具备，政府与社会公共信息资源管理边界划分的理想状态还只是一个努力的方向。

根据系统论的观点，管理边界的权力划分既要考虑社会与政府之间不同系统的公共信息资源管理权力边界，又要对各系统内部信息资源管理权力进行重新界定，也就是系统内部的集权与分权问题。强调公共信息资源管理，并不能忽视政府信息资源管理，政府公共信息资源管理是公共信息资源管理体系中的重要组成部分，撇开概念上的区别，从管理的终极目标以及社会基础而言，二者之间

---

① 彭德琳．新制度经济学．湖北人民出版社，2002.

并没有根本的冲突，其管理的边界也都是不同时期在不同环境背景下的现实选择。其中起决定作用的因素有政府信息资源管理能力、社会的自我发育程度以及信息资源管理的外在环境和技术水平等。如在传统的时空结构中，政府系统、民间组织和私人领域的边界都是十分清晰的，但信息化、全球化以及市场化却带来了社会结构的分化，使得以往政府统辖公共信息资源的管理体制逐渐丧失了一元化的信息资源整合效能，公共信息资源管理体制的多元化呼之欲出。

对于政府信息资源管理而言，可从政府系统内部信息资源管理权力的有效调整入手逐渐过渡到与社会公共信息资源管理的有效衔接，将一部分超出政府管理能力而又无力承担的信息资源管理权力归还给社会，从而实现公共信息资源管理的社会化。

第五章
公共信息资源的公益性开发利用

"国家与社会"是西方政治社会学的核心问题之一，在公共管理改革中被中外学者广泛引用，作为分析公共服务框架的重要理论指导。在公共信息资源管理领域，一方面，信息源的社会性决定了其生产、传播和发挥作用的空间主要在社会，社会的主体是公众，公众的活动构成公共信息资源的主要内容。出于对自身事务的关心，公众组织的代表——形形色色的非营利性机构具有参与公共信息资源管理的积极性和自觉性。另一方面，建立健全社会公共信息服务体系，实现政府信息资源管理体制改革等外在压力使得大力培育和积极发展社会组织参与公共信息资源的公益性开发和建设具有客观必然性、紧迫性。

一、非营利性部门——公共信息资源公益性开发利用的主体

（一）非营利性部门简况

在任何社会里，集体行动都是必不可少的。作为旨在"解决

公共问题，实现公共利益，运用公共权力对公共事务施加管理的社会活动"①，自 20 世纪 70 年代以来，发达国家和发展中国家的非营利组织以及跨国性的非营利组织得到迅猛发展，并成为一种重要的社会力量在社会公共生活中发挥作用，第三部门理论受到世界各国的普遍关注。

"第三部门"这个概念是由美国学者 Levitt 最先使用的，他认为，以往把社会组织单纯地划分为非公即私、非私即公的做法过于粗陋简单，如果整个制度空间只有市场和政府两大块，则明显忽略了一大批处于政府和私营企业之间从事着政府和企业"不愿做，做不好或不常做"的事的社会组织，Levitt 将其称为"第三部门"。② 在社会科学领域，人们习惯上把政府组织、企业营利性组织和非营利性组织划分为政府、市场和社会三个领域的主要组织形式，并把各类非营利性组织的集合称为"第三部门"。简要地讲，非营利性部门的特色在于：

①非营利性。非营利性部门的运营旨在强调服务社会公共利益，不以营利为目的，同时，法律也禁止其将盈利分配给组织的经营者。

②自主性。在遵守国家法律的前提下，非营利性部门可以接受政府指导和经济资助，但不是政府的附庸，其活动不受政府支配，拥有相当的自主权，可以独立确定自己的方向计划。

③多样性。无论是组织形式还是布局结构以及内部划分等，非营利性部门都表现出明显的多元化、差异性特点，难以用统一的标准来评定非营利部门。"政府运作起来倾向一刀切。志愿组织则相反，他们在不同的领域里活动，因而在各方面都具备丰富的经验。"③

④专业性。与政府组织目标和机构职能的全局性、整体性相

---

①　王乐夫. 论公共管理的社会性内涵及其他. 政治学研究，2001（3）.

②　T. Levitt. *New Tactics for a Responsive Society*. Amacom，1973.

③　B. Hopkins. *Charity under Siege*. Wiley，1980.

比，非营利性部门尽管数量众多，但单个组织关注的只是社会生活的某一方面，仅代表社会中的某一群体，集中活动于公域的特定领域，服务于某些公共目的，因而也积累了丰富的经验。

⑤灵活性。非营利性部门的活动不受僵化的官僚体制和繁文缛节的限制，善于灵活地调整自己的工作方向和运作方式，对公众需求反应迅速，因而也有能力在被政府忽视的领域发现新的社会需求，并为满足这些需求进行有益的尝试。

⑥志愿性。非营利性部门内部的组织成员往往具有强烈的使命感和奉献精神，通常以志愿服务或低薪有偿服务的形式服务社会，其管理运行成本相对较低。

根据国外一些学者所设计的非营利性组织国际分类体系的划分（the International Classification of Nonprofit Organizations，简称 ICN-PO 体系），非营利性部门的服务范围十分广泛，具体划分如下：

文化与休闲：文化与艺术；休闲；服务性俱乐部。

教育与研究：中小学教育；高等教育；其他教育；研究。

卫生：医院与康复；诊所；精神卫生与危机防范；其他保健服务。

环境：环境保护；动物保护。

发展与住房：经济、社会、社区发展；住房；就业与职业培训。

法律、推促与政治：民权与推促组织；治安与法律服务；政治组织。

慈善中介与志愿行为鼓动。

国际性活动。

宗教活动和组织。

商会、专业协会、工会。

其他。

从各国的实际运转来看，非营利性部门的组织分类十分复杂，既包括承担公共事业服务的国有非企业组织，也包括来自基金会、慈善组织的非营利性信息机构和行业协会、社区服务中心等民间信息组织。同时，人们往往根据服务对象的不同，将非营利性部门划分为会员性组织和公益性组织，其中，会员性组织指为一定成员提供服务，有利于促进互助活动的组织，包括业务及专业性组织、互助合作组织等；公益性组织是为社会提供公共服务的组织，如资金中介组织、宗教组织、服务组织和政治行政组织等。①

在我国，能够基本符合上述标准的非营利性组织主要包括三类，即社会团体、事业单位和民办非企业单位。其中：

①社会团体简称社团。按照民政部《社会团体登记管理条例》的规定，主要是由中国公民自愿组成，为实现会员的共同意愿，按照其章程开展活动的非营利性民间组织。包括各种行业协会、学会、专家咨询委员会、基金会、研究会等，在管理方式上基本采取松散型的民主议事制度。但在实际运行中，我国有相当的社会团体属于国家编制、享受公共财政拨款，和真正的民间组织定位相差甚远。

②民办非企业单位。民政部在《民办非企业单位登记管理暂行条例》中界定民办非企业单位是由企业、事业单位、社会团体和其他社会力量以及公民个人利用非国有资产举办的，从事公益性社会服务活动的非营利民间组织。主要指各种民办学校、社区服务中心、研究所、就业服务中心、文化咨询机构等，其社会定位基本上是以某项专业知识和技能服务于社会，组织成员多为专业技术人员。

③事业单位。在我国，事业单位是适应高度集中的计划经济体制并套用国家机关管理模式建立起来的，是传统体制中与党政机关、企业单位相并列而存在的重要社会机构。1998 年国务院颁布的《事业单位登记管理暂行条例》中规定，事业单位是国家为了社会公益事业目的，由国家机关或者其他组织利用国有资产举办的，从事教育、科技、文化、卫生等活动的社会服务组织。由于资金来源、目标任务、运行机制都与政府关系密切，事业单位往往具

①　王绍光．多元与统———第三部门国际比较．浙江人民出版社，1999.

有明显的行政性特征，甚至还代行了部分行政职能，隶属于一定的党政机关。国家通过事业单位形成了对社会公益事业的直接包办和管理。因而，按照严格的非营利性部门划分标准，事业单位政府依附性特征使其难以划归到非营利性部门，也正因为如此，许多人将其作为政府信息资源管理体制的组成部分。

随着政府机构改革和公共服务社会化改革的深入，事业单位的改革势在必行。1999 年 9 月 1 日开始实施的《中华人民共和国公益事业捐赠法》指出：公益性非营利的事业单位是指依法成立的、从事公益事业的、不以营利为目的的教育机构、科学研究机构、医疗卫生机构、社会公共文化机构、社会公共体育机构和社会福利机构等。目前，我国事业单位改革实行分类改革的做法，基本采用三种模式：一是非政府公共机构，如图书馆、档案馆、博物馆、基础理论研究机构、消费者协会等直接提供公共产品或承担部分行政职能、难以完全走向市场的事业单位基本采用全额拨款，并要逐步加大财政扶持力度。二是具有一定效益的公益性事业单位，如大专院校、医疗卫生机构、信息中心、科技情报部门等可以有一定的经济效益，以政府差额拨款为主。三是生产经营性机构，如新闻出版单位、园林规划设计部门、科技服务中心等，具有相当的市场竞争力，可完全采用企业化、市场化模式运作，政府可适当给予收支、分配、信贷、税收上的政策扶持，也可根据情况进行个别适量财政拨款。

在我国公共信息资源管理领域，除却政府系统履行了主要公共信息资源宏观管理与服务职能外，公共图书馆、档案馆、博物馆、各级信息中心等事业单位与民间公益性信息机构等非营利性部门承担了重要的公共信息资源开发利用职责，是我国社会公益性信息服务领域的主导力量。而事业单位与民办机构的区别主要体现在资金来源上，在公共信息资源开发利用中享有同等的权利（见表 5-1）。

表 5-1 我国事业单位型信息组织与民间非营利性信息组织的体制区别

	事业单位型信息组织	民间非营利性信息组织
产生背景	计划经济体制下全能政府进行社会公共信息资源管理的一元社会结构	现代市场经济体制下形成的公共信息资源开发利用的有限政府模式——市场运作模式——公益服务模式的三元结构
组织性质	政府"单位"组织的一种，往往被视做政府系统的外围组织	非政府性、非营利性、志愿性、独立性
资金来源	由全额政府财政拨款逐步向差额拨款和自筹经费转化，从免费信息服务逐步向有偿服务演进	向政府、企业、社会组织多渠道筹措经费，包括信息服务收费（不用作利润分配）
产权基础	公有产权	公益产权
运作模式	基于政府信息资源管理计划安排	基于组织活动宗旨的主动信息服务
管理手段	效仿政府组织的完整组织结构与人员安排，强调按照规范运行	灵活应对公众信息需求的自我管理模式，内部结构与运行根据需要设定
监督机制	行政监督	社会监督
政府角色	宏观领导与微观管理、直接参与相结合	提供良好的法律政策环境构筑参与平台（信息公开、政府采购等）和一定财政支持

（二）非营利性部门全面参与公共信息资源开发利用的背景

非营利性部门的发展"起源于一系列来自公民个人、政府以外的各种机构以及政府本身的压力"①，与福利国家、公共管理危机、政府改革、治理理念等密切关联，是对"政府失灵"和"市

---

① 宋世明等译. 西方国家行政改革述评. 国家行政学院出版社，1998.

场失灵"的反应。"按通行的说法，市场是以志愿（自由交易）方式满足私人利益的机制，而国家则是以强制（权力运作）方式满足公共利益的机制，由于这两种机制的不足，于是产生了以志愿方式满足公共利益的机制，即第三部门。"①

社会公共事业历来是非营利性部门的主要活动领域，20 世纪70 年代后，英国的"撒切尔之路"和美国的"新联邦主义"改革直接促进了公共服务的市场化、社会化，也进一步扩大了非营利性部门在社会公共生活中的影响。撒切尔政府不仅对包括电信、铁路等许多公用事业实现了产权转移，而且还对社会福利制度实现全面改革，减少了政府对社会福利的承诺，扩大了使用者自付和服务购买，强调通过合同外包、特许招标形式引入私人部门和民间组织参与。里根政府在紧缩政府福利开支的同时，在州政府层次，通过购买服务契约引进私人部门的方式提供服务。在英美两国的带动下，西方国家在公共服务公共事业领域，国家全面退却，私人企业、民间组织积极参与，并发挥了越来越重要的作用。据统计，在政府和非营利部门共同参与的社会福利服务中，美国政府在这些服务中每支出 5 美元，非营利部门也要支出近 4 美元。②

在公共信息资源管理领域，公共信息服务的社会化有两方面的含义，一是公共信息服务体系的多元参与，即吸纳社会力量完善公共信息服务，非营利性部门及各类社会组织均可加入到公共信息资源开发利用行列；二是相对于政府信息服务事实上以面向行政系统内部服务为主，公共信息服务必须面向社会、面向公众生活、面向市场。如果说西方国家公共服务的社会化民营化改革推动了公共信息服务的社会化进程，那么，公共信息服务的社会化又促使非营利性信息部门全面介入公共信息资源的开发利用。

1. 政府信息资源管理制度的完善

政府信息资源管理思想的形成和制度的不断完善为公共信息资

①　秦晖. 政府与企业以外的现代化——中西公益事业史比较研究. 浙江人民出版社，1999.

②　李亚平，于海. 第三域的兴起. 复旦大学出版社，1998.

源社会化开发利用提供了依据。1977 年美国联邦文书工作委员会在其报告中指出："联邦政府文书费用一年花费是 1 000 亿美元，即使联邦管理与预算局执行文书削减工作也不能减轻这种负担。该是审视文书工作和'文牍主义'的时候了。"① 经过不懈的探索修订，政府信息资源管理制度进一步完善，在美国，《文书削减法》、《公共部门信息准则》、《A-130 通告——联邦信息资源管理》等法规制度对政府机构信息管理职责以及政府信息行为等进行了限定，如政府数据和信息利用的"完全与开放"政策为非营利性信息机构加入政府信息资源增值开发利用提供了可能。同时，各国政府信息公开法在政府信息公开的范围与收费等方面进一步明确了政府公共信息提供的有限责任（以提供原始数据文件为主），政府信息资源的深层次加工逐渐向社会开放。

2. 公共信息资源资产价值认识的深化以及公共部门信息再利用活动的开展

20 世纪 80 年代以后，公共信息资源作为推动信息社会发展的一种增长性资源②，其资产价值进一步得到政府和社会的认可，欧盟委员会将公共信息视为信息社会的关键性资源，美国提出公共信息资源是国家战略资产的观点。欧洲议会估算，"电子商务交易所利用的全部数据中有 15% ~25% 的数据基于公共部门信息"。③ 为促进公共部门信息的再利用，各国政府纷纷制定了一系列制度规则，鼓励社会资本的参与，欧盟先后制定的《迈向公共部门信息开发的欧盟框架》、《公共部门文档再利用和商业性开发指令》、《公共部门信息再利用指令》等使公共信息开发的实体资格、参与

---

① 樊晓峰，崔旭. 从文书削减法看美国政府信息资源管理的得与失. 图书馆学研究，2006（12）.

② Dagmar *Vránová. Public Sector Information as a Source of Growth and Development of Information Society in the Czech Republic.* http：//www. lda. brandenburg. de/media/2628/Vranova-070515. pdf.

③ Jim Wretham, Helen Westhall, Adrian Brazier. *Public Sector Information——Unlocking commercial Potential.* http：//www. lda. brandenburg. de/media/2628/vranova-070515. pdf.

人员、收费原则、知识产权等逐渐明朗，非营利性信息机构在公共信息资源开发利用过程中的作用越来越突出。

（3）信息技术的广泛应用与电子政府建设为非营利性信息机构提供了新的发展平台

从时代背景的角度来看，20 世纪 70 年代以后，以计算机技术、通信技术和网络技术为代表的现代科学技术日新月异，并广泛应用于生产、生活的各个领域。一方面，信息技术提高了人们的信息加工获取能力，深化了人们对信息管理重要性的认识，并使得以往只能由政府或专业性信息管理部门如公共图书馆、档案馆、信息中心等提供的信息服务扩展到熟练掌握信息加工技术的社会组织，为民间组织和私人信息企业介入公共信息资源管理领域奠定了技术基础。电子政府于是"使用户成为政府信息生产、加工、传播链条上的重要参与者"。① 另一方面，信息技术的发展使得信息的载体形式发生了巨大的变化，网络信息资源以迅雷不及掩耳之势大规模涌现，信息的大量传播导致信息贬值，对基于文献的传统公共信息资源管理方式产生了强大冲击，不仅服务的时间、地域限制逐渐淡化，而且服务的范围和深度要求也进一步拓展提高。公众既需要快捷地获取所需信息，也需要有对话和参与互动的可能，对从事公共信息服务的机构提出了更高的要求，而单凭以往政府公共信息资源管理难以满足这种参与式服务的要求，需要借助第三部门和企业来自基层，与社会和公众联系紧密的优势来弥补体制上的先天不足。

在现代社会，公共图书馆等国有信息机构和民间信息机构因信息服务的推广已将工作视角延伸到社会公共服务的其他领域。荷兰鹿特丹图书馆承担了许多市政府公共服务工作，如开设各种市民公共信息咨询窗口、进行职业介绍和各种基于信息工作的中介服务、文化活动等。1993 年 4 月 25 日，国务院副总理邹家华在第一届国

---

① Balkin, Jack M. Digital Speech and Democratic Culture: A Theory of Freedom of Expression for the Information Society. *New York University Law Review*, http://ssrn.com/abstract = 470842.

际咨询信息服务研讨会上指出，中国政府已作出加快发展第三产业的决定，咨询和信息服务等新兴行业被列为第三产业发展重点。非营利性信息部门的社会影响随公共信息服务的深入而不断提升。

可见，非营利性信息机构参与公共信息资源开发建设是多方面因素集中作用的结果。同时，公共信息资源管理体制在各国信息化发展进程的不同阶段也略有差异，在信息化的起步建设阶段，政府担负着领导者、参与者和示范者的作用，公共信息资源的开发建设主要依赖政府行政系统完成。而在信息化的平稳发展和成熟阶段，政府的职责主要是掌舵而不是划桨，广泛调动社会各方面的参与、指导不同主体的公共信息资源建设活动就成为政府的重要职责。但无论是在哪一个阶段，都需要有非营利性信息机构发挥作用，只是作用范围大小的区别。

对于非营利性信息机构而言，其参与公共信息资源管理的动机和目的不仅仅是基于实现公共利益的需要，而且还有许多自身因素的现实考虑，如寻求组织发展空间，扩大组织的社会影响以及追求组织利润等。其中，寻求政府支持，解决志愿失灵问题对非营利性信息部门来讲尤为重要，其资金筹措能力的有限性是限制其活动开展的瓶颈，从各国非营利性信息部门运转的实际情况看，政府补贴所占比例一直呈上升趋势，在英国，非营利性部门总收入的40%来自政府拨款，德国的这一比例高达70%，只有26%的收入来自社会服务收费，因此，"在现代社会，国家不是作为非营利性组织的替代者出现的，而是作为支持非营利性活动并使之得以扩展的最重要慈善家存在的"。① 其结果就是政府不仅是公共信息资源的最大拥有者，而且也是国家信息市场的最大需求者，大量的非营利性信息机构和私人信息企业参与到公共信息资源建设过程中，与政府一同来争夺公共信息资源开发利用的产业份额和影响，进而争得更多公众的支持和政府的资金扶持以获取更为广泛的社会资源，实现组织的既定目标。

---

① 何增科. 公民社会与第三部门. 社会科学文献出版社，2000.

二、公共信息资源公益性开发利用的
依据及运作模式

长期以来，人们习惯于从政府视角来思考和解决公共信息资源管理问题，但政府公共信息资源管理的有限性从实践角度表明政府与社会之间不仅在理论上而且在事实上也存在着一定的分工与合作，一方面，公众民主意识的提高和社会信息素质的养成在相当程度上规定了政府信息资源管理变革的内容和方向，另一方面，政府信息资源管理模式的改变也规定和制约了信息资源公益性开发利用的性质和程度。

（一）公共信息资源公益性开发利用的内涵

根据《现代汉语词典》的解释，"公益"指"公共的利益（多指卫生、救济等公共福利事业）"。公共信息资源公益性开发利用概念是相对于公共信息资源的政府提供与市场运作而言的，主要指非营利性信息机构根据社会信息需求，围绕公众受益和社会效益的原则，以非营利方式向公众提供的诸如教育、交通、卫生、就业、文化等与社会生活息息相关的普遍和基本的信息服务，以及为提供这些服务所作的各种信息加工处理活动。其基本含义包括：

（1）公共信息资源公益性开发利用的主体是非营利性公益信息机构。有学者按照公益性信息服务发布主体的不同划分为三种类型："一是公共信息资源服务，主要是政府信息资源服务的开发利用。二是科、教、文、卫等由政府支持的典型公益性信息资源服务，实行普遍服务的原则。三是社会上的社团组织、协会、行业协会，这类公益性机构用他们的机制提供服务。"① 此外，一些信息服务商也会提供一定的公益性信息服务，如为用户提供免费的 E-mail 主页空间、网上分类信息查询、相关站点链接等，既出于战略

---

① 姜锡山．专家谈公益性信息服务问题．数码世界，2004（1）．

营销的需要也含有服务公众的公益思想，但从其公益性服务的影响和范围来看均十分有限。

（2）公共信息资源公益性开发利用有其独特的激励机制和运作规律。与政府信息服务依靠行政激励、企业信息服务凭借市场激励所不同的是，非营利性信息机构具有十分强烈的宗旨/使命（Mission）特性，其信息服务以公益使命和社会认可为激励手段，采用多元、平等、竞争、志愿参与、相互独立的模式运作，以公正、合理、低廉的价格提供服务。需要说明的是，公益性是公共信息服务所形成的社会影响，营利性则是对公共信息服务行为营利方式的选择问题，非营利性不等于信息提供的不收费，非营利性机构提供的公益性信息服务并不是免费的，而是指信息机构的活动不以盈利为目的。

（3）公共信息资源的公益性开发利用往往也存在一定的经营性活动。图书馆、信息中心、协会、基金会等非营利性机构并非不能盈利，只是按照规则，其盈利不能在成员中进行剩余分配，不能以任何形式将组织资产转移为私人资产，只能用于机构发展，扩大公共信息服务事业。一般情况下，各国对非营利性信息机构的经营性活动往往通过区分相关收入与不相关收入的形式加以区别对待，如在图书馆内开设书店、文印店、小卖店是为用户提供方便，与支持图书馆主要业务相关，以补贴公共开支的不足，属相关收入，可以享受一定的税收优惠。而图书馆利用其资产开设与主营业务相关性不大的经营性活动如高级宾馆、股票证券等，与公共信息服务没有直接联系，则属不相关收入，需要按规定纳税。但在实践中对于相关性的界定并不明确，因而实施起来有一定难度。

（4）公共信息资源公益性开发利用的作用空间主要是与公众生活紧密相关的基层信息服务，涉及内容范围广泛，信息源来自社会各个领域各个行业，是可以共享的普遍性基本信息服务。

（5）公共信息资源公益性开发利用的目的在于满足公众信息需求，维护信息公平，促进社会信息福祉。

（二）公共信息资源公益性开发利用的依据

1. 公共信息资源管理职能的社会化取向

（1）公共信息资源管理活动的社会性

公共信息资源管理并不等同于政府信息资源管理，是一种复杂的社会信息活动，不仅要为个体用户提供服务，而且还要为社会共同的信息共享、信息利用提供服务。其社会性意义指公共信息资源管理的直接立足点和着眼点是在社会基层和公众，应以为社会生活提供公共信息服务为内容和目标，而不是以营利或完成行政命令和任务为使命；也就是说任何社会组织，只要了解公众信息需求、拥有或能够获取一定的公共信息资源，具有参与公共信息资源开发和建设的法定资格以及生产和提供公共信息的能力，就具有了公共信息资源管理主体的基本资格。

（2）用户及用户信息需求的个性化特征需要包含公益性服务模式在内的多元服务模式

公众和社会基层组织是公共信息资源管理的主要服务对象，"用户基本状况和要求不仅决定了信息服务的内容与方式，而且决定了信息工作机制与模式"。① 从不同年龄段美国公众利用电子资源的差异性特征可以发现②，不同年龄阶段用户需求和信息素养的不同，加之用户信息消费能力和支付能力的区别，使得用户信息获取及利用公共信息资源的途径也迥然不同，个性化用户需求需要多元化的管理模式来适应，公共信息资源的公益性开发利用与市场化运作各有其适应的用户空间和作用范围（见表 5-2）。

---

① 胡昌平. 信息管理科学导论. 高等教育出版社，2001.

② *Perceptions of Libraries and Information Resources.* OCLC, 2005，question 505.

表5-2　　　美国不同年龄段群体数字资源利用差异排序

	平均利用率	14~17岁	18~24岁	25~64岁	65岁以上
E-mail	74%	81%	82%	73%	69%
搜索引擎	71%	81%	78%	71%	59%
及时信息/网上聊天	53%	75%	69%	52%	34%
网上新闻	51%	57%	59%	51%	41%
网上书店	52%	41%	57%	54%	41%
邮件信息订阅	47%	57%	48%	48%	37%
专题网站	50%	40%	48%	54%	39%
图书馆网站	31%	44%	44%	29%	23%
电子期刊/杂志	25%	35%	34%	24%	17%
博客	19%	39%	24%	18%	11%
网上数据库	16%	18%	24%	17%	9%
电子图书（数字版）	13%	18%	17%	13%	7%
向专家咨询	15%	22%	12%	16%	8%
可下载/数字音频图书	9%	14%	9%	9%	6%
网上图书馆定题服务	5%	10%	7%	4%	5%
RSS feed	5%	7%	8%	4%	2%

（3）公共信息服务的市场失灵及政府失败

从资源配置的角度讲，公共信息资源配置的市场失灵和政府低效导致公共信息资源配置的社会化取向，由各种不同关注、不同取向、不同动机的人群组成的非营利性信息机构具有政府信息机构无法比拟的灵活性和强应变力，能够及时到达社会生活方方面面的细节，在提供公共信息服务时往往比政府更加低成本、高效率。因而，来自社会的民间组织和独立于政府之外的事业单位不仅可以而且应该成为公共信息资源开发利用的重要参与者。有学者提出非营利性部门是提供公共物品的私营机构①，这事实上表达了公益性信息服务两方面的特性：它既具有政府部门提供公共信息的功能，又以类似私人部门的方式灵活运行。从一定意义上讲，公共信息资源由不同主体之间提供也是信息利益的重新分配过程，特别是潜在地隐含了经济利益的转移。公众不仅需要有一个善治的政府能够从宏观角度把握调控公共信息资源并提供高质量的公共信息服务，而且也需要有代表和反映其心声和利益要求的基层信息组织直接参与公共信息服务。

另一方面，单纯的市场手段难以保证公共信息资源开发利用的社会公平，所谓的社会公平不仅仅是形式上的公平，而且"包含着包括组织设计和管理形态在内的一系列价值取向的选择。社会公平强调政府提供服务的平等性；社会公平强调公共管理者在决策和组织推行过程中的责任与义务；社会公平强调对公众要求作出积极的回应而不是以追求行政组织自身需要满足为目的。"② 在现有环境下，政府信息资源管理难以全面有效地保证社会公平，需要借助社会力量的自我参与、自我服务来实现公共信息资源的社会价值。正如 2002 年 IFLA 因特网宣言所说："图书馆和信息服务机构提供了上因特网的主要途径，对一些人来说，图书馆和信息服务机构给予他们方便、指导和帮助，而对另一些人来说，这里是他们上网的唯一途径。"除却政府力量，大量的社会性组织在提供基本公共信息服务方面同样大有作为。

（4）公共信息资源公益性开发利用的需要

从信息流动的角度分析，社会公益信息资源的重要流通渠道就是社会性组织，由于公益信息资源主要集中在科学、教育、文化、卫生、社会福利与劳动保障、城市建设、旅游、环境地理等社会公益事业领域，除去政府行政系统对公益信息资源的管理，直接承担具体公益信息资源的搜集、生产、加工、传递任务的往往是形形色

---

① 王绍光．多元与统一———第三部门国际比较研究．浙江人民出版社，1999．

② 丁煌．西方行政学说史．武汉大学出版社，2004．

色的社会公益性组织，既包括政府拨款的国有企事业单位，也包括独立于政府之外的民间公益性组织和部分私人信息机构，而且大量的非营利性信息组织实际上是公益性信息资源开发利用的主要承担者。

联合国秘书长安南在信息社会世界峰会上的演讲指出，民间社会组织参与公共信息服务的优势在于"他们熟知民间之所求，了解民间之所有，他们渴望与世界进行信息和思想交流，他们担心本地的文化特性受到文化全球化的威胁"。① 不仅社会公益性信息资源的直接对应流通渠道是社会性公益组织，有些政务信息资源还可以转化为社会公益信息资源，借助社会性组织如图书馆、信息中心以及各类协会乃至社区加工传播，供全体成员共享。

（5）推动政府信息资源管理改革、减轻政府信息服务财政压力的理性选择

西方国家政府信息资源管理从开始关注政府信息生命周期不同阶段的单纯业务管理发展到以后强调与政府业务流程和工作目标相结合的信息内容、信息技术以及资金、人员、设备等的集成管理过程，说明政府信息资源管理与社会信息生态环境的内在关联。站在社会信息公平与效率角度分析，只有在社会信息机构包括非营利性信息机构与企业信息组织健康、有序、规范发展的前提下，政府才能将部分具体公共信息服务职责转移到社会，从而降低庞大的政府信息资源管理开支。同时，非营利性信息机构也是监督政府信息资源管理行为的重要社会力量。

由此可见，图书馆、档案馆、信息中心以及协会等非营利性信息机构作为社会信息资源的集散中心，具有辐射面广、门类齐全、信息量大的特点和信息搜集、加工、存储和传递的专业优势，拥有得天独厚的公共信息服务基础。

1913 年，纽约市工程学会图书馆在收费但不盈利的情况下为工程界提供信息服务，表明公共信息服务的社会化运作早在 20 世

---

① 联合国秘书长安南在信息社会世界峰会上的演讲．世界电信，2004（1）．

纪初就已经出现。"在美国，对非营利性部门的依赖是政府通过学院、大学、研究机构、商业银行等第三方来追求它的许多国内政策的更广泛的计划的一部分。非营利组织作为半公共机构而独具的特点使它们成为这种第三方管理体制中最受人喜爱的伙伴。"①

2. 非营利性信息机构进行公共信息资源开发利用的优势

①来自基层，对基层事务的本能关心促使其具有基层公共信息资源开发利用的主动性积极性，无需以国家强制力为后盾。

②扎根于基层社会，比政府信息组织更接近和了解公众信息需求，具有较强的社会参与性和广泛的社会动员能力，所提供的信息服务更具针对性。

③运转灵活，规模适中，能够快速及时地对公众信息需求作出反应，缺少官僚体制的繁文缛节，公众无需了解组织背后的复杂结构及复杂程度，工作程序简便。

④专业性强。非营利性信息机构的公共信息服务不求各服务领域的全面开花，而立足于某一个领域或特定人群发挥其专长。如少儿图书馆针对青少年读者，大学图书馆以大学教师和大学生为服务对象，科技情报部门以服务于科技创新为宗旨，城建档案馆以城市建设档案的收集服务为主，行业信息中心则依托所在行业开展信息服务。

⑤在政府信息资源管理与市场开发利用模式间有效协调沟通。有学者认为："公益性信息服务机构应成为信息活动的组织者和协调者、信息服务的提供者和信息环境的引导者。"② 非营利性信息机构具有中立性和中介性质，十分注重与政府行政系统的合作，通过承接政府项目、接受政府补贴等不同形式密切与政府的关系，能有效利用政府信息资源开展服务。同时，吸收借鉴市场组织高效运行的特点，是政府与市场作用的缓冲地带，如行业协会的信息指导行为既联系了政府也面向市场。

---

① 何增科．公民社会与第三部门．社会科学文献出版社，2000．

② 王芬，杨书宏．公益性信息服务的转型及其发展策略．中国信息导报，2007（4）．

⑥以公共利益为价值取向，收费低廉，易于为社会所接受。1994年，国际图联和联合国教科文组织共同发布的《公共图书馆宣言》明确指出，"公共图书馆是地区的信息中心，它向用户及时提供各种知识和信息"，"保证公民获取各种社区信息"。①

⑦具有广阔的社会覆盖面，与社会的天然联系使得第三部门具有相当的社会影响力，在为社会弱势群体、边缘群体提供信息服务方面，尤其是扩大公共信息资源的传播影响范围，具有政府组织所不具备的优势。

⑧可以对政府信息资源管理进行有效监督，是公共信息服务制度创新中的重要角色。

3. 政府信息资源管理局限与公共信息资源公益性开发利用的契合点

如前所述，政府在公共信息服务问题上的诸多限制与非营利性信息机构公益性信息服务的种种优势间提供了二者合理分工的契机。

①政府信息资源管理的类别限制与社会的有益补充。政府提供的公共信息和公共信息服务总是普遍的、通用的，有特别需求的用户无法得到满足，只有通过其他途径获取。

②政府信息服务对象的大众化限制与社会信息服务的针对性相得益彰。面向公众提供无差别的信息服务是政府信息职能的基本要求，而少数用户的个性化信息需求需要借助相应的社会组织来承接。

③政府信息资源管理的组织局限与社会触角的无限相互协调。只有"社会"才是公共管理的共同内涵②，公共信息资源的全社会共享需要有便捷、广阔的信息获取路径针对不同用户提供服务，而"公共部门在管理信息资源时有自身独有的问题，公共部门管理者比私人部门管理者要处理更大的系统间相互依赖性、更多的繁文缛

---

① 国际图联/联合国教科文组织. 公共图书馆服务发展指南. 上海科学技术文献出版社，2002.

② 王乐夫. 论公共管理的社会性内涵及其他. 政治学研究，2001（3）.

节、采购硬件时的不同标准以及更广泛的组织外链接"。①

④政府信息服务的结构性限制与社会信息服务的网络化互为补充。政府官僚化机构的运作特点是按照层级节制体系形成的金字塔式的信息传播模式，处在金字塔式结构不同位置的政府信息部门其公开和发布信息的范围、内容也会有所区别，权限空间也各有不同。而在社会信息服务组织中，各信息机构间主体地位平等，不同信息组织因业务范围、所属性质等形成了纵横交错的网络化结构。

（三）公共信息资源公益性开发利用资格的认定

根据现代汉语词典的解释，权力既是一种政治上的强制力量，也是职责范围内的支配力量，而权利则是公民和法人依法行使的权利和享受的利益。在国家法律框架内，如各国的图书馆法、档案法、社会团体登记管理条例等，依法成立的图书馆、档案馆、各种信息中心和民间信息机构等作为公共信息资源管理的参与者，通过政府授权、委托以及法律赋予等形式获得了合法的公共信息资源管理权力。

我国《事业单位登记管理暂行条例》第 2 条规定，事业单位指国家为了社会公益事业目的，由国家机关或者其他组织利用国有资产举办的，从事教育、科技、文化、卫生等活动的社会服务组织。无论从经费来源还是管理运行等不同角度判断，图书馆、档案馆等均是不同于政府系统的国家事业单位，有自己的工作职责和管理体系，并通过专门的法规条例进一步明确。如文化部 1982 年颁布的《省（自治区、市）图书馆工作条例》中明确了省（自治区、市）图书馆参与公共信息资源管理的权力，指出省（自治区、市）图书馆是国家举办的综合性的公共图书馆，是社会主义科学、教育、文化事业的重要组成部分，是向社会公众提供图书阅读和知识咨询服务的学术性机构，是全省（自治区、市）的藏书、图书目录和图书馆间协作、协调及业务研究、交流的中心。并对其机构设

---

① ［美］尼古拉斯·亨利. 公共行政与公共事务（第 8 版）. 张昕，等，译. 中国人民大学出版社，2002.

置、人员管理及经费管理等进行了明确规定。按照这一条例，省（自治区、市）图书馆的具体工作任务是：

①宣传马列主义、毛泽东思想，宣传党和政府的政策、法令，向人民群众进行共产主义和爱国主义教育；

②为本地区的经济建设和科学研究提供书刊资料；

③传播科学文化知识，提高广大群众的科学文化水平；

④搜集、整理与保存文化典籍和地方文献；

⑤开展图书馆学理论和技术方法的研究，对市（地）、县（区）图书馆进行业务辅导；

⑥在省（自治区、市）政府有关部门的领导下，推动本地区各系统图书馆间的协作和协调。

《社会团体登记管理条例》、《民办非企业单位登记管理暂行条例》分别对来自民间的各种行业协会、信息咨询服务机构等第三部门的成立程序、性质、范围、内部关系、指导管理以及变更和终止等进行了明确规定。根据规定，民间信息组织应具备法人资格，是独立的民事主体，享有一切民事权利，如参政权、收益权、协助行政权等，尤其是管理上的自主权。

除却国家法律授权，公共信息资源开发利用资格还意味着要具有深厚的社会基础、广泛的基层动员能力以及民众自发的心理认同，即拥有一定的用户资源。单凭国家权力无法获得这种社会性权力，只有依靠非营利性信息组织在基层社会普遍开展的公共信息服务活动来形成印象，产生认同。如图书馆因为丰富的文献资源、文化传播的公众形象以及低廉的成本收费等逐渐形成了区域性信息中心的普遍印象；社区组织则凭借主动的、及时性的、有针对性的社区信息服务自发奠定了其在社区范围内的信息影响力，从实际工作效果来看，基层社会的普遍认同是非营利性信息组织进行公共信息资源建设的基础。

（四）非营利性信息部门在公共信息资源开发利用中的地位

目前，公共信息资源主要集中于四类信息机构：一是传统的信息资源生产者，如出版商、报社和杂志社、广播电视部门、统计部门、科技情报系统、政府主管部门、各级信息中心等，这些部门和系统特定的工作职能决定了其运行过程可自然积累，形成数量庞大的公共信息资源体系；二是市场化的信息企业，如各种网络公司、信息咨询公司、数据库公司等，根据市场需求搜集、加工、组织和传播经过深层次开发的具有市场附加值的公共信息资源；三是传统的信息资源存储与传播部门，图书馆、档案馆等；四是分散在所有组织和个人手里的公共信息资源。从上述公共信息资源的分布可以看出，非营利性信息组织在公共信息资源管理开发建设中起着无可替代的重要作用。

首先，从单位的性质划分来看，绝大多数或者相当比例的公共信息资源掌握在非营利性信息组织手中。随着原有政府垄断公共信息资源管理局面的打破，图书馆、信息中心等行政性事业单位的改革，行业协会以及民间各类公益性信息机构的大量涌现，一种新型的公共信息资源管理模式开始发挥越来越重要的作用，其中，政府凭借公共管理权力获取、占有广泛的公共信息资源，而大量的信息资源深层次加工则委托给与政府联系紧密的国有信息机构，如政府所属的信息中心、统计中心以及图书馆、档案馆等事业单位，信息的流动方向反映了公共信息资源管理权力格局的重新划分。

其次，从公共信息资源类型来看，政府部门所掌握的公共信息资源往往是来自社会各部门的原始数据、一次信息，真正的技术性开发、有序化加工以及规模化利用往往需要借助非营利性信息机构和企业信息组织来实现。如各级政府信息中心的一个重要职责就是对所在政府部门的数据资料进行系统加工整理。

再次，政府信息资源管理并不能完全覆盖不断扩大的社会信息空间。信息技术的发展使得任何人在任何时间不仅可以在各种公共图书馆、数据库、信息中心等平台获取自己所需的信息，进行公共信息的自助式服务，而且还可以向各种网络媒介提供资料、发布信息，社会公共信息空间因公众的个性化参与而显得异常活跃。正如"社区信息服务是帮助个人和团体解决日常问题，参与民主进程的服务。该服务的重点在于人们所面临的至关重要的问题，即与其家庭、职业和权利有关的问题"。① 政府行政触角难以延伸到这些具体、琐碎的基层信息管理领域（社区信息、生活信息等），民间信息组织起到了拾遗补阙的作用，且有很大的发展空间。

最后，非营利性信息组织是基层公共信息服务的主要提供者和实践者。政府信息提供需要借助庞大的行政系统自上而下层层递进，不仅存在着信息成本递增问题，而且还有信息内容逐级衰减现象，完全依赖政府有限的信息服务并不能保证基层社会公共信息服务的有效实现。而非营利性信息组织与社会的天然联系可以使其在社会公益性信息服务方面大显身手，除主动提供及时性公共信息外，还可以因地制宜地搭建信息教育平台，以灵活、多样的形式将公益性信息服务渗透到基层社会生活的各个领域。

随着信息商品化的加剧，不讲求经济效益和工作效率的单纯政府信息资源管理模式越来越不能适应当今时代人们对公共信息的广泛需求，非营利性信息机构的参与有助于准公共信息资源的生产、加工、传递与共享，在拓宽公共信息服务渠道的同时，也促进了信息市场的发展和繁荣。

（五）公共信息资源公益性开发利用的运作模式

1. 公益性信息服务形式的选择

用户需求变化决定了公益性信息服务形式的选择，当前，常见的形式有：

①自助信息服务形式——公益性信息服务机构将信息资源集中起来，构建网上信息库，根据对用户需求特征的掌握对信息资源进行分类，并提供便于利用的检索工具，以便用户查找。如网上公共信息检索、数字公告板等。

②互助服务形式——公益性信息服务机构通过网上信息资源导引、用户教育、用户意见反馈等开展与用户的互动交流，及时了解用户需求变化，提高公益性信息资源的利用率。

③混合服务形式——公益性信息机构综合利用多媒体信息服

① 谭详金. 公共图书馆的社区信息服务. 图书馆论坛，2001（4）.

务、参考咨询服务、智能信息服务等手段，全面分析和掌握不同层次用户的个性化需求，并借助各种方法整合信息资源，迅速对复杂多变的用户需求作出准确响应。

④联盟服务形式——以用户为中心，突破不同信息机构间的组织界限、区域界限和时空界限，依托信息服务人员和各分布式信息资源库，组建一个虚实结合的松散型信息搜集、加工、传播和发布联合体，实现公益性信息资源、人力资源和技术资源的共享。

2. 公共信息资源公益性开发利用模式的选择

公共信息资源的公益性开发利用模式不同于政府运作和市场运作，既要保持其机构运作的相对独立，拥有内部事务管理与业务管理的自主权，同时，也要接受政府委托和指导监督。一般情况下，国有非营利性信息部门的经费筹措在以政府为主的前提下，依靠有限的事业经费和公共税收运转，还通过一定的信息服务与业务推广进行收费性服务弥补自身经费的不足，同时，还可以接受捐赠，如美国公共图书馆的经费来源中，地方政府、州政府和中央政府的财政投入分别占78%、13%、1%，捐赠、罚款和有偿服务收入约占9%。[1] 英国的新机遇基金会、遗产彩票基金会、瑞孟德·柏顿慈善基金会等先后向图书馆捐赠了大量资金。

从资金来源和与政府关系的角度可以将非营利性信息部门分为以政府拨款为主的信息机构和以民间捐赠为主的信息机构，不同的信息机构在公共信息资源管理的具体运作方式上存有一定差别。

（1）依托公共财政的事业单位型——图书馆、信息中心为代表

以政府拨款为主的信息机构包括政府部门、议会等下属的各类委员会、信息中心、研究机构、科技情报机构和公共图书馆等。"在我国，信息物品的公有产权安排的典型代表就是那些国有信息单位，如图书馆、科技情报所之类的信息服务机构。然而它们在一

---

[1] National Center for Education Statistics. *Public Libraries in the United States*: *Fiscal Year* 1998. // Office of Educational Research and Improvement, U. S Department of Education, 2001.

方面显现出公有产权制度优势的同时（提供了最大限度的公益性服务，如公众可以免费享用信息资源；拥有丰富的信息资源，如先进的硬件、软件设施，丰富的一、二次文献数据库企业），国有信息机构缺乏追求高质信息产品的动力。"[1] 由于这类组织与政府关系密切，或者是从政府职能机构中分离出来，或者长期与政府合作，接受政府指派，其经费主要来源于政府的财政拨款或补贴，工作的任务目标与政府行政之间紧密关联，往往围绕政府公共信息资源管理的计划确定组织阶段性工作任务，有些甚至直接听命于政府的工作布置，有人因此将其列为政府公共信息资源管理的外围组织。

这些机构的公共信息资源管理活动十分注重社会效益，对宏观信息资源的把握比较充分，服务对象广泛，由于经费基本上可以得到充分保障，其提供的服务往往不收费或只收取一定的成本费，如复印费、材料费等。但不可避免的是，公共财政的大量投入，与政府部门关系的过于紧密，使得这些公共事业型组织的内部组织结构、人员聘用与管理等不可避免地效仿政府行政系统，有人将其称为"半官方机构"。同时，公益性信息服务的定位，使非营利性部门的信息活动往往对用户信息获取与利用行为进行一定的身份或范围限制，如协会组织的信息提供首先针对协会会员；麻省理工学院开放式课程计划（MIT Open Courseware）明确要求免费利用者必须遵守以下三项规范才能自由获取：非商业化、同样分享以及注明出处。

美国最大的国家科技信息机构——国家技术信息服务中心（NTIS）成立于1951年，系根据1950年《技术、科学和工程信息普及法》而设立，目的在于促进科技研发成果为产业界、商业界和普通大众所利用。根据规定，这个中心要面向国内外搜集各种信息，并传播给工商企业、州和地方政府，其他联邦政府机构，以及普通大众。除此之外，该机构也要负责落实有关消除信息流通壁垒

---

① 甘利人. 信息物品产权分析. 南京理工大学学报（社会科学版），2003 (2).

的规定；在组织归属上，属于美国商务部的下属分支机构，但人员聘用可自主决定，运行则采取自负盈亏式的经营，国家不再拨款。其日常运转经费主要从信息服务费中开支，它所提供的一切信息服务都是收费的，收费标准由商务部制定。除在搜集、翻译国外科技文献时可以与适当的私营部门进行合作外，该中心的其他职能均属于联邦政府，不得以合同或其他任何形式，永久或暂时地转让给他人承担。目前，在科技信息需求缺乏的情况下，迫于生存压力，中心不得不依靠出版、出售大量的纯商业性信息来维持收入。但不容乐观的是，互联网的普及和应用，使得大部分科研信息可从网上免费获得，传统的、依靠单一"流通中心"来传播科技信息的做法已经过时，NTIS 面临着如何生存和发展的新问题，正试图通过业务改革、完全市场化甚至私有化来摆脱困境。

　　除了政府下辖的信息部门外，一些专业性信息委员会、联合会等在行业性公共信息资源管理方面发挥了重要作用。如加拿大地理信息产业联合会（GIAC）是代表加拿大测绘、遥感和地理信息系统服务与技术的主要供给商利益的国有信息组织，也是世界上地理空间信息企业界包含私有部门利益范围最广阔的组织之一。其主要组织活动内容如下：

　　——担当与不同级别的政府组织交往的产业发言人；

　　——鼓励发展战略性贸易联盟；

　　——促进成员公司的高新技术、产品和专业服务的发展；

　　——帮助成员公司建立发展新企业，包括与国有部门单位联营的合资企业；

　　——提供成员公司和海内外其他有关同行之间的信息交换。

　　我国一些图书馆、信息中心在公共信息资源管理的运作以及公共信息服务的开展方面就属于此类，如国家科技图书文献中心（NSTL）是经国务院领导批示，科技部联合财政部、国家经贸委、农业部、卫生部和中国科学院等有关部委，由中国科学院图书馆、国家工程技术图书馆、中国农业科学院图书馆和中国医学科学院图书馆等文献情报单位组成的非营利性机构，已成为我国目前最大的科技文献资源共建共享体系，2002 年 4 月份用户的全文请求为

17 281份，2002 年 5 月份为18 246份，全文请求量呈现出迅速增加的态势，用户覆盖了国内主要科研与高校系统。① 从《中国图书馆信息服务指南》所调查的全国 192 家重点图书馆的分析来看，有149 家能提供电子出版物服务，有 74 家提供定题跟踪服务，有 169家提供专题检索服务。②

在具体信息资源开发项目的实施上，这些公益性信息机构还注意加强项目宣传、扩大经费筹措力度，同时积极寻求与政府部门、企业组织以及各类民间机构等不同机构间跨地域、跨行业的合作开发，以形成合力、促进信息资源的共享和优势互补。

英国的 E179 数据库（搜索"国王的记忆,普通人和牧师税收账目明细和相关文件"的数据库）就是由剑桥大学、威尔士大学、约克大学和英国国家档案馆共同开发的，同时还得到了 6 个其他机构的资助。③

在图书馆界，国外图书馆纷纷采用馆藏地域协作模式、馆藏主题协作模式、馆藏组织协作模式以及协作采购制度模式等方式加强馆际合作、促进信息资源的共建共享。④ 1997 年，国际图书馆联盟协会（International Coalition of Library Consortia, ICOLC）成立。目前，协会成员由遍布世界各地的图书馆联盟组成，这些图书馆联盟在组织上基本采用政府主办或自发组织，一方面通过集体采购或租赁方式降低电子信息资源的价格，另一方面则加强内部业务交流，如扩大有用的电子信息资源，进行整体的设备规划和维护，提供培训和咨询等实行资源共享。

除却上述专业性信息机构外，一些行业协会、委员会及信息咨询机构为降低运营成本、更广泛的占有和整合资源以及壮大自身在人员、技术、信息资源、资金等方面的实力也开始寻求与其他部门

---

① 林嘉．文献传递模式比较与启示．图书馆，2003，(5)：21.
② 杨济萍．网络环境下的图书馆信息经营．河南图书馆学刊，2003 (6).
③ 章燕华，徐浩宇．国外档案信息资源开发现状及特点分析．浙江档案，2006 (2).
④ 李安．国外几种信息资源共建共享模式及其对我国的启示．情报理论与实践，2004 (1).

的合作。因而，有相当多的公益性信息服务机构是一种混合机制，既与政府部门有一定行政隶属关系，接受公共财政拨款也吸纳企业资本加入。上海旅游咨询服务中心是隶属于上海市旅游事业管理委员会的事业单位，在业务上接受上海市旅游事业管理委员会信息化处的工作指导，其基本职责定位是咨询和服务。目前，该中心在各区县设有 22 个咨询中心，这些咨询中心的运营可以分为两种情况：一是由政府部门单独营运；二是由政府部门与旅行社联合经营，多数咨询中心属于此种类型，仅 5 家由政府全额拨款，其余是差额拨款或自收自支。该中心所提供的免费信息内容包括：综合旅游指南、专题旅游指南、旅游线路产品信息、旅游政策及服务指南、旅游地图信息等，信息来源主要由政府和旅行社提供。① 但不同的咨询中心因运营机制的不同，在免费信息提供的内容上有较大差别，与旅行社合作的咨询中心提供的旅游线路信息基本锁定在该旅行社的业务范围内，信息提供不完全。

不容忽视的是，事业单位的行政化管理模式往往限制了这些单位公共信息资源管理能力的充分发挥，"以政府经费支持的数据库承建单位大多是政府所属的事业单位，任务与经费按行政渠道下达，按行政机制运作，往往经费用完，鉴定会开过，库也就成了死库"。② 公共信息资源管理的动态性决定了其管理过程的连续性、持久性，能否建立业务可持续发展的自我管理机制关系到公共信息资源效用价值的最终实现。

（2）依托捐赠、基金会、企业的民间组织

依靠企业和社会捐赠为主要经费来源的信息机构，主要包括来自于基层社会的研究机构、行业协会、各种类型的学会、专业性社团等，其经费来源主要是信息服务收费、会员缴纳会费和民间捐赠，组织目标往往是为一定范围内如社区、阶层等的特定用户服

---

① 林涛．上海旅游咨询服务中心及其免费信息调查研究：游客视角．旅游学刊，2007（4）．

② 胡小明．谈中国数据库产业的发展问题（二）．网络与信息，2002（1）．

务。作为一种特殊的公共部门，这类信息机构的组织规模及内部结构比较灵活松散，管理的弹性幅度较大，其职能任务基本上是围绕所在领域和行业公众信息需求的焦点、难点或组织成员共同关心的热点问题所展开，以面向基层需求或市场解决实际问题为出发点，信息服务的针对性、专业性较强。由于来自民间，对于区域范围内某一领域的微观公共信息资源占有比较充分，并具有适时信息采集、加工及传播反馈的优势，信息服务的针对性较强，但囿于人员、设备限制，信息挖掘的深度不够。由于公益性民间机构经费来源的不固定性，其运转经费除依靠外在捐赠、少量财政拨款外，还通过向会员收取一定会费以及对外信息服务收费来维持。

美国科技促进会（American Association for the Advancement of Science，AAAS，http：//www. aaas. org）是一个向会员单位提供信息和专题咨询报告的民间非营利性组织。该委员会利用与会员单位的广泛联系和充足的信息资源，积极面向会员开展针对性强的信息服务，得到了会员单位的积极支持，其运行经费来源包括会员会费、基金会资助和各类刊物经营收入。该委员会出版的著名学术期刊《科学》杂志拥有 100 万以上的读者，加之其他系列网上杂志和文本出版物，有偿信息服务收入颇丰，充裕的经费保障使该委员会在信息教育、科技创新以及数字化科技信息服务方面大有作为。

成立于 1974 年的北美研究图书馆协会（Association of Research Libraries，ARL，http：//www. arl. org）是一个由美国和加拿大的大学、档案馆、博物馆、图书馆以及历史学会和其他团体组成的非营利性学术信息服务组织，现有 123 个研究图书馆为其会员。该协会开发的研究图书馆信息网络，是一个国际性的信息管理与搜集系统，拥有丰富的学术信息资源以支持人文科学、社会科学和自然科学研究。其收入来源由三方面构成：一是利用协会信息网络收取的服务费，占总收入的 68% ~ 74%；二是会员缴纳的会费与合作活动费用，占 12% ~ 16%；三是政府拨款和政府项目经费支持，占 12% ~ 16%。从支出来看，北美研究图书馆协会的开支费用包括计算机和网络开支（占 32% ~ 36%）、工作人员的薪水和津贴开支（占 32% ~ 36%）以及其他开支（支持成员完成任务、重新分配政府项目经费等，占 30% ~ 34% ）。

　　1971 年 7 月，Michael Hart 发起了基于互联网，以自由的和电子化的形式向公众提供大批版权过期而进入公共信息领域书籍的一项协作计划——"古登堡计划"（Project Gutenberg），该项目是英文世界最大的公益性电子书库，所有书籍的录入都由志愿者无偿劳动完成的，大量版权过期的图书由此进入公共领域，读者可在线免费阅读或者下载。

　　从国内外情况的综合比较看，无论是个人捐赠还是基金会的项目合作等，为保证资金效益的最大化，往往会对信息机构的信息行为进行一定的条件限制，并对信息机构的运作机制产生一定影响。如旨在使更多的人通过图书馆获得更多科技资源的比尔·盖茨—美林达基金会在进行图书馆捐赠时，不仅有明确的基金申请标准而且还会对申请捐赠的图书馆进行跟踪和效果评估，并视调查情况决定是否追加投资。到 2004 年年底，该基金会先后花在图书馆资助项目的金额就达到252 993 174美元，其中有184 461 369美元用于美国图书馆项目，有67 698 879美元用于国际图书馆项目，有832 926美元用于我国图书馆研究、扶植和政策制定费用。① 我国的一些图书馆在申请这一基金时，由于某些服务的收费而未能通过。从维护社会信息公平角度出发，非营利性机构的这种条件限制在一定程度上保持了第三部门公共信息服务行为的公益性方向。

　　（3）信息服务部门与企业捆绑推介型

　　尽管前面两种类型的信息机构已经开始了与不同信息部门包括营利性信息企业的业务合作，但仍局限在某一具体项目，且公益性成分占绝对比重。而捆绑推介式合作是指信息供给方（包括信息供应商）与广告受益方以连带捆绑的形式通过免费或微利服务为用户提供豪华型"信息套餐"，既有用户所需要的信息，也有广告受益方搭送的其他商用信息、公告信息等。

　　广播、电视、报纸、网络等大众传媒往往会以这种方式向公众提供信息服务，捆绑推介型公益信息服务在一定程度上实现了三方

────────────

　　①　http：//www. gatesfoundain. com.

的共同受益。对于信息供给方而言，既免费提供了公益性信息服务，也通过广告收入补偿了信息服务的成本支出，甚至还会有一定盈余；对于广告受益方来讲，虽然花费了一定的金钱，没有现实收益，但成功推销了自己的广告产品，会有无法估量的潜在经济收入以及良好的社会影响，这些都是企业未来发展的无限资产；而用户从中可以免费获得自己需要的信息，但必须以牺牲一定的注意力为代价来"享用"捆绑式服务带来的无用信息。

相比前两者提供的公益性信息服务，尽管这种捆绑推介模式带有浓厚的商业气氛，但"从信息用户角度来说，这种使用免费信息的代价毕竟十分低廉"①，在现有环境下，仍不失为一种可行的公益性信息服务方式。

此外，会员式组织模式、科研项目招标模式都不失为公共信息资源公益性开发建设的有效形式。

3. 公共信息资源公益性开发利用的定价收费问题

公益性信息服务可以是免费的也可以是有偿收费的，这主要取决于提供服务的信息机构的资金来源、机构性质以及信息服务成本耗费的大小等，其定价收费应遵循如下原则：维持公益性信息机构的正常运转，促进全社会信息共享，保持公益性信息资源开发利用的可持续发展、普遍服务、用户信息消费能力等。

在现实操作中公益性服务与市场化提供的界限难以辨认，为保证公益性信息服务的非营利性，真正实现以公正、合理、低廉的收费服务于社会，政府有必要对公益性信息服务的定价收费进行管制，需考虑的定价因素有：合理确定生产经营成本、区别利润水平、把握供求关系、促进劳动生产率的提高、保证信息服务的质量、兼顾居民消费水平和地区差异、价格调整周期等。②

在国外，政府主要借助两种手段对公益性信息服务的收费定价

---

① 陈能华，龚蛟腾，肖冬梅. 市场机制架构下的信息资源共享. 图书与情报，2007（2）.

② 吴刚华，李光健. 公益性信息服务的价格机制研究. 图书馆工作与研究，2007（1）.

予以限制和监控，一是采取价格管制模型，如美国的投资回报率模型和英国的最高限价管制模型，实际则是利润水平管制策略和刺激生产效率提高策略的应用。另一方面，则通过定价收费的行政审核、监督、听证等对公益性信息服务的收费予以限制，保证公众信息利益的维护。同时，根据公益性信息服务的收费情况及服务效果确定对非营利性信息机构的财政支持及补贴。

（六）公共信息资源公益性开发利用的业务范围

从公共信息资源管理的业务特点来看，适合公益性开发利用的公共信息资源以一、二次文献为主，开展的公共信息服务项目主要有：提供公共数据、决策咨询、委托调查、信息查询服务、集成信息产品服务、专业化服务、软件提供服务、公共信息技术培训、数据处理和定制服务以及法律法规允许的其他信息活动。随着网络技术的发展，公益性信息服务的范围也不断扩展，服务内容和品种也更加丰富，手段也愈加先进，方便用户的一站式服务受到青睐，信息服务与具体业务工作的结合十分紧密。

从公益性信息服务加工深度的角度理解，发现随着公众信息意识的提高、社会信息化程度的提升，原始数据与一般信息已经不能满足用户需求，公益性信息资源的开发利用同样要以信息资源的深加工为主，主要包括以下三种知识含量较高的信息提供：①

①专项信息服务——是在原有信息检索、预测、咨询、服务基础上的拓展深化，如项目论证服务、查新服务、发展预测服务、科技与咨询服务、数据库服务等。

②信息保证服务——指针对某项专门业务工作而进行的系统化信息支持服务，主要应用在科学研究中，以具体科研项目为中心量身定做，如数据处理、信息定制等，全面提供信息服务。

③知识信息服务——面对信息爆炸，根据用户需求将存储的现有文件和数据库、各工作流程以及分散在不同人和不同流程里的有

---

① 王芬，杨书宏. 公益性信息服务的转型及其发展策略. 中国信息导报，2007（4）.

用信息、知识进行连续的深度挖掘、分析和重组，为用户的知识创新提供信息和知识储备。

按照所涉及的领域划分，非营利性信息机构的主要作用空间是社会公共事业领域，即反映社会公共生活，关系社会成员集体消费、涉及公共利益的公益性信息资源的开发建设与服务。公益性信息资源并不都是纯公共物品属性的信息资源，它以满足社会成员的基本信息需求为主，绝大多数属于准公共信息资源，既可以进入信息市场，也可以由社会组织或公民个人进行自我管理。简单地讲，属于公益性信息资源的领域见表5-3。

表 5-3　　　　　　　　　公益性信息资源主要涉及领域

类　别	主要内容
教育	基础教育、职业技术教育、高等教育、特殊教育、其他教育
卫生	医院与卫生院、保健、防治、防疫、药品监督管理、计划生育、其他公共卫生事业
文化与文物、体育	群众文化馆、图书馆、纪念与展览、档案馆、出版、文物与文物保护、体育设施运营、竞赛与训练、其他文化体育事业
科学与技术	科学研究、技术开发与应用、学术交流、科学普及
规划与设计、环境保护、水文地质与气象、空间地理	
城市公共设施和公用事业、社区发展、社会福利保障、社团与基金会	
通信与传媒、信息内容产业	

（七）我国公共信息资源公益性开发利用的现状

从信息内容角度判断，公共信息资源的社会管理主要集中在公共事业信息的管理上，即社会的文化、教育、科技等领域，可以说，公共事业领域信息资源开发建设状况也从侧面反映了公共信息资源社会管理的总体水平。根据国务院信息化工作办公室发布的《中国信息化发展报告（2006）》，仅以文化、教育、科技领域信息资源建设情况进行说明。

1. 文化系统公共信息资源管理情况

2001年10月国家数字图书馆工程经国务院批准立项，并被列为国家"十五"重点建设项目，是文化部列入国家"十五"计划的两个重大项目之一。2002年12月25日，国务院总理办公会批准了该工程的可行性研究报告，工程进入了筹建阶段。这项工程的建设以"统筹规划、需求牵引、科技创新、滚动发展"为指导思想，坚持公益性为主、资源建设为核心、统一标准规范、开放建设与利益共享、开发与引进相结合等原则进行建设。2005年10月，国家数字图书馆工程初步设计方案通过审批。截至2005年底，已启动技术支撑环境建设主导项目、资源建设主导项目、服务体系建设主导项目三大类共18个子项目。作为工程的核心部分，数字资源建设与服务工作取得较大进展。为提高国家图书馆数字资源服务效率，提升服务质量，2005年对原国家数字图书馆网站进行了全面改版，新增"数字门户服务"、"文津图书奖"和"中国古代典籍（读者推荐）"等栏目，自建信息资源累计发布约600万页。

2002年4月，文化部和财政部共同发出了《关于实施全国文化信息资源共享工程的通知》，正式启动并开始实施"全国文化信息资源共享工程"。其基本内容是采用现代信息技术，对全国各地包括图书馆、博物馆、美术馆、艺术院团、研究机构等现有的文化信息资源进行数字化处理和加工整合，并通过覆盖全国的文化信息资源网络传送到城市社区、农村乡镇、边防哨所等广大基层单位，实现优秀文化信息资源在全国范围内的共建共享。

2. 教育系统公共信息资源管理情况

2000 年 11 月，为加快中小学信息技术教育的普及步伐，教育部决定在中小学实施"校校通"工程。该工程主要目标是：用5～10 年时间，使全国 90% 左右的独立建制的中小学校能够上网，使中小学师生都能共享网上教育资源，提高所有中小学的教育教学质量，使全体教师能普遍接受旨在提高实施素质教育水平和能力的继续教育。

中国高等教育文献保障系统（CALIS）是我国高等教育"211工程"总体规划中两个公共服务体系之一。其宗旨是，把国家的投资、现代图书馆理念、先进的技术手段与高校丰富的文献资源和人力资源整合起来，建设以中国高等教育数字图书馆为核心的教育文献联合保障体系，实现信息资源共建、共知、共享，以发挥最大的社会效益和经济效益，为中国的高等教育服务。至 2005 年底，我国高等教育信息资源共享服务体系初步形成。参加中国高等教育文献保障体系（CALIS）项目建设和获取服务的成员馆已超过 500家，联合目录数据库数据总量达到 180 万条，馆藏总量近 700 万条。"中国高校人文社会科学文献资源保障体系"集中收录了2 796种外文期刊和37 万种外文图书；"高校人文社会科学外文期刊目次数据库"建成并投入使用，包含 112 万条目次数据。"中国高校人文社会科学文献中心（CASHL）"面向全国高校开展文献传递服务，高校成员馆的读者可通过 CASHL 主页检索文献和提交文献传递请求，注册用户已近 4 000 个，成员馆超过百家。"高等学校仪器设备和优质资源共享系统"进展顺利，2005 年全国运行维护中心和上海、武汉两个区域资源共享中心硬件建设基本完成。"大学数字博物馆建设工程"已建成 18 家大学数字博物馆，并在网上公开发布，初步形成高效的共享机制和统一的共享平台，数字化藏品资源总量超过 10 万件，对高校教学、科研和社会科普起到了很好的支持服务作用。

3. 科技系统的公共信息资源管理情况

科技系统的"十五计划纲要"提出"强化公共信息资源共享"的战略目标，2000 年 6 月组建了国家科技图书文献中心。该中心由中国科学院文献情报中心、工程技术图书馆（中国科学技术信息研究所、机械工业信息研究院、冶金工业信息标准研究院、中国化工信息中心）、中国农业科学院图书馆、中国医学科学院图书馆组成，宗旨是根据国家科技发展需要，按照"统一采购、规范加工、联合上网、资源共享"的原则，采集、收藏和开发理、工、农、医各学科领域的科技文献资源，面向全国开展科技文献信息服务。其发展目标是建设成为国内权威的科技文献信息资源收藏和服务中心、现代信息技术应用的示范区、与世界各国著名科技图书馆交流的窗口。2001 年底"中国科学院国家科学数字图书馆（CSDL）"项目正式启动，2003 年 1 月，"中国基础科学网"开通，首次将我国基础科学研究的相关信息整合在统一的公共信息平台内。2003 年，跨部门的"数据共享科技大平台领导小组"成立，科技部部长徐冠华院士担任组长，数字科技平台建设有了新进展。

　　无论是从组织规模、公共信息资源拥有量还是专业化管理力量和作用影响的范围深度而言，我国公共信息资源社会管理的主体仍然是依靠公共财政支持的图书馆、档案馆、信息中心等国家事业单位。从实际运行来看，作为公共信息流通渠道的重要组成部分，这些事业单位在政府行政部门的直接指导下按照行业地域等特定分工共同承担着公共信息资源开发建设的职责，并利用其专业优势积极开展公共信息服务，以促进信息的传递和共享。可以说，既有可喜的进步，也有发展中的隐忧。

　　①国家投入不断增加，但难以适应公共信息资源开发建设的实际需要，经费结构单一，资源不足，服务规模普遍较小。

　　②公共信息资源总量增加迅速，但人均拥有量过低，地区分布不平衡，机构布局不合理。

　　③用户需求呈现上升势头，但地区发展不均衡，总量依然偏低。

　　④出现了多样化的信息服务形式，给用户以更多选择权，但服务的普及性不够、针对性不强，供求脱节，服务质量不高。

　　⑤实际运行过程中混淆了公共信息资源政府管理与社会化管理的界限，低效率信息服务与信息经营的逐利行为均背离了公共信息

资源公益性开发建设的初衷。

除了图书馆、档案馆、文化馆等国家事业单位外，我国民间信息机构广泛涉足公共信息资源管理领域始于改革开放以后，且发展迅速，在规模与公共信息开发建设中的作用日益增强。如广州市1994年3月统计的民办信息咨询机构有近600家，比1991年翻了一番，到1992年底，全国在工商行政管理部门登记的专业咨询机构有4万家。① 2003年12月8日，我国第一家图书馆基金会——杭州市图书馆事业基金会正式成立，注册资金为210万元，一些知名企业家担任基金会理事，开辟了企业、社会组织参与图书馆建设的新模式。

与西方国家相比，我国民间公益性信息机构的总体规模与服务范围还比较小，信息服务的内容多以科技、人文信息居多，并没有真正把公共信息资源的开发利用与面向社会的公共信息服务有机结合，没有形成规模，机构的稳定性及管理的健全性都较差，"有人做过调查，国营单位专门从事咨询工作的专业人员近百分之百为专职人员，而民营企业的兼职专家几乎相当于专职人员的两倍"。② 而且由于缺少良好的外在环境推动和政府规制监督，民间公益性信息机构的发展出现了鱼目混珠的现象，所谓的信息服务有相当多的是借助人际关系网络透露出去的政府内部消息，甚至还有虚假信息混杂其中，管理的规范性亟待加强。

（八）非营利性信息机构公共信息资源开发利用中存在的问题

事物的发展都是辩证的，正如企业部门不可以永远从事非营利的业务一样，公共部门亦不可以采取企业管理架构作为主要的运作模式。③ 非营利性信息机构在满足公众多样化信息需求、减轻政府

---

① 廖钢煊. 中国现代咨询和咨询服务市场结构剖析. 情报学报，1994（4）.

② 逄立艳，王松俊，刁天喜. 国内外医药信息咨询机构状况及分析讨论. 医学情报工作，2004（3）.

③ ［美］戴维·H.罗森布鲁姆，罗伯特·S.克拉夫丘克. 公共行政学：管理、政治和法律的途径. 张成福，等，译. 中国人民大学出版社，2002.

信息资源管理压力的同时，也会造成新的管理问题，如搜集和发布信息的成本因占有资源的不足而不断攀升，助长了公共信息资源管理的分散化和非集中化，对政府管理的过度依赖等。同时，机构自身的局限性也往往会限制其事业的进一步发展，如组织机构的松散、管理的随意以及目标的短期性、活动资金的不稳定等。2002年7月，已有效运行了36年的美国稀土信息中心（RIC）因经济原因不得不关闭，表明非营利性信息机构的运作必须紧紧依赖于和服务于所处的生态环境。当前，非营利性信息机构所存在的主要问题包括：

①社会孕育和发展过程比较缓慢，组织化程度常滞后于公众信息需求，受外在环境因素影响明显，服务对象、信息搜集范围、服务形式等因用户、信息源等因素并不规范和稳定，发展的不确定性因素多。在我国，公共信息资源自我管理的社会基础还相当脆弱，没有一个发育成熟的市民社会作依托，公众信息消费低。2000年我国公共图书馆每千人注册用户仅为5人，而英国同期每千人则有580人注册！

②植根于基层的民间公益性信息组织，如各种行业协会、专业组织，往往代表某一地域或特定群体的信息需求，并排他性地为其成员提供信息服务，视野局限在特定领域特定成员，难以形成全局的、整体的服务。

③与政府系统关系紧密，有较强的依附性，离开政府支持，无法独立运转。1990年英国测绘局（OS）被特许为"半自立的"政府基金部门，要求其运转经费尽量通过收取消费者使用费用来维持。但实际调查结果显示，其1亿英镑的年总收入中，来自社会的商业性信息产品销售只有0.32亿英镑，其余均来自其他各级政府部门。①

④政策法规不够健全，管理上缺乏规范化和科学化。许多非营

---

①　*Ordnance Survey of UK Economic aspects of the collection//* dissemination and integration of government's geospatial information, May, 1996, http: //globalchange gov/policies/uk-info-policy. html.

利性信息组织的业务工作随意性、盲目性强，数据积累不足、缺乏统一规范标准、网络化程度不高等严重影响了公共信息服务的质量和效果。

⑤普遍性服务缺少创新激励。与经营性信息公司相比，非营利性部门的信息服务仍然是面向公众的普及性服务，由于服务成效没有与直接的个人激励挂钩，进行信息服务的主动性不足，针对性不强，知识密集程度不高，信息开发领域、内容、加工方式乃至人员技能素质都有一定差异。据调查，我国社会弱势人群构成图书馆用户的比例极低，城市退休人员、下岗人员很少光顾和利用图书馆服务①，这在一定程度上表明我国图书馆对社会成员缺乏吸引力，服务还不深入。

⑥经费困扰。公共信息资源的固定成本主要包括信息系统建设维护成本、信息搜集加工成本、服务成本。对政府财政支持的过度依赖导致非营利性信息部门资金结构的单一，随着信息商品价格的上涨、技术设备的更新换代以及公共信息资源管理目标的不断调整，经费不足已经严重制约了公益性信息服务事业的发展。

正如黑格尔所说，市民社会有着不可自足的缺陷，正是上述缺陷的存在决定了政府对公共信息资源社会管理进行干预和调节的必然性。

三、图书馆在公共信息资源管理中的角色定位

（一）图书馆理念分析

19 世纪中叶现代意义上的公共图书馆先后在英国和美国诞生，与以往图书馆所不同的是，公共图书馆的所有权和运行已经不再从属于任何个人或者其他组织，而改由政府主导，依靠国家税收维持其运转，并承担起国家或地区经济、政治和教育、科学、文化等公

---

① 于良芝，李晓欣，王德恒. 拓展社会的公共信息空间——21 世纪中国公共图书馆可持续发展模式. 科学出版社，2004.

共信息资源的组织与传播任务，成为社会公共服务体系中不可或缺的重要组成部分。

理念规范着图书馆的运行，19 世纪中叶，英国图书馆学家爱德华兹提出："建立一种由地方当局授权管理，由地方税收支出支持，因而对所有纳税人（实际也就是所有社会公众）免费开放的真正的公共图书馆。"① 紧接着，杜威提出"图书馆应该是造就新一代文明领袖和文明国民的有力工具"。1931 年，阮冈纳赞发表了《图书馆学五定律》，认为各种类型图书馆的基本原则是：图书馆是全球性的教育工具，它汇集并自由地流通着所有的书籍，借助它们来传播知识。1948 年，美国图书馆学会发表的《图书馆权利宣言》强调，任何人不论其种族、宗教、国籍及政治观点都有选择图书和使用图书馆的权利。此后联合国教科文组织《公共图书馆宣言》指出："公共图书馆是地方的信息中心，用户可以随时得到各种知识和信息。公共图书馆应该在人人享有平等利用权利的基础上，不分年龄、种族、性别、宗教信仰、国籍、语言或社会地位，向所有的人提供服务。"宣言还特别强调："馆藏和服务不应受制于任何形式的思想、政治或宗教审查制度，也不应受制于商业压力。"2002 年第 68 届国际图联通过的《格拉斯哥图书馆、信息服务与知识自由宣言》指出，"不受限制地使用和表达信息是人类的基本权利"。日本《公共图书馆的任务和目标》指出："公共图书馆既是提供从幼儿到老年人自我教育的场所，同时也是居民获得信息、欣赏文艺、创造地区文化的场所。"②

上述有关图书馆理念的阐述尽管内容各异，但都包含了图书馆服务于社会公共利益、促进文明发展的基本内涵，并进一步明确了图书馆的组织体制和运行机制，①图书馆既不从属于政府，也不受制于市场私人组织，属于社会公共服务机构，具有自身运行发展的独立性，以保证其不受各种政治观点和商业机构的左右，能有效保

---

① 南开大学图书馆学系等．理论图书馆学教程．南开大学出版社，1986.

② 王海泉．以人为本：现代图书馆发展的新理念．中国图书馆学报，2002 (4).

障民主，促使信息自由流动。②维护公共利益、保证权利平等、追求社会进步等公共性原则是图书馆的核心价值，因而，"公共图书馆原则上应该免费服务"①，其成本开支应全部或部分由政府从公共开支或者社会资助经费中予以保障，发展公共图书馆事业是政府公共服务职责的重要组成部分。③图书馆工作的主要内容并不是传统的文献收藏，而是通过搜集、整理、加工、保存和传播各种载体的公共信息资源，为公众提供信息服务。综上，"图书馆服务过程中的核心价值观具有二重性：一是追求资源利用效率的最大化，二是尊重和维护社会公众平等利用图书馆的权利"。②

　　作为社会公共信息机构，图书馆工作的上述理念随着信息资源总量的爆炸式增长、人们信息需求的不断提升体现得更为充分和明显，将现代图书馆视做社会信息资源共享的产物并不过分。《国际图联/联合国教科文组织公共图书馆服务发展指南》中特别指出，图书馆必须争取社区支持，参与社区生活，并列举了图书馆应搜集的社区信息包括：本社区的社会人口信息、关于社区组织机构的资料、当地商业和商务信息、本社区的交通方式、由社区其他机构提供的信息服务、图书馆服务地域范围等。这些规定表明，图书馆以社区信息服务为基础，是基层社会信息资源管理的主体，在英国，将近60%的公众都是公共图书馆的注册用户。③ 截至2002年底，全英各地开放了的6 000个信息技术培训中心中有2/3设在公共图书馆。④ 公共图书馆凭借其在基层的广泛社会影响和丰富的用户资源已经成为社会公共信息资源管理的基本单位。

　　需要指出的是，图书馆信息服务的形式多种多样，有些属于纯公共物品的服务，如阅览服务、文献揭示服务等；有些则带有一定私人物品性质，如专题咨询、文献复制等，属于混合型公共服务。

---

① 联合国教科文组织公共图书馆宣言（1994年）．

② 杨志敏．现代图书馆服务效率与平等协调发展研究．科教文汇，2006（2）．

③ Re：Source. *Building on Success：An action plan for public libraries.* The Council for Museums ，Archives and Libraries，2001．

④ LISU. *Library and Information Statistic Tables.* LISU，2002．

二者在服务方式、收费标准上可以有所区别。尽管如此，图书馆的使命决定了其经费主要靠政府拨款，与政府行政系统保持着业务、人员、管理等各方面的紧密联系。

（二）图书馆有偿信息服务原因探析

图书馆有偿信息服务指图书馆通过信息服务收费或经营活动获取收入的行为。图书馆学界的有偿信息服务自 20 世纪 80 年代发展起来，《公共图书馆宣言》规定"公共图书馆原则上应当免费服务。开办公共图书馆是地方和国家当局的责任，必须由国家和地方政府特别立法和财政拨款支持。它必须成为任何文化、信息提供、扫盲和教育的长期战略的一个主要组成部分"。依照这一规定，图书馆有偿服务是否违背公共性原则？

目前，国际上对图书馆界有偿服务一直都存有争议，但主张把有偿服务与无偿服务相结合的思想已成主流，许多国家图书馆有偿服务已经得到了政府认可。如 1988 年英国政府在《绿皮书》中鼓励图书馆在做好无偿服务的同时开展有偿服务，IFLA（国际图书馆协会联合会）的公共图书馆部 1987 年在布拉格召开的第 53 届会议上，强调要对有偿服务规范化问题进行研究。① 1987 年我国文化部联合财政部、工商行政管理局颁布的文化事业单位开展有偿服务和经营活动的暂行办法，已经对图书馆的有偿服务做了认可，并提出了一些优惠措施。

事实上，早在 19 世纪末 20 世纪初公共图书馆就开始了小范围的收费服务，如美国、新西兰等国图书馆开展的一定范围内的小说租借服务，但未形成大的规模尚未触及图书馆理念。笔者认为，图书馆有偿信息服务的普及有其深刻的社会背景。

首先，信息内容服务活动已成为现代信息产业的重要组成部分。随着信息技术的发展，文摘索引生产、数据库开发、数据库提供等形式的信息经营性服务得到快速发展，以往人们观念意识中知

---

① 李名腾，刘远航．图书馆有偿服务的创新．大学图书情报学刊，2002（4）．

识信息的公共物品属性发生动摇，公共信息已经成为能够带来巨大经济利益和社会利益的商品，受到越来越多私人信息机构的关注，并在客观上对公共图书馆的业务产生冲击（主要体现在用户服务的针对性、服务形式的多样性以及手段的先进性等方面）。

其次，里根政府和撒切尔政府"新自由主义"思想对公共图书馆领域的深刻影响。尽管联合国教科文组织的《公共图书馆宣言》强调公共图书馆应该由国家财政支持，但"新自由主义"主张在公共领域减少政府开支，引进市场竞争机制，这一思想带来的直接后果就是承认公共信息资源的商业价值，以市场化手段进行公共信息资源的再利用，公共信息服务有偿收费的范围越来越广，图书馆信息经营在所难免。当然，出版物价格的上涨以及数字化文献和印刷式文献同步增长的压力使得国家财政给予的图书馆经费实际水平在下降，有偿信息服务成为弥补经费不足的有效途径。据统计，我国部分省级公共图书馆的运行经费缺口达 20%～30%，市县级公共图书馆的问题则更为突出，因此，"以收补支"的方法就成为公共图书馆事业发展的无奈之举。

再次，"图书馆产品的本质属性是准公共产品"①，其信息服务并不完全属于纯粹的公共物品范畴，有相当多的服务属于准公共物品或者私人物品，若完全免费提供，则是对包括公共信息资源在内的公共资源的滥用，势必会影响其他用户的利益，同时，免费服务的提供还会在客观上造成图书馆信息服务业务的空前繁忙，进而带来信息服务有效供给的不足和信息消费的搭便车现象，遏制信息产业尤其是信息市场的有序发展。因此，"我们必须正视这样一个现实，即完全的无偿会导致过时的破旧的馆藏，一定程度上的收费可以帮助图书馆维持一个诱人的与时俱进的馆藏"。②

---

① 熊伟. 公共产品视野下图书馆产品生产与供给问题研究. 图书馆杂志，2005（4）.

② Butterworth Margaret. *The Entrepreneurial Public Library: The Policy and Practice of Fee-based Services*, Proceedings of ALIA2000. http://conference. alia. org. au/alia2000/proceedings.

此外，图书馆有偿信息服务的开展也是满足信息时代用户个性化信息需求的必然选择，是图书馆自身生存发展的现实需要。网络信息技术的普及、公众信息意识的提高也激发了图书馆用户需求的提升，导致对图书馆信息服务期望的提高，过去人们到图书馆去的目的在于找到找全资料，而今天，人们的期望则是找精、找准资料。高质量的信息搜寻、深层次的信息加工需要高额信息成本的投入。对此，台湾图书馆学专家胡述兆老先生对传统图书馆的界定提出质疑，指出："图书馆是为咨询建立检索点并为使用者提供服务的机构。"①

还需要进一步澄清的是，就信息产品属性而言，信息共享并不一定意味着信息产品的完全公共性，即使是图书情报机构提供的信息服务，经过选择加工后输出的信息产品和服务被附加了新的价值，并具有了一定的知识产权性质，有偿服务有其理论依据和法律基础。

（三）图书馆有偿信息服务内容与相关规定

1992 年 5 月，美国图书馆法修正案经州议会表决通过规定，公共图书馆主要的教育和信息职能必须是无偿的，如有违反，将不能得到州政府拨款，也不得使用州公共图书馆网络。而对于有偿服务的范围，图书馆委员会规定可以就某些"深入的"信息服务项目收费，但必须在征得用户同意后方可进行。其中，判断信息服务是否"深入"的标准是：②

——对已获得的信息进行分析；

——对已获得的信息进行整理；

——对已获得的信息进行归纳综合；

——用邮递、传真或者其他手段。

---

① 胡述兆．为图书馆建构一个新的定义．中国图书馆学会会报（台湾），2001（66）．

② 蒋伟明．国外图书馆有偿服务的立法与实践．国家图书馆学刊，2001（2）．

　　该修正案明确规定图书馆不得进行商业性服务。在英国，"几乎所有的图书馆都实行进馆收费制度，即便过去提倡完全免费服务的英国，近几年也只是倾向于保持读者免费进馆借阅，但提供的资料超过一定难度时，则收费"。① 目前，英国图书馆的有偿信息服务收入已达全馆全年经费的 1/3 以上，其主要服务项目有代查馆藏、书目和文献评估；国家书目服务和销售；文献提供（除阅览室服务外）。

　　英国信息科学研究所 1993 年经过调查，确定下列项目属于图书馆的收费服务范围：外来用户利用图书馆；馆内复印、照相、复制服务、馆际互借；从 CD-ROM 上套录和打印信息；信息研究服务；最新资料报导服务；图书馆的出版物；为其他部门订购图书、期刊；联机数据库服务；馆内生产的数据库对外服务；咨询服务；传真服务；房间租赁；计算机硬件/软件的使用；用户培训；图书逾期归还；充当出版商或联机服务商的代理商；为馆外代理机构提供索引服务；为馆内的信息中介机构提供的服务等。

　　从世界各国图书馆有偿服务的内容来看，基本都是从利用文献进行信息检索服务开始的，大致的收费服务项目有：

　　——预约资料服务；

　　——定题服务；

　　——为满足用户急需查找准确无误的信息服务；

　　——优先服务，即使读者通过比一般的服务方式更快的速度获得所需信息的服务；

　　——提供课题综述和研究进展情况的服务。

　　可见，图书馆有偿信息服务是通过对现有馆藏资源的充分开发把分散的信息转化为定向的个性化信息，以为特定用户需求提供量身定做的信息咨询服务。但不可逾越的是，公益性和信息平等原则是公共图书馆的核心内容，即便是有偿服务收费，也不得作为员工奖金和津贴，或者纳入图书馆下一年的预算或者弥补办公经费的

---

　　① 于秀云. 论信息有偿服务内容的界定及其遵循的原则. 图书馆学研究，1999（2）.

不足。

我国图书馆的有偿服务始于 20 世纪 80 年代初,辽宁省图书馆科技部、四川省图书馆、武汉市图书馆等在经费短缺的压力下率先通过高级信息服务和文化用品经营活动进行有偿经营性信息服务,以贴补政府投入的不足。1987 年,文化部、财政部、国家工商行政管理局联合制定了《文化事业单位开展有偿服务和经营活动的暂行办法》,肯定了有偿服务在弥补国家事业经费短缺中的积极作用,此后,中宣部、文化部、国家教委、中科院共同发布了《关于改进和加强图书馆工作的报告》,明确了图书馆在国家法律法令许可范围内,适度开展有偿服务的必要性。但同时指出,图书馆有偿信息服务是在搞好公益服务的前提下进行的,不应以赚钱为目的,有偿收费只是对图书馆超常量工作的一种经济补偿。1993 年财政部《关于进一步支持宣传文化企业发展的通知》和 1994 年财政部《关于继续对宣传文化单位实行财税优惠政策的规定》,纪念馆、文化馆、图书馆、博物馆等举办文化活动所售门票收入按照《中华人民共和国营业税暂行条例》规定执行,免征营业税。截至1993 年,全国公共图书馆中,开展有偿服务的图书馆占总数的43%,其中,湖北、江苏、湖南、上海、北京等达到 70 家以上,主要经营业务是面向用户的各种培训和讲座、特殊文献开发、面向企业等的信息开发与服务、电子阅览室/互联网的使用、打印复印、视听资料制作与租借、特藏借阅、读书俱乐部等。

根据调查,我国图书馆有偿服务的形式多样,既有与图书馆核心业务有关的如外借、阅览、参考咨询等相关服务,也有如馆舍出租、代售图书、餐饮服务等与自身业务不相关的其他服务。2000年武汉图书馆新馆采用冠名权和广告发布权的方式筹集经费,与其他媒体合作,开发建设公共信息资源。2000 年上海图书馆与上海有线电视台合作,以互动电视的形式,借助有线电视网把图书馆里各种各样的数字信息资源直接传送到寻常百姓家中。

2003 年国务院颁发的《公共文化体育设施条例》指出:"公共文化体育设施管理单位提供服务可以适当收取费用,收费项目和标准应当经县级以上人民政府有关部门批准。需要收取费用的文化体育设施管理单位,应当根据设施的功能、特点对学生、老年人、残疾人等免费或者优惠开放,具体办法由省、自治区、直辖市制定。"从上述规定中发现,公共信息服务并不是无偿的免费服务,合理收费并不等于完全背离公众利益的纯粹市场化运作,而须兼顾弱势群体的信息扶助。

尽管有偿服务可以在资金补充、服务创新等方面对图书馆工作以有益补充,但需要说明的是,完全的有偿服务是有条件的,不仅违背了图书馆公共公平的性质、侵犯了公民公共信息获取权利,而且从现实操作来看,也背离了开展有偿服务弥补经费缺陷的初衷,有偿服务并不能真正抵消图书馆的成本开支。据调查,美国公共图书馆有偿服务获益只占图书馆总经费的3%左右。① 在英国,有偿服务所得占图书馆经费的比例通常维持在6%左右。②

抛开经费问题,体制问题与管理问题同样也束缚了图书馆的发展,因为"在单位制框架内生存的图书情报机构,在运作时受到一定的制度和组织体系的约束,因而不存在完全、充分的自主性。'所有权'和'管理权'的密切相关,决定了图书情报机构的首要任务是为了对上级主管部门负责,而非是社会上的广大读者满意。在目前的中国图书情报界,并没有真正具有公共性的图书情报机构"。③ 对于我国图书馆而言,理顺管理体制、深化内部改革从一定意义上讲也是挖掘现有公共信息资源,创新信息服务形式,赢得广泛社会认同的现实选择。1993年我国《政府工作报告》指出,事业单位要按照政事分开和社会化的原则进行改革。1996年中央机构编制委员会出台的《关于事业单位机构改革若干问题的意见》再次明确事业单位改革社会化方向,强调面向社会开展服务、获取

---

① KinnucanM T, FergusonM R, Estabrook L. Public opinion toward user fees in public libraries, *Library Quarterly*, 1998, 68 (2).

② Aalto, Knight. Cited in Margaret B, The Entrepreneurial Public Library: the Policy and practice of Fee-based Services, Proceedings of ALIA2000. http://conferences. alia. org. au/alia2000/proceedings.

③ 向涛,杨立文. 纯粹理性化:"信息共享"理念的误区. 图书情报工作, 2000 (5).

资源。这意味着，不仅图书馆，而且包括政府信息中心、档案馆等国家文化事业单位都要进行体制上的调整和改革。

（四）数字图书馆：新的运作模式

有人指出，网络时代人们所需信息 90% 都可以从互联网上找到答案，与以往公共信息资源的集中分布相比，网络公共信息资源分布具有明显的离散化特点，网络不可避免地成为公共信息资源的集散地和满足信息需求消费交易的无形市场。根据国家图书馆所倡导的定义，数字图书馆是传统图书馆功能的进一步拓展和深入，是下一代因特网信息资源的组织形式，为国家信息基础设施提供核心技术和资源库，其功能是社会信息中心，保存文化、传播知识、教育公众。

数字图书馆的运作不仅从文献形态上表现为由印刷资源向数字资源的转移、从外在形式上由物理图书馆向虚拟图书馆迈进，而且也是图书馆运作模式的创新。国外数字图书馆的投资者包括政府、基金会、行业协会和企业等，资金来源广泛。如数字图书馆项目"美国记忆"由国会投入 1 500 万美元和来自公司、基金会和个人的赞助款 4 500 万美元，英国"电子图书馆"计划则由英国高等教育基金会投资 1 500 万英镑为启动经费。美国的计算机协会从 1996 年开始投资数字图书馆工程。①

2004 年底，全球最大的网络搜索引擎——美国 Google 公司宣布与世界 5 大著名图书馆打造全球最大的网络图书馆计划，2004 年 12 月 14 日 Google 公司在加州正式宣布该公司已经与美国哈佛大学图书馆、密歇根大学图书馆、斯坦福大学图书馆、纽约公共图书馆、英国牛津大学图书馆等达成共同筹建网络图书馆的协议。根据该协议，Google 公司将这些图书馆的馆藏图书扫描制作成电子版，对于那些无版权限制的图书，所有用户不分国籍均可以免费在线阅读，但剪贴、复印、打印将被限制；对于有版权保护的图书，用户

---

① 陈耀盛．国内外现行数字图书馆运行模式比较．情报资料工作，2002(5)．

则只能在网上阅读目录和摘要，以此决定是否需要购买这些信息的印刷文本。从资金交易角度判断，这个网络图书馆是一种新型公益性图书馆，用户可免费使用和查询相关信息，完全不具营利性。为此，"斯坦福大学图书馆将它'视为一个提供公共利益的机会'，'使之让全世界读者可免费获取'"。① 但从整体的运行过程观察，则具有相当的商业性成分，Google 公司通过网上广告不仅可以回收该项目的建设经费，而且还可以从中盈利，因为，在信息时代，信息的丰富往往会造成注意力的贫乏，注意力因此具有广阔的商业价值，大量的网络广告没有花费用户的金钱但消费了用户的注意力。

我国数字图书馆发展迅速，2000 年 6 月"中国数字图书馆工程"经国务院启动批准，此后，全国许多公共图书馆和高校图书馆先后建立了自己的数据库和网站，积极开展网络服务。2003 年10 月，中国学术期刊电子杂志社成立了互联网出版分社，并在清华大学启动了"中国知识资源总库"建设工程，该工程的目标是 3 年内使我国互联网上的各类共享的知识资源总量达到互联网上知识资源的 80% 以上，在运作上采用以合作网络出版、深度开发与综合利用为核心的综合性产业化开发机制。目前，互联网出版社已获得授权，可以为各类数字图书馆用户提供接入数据库服务。

2000 年 4 月正式挂牌营运的中国数字图书馆责任有限公司是经国务院批准，由中国国家图书馆发起并控股的服务于国家数字图书馆工程建设的高新技术企业，专业承担了国家数字图书馆工程整体信息服务体系的建立与运营、核心技术研发与应用推广、相关技术标准规范的制定、专业信息提供、数字化信息总体解决方案、数字版权管理与商业服务及其相关的资本运营工作。

从上述数字图书馆工程的运营过程中发现，数字图书馆不仅实现了公共信息资源的网络化集成，而且从管理创新的角度分析，还具有以下特点：

第一，图书馆与信息企业、民间信息机构等组织联合的新形

---

① 黄宗中. 数字图书馆发展的新阶段——关于 Google、欧洲数字图书馆筹建的评价与对策. 图书情报知识，2005（5）.

式，本质是将图书馆丰富的公共信息资源与社会信息机构强大的资金、技术、专业人员优势等紧密结合。

第二，公益信息行为与市场信息经营行为的平衡，目前，国内外数字图书馆的业务模式主要有三种，一种是面向公众提供普及性公共信息的门户网站形式，以免费服务居多。还有一种是面向组织内专业用户提供信息服务的中介模式，以成本服务为主；再有一种则是通过提供信息产品（如特定研究报告、咨询报告）等开展的信息经营行为。

第三，集收藏服务为一体的新型公共信息资源管理中心，技术的成熟使得数字图书馆能够跨越时空界限面向所有用户提供服务，多馆合作、多行合作、多国合作等进一步延伸了图书馆的功能，使图书馆不仅成为公共信息资源的集散中心、而且还成为社会信息素质教育中心、社区信息服务中心、公众阅读促进中心、科学研究资源保障中心和社会文化遗产中心等。

第四，在数字图书馆的运行问题上，应根据其投资主体的不同区别对待，以公共财政投入为主的数字图书馆应属公益性信息服务，尽管不排除个别服务项目的市场化运作，但其主体应以公益性信息服务为主，"其数字信息资源应该免费向社会公众提供服务。这样的数字图书馆应该千方百计地创造条件，尽可能多地提供免费的数字信息资源，让尽可能多的社会公众从中受益"。① 当然，对于私人投资的数字图书馆，以市场化营利模式运作无可厚非，但应通过政策调控手段鼓励和引导其尽可能提供公益性信息服务。

第五，在数字图书馆项目的内部管理上，普遍引入企业管理理念，采用了项目责任制、招投标制、合同调控制等不同于传统图书馆的公司化管理模式，"也只有公司化运营的数字图书馆组织结构才能实现数字资源的最大有效整合"。②

---

① 田国良．公益性服务还是市场化运作——数字图书馆运行模式选择．情报资料工作，2005（1）．
② 杨祖逵．数字图书馆公司化运作模式的思考．图书情报工作，2006（10）．

第六，数字图书馆跨行业跨领域的联合，形成新的信息服务模式。美国的数字图书馆建设结合了图书馆行业、出版业、信息服务行业，形成电子出版和新型数字信息服务模式，进一步拓展了数字图书馆的信息疆界。

值得注意的是，从我国图书馆工程的实际运行中发现，公益性成分被不断挤压，市场化运作的比例越来越高，"我国现今各类公共数字图书馆、数字阅览室对读者服务的有偿化率是 100%"①，同时，还带来了收费服务—公司化运营—未向作者支付报酬而扩散其作品—侵犯著作权、知识产权—司法诉讼的循环怪圈，因而，数字图书馆运营模式的规范化问题还需进行深入探讨。

四、信息中介机构——社会公共信息服务体系的重要支撑

国外有学者认为："信息中介是一个独立的、最大限度获取利润的信息加工的经济体系，它代表其他介质的信息需要并作出相应的活动（即信息获取、加工和分发）。"② 此概念揭示了信息中介机构的主要职责，即根据特定用户群体的需要，搜集、加工和传播信息。简而言之，信息中介机构是社会连接协调信息生产者与信息消费者之间关系的桥梁纽带，它不是政府的附庸，而是独立于政府之外的社会信息机构，既有营利性的也有非营利性的。

有关信息中介机构的分类十分复杂，不同的分类标准会有不同的分类结果，按照当前信息中介服务内容的类型划分，可以分为三种：保证信息质量的机构、帮助信息传播的机构、进行信息分析和咨询的机构。如按照信息中介机构的体制属性划分，可将信息中介机构分为：

---

① 张云瑾. 公共图书馆电子文献有偿服务. 福建师范大学学报（哲学社会科学版），2003（2）.

② *Frank Rose. The Economics, Concept, and Design of Information Intermediaries: A Theoretic Approach.* Springer Verlag. 1998.

①行政性质的信息中介机构，主要指从政府行政系统中剥离的事业型信息中介机构，如有关政府主管部门下属的信息咨询服务机构、职业介绍机构、专利代理机构等，这些机构的经费来源有三种，一是国家全额拨款，二是国家差额补贴，三是自收自支。一般以后两种形式居多，主要围绕政府系统的主管业务开展信息提供活动。

②民间性质的信息中介机构，以行业协会为代表，如图书馆协会、出版商协会、读者俱乐部、资产评估协会、高等教育协会等，这些协会的主要功能是进行特定领域特定区域范围内的行业管理，其中行业性公共信息服务也是行业管理的重要内容。这类信息机构不会因利润因素影响组织活动内容范围，但机构运作经费的多少和稳定性程度会决定其信息活动形式。"如果没有稳定的资金来源，非营利中介同样面临提高效率和变革的压力，即必须改变服务目的以吸引客户和捐助人，同时还面临来自营利型等中介的竞争。"①目前，民间信息中介机构的经费来源大体有直接或间接依靠公共财政拨款、收取会员会费或者捐赠赞助以及开展有偿信息服务三种。在管理上，接受政府职能管理部门的业务指导甚至业务委托，独立开展信息活动。

成立于1992年的上海市信息协会是一家专业性社会团体，受上海市发改委领导、业务上接受上海市信息化委员会指导。该协会从发挥协会的桥梁纽带作用、集成和综合作用、专业咨询和专家指导作用、促进地区间横向交流与合作作用等四个方面入手，立足于在信息内容和信息服务上做文章，积极为会员单位提供形式丰富的个性化信息服务，在加强信息服务业的互动、推进城市信息化建设中发挥了重要作用，并受到会员单位的认可，现已发展会员单位上千家，并组建了通信、房地产、金融、农业等多家行业性专业委

---

① 李雪梅. 论信息中介的组织形式与信息分配. 情报资料工作, 2004 (2).

员会。①

③经营性信息中介机构，即从事营利性信息经营活动的私人信息机构，如各类信息咨询公司、劳务中介组织等，通过市场机制进行信息交易，最大限度地获取利润是这类信息中介机构开展信息管理活动的重要驱动力。

值得注意的是，经营性信息中介机构的信息行为并不都是营利性的，出于企业形象以及信息市场开拓的需要，许多信息服务往往是免费或按成本收费的。如中国爱心热线95178、联通、移动等参与的村村通工程直接为残疾人和农民等信息弱势群体提供公益性信息服务。四川联通投资18.2亿元建成的"天府农业信息网"，于2003年5月正式开通，主要以农村乡一级以下的通信盲点作为发展重点。坚持以"三农"信息为主、涉农信息为基础，其他实用信息为重要补充，为网内用户提供实时、实用、安全的本地信息、基础信息、特色信息；除全国、全省SP商提供的信息和专家坐席提供的信息采取适当收费外，其他信息原则上实行免费向用户提供，以推动四川农业信息化建设。②

尽管组织目标与运行机制有一定出入，但信息市场结构的多样性以及用户需求的个性化使得三者之间在公共信息资源开发利用上形成自然分工，经营性信息中介机构关注有中等或较高信息消费和支付能力的用户，以提供咨询指导型信息服务为主，而行政性信息中介和民间信息中介则要面向那些信息消费困难以及没有支付能力的用户及潜在用户，以提供资源供给型基础信息服务为主。本章介绍的信息中介机构主要指非营利性的行业协会、行业联合会等组织，其基本信息功能包括：

①社会信息服务功能。作为服务性社会组织，行业协会等信息机构的一个重要使命就是向所在行业或组织成员提供即时性公共信

---

① 陆国樑．信息协会在推进城市信息化中的作用．中国创业投资与高科技，2005（4）．

② 赖坤志．坚持"三为主"方针推广天府农业信息网，四川通信报，2004-10-16.

息服务。如美国旅游业协会 2000 年创建的全美旅游网：http：//www. seeamerica. org，网罗了美国境内几千个旅游站点的相关信息、旅游胜地和旅行社的信息，面向公众提供旅游信息服务。

②社会信息沟通功能。信息中介机构是连接政府信息管理与社会信息需求的纽带，由于公共信息资源的拥有者与个体用户之间信息占有的不平衡，使信息中介机构在提供高质量信息服务的同时，也成为调节社会信息流动、控制社会信息消费的阀门；一方面，以组织化形式反映了基层信息需求，为政府公共信息政策的制定提供决策参考，使政府公共信息资源管理、公共信息服务逐渐切合公众信息需求；另一方面，作为一种有效的信息渠道主动面向公众传播政府公共信息。

③社会信息的自我管理功能。来自基层的优势不仅使行业协会等信息中介机构可以直接获得大量有关社会公共活动的基础数据，而且自我服务的组织使命促使信息中介机构主动将获取的形形色色原始信息进行分类整理和加工，并提供给组织内部成员使用。

附：

中国信息协会简介①

中国信息协会是 1990 年 3 月经民政部批准成立，由经济、科技、社会等领域从事信息工作的团体和个人自愿组成，具有社团法人资格的全国性社会团体，是信息行业的非营利性中介服务组织。

中国信息协会由国家发展和改革委员会主管，社会活动接受民政部的管理和监督，业务工作接受国务院信息化工作办公室和信息产业部的指导，办事机构依托国家信息中心。

中国信息协会的任务是：以推进国民经济和社会信息化为中心，以促进信息资源的开发利用和信息服务业的发展为重点，搭建政府与企事业单位、政府与公众之间的桥梁，发挥沟通、咨询、中介、服务作用，努力为会员服务、为政府服务、

---

① 中国信息协会简介. 中国信息界，2006（4）.

为企事业单位服务，努力使中国信息协会成为独立公正、按市场化原则规范运作的中介服务机构和自律性组织。

中国信息协会在工作中坚持服务第一，以社会效益为主、经济效益为辅的指导方针。协会除开展无偿服务外，还开展有偿服务，以增强协会的经济基础和生存发展能力，但各项活动不以营利为目的。

中国信息协会的业务范围是：组织研究我国信息化和信息行业的发展战略、方针政策等重大问题，向有关部门提出建议；组织研究和交流信息化的理论和实践问题，推动信息化进程；推动信息立法等信息基础工作的开展，组织推广和应用信息技术；组织信息交流和咨询服务，向政府部门反映企业诉求，促进信息资源共享；组织对信息服务业的调查研究；组织和推动相关企业开展业务交流和研讨活动；编辑出版信息书刊和有关资料；组织和开展信息化专业人才的职业化、资格化培训；承担各级政府和有关部门委托的有关信息化方面的研究、咨询、评估和评审工作；建立协会信息网络，加强同各方面的联系与合作，推动全国信息协会整体优势的发挥；建立与国际信息组织、港澳台地区信息组织的联系，促进境内外信息合作与交流。

中国信息协会现有团体会员 677 家（其中企业会员占 50%），设分支机构 13 个，其中分会 6 个，即邮电分会、纺织分会、有色金属信息分会、信息主管分会、城市分会和民营企业分会；专业委员会 7 个，即电子政务专业委员会、信息安全专业委员会、信用信息服务专业委员会、预测专业委员会、食品信息服务专业委员会、市场研究业委员会和信息服务网络委员会。分支机构共有会员 868 家。

在我国大陆 31 个省、自治区和直辖市中，除江西省和西藏自治区外，都建立了信息协会。15 个副省级城市建立了信息协会。据不完全统计，各地方信息协会现有会员 7 738 家。相当一部分地级市也建立了信息协会。地方信息协会与中国信息协会保持着经常性的业务联系。

中国信息协会主办的媒体有：《中国信息界》（半月刊）、《中国会展》（半月刊）、《信息化参考》（内部半月刊）、《中国信息化》网站，网址为 http：//www.ciia.org.cn。

影响信息中介机构发展运行的关键因素有以下几个：

（1）信息资源拥有量

与政府信息机构庞大的信息资源拥有量相比，信息中介机构由于行业、地域以及机构属性等诸多因素的限制，在信息获取与占有等方面往往处于劣势地位，因此，如何利用专业化手段尽可能多地获取信息资源显得十分重要。如中国第一家资信征询机构上海资信公司，名义上是独立的民间机构，仍具有很浓的政府背景。但即使这样一个政府性质的机构，要搜集信息也非常困难，因为地方法院、银行、税务、保险、公安都形成了小而全的信息采集系统，各自为政且互不交流，即便是政府内部的信息共享都要跨越层层组织障碍，民间信息共享难度可想而知！

（2）组织职能和目标定位

在社会信息消费过程中，政府信息资源管理系统复杂的结构路径与"官本位"动机以及私人信息机构的经营性行为，导致公众出于规避风险和有效利用信息的动机，更倾向于依赖非营利性的信息中介机构并容易产生社会信息获取的路径依赖。因此，信息中介机构的组织形式与目标定位不仅决定了其社会影响力而且关系到其运行效果。我国现有的民间信息中介，由于官办色彩浓厚，过多依赖政府，面向公众主动信息服务能力欠缺，运转缺乏活力。

（3）信息处理手段的现代化程度

现代信息技术尤其是网络技术的利用情况直接决定了信息中介机构的工作内容、工作方式以及未来发展空间。目前，民间信息机构面临的一个突出问题就是因人员、经费限制而带来的社会信息资源的开发深度不足，高附加值信息服务欠缺，我国绝大多数信息中介机构尤其是基层社区信息组织的信息搜集、加工及传递仍停留在传统手工阶段。

五、我国政府信息中心、科技信息服务机构公共信息资源管理路径的重新定位

按照组织分类的原则划分，由公共财政支付的公共事业组织并不都是政府行政组织，也不一定都要按照政府行政系统的运行规则运转。面对信息化浪潮，国有信息机构不得不围绕"效率、效益"的核心进行管理体制改革。在我国，各级政府信息中心、科技信息机构、咨询机构等国家事业单位在公共信息资源的开发建设中曾发挥了不可替代的重要作用，但沿袭了过多行政系统信息资源管理的惯性做法，养成了封闭式信息资源循环流动的路径依赖，难以真正面向社会服务公众，面临着内部调整与公共信息资源管理策略的重新选择。

（一）我国政府信息中心发展路径的重新选择

1. 我国政府信息中心的生存定位与发展问题

在我国，政府信息中心体系依托于 20 世纪 80 年代国家经济信息系统建设。目前，不仅各级政府都设有自己的信息中心，全国 31 个省（自治区、直辖市）、16 个副省级省会城市、计划单列市、地级市以及 1 200 多个县都成立了自己的信息中心。从国家信息中心到部委、省、市、县各级信息中心及乡镇信息站、村级信息点，加上不同行业领域又分别在本系统内建有级别、规模不一的行业性信息中心，形成了纵横交错的组织网络，基本覆盖了整个社会。

这些信息中心推行国家事业单位管理体制，工作任务、人员编制以及经费均由政府主管部门指令性下达，其工作职责主要是为政府信息化提供全方位的开发、部署、实施、运营维护和持续升级服务，从硬件安装到软件开发、运营维护，从信息技术保证到信息咨询服务，涵盖了政府信息过程的每一个环节，在政府上网、网上办公、电子政务以及电子商务等项目中均发挥过不可替代的重要作用，在相当程度上，充当了我国政府信息化建设的引擎和助推器。但随着我国社会信息化进程的加快，电子政务的发展，各级政府信

息中心存在的问题日益显现，主要表现为：

（1）职能定位模糊，政事不分、政企不分

从本质上讲，政府信息中心是政府公共信息资源管理的外围行政事业型组织，是政府专业化直属机构，其与政府信息管理部门的关系是管理机构与执行机构的关系。在实际运行中，许多政府信息中心既充当运动员，对所在行业、部门的信息化建设直接进行领导，也兼作裁判员，要承担所在部门的具体信息管理项目的组织实施。过于庞杂的职责范围导致各级政府信息中心业务管理的力不从心，既容易导致公共信息资源管理的缺位，也为公共信息资源的流失、寻租打开方便之门。由于没有明确的制度安排，一些信息部门可以将属于公共性的信息管理业务与营利性信息经营行为混杂在一起，甚至是一套人马两块牌子，难以从体制运行上真正保证信息市场竞争的公平以及公共信息服务的效果。

（2）效率低下，机构重叠、人员冗余、各自为政

一方面，政府系统内部信息部门林立，统计科、信访办、秘书科等部门间业务欠缺整合，使得因循行政体制的政府信息中心在信息系统开发、数据库格式规范与转换标准、网站建设标准等方面按照体制惯性各自为政、互不兼容，数据信息分散，流通渠道不畅，造成公共信息资源管理的体制性内耗。另一方面，信息中心与部门业务协同不足，不能够有针对性地提供专业化的高水准服务，信息资源管理成本高，风险大。

（3）责权分离，有名无实

1991年，国家经济信息中心更名为国家信息中心，表明各级政府信息中心的职责定位已不再仅仅局限于为政府当好"参谋"，而定位于面向企业和个人提供全方位的信息服务。但在实际运行中，政府信息中心更多地充当了业务部门信息化推进的技术开发与维护保障职责，对行业领域信息化建设的管理、指导薄弱，主动式信息服务稀缺。"理论上，政府信息中心有推进地区或部门信息化

进程的职责，实际上信息中心却少有相应的决策权和指挥权。"①

（4）供求脱节，功能—结构异化

长期的行政化运作使得各级政府信息中心形成了体制性惰性，即满足于政府行政指令性任务，面向社会的主动性信息服务缺失，由于对公众信息需求缺少深入细致的研究，所开发的信息产品在基层信息化实践中往往会"水土不服"。如没有适当的监督制约环境，政府信息中心就有可能逐步从社会公共信息服务的代理者蜕变为垄断公共信息资源并牟取私利的特权者，这样，行政性组织就可以冠冕堂皇地凭借其外围组织的延伸不断分割并占有公共信息资源。

2. 政府信息中心的改革方向

随着我国电子政务建设的日益深化、全社会信息资源开发利用环境的不断完善，政府信息中心的改革问题已经引起越来越多的关注，2002 年"中国 CIO 年会"的重要议题之一就是信息中心如何定位与发展。综观各方言论，有关政府信息中心的调整变化主要围绕职能设计、机构重组展开，具体的模式有：

（1）技术外包

目前国际上比较流行的方法是专业的信息化服务采取外包方式，将部分或者全部网络技术改造、软件开发、系统维护等 IT 技术与服务职能转交给外部专业化 IT 组织，并支付费用。如 2002年，广东省佛山市将外贸、金融、税收、公安、交通等近 20 个领域的 50 多项信息化改造项目面向全社会公开招标。该模式的优点是：由专业化 IT 公司承担关键业务建设，既使信息中心避免了信息化项目建设失败的危险，充分发挥了 IT 企业的技术人才优势，也促使政府信息中心将更多的人力、物力、财力投入到所在部门的信息资源管理上。缺点是：IT 企业的选择至关重要，一旦选择不好，就会造成信息化建设项目的失败。民政部最低生活保障系统项目开发就是一个很好的教训，该项目最先外包给中关村一家软件开

---

① 裘涵，田丽君. 政府信息中心变革动向的研究. 中国信息导报，2005（1）.

发商，但由于软件公司内部管理变故，使得项目开发过程接连调换了三位项目经理，所开发的软件根本不能使用，只好重新开发，既耽误了时间也浪费了人力物力。

（2）IT 分离

所谓 IT 分离就是将 IT 技术部门从政府信息中心繁杂的管理系统中分离出去，形成单独的 IT 公司。2003 年 4 月 10 日，由铁道部信息技术中心牵头，会同华铁宏达信息集团，各铁路局、铁路分局及北方交通大学、铁道科学研究院共同投资组建的大型 IT 企业——中铁信息计算机工程有限责任公司正式挂牌，标志着"铁路信息化历史上一个新时刻的到来"，该公司在承担铁路信息系统运营维护、履行铁道部信息技术中心职能的同时，面向社会提供系统集成、软件开发、IT 专业维修服务等，是部委信息中心体制创新的典型。一方面，IT 分离预示了政府信息中心信息资源管理职责的加强，使各级政府信息中心能够集中精力强化对本部门、本系统信息资源开发建设的统一规划、科学领导与有效管理。另一方面，促使市场化运作进入政府公共信息资源开发建设领域，如贵州省信息中心创办了贵州黔信实业有限责任公司、贵州计算机开发公司等，努力从信息资源开发、信息咨询服务、信息技术应用以及信息技术培训等角度拓展空间。

（3）强化服务，理顺职责

民政部信息中心主任俞建良在论及民政信息中心的转型之路时指出，若想转变信息中心的职能，"十一五"期间信息中心要着重做好三个方面的工作。首先，为各个业务部门搭建基础的服务平台，这其中包括网络架构层面、信息化应用层面以及与民政业务有关的国家大型信息化工程层面；其次，与业务相关部委开展跨部门的业务合作；最后，就是进行业务系统之上的信息数据的深度挖掘。① 可见，技术外包以及 IT 分离在带来政府信息中心市场化运

---

① 张晓楠．"十一五"民政信息中心要走转型之路．http：//www. zdnet. com. cn/news/biz/story/0，3800057784，39440397，00. htm ［2006-03-11］．

作的同时，也进一步增强了政府信息中心对公共信息资源开发建设利用管理上的全面领导，促使政府信息中心将工作的重心转移到信息化规划、协调与管理上，积极进行组织内部的管理创新，更加强调对公众信息需求的把握和信息服务对象的拓展，注重协调政府、社会和企业、公众之间的信息交流，切实承担起政府宏观信息资源规划的确定、指挥和宏观管理调控职责，积极发挥所在行业区域信息化的传播中心作用。

（二）科技信息机构公共信息资源管理职能的重构

1. 各国科技信息机构的组织体系

英国雄厚的科技实力与其发达的科技信息服务体系不无关系，尽管英国政府实行的是分散化管理的科技信息政策，没有统一的科技信息管理机构，但贸易工业部作为政府科技管理的主管机构，依托大英图书馆、"全球科技观察网"等致力于为科研、产业和技术创新提供优质高效的科技信息服务。其中，大英图书馆是世界上最大的学术图书馆之一，可为用户提供的服务范围和领域包括最新资料快报、书目介绍、会议服务、在线影像资料服务、文献复制服务、信息分析与研究服务等，在信息资源建设、信息加工、信息分析研究与信息服务等方面成为世界各国的典范。而"全球科技观察网"则由英国科技部和英国贸易工作部联合创办面向产业的公益性科技信息门户网站，主要是开展公益性科技信息服务和辅助政府管理。

美国的科技信息服务体系采取的是典型的多元分散式管理体制，广泛整合政府、社会及企业各方面的资源为科技创新服务。首先，在政府体制内，早在20世纪60年代就在联邦科技委员会下设立科技信息委员会具体负责科技信息管理工作，指导各部进行科技报告编目、索引等工作的标准化。政府各部分别设立了有关行业领域的科技信息管理机构，如商务部下属的国家技术情报服务局（National Technical Information Service，NTIS）、国防部下属的国防技术情报中心（Defence Tenical Information Centre，DTIC）、能源部的科技信息办公室等。1985年，成立了美国科技信息项目高级管理者合作委员会（Commerce，Energy，NASA，Defense Information Managers Group，或 CEND I），其"使命是通过有效的科学、技术和信息支持系统，帮助美国联邦政府的各种科学技术研究计划提高效率"。① 2001 年，该委员会的 12 个成员联合成立了"Science. gov 联盟"，决定以网站形式将分散在不同政府机构的科技信息以统一入口形式向公众提供，2002 年 12 月该网站正式开通，目前，联邦政府每年 96% 研发经费所产生的科技成果信息均可通过 Science. gov 提供给用户，现已成为全球最大的科学技术信息门户。其次，各类科技协会、学会组织在科技信息服务中大显身手，如美国化学学会、生物情报科学服务处和工程师联合会等，通过出版学术期刊、生产只读光盘、进行联机检索和顶替服务等形式主动面向特定用户提供服务。此外，企业信息机构积极参与科技信息服务，有代表性的是洛克希德公司和系统发展公司的科技信息机构及联机情报检索系统。

印度科技信息机构的政府主管部门是国家科技部的下属职能机构——科学与工业研究局，该局最大的综合性科技信息单位是国家科学交流与信息资源研究所。1977 年，印度政府成立了协调管理机构——国家科学技术信息系统，统一协调国内各科技信息机构的活动，并通过一系列项目和计划，在印度国内建立了多样化的科技信息服务机构和设施，包括分布在各地的 13 个国家科技信息中心、9 个国际数据库服务国家访问中心，1 个国家 CD-ROM 出版物收藏中心，9 个国家专业科技信息服务网站和 6 个城市系统图书馆网络。

综观国外的科技信息服务机构，其组织体系及运行具有下列共性：

一是经费来源的广泛性，在以政府扶助为主的前提下，各种基金会、企业和个人往往以项目捐款的形式提供资助，同时，科技信息机构自身也积极开展有偿信息服务，以弥补运转经费的不足。

---

① 刘娅. 美国联邦政府部门科技信息建设工作及借鉴. 世界科技研究与发展，2007（1）.

二是充分认识到科技信息对于促进经济社会发展的巨大作用，面向社会，主动开展多种形式的信息增值服务，如定题检索服务、最新文献通报、国际联机检索服务、专利内容分析服务、科技发展趋势报告、技术评价与预测、提供技术方案、确定有前景的研究领域和商业机会、产业与技术咨询服务、为企业提供市场信息和竞争情报，甚至包括面向公众以及企业的信息素质教育和培训活动等。

三是均把科技信息资源的开发建设当做工作的基础环节，注意部门间信息资源的交流和工作上的协调，广泛搜集整理各类科技信息资源，充分利用和挖掘现有科技信息资源主动提供服务，积极建设科技信息数据库，网上信息整合与检索服务功能强。

2. 我国科技信息机构的发展及存在问题

1956 年，周恩来总理提出"建立科技情报机构，发展科技情报事业"的要求，当年，国家科技部直属事业单位中国科学院科技情报研究所成立（现为中国科技信息研究所），主要从事科技文献收藏与服务、数据库建设、信息分析研究、信息服务网络基础设施建设、情报学人才培养以及媒体出版等业务。1958 年，中国科学院科技情报研究所改称中国科学技术情报研究所，成为全国科学技术情报中心。在此基础上，按照政府垂直系统各部委、各省市县自上而下陆续建立了科技情报（信息）研究机构，"鼎盛时期曾达到 400 多个，已经基本覆盖我国的大中城市，形成了纵横交错的网络体系"。[①]

按照 1984 年国家科委颁布的《科学技术情报工作条例》的规定，我国的科技信息体系主要由中国科技情报研究所——专业部门科技情报研究所，省、直辖市、自治区科技情报研究所——地方科技情报研究机构（包括地市和县级科技情报机构及地方专业情报部门）——厂矿企业和科研设计单位以及大专院校的科技情报室等纵向构成；1986 年，国家科委正式印发的《全国科技情报体制改革座谈会纪要》中指出："科技情报工作……逐步推行有偿服

---

① 刘雅轩. 关于专业科技信息机构未来发展之我见. 中国信息导报，2004 (2).

务，积极开拓情报市场。"1990 年，国家科委下发的《关于科技情报研究单位增强经营观念、强化情报服务的意见》中提出要建立一种新的科技经济活动形式，满足科技进步和经济建设的需要。1992 年国家科委《中国科学技术情报发展政策》以"中国科学技术蓝皮书第六号"形式颁发，进一步明确了科技情报（信息）机构作为国家公益事业单位的政策性意见。

随着信息产业的发展，《中共中央、国务院关于加快发展第三产业的决定》中把科技咨询业纳入第三产业发展的总体规划，原国家科委在《关于推动我国科技咨询业发展的若干意见》中指出："新兴科技咨询业是以科学技术为支柱的第三产业。"并且明确了"大力扶持，积极引导，按市场机制运行，向国际规范靠拢"的总体原则，政策内容的调整意味着科技信息服务机构改革的整体推进。

经过近 50 年的发展，我国科技信息机构的队伍、规模不断壮大，业务范围已由过去的科技管理领域扩展到社会、政治、军事、经济、文化、教育等各个领域，服务对象由以往单一的政府部门、科研机构延伸到各类企事业单位，服务手段也从过去的手工操作发展到现在的数字化管理，在保留传统的复制、检索、代译、信息加工、情报研究、专利申请的代理、查新咨询等项目外，科技信息机构还利用现有的科技信息网、电子信息数据库、电子期刊等积极开展联机检索、网络信息内容定制服务等，取得了一定的社会经济效益。

不容忽视的是，随着国家科技事业的发展，尤其是科技与国民经济建设结合程度的不断加深，我国现有的科技信息机构无论是组织管理还是信息开发与服务策略等都存在一些问题，未能适应时代发展对科技信息服务的新要求。

①体制上的条块分割，分散了有限的科技信息服务能力。如前所述，我国的科技信息服务体系是按照行业系统和行政层级体系逐级划分的，类似于半官方的中心化的等级制政府机构，使科技信息服务机构之间纵向交流多，横向交流少，有限的科技信息资源被这种部门所有制分割，从而信息共享程度低，业务协作欠缺。而且各

行业系统纷纷追求体系建设的"大而全",导致信息设备、项目的重复建设。

②人员队伍结构难以适应需要。情报研究应具备交叉性和融合性,但以往从事科技信息服务工作的人员往往是按照学科进行大致分工,从资料查阅到研究报告均由个人完成,知识结构和工作视野单一,难以胜任现代科学技术多学科交叉融合的综合性信息服务要求。此外,根据中国科技信息研究所 2004 年 7 月开展的全国科技信息行业教育培训需求情况调查,目前,我国科技信息行业从业人员年龄结构偏大,35 岁以下占 26.4%,36~60 岁年龄段人数将近占总人数的 3/4;从学历层次来看,大专以下占 57.6%,本科占40.9%,硕士以上人员仅占 2.1%,整体学历层次不高①,信息深加工能力欠缺。

③创新科技信息服务动力不强。一方面,一些科技信息机构的服务视野仍局限在本系统行业内的政府行政部门与科研人员,工作内容以资料编译和文献汇编多,提供信息面狭窄,深层次信息挖掘少,创造性成果少。另一方面,长期以来科技信息机构的运行经费主要来自上级政府拨款,工作任务也由上级指派,部门领导任命以及工作考核等均由上级政府拍板。这种管理体制固然能够在短时期内集中国家有限的人力、财力和物力,集中完成国民经济建设急需的重大科技攻关项目的突击性信息服务任务,但也存在一些问题,如日常业务量不足,国家投入有限,信息服务供求结合不紧,信息产品转化现实生产力难,低水平运作等。我国科技成果的转化率大约只有 15%~20%,而发达国家约为 60%~80%,科技成果转化水平在一定程度上反映了科技信息面向国民经济主战场服务的薄弱。此外,事业化管理体制的另一后果就是科技信息机构之间缺乏有效的竞争,面向国民经济主战场、面向社会的主动式科技信息服务动力缺乏。

---

① 郝婷. 全国科技信息行业教育培训需求的调查分析. 中国信息导报,2005 (2).

3. 科技信息机构未来发展道路的选择

1999 年经国务院批准，国家经贸委下属 10 个局所管辖的 242 个科研机构率先转制为企业和科研中介机构，2000 年 5 月，这 242 个科研机构全部完成工商注册①，标志着我国科技信息服务机构的改革拉开了序幕。那么，我国科技信息机构的改革到底应该怎样进行？是完全市场化，将科技机构推向市场，通过科技信息服务的商品化来谋求发展，还是继续因循政府集中式管理，面向系统内自我循环发展？

问题的症结并不在于具体组织模式，而在于人们对科技信息服务属性的认识。与公共信息资源经济属性划分一样，科技信息资源的划分也十分复杂，从总体上讲，科技信息服务属于公共服务范畴，应由国家财政支持，这也是各国政府高度重视并大量投资科技信息行业的原因。但同时，信息体验型产品的特点决定了并不是所有的科技信息服务都具有非排他性与非竞争性特点，除基础理论学科外，许多学科领域的科技信息服务成果都可以转化为可观的经济效益，如气象信息、空间地理信息对于普通公众而言只是一般性生活知晓性信息，并不能带来直接经济收益，但对于农业、航空、交通等部门，上述信息的有效运用则会带来可观的经济收益。因而，有许多科技信息服务属于准公共服务范畴，在不同的环境条件和用户对象面前，应有所区别。在这个问题上，万方数据（集团）公司与中国科技信息研究所（简称"中信所"）的做法值得借鉴。1997 年，万方数据（集团）公司开始以企业化形式运作，但由于和中信所系两块牌子一套班子，事企不分、体制不顺，产权不清，企业核算制度不完善，初始运行并未收到预期收益。1998 年年底，中信所开始对万方公司进行股份制改造，将以往的行政隶属关系转换成资产所有者（中信所）与资产经营者（万方公司）的关系，通过合同委托的资源外包方式进一步增强了科技信息机构自身的信

---

①　符彩霞，何发. 产业化经营：科技信息服务机构的未来发展之路. 中国信息导报，2000（10）.

息服务能力。

另外，现代意义上的科技信息服务已不再是传统意义的简单文献搜集加工，而是要在网络环境下对海量信息进行甄别和组织，并根据用户需求特点进行深层次加工，以便获取和利用，这项工作本身不仅凝结了信息的运用和知识的创造，而且这种创造性劳动还是一种个性化定制劳动，不同的用户、不同的组织会有不同的信息需求，所耗费的人力、物力与财力也各不相同，完全免费提供对公众及用户群体而言也并不公平。因此，科技信息机构的改革应根据科技信息资源的属性特点，在管理体制、运行机制方面有选择地进行调整。

①准确定位，分类管理。首先应将科技信息机构定位于公益性非营利性事业单位，需要政府的宏观管理与业务指导、财政扶持。其次，在具体的体制划分上可针对不同性质的科技信息机构，如基础研究性、公益性、市场开发性、中介咨询服务性等不同情况分别采用全额拨款、差额拨款、自收自支等不同类型，选择不同的激励约束机制。在此基础上，应鼓励科技信息机构与企业、高校等不同部门间开展多种形式的合作，调动各方面力量，寻求科技信息业的发展与创新。

②整合信息资源、构筑开放式科技信息服务平台。目前，西方国家纷纷采用科技信息机构的网络中枢模式（Network Centric），就是以网络环境为科技信息服务的中心，只要有互联网的地方，就会有相应的科技信息机构随之延伸到那里。根据麦特卡菲定律（Metcalfe's law），一个网络的力量与网络中节点数量的平方成正比，不同节点之间的信息密集的相互作用就是网络力量的源泉。为进一步完善科技信息资源，建立开放式科技信息服务平台，应将各自为政的科技信息服务机构联合起来，将分散的人员、技术、信息资源等各方面的力量进行整合，形成一个以计算机网络为中枢的网络科技信息服务体系。

③研究用户需求特征，树立科技信息服务的品牌意识和市场理念。科技信息机构的信息优势与专业优势决定了其服务活动应建立

在专业化信息服务基础之上，不断拓展科技信息服务的内涵与外延，将信息提供与科学研究、咨询服务、行业预测以及企业经营等相互交叉，力求以适当的方式将信息传递给最适宜的人，进而实现科技信息服务的整体效益，不断培育科技信息服务市场，并以良好的服务品牌增加科技信息机构的社会影响力和整体实力，最终实现科技信息的有效传递，促进国家科技事业的整体进步。

第六章

公共信息资源的市场化开发利用

"公共部门远离市场机制，使我们很难评估公共行政运作的效率和价值，如果某个政府机构生产的产品不能在开放市场上自由出售，那么，便难以确定其价值。"① 无论是从产权界定、资源配置还是从政府公共信息资源管理的有限性和公众信息需求的满足等角度来看，当前公共信息资源开发建设的滞后需要有市场的强力推动来改善。

一、公共信息资源市场化开发利用的条件与意义

（一）信息资源市场化开发利用的依据

从表面上看，公共信息资源的公益性与市场化之间似乎存在着一种非此即彼的对应关系，实际上，至少在一定阶段，则是一种并

---

① ［美］戴维·H. 罗森布鲁姆，罗伯特·S. 克拉夫丘克. 公共行政学：管理、政治和法律的途径. 张成福，译. 中国人民大学出版社，2002.

存与互补关系。正如经济学家斯蒂格利茨所说："公共部门所提供的许多服务基本上具有市场的特质。"公共信息资源是一种非常特殊的经济资源，具有公共商品的巨大价值和广阔的市场开发前景，尤其是公共信息的二次利用蕴含了相当的经济利益，且一直为政府和各类信息机构所关注。

1. 公共信息资源蕴含着巨大的经济价值和潜在的市场开发前景

早在 1977 年，法国人就提出"信息就是力量，经济信息就是经济力量"的观点，在欧洲各国公共信息资源的资金投入比重中，占首位的是地理信息，包括制图、土地登记、气象服务、环境数据以及水文标识信息等；占第二位的是文化信息，如图书馆、博物馆拥有的信息，以后依次是统计信息、企业信息、专利与知识产权信息、法律信息、旅游信息以及官方文件和出版物等①，据估算，欧盟公共部门信息的总的经济价值在 680 亿欧元以上，但不同类型的公共信息所蕴含的经济价值也各不相同，地理信息、经济与社会类统计数据以及市场服务类信息的市场价值远高于文化信息（见图6-1）。

随着信息资源观念的形成，公共信息资源被视为增值服务的原材料，其内在的经济价值纷纷受到各国政府、非营利性信息机构以及信息经营企业的高度重视，一些国家把公共信息资源经济价值的开发与发展信息内容产业、振兴国内经济联系起来。因为绝大多数公共信息资源都具有准公共物品属性，可以通过有效的市场机制进行信息资源配置。即便是那些纯粹公共物品属性的信息资源，如外交信息；经过研发等深层次加工后输出的专题性报告、情况介绍、前沿预测、史实回忆等信息产品和服务就被附加了新的价值，便具有了一定的市场化运作条件。

当然，从政府及其他公共部门提供的免费或低成本收费的公共

---

① Pira International Ltd. *Commercial Exploitation of Europe's Public Sector Information-Final Report*, Surrey, England, 20 September2000, http://www. cordis. lu/econtent/studies/studies. htm.

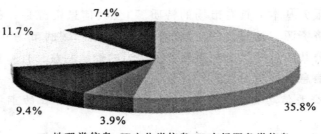

图 6-1　欧盟公共部门信息所含经济价值的比较（1999 年）

单位：10 亿欧元

信息资源到具有一定经济效益和社会效益的新型信息服务产品，需要专门人员付出额外的智力劳动、财力物力投入，如准确进行市场定位、把握特定用户群信息需求、深层次信息加工与分析、专业化信息组织等。可采取的途径包括：①信息速递，如那些注明可以免费获取的政府信息往往需要用户花上几小时前往具体办公地点才能获取，于是，信息的及时性提供因时间成本的节省便有了发展的商机。②信息增值加工，增值开发包含了各种直接的或潜在的市场机会（见表 6-1）。

表 6-1　　　可供市场化开发利用的公共信息资源类型

公共信息资源的类型	可以由私营部门提供的增值开发利用案例
气象信息	发送在移动电话里的天气预报短信、基于历史上的气象数据作出的农作物保险、期货贸易等
法律制度	在相关案例中提供法律咨询服务、收集一定地区或一定行业的法律制度原文出版、为特定用户提供原文服务等
数字地图	交通管理服务、旅游咨询、城市建设以及应急管理系统的应用等

续表

公共信息资源的类型	可以由私营部门提供的增值开发利用案例
行政许可信息	市场中介服务等
政府发布的旅游信息	旅游宣传、景点推介、为游客发送主要景点、酒店手机短信等
经济统计信息	市场分析、咨询与预测服务等
行政管理信息	开发电子政务软件、决策咨询系统等
交通数据	开发智能交通导航系统、交通声讯服务等
文化教育及科研信息	开发网上课堂、数字图书馆、数据库等

　　国外有学者认为，信息与共同参与应齐头并进，"只要让公民们表达他们的可以计量的愿望，然后由行政当局来进行短期调整，市场仍将是一个进行对比的有效场所"。[①] 当前，公共信息资源的开发利用已经渐渐发展成为一个独特的产业链，"包含了诸多可以创造新服务的巨大财富"[②]，被政府和企业普遍看好。

　　2. 公共信息资源有效供给的不足需要借助市场力量来弥补

　　根据市场规律，信息资源的丰裕度在相当程度上决定了信息市场的发展水平。在公共信息资源丰裕且任何人都可以自由享用的时候，它会被列入公共物品范畴，供人们随意获取利用而无须经过市场交易。但当这种资源变得稀缺，获取和利用就需要付出成本，人们便不能随意享用，只有付出一定的代价才能获取公共信息资源，这种情况决定了市场供给公共信息资源的必要性。对此，国外学者认为，"信息资源一方面作为公共财产，由像图书馆这样的社会公益机构管理并提供给任何需求者，另一方面又可以作为商品进入市

---

　　① 西蒙·诺拉，阿兰·孟克. 社会的信息化. 迟路，等，译. 商务印书馆，1985.

　　② Dagmar vránová. *Public Sector Information as a Source of Growth and Development of Information Society in the Czech Republic*. http：//www. \ da. brandenburg. de/media/2628/Vranova-070515. pdf.

场。问题不在于是否要在两者之间划清界限，事实上这样做也是很困难的，问题是应确定采用什么方式提供信息对用户最有帮助"。①

当然，从市场本身的特性看，市场经济制度实质上也是一种信息机制，它"有助于信息传播，并且减少了实际上可以避免的不确定性"。② 可见，公共信息资源较高的投资收益率和明晰的市场化特征使市场管理有其存在的合理性，不仅可行，而且还可以弥补政府和非营利性信息部门公共信息资源开发利用的不足，具有广阔的生存发展空间。故此，有人指出，"市场经济下的现代共享观认为共享不等于无偿使用，共享也必须在充分体现产权的基础上实现权利与义务的统一"③，在公共信息有效供给不足的情况下，市场机制在促进信息资源的交换与共享过程中具有平衡信息利益的作用。比如在一直恪守公益性服务的图书情报领域，"采用市场经营手段并不仅仅意味着增加利润，而是要通过市场导向策略，宣传图书馆的服务和产品，提高人们对图书馆服务和产品价值的认识，使图书馆成为一个主动的、活跃的组织去获得高水平的顾客满足度"。④ 私人信息企业作为一种特殊的市场型组织，其公共性既体现在以市场运作机制来提供公共信息产品，实现公共信息资源的社会共享上，也表现在对现有公共信息资源管理体制、运行机制以及效率效益的整体改革和推进上（见表6-2）。

表6-2　　公共信息资源市场化开发利用的动力因素

推动力量	追求目标	推动理由
公共信息资源管理的现实压力	更有效的政府信息资源管理——掌舵而非划桨	政府公共信息资源管理的过多干预导致的信息封锁与服务低效

---

① 沈固朝. 竞争还是合作——美国信息经纪人和图书馆的关系述评. 情报理论与实践，1994（1）.
② ［英］哈耶克. 个人主义与经济秩序. 北京经济学院出版社，1991.
③ 白洋. 信息资源共享应引入市场机制. 情报杂志，2007（3）.
④ 周晓英. 论图书馆的市场营销. 中国图书馆学报，2003（1）.

续表

推动力量	追求目标	推动理由
社会民主进程的积极推动	政府信息的公开透明与全社会的信息共享	公众信息意识提高，要求拥有更多公共信息服务的选择权，社会公共信息资源自我管理能力的提高
信息市场驱动	公共信息产品市场效益的最大化	公共信息资源具有巨大的市场开发前景和更多的商业机会，是发展信息产业的重要因素
政府公共信息资源管理的财政压力	减少对政府的过分依赖	信息技术发展进一步提升了公共信息资源生产加工成本，政府难以承担全部公共信息服务的生产供给成本

从公共信息资源的实际利用环节来看，人们对公共信息资源的利用和消费取决于向社会开放和提供的公共信息资源的数量，然而政府公共信息资源管理的实际效果表明："大量的信息资源如果不能从政府手中及时转移到市场上，信息资源的社会效益和经济效益根本无法充分发挥，我国政府信息化建设就难以健康发展。理解政府信息的资源意义，加快政府公共信息资源市场化进程，'盘活'庞大的政府信息资源，不仅是盘活国有资产存量的特殊形式，也会拉动一个巨大的信息消费市场，对于信息化背景下政府、社会和企业都是有意义和有价值的。"① 因此，美国"政府信息资源管理——A-130 文件"明确指出政府信息资源是具有重要价值的国家资源，它本身也是具有市场价值的商品。"在美国信息资源共享过程中，市场配置信息资源的共享机制是政府机制的补充，它减少了单纯的政府机制的不足，充分发挥着市场机制在信息资源配置和共

---

① 刘渊，张涛. 政府公共信息资源开发利用市场化战略选择. http://e. chinabyte. com/373/2168373. shtml.

享中的优势。"①

正如哈贝马斯所言"公共领域首先是我们社会生活中的一个领域，它原则上向所有人开放"。② 同样的信息，在不同的机制和体制下均可以发挥出不同的效益。按照经济学理论分析，从数据搜集到最终面向用户提供公共信息服务的过程是一个很长的产业链，完全由政府机构一插到底是不可能有效率的。"因为在这个产业链的两端，面对这完全不同的对象和相差极大的工作，它们需要不同的管理模式与管理文化，而任何机构要能同时适应这两种反差极大的管理文化都是极为困难的。"③ 在公共信息资源的数据搜集阶段，以规范化管理为主，注重用户信息需求的分析，要将数据原始资料准确、及时、可靠地搜集起来，强调数据的质量保证，要求数据搜集单位具有一定的权威性和覆盖面，能够在一定期限内协调、指挥相关单位提供数据是一种稳定的、程序式的工作，适合以集中的规范化机制来运作。而公共信息服务的提供则完全不同，"没有任何信息提供者设计出的现代信息产品能够满足所有用户的需要，相反，市场力量和企业家的能力对于了解用户需求、为满足公众需求所使用不同的分配和市场技术以及增值特点服务是至关重要的"。④政府及相关部门的公共供给只适用于那些普遍化共性化的信息需求，如公共气象部门通过广播、电视、报纸等大众传媒提供的天气预报，任何人都可以无限制免费获取，但若需要系列气象资料，如历史数据、未来气象预测等则需耗费额外的劳动来加工处理，由此引发的额外支出用公共财政来支付显然有失公允，市场运行机制可以协调解决这种矛盾。

---

① 陈能华，周永红，陈书华. 美国信息资源共享市场的发展及启示. 中国图书馆学报，2006（5）.

② 尤根·哈贝马斯. 公共领域文化公共性. 生活·读书·新知三联书店，1998.

③ 胡小明. 政府信息资源的市场化服务. 中国信息界，2004（5）.

④ Peter N. Weiss, Peter Backlund. *International Information Policy in Conflict*: *Open and Unrestricted Access versus Government Commercialization.* // Borders in Cyberspace, Kahin and Nesson, eds., (MIT Press 1997).

站在用户角度，现代社会民主进程的加快，一方面，公众获取政府信息的呼声越来越高，需要政府部门加大信息公开的力度，提供更为有效的公共信息服务。另一方面，用户信息需求的多样化、个性化同样反映在公共信息服务渠道的要求上，毕竟市场机制在满足特殊用户的个性化信息需求上更加灵敏快捷。

此外，政府公共信息资源管理所面临的巨大财政压力和公众不满迫使政府部门改变公共信息资源的开发利用战略。当然，为了增加税收，"一些国家开始把他们所拥有的公共信息资源视做可以出售的商品"。① 利益驱动使得市场化运作成为可能。

（二） 公共信息资源市场化开发利用的内涵及运作特点

1. 公共信息资源市场化开发利用的内涵

公共部门所生产的公共信息具有潜在的市场利用前景，同时也是私人公司进行新的增值信息服务的基础。② 国外有学者指出，市场环境下信息资源最优配置理论的主要内容是研究在给定的生产技术和消费者偏好情况下，如何将有限的信息经济资源进行分配，以便最大限度地满足人们对信息的需要。③ 市场化运作是公共信息资源管理体系的重要组成部分，以市场手段介入公共信息资源领域的目的在于将公共信息资源的开发利用纳入市场规则的约束之下，以市场化运作来维持公共信息资源供给和消费的平衡。下面以气象信息、空间地理信息的市场化运作为例进行说明。

气象信息是与公众生活密切相关的公共信息，一直以来都由国家财政支持，政府气象部门无偿向社会提供。随着社会对气象信息服务需求的增加以及气象预报准确性的提高和服务种类的增加，气

---

① Peter N. Weiss, Peter Backlund. *International Information Policy in Conflict: Open and Unrestricted Access versus Government Commercialization.* // Borders in Cyberspace, Kahin and Nesson, eds., MIT Press 1997.

② European Commission Directorate General Information Society Unit E4, Information market. *Exploiting the potential of Europe's Public Sector Information.*

③ 刘辉. 信息资源配置方式的理论模式分析. 中国图书馆学报, 2005 (2).

象信息服务的市场价值被人们所认识。"有统计显示，企业在气象上投入 1 元，可以得到 98 元的经济回报，投入与产出比为 1∶98，这就是经济学界流行的'德尔菲气象定律'。"① 20 世纪 80 年代初开始，市场机制大举进入气象信息服务领域，欧洲国家的气象局发现欧洲气象服务市场开始被美国和欧洲其他国家的商业化公司所支配，越来越多的国家允许私营气象公司提供商业性气象服务，有些国家的政府气象部门甚至转为商业性气象服务公司。截至 1998 年底，日本获得气象厅颁发的"预报业务许可证"的私营气象服务公司已达 38 家，年营业额达到 3 亿日元以上。目前，在美国大约有 300 家大大小小的私营气象公司，气象信息服务的市场化运作发展迅速。1995 年 6 月，世界气象组织第 12 次大会讨论了气象与水文服务商业化工作组（WGCOM）提交的关于国家气象资料和产品交换和商业化问题的报告和大会通过《40 号决议》等规定各会员国应免费和无限制地提供为保护人民生命、财产和福利所需要的气象基本资料和产品，同时，科研和教育界非商业性利用应免费获取，这些制度规范进一步明确了非市场化运作的气象信息类型，也为其他气象信息市场化增值加工利用提供了指导。

在地学信息服务行业，美国、英国、加拿大、澳大利亚等国家的地质调查局通过合作伙伴机制，采用服务代理机制，"由政府授权，使代理者对于公共数据具有一定的权力，如以一定的折扣从地质调查机构获得信息，对这些信息进行编辑、维护或数字化和分发服务等。并要求代理者将其服务所得收入的一部分支付给委托机构，这些资金主要用于地质调查局信息资源的维护和服务。同时，由于现代信息服务对于技术的依赖性，在发达国家，网络服务提供商也成为信息服务提供者的一部分"。②

上面案例表明，公共信息资源的市场化运作由下列基本要素构成：

---

① 姚润峰. 从服务性信息到重要新闻品种——气象新闻报道理念拓展. 中国记者，2006（4）.

② 马智民等. 主要发达国家地学信息服务现状. 地质通报，2007（3）.

①私人资本注入公共信息资源开发利用行业，而不再是单一的公共投入；

②追求利润成为重要的组织目标；

③市场供求状况成为决定组织信息经营内容、品种、规模的关键；

④信息提供内容以有增值空间的公共信息资源的再利用为主；

⑤服务对象锁定在有消费能力的特殊用户群体；

⑥市场定价的收费原则；

⑦国家对市场化开发利用的范围、秩序、价格等拥有调控权；

⑧聚焦政府信息公开，接受政府委托、许可、授权进行公共信息服务代理，与政府部门密切合作成为各类信息组织市场化运作的重要形式。

从市场对公众信息需求满足的角度出发，企业公共信息资源开发实际上是一种特殊的公众企业，其公共性体现在：①对公共信息需求反应灵敏，并借助市场活动迅速满足需求；②具有相当的社会覆盖面和信息流通渠道，不同渠道可提供不同类型和性质的信息服务；③能主动开展信息增值服务，富有内容和形式的创新性和服务对象的针对性，公共信息服务范围广泛；④在个人接收和寻求信息的过程中，利益是决定性因素。通过市场可在一定程度上调节公众的信息利益，保持公共信息市场供需的相对平衡。

"市场型信息机制的特点：①信息资源是良好编码、高度抽象的，如商品的数量和价格等；②信息系统是一种网络化结构，从而信息资源获得广泛的扩散，扩散是一种随机的过程；③信息主体是非人格化的，编码的抽象信息可以通过不受权力制约和个人情感影响的方法加以获得和传送，拥有信息的人或机构只有通过信息资源的开发，创造出新的信息，才能在市场交易中获益；④信息文化的核心价值观是信息的自主创造和自由分享。"[1] 相比较政府公共信息服务而言，美国《鲍克年鉴》1980 年的特别报告列举了为什么人们要花钱"买"信息服务的理由：①快捷，大部分信息经济人

---

①　吴永忠．论信息机制转换与技术创新．北方论丛，2004（4）．

能在 24 小时内提供答复；②熟练，了解获取信息的最快渠道，掌握了最有效的检索技能；③保密；④服务范围广，几乎涉及所有领域。①

就实际运用而言，公共信息资源的市场化运作主要集中在公共信息资源的微观管理领域，不仅包括传统意义上的文献资料服务、图书情报服务以及政府与行业的信息提供、信息咨询，而且还包括了以电子为手段、以互联网为载体的各类信息加工服务及软件服务，如以信息资源开发利用为基础的数字图书馆工程和数据库产业、以提供信息内容为主体的信息门户网站建设等，几乎涵盖信息服务业的每个领域。

从市场主体之间的有效竞争来看，公共信息市场上的竞争主要包括四个层面，一是政府信息机构与非营利性部门信息机构之间的竞争；二是政府与私人信息机构之间的竞争；三是私人信息机构之间的竞争；四是国有非营利性部门信息机构与私人信息机构的竞争。不同层面的竞争均围绕公共信息服务的内容、价格、质量、形式等要件展开，重在利用各种可供利用的有效资源来提高管理的效率。在营利形式上，除了公共信息资源的商业化运作外，还可以将公共信息资源数字化并在相关网站免费提供，通过提升网站点击率收取网络广告费盈利。

当前，私人信息企业在政府公共信息资源管理领域的技术优势与管理理念发挥着越来越重要的积极作用。在意大利，政府与商业代表机构密切合作，筹措了资金（2 500万美元），计划把众多私营商业机构（烟店、酒吧、餐馆、食品零售店……）转换成向公民提供电子服务的终端。家中或工作单位无信息上网设备的每个公民都可以通过这些终端与国家管理机关进行通信交流，需要的话，使用电子身份证或电子签名卡以辨认身份。其结果是，商人将代替第

---

① 沈固朝. 竞争还是合作——美国信息经纪人和图书馆的关系述评. 情报理论与实践，1994（1）.

一线的公务员，从而减少国家机关相关人员开支。① 在澳大利亚，政府出版服务处于 1997 年 10 月将政府出版物的出版销售等相关政府数据采集、加工等业务工作转让给 CanPrint 通信控股有限责任公司。② 在美国，随着政府文献、出版物数字化规模的扩大，政府信息资源电子获取的日益普及，尤其是 1998 年制定的《互联网免税法》对从事信息资源深加工企业的鼓励与税收扶持，进一步加强了市场机制对政府信息资源开发建设的作用。

公开出版的各类文献都属公共信息资源范畴，若按照传统图书馆的文献信息服务模式则没有盈利的空间，而当前国内外的许多信息服务机构正致力于文献信息资源的传递服务与增值服务，并创造了可喜的业绩。美国的 TDI 图书馆服务公司（TDI Library Services，Inc）是典型的采用市场运作模式进行文献传递的公司，该公司拥有分布在世界的大量图书馆文献资源，其合作者是一些世界上一流的出版商、内容提供商，如 Resource. Com 、Integrative Medicine、Oakstone medicine Publishing 等，这使得 TDI 职业的研究队伍能为顾客找到需要的任何文献，其文献传递在同行业中的速度最快、准确率最高，对文献订购的满足率高达 99.3%。当然，其服务的收费价格也十分可观，文献检索服务每篇文献 11 美元，特快服务（1～24 小时）每篇文献则高达 24.5 美元。③

成立于 1948 年 11 月被誉为美国政府思想库的兰德公司，并不是真正意义的公共信息服务机构，而是从事美国安全战略发展研究的情报研究与咨询机构。公司在成立之初就确立了明确的服务对象和业务范围，主要是接受联邦政府、各部门、州政府和公共利益部门的委托，从事重大项目的调研、咨询、方案论证工作，其基本任

---

① ［意］佛朗哥·巴萨尼尼. 提供电子政务服务和公司合作关系——有关"数字鸿沟"、"数字机遇" 和新殖民主义的警告 .//中国信息协会编著. 信息化与电子政务专辑（二）.

② Australian Government Publishing Service（AGPS）Publication http：//www. australia. gov. au/Publications，2007-12-22

③ Services & pricing. http：//sgi18. netservers/net/tdico. com/services. php4

务是对各种载体的信息进行搜集，包括机密情报的搜集，并对这些情报和信息进行研究分析和加工，强调的是对包括各种情报在内的各种形式的信息大量的积累和整合，以保证在此基础上所形成的研究报告更具权威性、全面性。兰德公司的经费70%来自联邦政府、20%来自地方政府、10%来自各种基金会，拥有员工1 100名，其中将近一半为研究人员。在运行中，兰德公司的研究报告主要分三个发行级别：第一级别是政府部门或国家安全部门委托作的战略报告、研究报告、形势发展报告等，发行名单尤其机密，不公开，有些研究报告收费高达几百万美元。第二级别是供政府有关部门参考的。第三级别是解密后在市场上发行的。从其用户构成来看，主要属于政府部门、军方和专门委托单位。

2. 公共信息资源市场化开发利用的运作特点

国外有学者认为，商业性开发公共信息或政府信息包括两个方面的含义，一是私营部门通过公共信息市场交易获取利润，二是政府为了获取额外的财政资源而面向公众提供公共信息，以免费或收取边际成本的方式公开他们所拥有的公共信息，企业则借此通过信息形式和内容两种方式进行信息增值活动，然后再由政府以市场价格出售这些信息产品。[①] 与公共信息资源的政府提供和公共信息资源的公益性开发利用相比较（见表6-3、表6-4），市场的最大特征是追求效益最大化，包括经济效益与非经济效益。笔者认为公共信息资源的市场化开发利用并不是要把现有的信息机构全部企业化，把所有公共信息资源都投向市场；而是指在公共信息资源管理过程中承认市场因素的存在，积极探讨和重视其市场个性特征与规律，适当引入竞争机制、价格机制、供求机制以及约束机制等充分调动社会资源参与公共信息服务的开发与供给过程，恰当地运用市场手段来管理和配置公共信息资源，进而实现国家以较少的资源与较低的成本投入来实现提供数量更多、质量更高的公共信息服务目的。

---

① Ohan Pas LLM（VUB），Lic. Rechten（VUB）. *The Commercialization of Government Information and the Proposal for a Directive COM*（2002）207 by the European Commission. http：//www. austlii. edu. au/au/journals/MurUEJL/2002/48. html.

表 6-3　　　　　公共信息资源政府提供与市场提供的区别

	提供内容	提供方法	提供要求
政府供给	政府行政信息、公共事业信息等，包括原始数据资料、文件等	政策、法律、税收工具以及直接投资或财政补贴等	免费或低成本提供 面向所有公众 无差别的统一服务
市场供给	有市场增值空间的公共数据、原始资料以及经过加工处理的定制服务	竞争、价格、供求关系	营利性提供 针对有消费能力的高端用户 个性化定制服务

表 6-4　　　非营利性信息机构与私营信息企业公共信息服务比较

	非营利性信息机构	私营信息企业
代表利益	公共利益、群体利益	私人利益
信息资源性质	纯公共信息资源 准公共信息资源	私人信息资源 准公共信息资源
目的	以公益为目的、维护社会信息公平	以营利为目的，实现信息资产价值的最大化
是否从事经营活动	既能从事无偿志愿服务活动，也能收取一定成本费，还可参加经营活动，但不能用于内部分红	直接从事经营性活动，但间或提供一些公益性信息服务
主要经费来源	政府拨款、社会与企业赞助捐赠以及服务成本性收费	利润及私人资本
二者关系	可在一定环境条件下向企业型公共信息服务转变	在一定政策倾斜及特定市场环境下部分地向公益型公共信息服务转化

公共信息资源市场化开发利用的前提条件包括政府公共信息资源管理与公共信息服务具体供给过程的分离、公共信息服务的市场机制、用户具有广泛选择的权利和机会。其实，所谓的市场化运作仍需政府、非营利性部门的分工合作。同时，市场化开发利用与公益性开发利用之间的界限也并非泾渭分明，非营利性信息机构参与公共信息资源开发建设往往需要借助健康有序的信息市场实现其组织目标。尽管是经营性活动，私人信息企业也会把一部分信息产品以免费提供的方式提供给社会来扩展企业影响，二者之间在一定环境条件下甚至可以相互转化。具体地讲，公共信息资源市场化开发利用的特征如下：

①公共信息资源市场化运作范围分层次化。一方面，纯公共物品属性的公共信息资源难以通过市场机制运作，准公共物品属性的公共信息资源是市场开发的主体部分。另一方面，政府文件等原始数据资料的提供是公开免费和无限制的，公共信息资源市场化开发利用的重点是原始数据资料的增值转换。

②公共信息资源管理结构改变。打破了公共信息资源管理的政府单方面垄断，私营信息部门的介入有效分解了政府及其他大型信息组织公共信息资源管理过程的结构性低效，公共信息服务的不同生产者（提供者）的产品或者服务的替代程度从无到有，公共信息资源市场因替代品的出现而形成，促使公共信息资源管理权力的分解和下放。

③公共信息资源市场属性的多重性。公共信息资源市场兼具公益性和经济性和垄断性等多重属性，其公益性体现在公共信息的生产、提供，有效保证了公众多样化信息需求，促进了全社会的信息共享；经济性体现在市场机制在公共信息资源优化配置上的积极作用，垄断性既取决于信息产业的自然垄断性也取决于政府对市场的严格干预。

④公共信息资源市场进入的条件限制。与其他市场相比，公共信息资源市场的进入门槛较高，由于自然垄断和人为因素的作用，具有一定程度的卖方垄断特征，大部分公共信息服务产业的介入，需要大规模的初始投资进行信息技术、设备以及信息资源乃至人员

准备，同时也需要庞大的运转经费来维持公共信息生产、加工、维护的日常营运。当然，公共信息资源管理领域长期以来的政府单方面管理局面也使得市场组织介入需要有严格的条件限制和完善的行政措施监控。

⑤公共信息资源管理机制的调整。一方面，市场进入的前提在于公共信息的公开，而信息公开除了需要政府信息公开法外，还需进一步完善诸如版权、隐私权等相关信息法规，以保证公共信息资源市场管理的公平有序。另一方面，在公共信息资源政府管理的基础上引入成本核算、绩效管理与竞争机制，市场激励在提高公共信息服务的有效性、满足公众个性化需求方面成效显著。

⑥政府严格干预下的市场运行机制。公共性本质决定公共信息资源市场机制作用空间的有限性，对于政府信息公开、政策性公共信息获取以及公众基础性科教文卫信息以及事关全局性公共信息，政府必须保证信息传播的效果，市场机制只能退居其次，即便是可以商业性开发的公共信息资源，政府的宏观调控仍是保证信息获取利用公平的必要手段。

（三）公共信息资源市场化开发利用的意义

有专家指出"由于政府机制在形成改进激励方面的弱点，我们可以考虑将一些信息资源工作外包给专业化的企业来做。外包的优点一是，可以请到更好的专家来从事这项工作，外包的第二项优点是有着更好改进激励机制，这将有利于不断改进系统。外包的第三项优点是可以吸收外界的新办法与新经验，而加快信息系统的改进"。① 相比较政府公共信息资源的指令性计划管理，公共信息资源市场化开发利用的价值在于：

①市场化开发利用是扩大公共信息传播范围、满足公众多样化信息需求、保持信息资源供需平衡的客观要求。

②市场手段是当前条件下合理开发利用公共信息资源的有效途径和手段，可以提高公共信息资源的优化配置程度和利用效率，减

---

① 胡小明．信息资源系统的机制改进．中国信息界，2004（12）．

少和限制人们公共信息资源消费利用过程的浪费。

③市场机制是公共信息服务创新的重要手段，政府同其他部门合作，尤其是同非政府部门合作，会更有利于新思路、新想法的产生①，推动了新技术、新方法在公共信息资源管理领域的广泛应用，不断改进公共信息服务的种类、对象和品质。

④市场化运作是降低社会公共信息资源管理成本，减轻政府信息管理财政压力，推动公共信息资源管理改革的重要举措，有助于在政府、社会和市场之间形成取长补短、有效竞争的新型公共信息资源管理体制。

（四）公共信息资源市场化开发利用的制约因素

英国学者通过案例分析认为"公共信息的市场交易需要有关信息获取和市场化运作的清晰而明确的政策界定，需要有信息管理的国家标准，需要有基于信息资产值认识的组织文化的发展以及对市场代理商和商业伙伴之间关系的有效管理"。② 在现实层面，公共信息资源作为市场交易的特殊商品，除一般商品市场管理的共性问题如产权问题、交易成本问题外，还面临着透明和公平竞争等市场化运作基础条件因素的限制。

1. 公共信息商品属性的认识问题

长期以来，人们习惯了公共信息尤其是政府信息的免费提供，且一直认为纳税人已经通过税收的方式支付了公共信息资源开发建设的费用，缺少公共信息资源市场化运作的氛围，对市场化模式持有怀疑态度，并由此导致信息消费的不足。如我国中小企业信息搜集的主要渠道是自行调研和依靠社会关系网络，购买信息的比例只占其信息总来源的8.4%。③ 美国国家癌症研究所编辑出版的《国

---

① 王小飞. 英国的"电子政府". 网络与信息，2002（1）.

② Zakaria Abd Hadi, Neil McBride. The Commercialisation of Public Sector Information within UK Government Departments. *The International Journal of Public Sector Management*, Vol. 13 No. 7, 2000.

③ 中小企业信息服务模式的国际差距. http://business.sohu.com/03/21/article202872103.shtml.

家癌症研究所》杂志一直是该领域的头号重要期刊，长期以来，主要通过政府补贴的成本性收费面向用户，每个用户每年仅收取51美元的订阅费，并免费发送给全国800多个寄存图书馆。随着杂志版权由国家癌症研究所转移到美国牛津大学出版社，杂志就不再免费提供给寄存图书馆，价格也相应提升，个人用户为每年120美元，单位用户为150美元，不言而喻，杂志的用户数量也随之下降。在威斯康星州，Clark县对数字化航空照片采用传播成本的低价回收政策，而Brown县则采用全成本回收政策，其结果是Clark县的廉价数据赢得公众的广泛使用，Brown县的情况却大相径庭。

与公共信息商品意识不强，市场化开发利用公共信息资源的观念环境欠缺相反的则是另一个极端，即公共信息资源市场化开发利用的过度，将公益性信息服务与商业性信息服务相混同，如在公共信息资源的开放获取上设置种种限制，通过排他性权力设定将公共信息资源转化为特定部门资源，尽可能压缩公益性服务空间，损害公众利益。对此，有人指出，在公共部门信息市场中，其中，影响市场竞争的一个重要因素就是难以区分商业与非商业之间信息权人的不同任务。① 即哪些信息应该公益性提供，哪些信息应该市场提供，二者间应有一个清晰的界限，但实际上无法操作，太多的自由裁量空间埋下了问题的隐患。

2. 公共信息资源市场化开发利用的环境问题

一方面，公共信息资源的产生和传递利用过程表明公共信息资源的分布具有集聚化特点，属于自然垄断行业，容易形成垄断，同时，公共信息资源的开发利用关系到国计民生，需要政府的调控和干预，健全的、可操作性的法规制度是保证市场化运作规范有序的基础。西方发达国家在公共信息资源开发利用上先后制定了一系列政策法规，包括信息公开、版权利用、隐私保护、合作伙伴关系以及定价、服务标准等。英国为方便公共信息资源增值开发者，还建立了专门的指导网页——http://www.inforoute.hmso.goc.uk/info-

① Office of Fair Trading. *The Commerical Use of Public Information*, 2006(12).

route/，通过简单友好的网络界面详细列出政府信息再利用许可办理条件，哪些信息可以再利用以及具体办理程序等相关信息。即便如此，仍然有许多私人信息企业抱怨政府的政策不清晰不透明、申报及审批程序过于繁琐，同时，缺少具体的指导和标识，让人无所适从。①

另一方面，公共信息资源的产权所有者和主要利用者为国家，市场不能自发形成，需要有政府的政策引导。但不同国家和地区公共信息资源市场化程度以及信息公开维度等导致公共信息资源市场环境的差异并产生不同的市场运作效果，有些较好地鼓励了私人信息机构参与公共信息资源开发建设，充分利用各种社会资源降低政府信息资源管理成本，形成了信息市场公平有序竞争的良好局面。也有一些国家或地区因为信息政策的不明朗导致政府信息资源管理部门与私人信息企业和第三部门组织等职责关系的模糊。"公共部门往往是某一类信息生产的唯一部门，因而具有相关信息的自然垄断特征。这会导致高费用，对某一机构的排他性特定许可或者非常有限的市场竞争者。"② 但对具体的公共机构而言则会有短期利益，可以保证一段时间的稳定收入。

3. 公共信息资源市场主体的发育程度

市场主体的成熟程度不仅决定了其在信息市场的整体运作水平和营利情况，而且也决定了其在信息市场竞争的方法手段。独立而规范的信息企业会凭借其信息技术与信息管理优势按照市场规则行事，而发育不成熟的信息企业则倾向于以非市场手段营利，如凭借与政府部门的特殊关系获得信息经营特许、通过公共信息资源的内部交易赢得超额回报等。由于参与市场化运作的信息机构往往是政府下属的公共事业性信息组织或者国有信息企业，其内部管理体制、运行机制的改革对于规范公共信息资源的市场化管理至关

---

① Jim Wretham, Helen Westhall, Adrian Brazier. *Public Sector Information-Unlocking Commercial Potential.*

② European Commission Directorate General Information Society Unit E4. *Information market. Exploiting the potential of Europe's Public Sector Information.*

重要。

4. 公共信息公开状况

信息的公开程度直接决定了政府系统以外的组织涉足公共信息资源管理领域的效果。当越来越多的信息以数字形式或网络形式存在时，企业与各类社会组织就有了从公共信息的公开透明与相关服务中获取经营性信息收益的可能。没有政府信息公开或公开力度不够，其他组织就难以介入公共信息资源开发利用的市场。尽管各国的信息公开法或公开条例等对政府信息公开予以明确，但在实际操作中，政府部门仍然可以通过一些技术性操作、身份限制性规定以及延迟信息发布等形式对市场化运作进行操纵，公共信息的二次利用以及增值服务也会因此而受到限制。

此外，公共信息资源开发利用的标准问题也是不容忽视的技术性阻碍因素，建立统一的信息资源共建共享标准既促进了政府信息资源的共享，消除了部门信息孤岛，也为公共信息资源的增值开发、市场化运作创造了条件。

二、公共信息资源市场化开发利用概况

著名行政学家文森特·奥斯特罗姆认为："每一个公民都不由'一个'政府服务，而是有大量的各不相同的公共服务产业所服务……大多数公共服务产业都有重要的私人成分。"① 信息资源的商品属性决定了信息机构经营信息的营利性行为，也带来了信息市场的形成和发展，与私人信息资源的市场化运作相比，以市场手段开发建设公共信息资源具有更为广阔的前景，无论是公共信息资源的总量还是其潜在的巨大商业价值和广泛的作用领域都是私人信息资源所不能比拟的。据有关调查显示，企业对政府的需求中，信息需求高达 72%② ，因此，越来越多的信息机构开始探寻将政府以及

① ［美］迈克尔·麦金尼斯. 多中心体制与地方公共经济. 毛寿龙，译. 三联书店，2000.

② 晏燕. 建设信息服务平台：请政府买单. 科技日报，2003-12-25.

其他公共事业组织所掌握的公共信息资源进行商业性的开发利用。

显然，政府公共利益代表的法定身份对其直接参与公共信息资源市场化运作进行了限定，公共信息资源市场开发建设的主体只能是政府行政系统之外的信息机构，包括隶属于政府部门的国有企业、私人企业以及非营利性部门中参与信息市场竞争的部分组织。当前，随着政府信息公开、电子政务的逐渐普及，有相当多的公共信息服务可以由政府部门直接完成，各种信息企业若要在公共信息资源管理领域占有一席之地，从竞争策略选择上有两种途径可供选择：一是对已经公开的基础性公共信息资源进行重新包装或者转售，二是进行具有市场前景的信息增值开发活动。在图书情报领域，从国内外图书馆事业发展的情况看，商业化的数字图书馆和电子期刊库已经成为很多大中型图书馆的总体文献资源不可缺少的组成部分。① 以市场手段补充完善现有公共信息服务体系正在成为各国公共信息资源管理的一个突出特点。

（一） 国外公共信息资源市场化运作的基本做法

1. 国外公共信息资源市场化运作的发展历程

在西方国家，公共信息资源的高价值和高效益早已成为共识，有专家估计，欧洲各国政府信息资源每年的商业价值可达 680 亿欧元②，公共信息资源的商业化运作已经成为一种跨行业经营的产业。

1983 年，英国信息技术顾问委员会出版了《经营信息》报告（*Making Business of Information*），提出应把公布政府拥有的信息作为刺激英国信息产业发展的最重要的一步，即将政府拥有的部分可公开的信息以交易的方式提供给私营信息部门开发利用，表明政府信息资源的市场化开发利用已经得到认可。此后，英国政府先后出

---

① 岳红. 国内外电子期刊检索系统比较研究. 情报杂志，2002 (4).

② Pira International Ltd. *Commercial Exploitation of Europe's Public Sector Information-Final Report*, Surrey, England, 20 September2000, http：//www. cordis. lu/econtent/studies/studies. htm.

台了一系列政策，旨在逐步减少对公共信息机构的财政支持，促使市场机制稳步跨入公共信息管理领域。如 1999 年出版的政府信息自由白皮书《王冠版权的未来管理》绪论指出："需要区分根据信息自由法披露信息以及随后的信息利用和二次利用之间的区别，在信息自由法中，王冠版权大部分仍被保留。"① 根据这一规定，可以免费公开的政府信息并不多，大部分政府信息需由政府机构根据公共信息的作用范围、载体类型以及用户特点等通过发放各种信息使用许可以及收取年费等形式获取。为鼓励政府机构把所拥有的公共信息资源更好地推广传播给更广阔的市场，2002 年英国制定了《信息公平贸易者方案》，鼓励王冠版权材料和其他公共部门信息的再利用，并要求公共部门能够合理的、一致的和公平的对待信息再利用者，以创建公共信息再利用的公平环境。同时，在公共信息资源的市场化运作上政府各部门纷纷大胆尝试，如将大批政府数据部门改为"半自立"的政府基金部门，明确这些政府机构有权利保留和使用公共信息服务收入，尽量依靠用户的信息消费收入维持机构运转，但须按照运营成本结构比例抵消运营费用。同时，规定政府部门开发新的数据产品和服务应符合该机构的主要职能目标，如果需要大量投资的公司合作项目就应交给私人信息企业承担。②

在挪威，1994 年出版了有关公共信息定价的白皮书，白皮书中将公共信息类型划分为 5 类，依次为公民义务的信息、公民权利的信息、某些公民权利和义务的信息（出于官方的介入才给了这些人获取信息的法定权利）、关于官方问题的一般信息、由政府建立的其他类型的信息（如地理信息等），并明确公共信息应当免费，但也可以出售。前三类信息的获取对于普通用户应当免费，但对于商业性开发利用的机构则要收费，而后两类信息任何人和机构

---

① Minister for the Cabinet Office. *The Future Management of Crown Copyright*. March 1999, http：//www. hmso. gov. uk/document/cpy-00. htm.

② *Policy and Guidance Note*, *Enterprise & Growth Unit HM Treasury*, Selling Government Services into Wider Markets, July 1998.

的获取都应收费。①

在欧洲，这种以成本回收模式开发建设公共信息资源的做法逐步被各国采纳，早在 1989 年欧共体就发布了有关公共信息资源开发的一系列指导意见（*CEC*1989），1999 年 1 月，欧共体出版了绿皮书《信息社会中的公共信息》（*GEG*1999），就公共信息的再利用问题展开了广泛的讨论，其中，信息产业界组织强烈希望通过强有力的立法来改善欧洲公共信息资源再利用的环境。如欧洲信息工业协会向欧洲委员会递交的《关于访问政府信息内容范围的可能方针呈递书》中，明确倡导在互联网上尽可能提供政府信息，并指出这将提高对私有部门经营者提供的增值信息服务的需求。2003年 11 月 17 日欧洲议会和立法委员会的指导意见《关于公共信息资源的再利用》正式通过，规定公共部门信息再利用的总收入不得超过信息搜集、制造、复制和传输文档的总成本，以及合理的投资回报。目前，在捷克共和国，从事公共信息资源商业性开发利用的企业激增，市场化公共信息服务类型不断增加，收效明显（见表6-5）。上述文件的大力推行，表明不仅公共信息资源的市场开发普遍被各国接纳，而且还促进了欧共体范围内公共信息资源的跨国界开发利用。

表 6-5　　　捷克共和国公共信息商业性增值开发利用情况②

公共信息种类	参加公共信息增值开发的企业数量（单位：个）	总体税收（不只是公共信息再利用收入）（单位：百万欧元）
市场信息	50	46
地理信息	35	128

① M. Craglia, A. Annoniand I. Masser. *Geographic Information Policies in Europe：National and Regional Perspectives.* http：//www. ec-gis. org/ginie/doc/Gipolicy99. pdf.

② Dagmar Vránová. *Public Sector Information as a Source of Growth and Development of Information Society in the Czech Republic.*

续表

公共信息种类	参加公共信息增值开发的企业数量（单位：个）	总体税收（不只是公共信息再利用收入）（单位：百万欧元）
气象信息	12	32
法律信息	10	13
交通信息	10	10
社会信息	8	5
其他信息	20	7

美国公共信息资源的市场化运作是通过一系列法律体系的建立健全来实现的。

①规范的信息自由法，使任何公民和组织都有权免费访问政府信息，其中"免费访问"的含义并不单指免费使用或者复制信息的权利，而且还包括了以低成本获取信息的权利①，为公共信息的商业化运作创造了基本物质条件。

②政府信息无版权，美国宪法第一修正法就具体提及美国信息政策，并有一条补充禁令，该禁令不允许联邦政府使用版权。基于政府信息应被公众及时公平利用的理念，1976 年的版权法强调"保护信息拥有人的权益"，以此鼓励人们继续投资生产更多更好的信息，同时，也清楚地规定禁止联邦政府机构对自己的工作成果拥有版权，实际是将所有联邦政府的信息置于公共领域。

③政府信息收费通过收取边际成本的办法，仅限于信息分发和再生产的成本，表现了信息供给的极大福利性。无论是《文书削减法》（PRA）的 3506 节还是管理和预算办公室（OMB）颁布的A-130 号法令《联邦信息资源的管理》中的 8. a 节都规定了联邦政府机构不得以政府信息向用户收取超过其传播成本的费用，所谓的

---

① Stephen C. Guptill, Diane F. Eldridge. 美国的公共数据政策及定价. http：//218. 244. 250. 72/xiangguanziliao/A17. htm.

信息传播成本不包括最初搜集和处理信息的费用。同时，均鼓励公共资金、私人资金介入政府信息资源开发领域，赞同政府信息资源的多样性开发。

④对公共信息资源的开发和再利用没有限制和约束，认为这是信息获取权的重要组成部分。根据美国法律，联邦政府不得从事有关政府数据的营利性商业活动，但政府鼓励私人企业参与公共信息资源开发建设，允许其利用政府数据库进行信息增值，任何公民、组织可以以很低的价格获得并开发掌握在政府手中可公开的公共信息资源，如提供政府原始文件、数据内容的出版服务可以创造出新的信息服务形式。对于已经形成市场价格的信息，政府可按市场价格出售，尚未形成市场价格的信息，政府最初提供给私营部门时只能收取信息成本费。

上述做法的实施，既保证了所有公民和机构都可以获取公共信息，促进公共信息在全社会的自由流动，也促使越来越多的商业机构、信息组织通过加工政府部门或者其他公共部门开放的原始数据，进行公共信息增值、销售信息产品营利，并由此导致针对公共信息资源的实质性市场活动。据专家估计，美国公共信息资源的市场要远远超出欧洲，政府信息市场价值约为 7 500 亿欧元。①

目前，美国政府信息资源管理机构与私营机构之间在公共信息资源开发建设中已经建立了亲密合作的伙伴关系，许多私人信息机构活跃在信息市场，这些机构的主要业务是对政府部门的原始数据集进行信息增值。尽管政府部门可以搜集大量的信息但并没有基于信息传播的搜集目的，私人公司进行增值信息活动可以提高数据利用质量，如统一信息形式、连接其他数据、扩大信息覆盖面、改进信息品质特点、增加数据获取路径等。② 需要说明的是，为确保原

---

① Pira International Ltd. *Commercial Exploitation of Europe's Public Sector Information-Final Report*, *Surrey*, England, 20. September2000, http：//www. cordis. lu/econtent/studies/studies. htm.

② *Proceedings of the seminar Free accessibility of geo-information in the Netherlands*, *the United states and the European community hold on October* 2，1998. http：//www. ravi. nl/projecten/98wstoegankelijkheid%202okt. htm.

始公共数据的开放，联邦政府规定，任何使用政府数据开发的私人数据库必须标明信息来源为政府。同时，"几乎所有的免费信息都有信息的版权说明，十分明确地表达了出版者对于发布信息的法律责任"。①

2. 欧美国家公共信息资源市场化运作的不同策略及理由、效果比较

尽管各国已经充分认识到公共信息资源市场开发管理的可能性与必要性，但在市场开发的程度，尤其是公共信息的定价和政府信息收费原则等方面，欧美国家仍存有一定的分歧。概要地讲，欧洲国家普遍奉行公共信息的成本回收思想，允许包括政府在内的公共信息资源的商业性运作，其理由是：

①成本回收能降低国家公共信息资源管理预算，将费用直接加在使用者头上，而不是让所有人都掏腰包。

②可以促使政府和各类公共部门能够针对信息市场需求作出更快的信息反应。

③政府和其他部门凭借其对公共数据的所有权、使用权而进行的商业性信息开发是进行有效的公私协作的先决条件。

④如果公共信息成本回收效率高，那么公共数据覆盖的范围就会更广、更新速度就更快，进而推动公共信息资源的全社会共享。

⑤公共信息资源的商业性开发可以激发调动政府部门、第三部门和企业组织参与公共信息资源管理的积极性、主动性，不断创新公共信息服务模式以及服务品种质量，进而为纳税人谋利。

有学者认为，"当政府部门在寻求将他们持有的信息商业化时版权的利用就显得特别重要"②，也就是说，成本回收做法的一个基本前提就是国家要有明确的和执行有力的版权法以保护公共信息资源不会未经授权而使用、传播，"同时对于数据的发布，应该与

---

① 林涛. 美国旅游地游客信息中心免费信息研究. 旅游科学, 2005 (1).

② Peter N, Weiss, Peter Backlund. *International Information Policy in Conflict*: *Open and Unrestricted Access versus Government Commercialization.* // Borders in Cyberspace, Kahin and Nesson, eds. , MIT Press 1997.

用户签署具有限制性的数据使用协议（例如禁止拷贝、再传播等）"。①

相比之下，美国公共信息的自由访问与政府低价传播的模式成功刺激了各类信息机构参与公共信息资源开发建设的积极性，并在气象信息、专利信息以及地理信息的市场化开发利用方面取得了明显成效，为公共信息市场的繁荣创造了良好的外在环境，其理由如下：

①公共信息资源的搜集、加工等已经由国家财政支付，无需重复付费。

②政府和其他公共部门若完全以市场定价收费则会阻碍私营信息机构和第三部门的信息获取，提高其信息增值服务成本进而抑制这些组织参与公共信息资源开发建设的积极性和创造性。

③若将公共信息资源作为纯粹的商品来买卖，会导致信息市场中政府和其他公共部门与私营信息机构、第三部门之间公共信息资源的不公平市场竞争。

对于这种收取边际成本的做法，也有一些人提出异议，主要观点是既然政府数据、信息的获取只收取边际成本，以低成本的方式提供给了私营信息机构，那么私营信息机构是否侵占了公共利益？相比信息市场的其他交易，这种做法是否鼓励了企业以不公平的方式参与信息市场竞争？是否所有机构都应以相同的价格获取公共信息、公共数据？②

从实际作用效果看（见表6-6），美国公共信息资源市场化开发利用模式收效明显，政府部门通过国家财政资助公共信息的搜集、生产，并向社会公开，鼓励了非营利性信息机构和私人信息部门的发展、创造了更多的信息产品和信息服务类型，也增加了就业机会和税收，只是难以计量其对经济增长的影响。而欧洲国家政府

---

① 姜作勤等. 主要发达国家地质信息服务的政策体系及特点. 地质通报，2007（3）.

② Fritz H, Grupe. Research Commercializing Public Information: A Critical Issue for Governmental is Professionals. *Information & Management* 28（1995）.

部门直接介入公共信息资源商业性再利用的做法遭遇了来自公众、私人企业以及政府部门自身的批评，很多学者提出其实质是公共财政在不同政府部门间的转移支付，并没有真正节省资金。

表6-6　欧盟和美国公共信息资源商业性开发的潜在市场价值比较①

	欧洲（单位：欧元）	美国（单位：欧元）
投资价值	95 亿	190 亿
经济价值	680 亿	7500 亿

荷兰内政部的一项委托研究表明，"当公共数据以边际成本价格出售时，产权效益最大。所谓边际成本是所有与公共信息传播有关的成本，包括出售、促销成本、人力以及信息技术成本等"。②尽管人们对空间地理信息有多少是公共部门生产的比例一直存有争议，普遍认为估计范围在 70% ～95% 之间③，作为准公共信息资源，其市场开发利用的前景最为看好，但荷兰联邦地理数据委员会的一项调查结果再次说明，"降低市场上地理数据价格 60% 会导致每年数据流通量增长 40%，外加大约 800 人的就业增长。那些以较少价格获取公共信息的公司还会将节省的投资用于新产品的开发，进而扩大潜在市场范围和份额"。④ 同时，美国一项对欧洲环境数据商业化开发利用的研究表明：那些将知识产权运用到政府数据的国家，限制了政府搜集数据的利用范围，并在科学研究的信息

① Peter Weiss. *Borders in Cyberspace*：*Conflicting Public Sector Information Policies and their Economic Impacts.* http：//www. weather. gov/sp/Bordersreport. pdf.

② *Berenschot and Nederlands Economisch Instituut*（2001）*Welvaartseffecten van verschillende financieringsmethoden van elektronische gegevensbestanden.* Report for the Minister for Urban Policy and Integration of Ethnic Minorities. http：/ftp. cordis. europa. eu/pub/econteut/docs/acte-pt. pdf.

③ Roger A, Longhorn. *Spatial Data Infrastructure and Access to Public Sector Information*：*The European Scorecard at* 2002.

④ *Ravi Bedrijvenplatform*（2000）*Economische effecten van laagdrempelige beschikbaarstelling van overheidsinformatie.* Publication 00-02.

整合和共享上形成障碍。①

尽管二者在政府信息公开、收费以及市场开发的策略、步骤等方面有明显差异，但本质都是将市场机制引入公共信息资源的开发利用环节，最大限度地吸引市场力量的参与，降低政府资金投入，实现公共信息资源的资产价值。同时，不可否认的是，公共信息资源的市场化运作离不开政府的支持、参与和调控。毕竟全社会80%的信息资源都掌握在政府手中，任何信息机构的公共信息资源开发建设活动都不可避免地要与政府合作，取得政府支持，以获取原始公共数据、取得信息经营资格。而政府在信息化建设时也要考虑同私营信息企业及其他自愿承担公共信息服务的组织合作，这种合作不仅实现了政府与信息企业之间在技术、资金、人力等方面的相互补充、相互促进，而且也是公共信息资源开发和管理模式的相互融合与创新。

3. 西方国家公共信息资源市场化开发利用的运作模式

气象信息资源市场化开发利用情况具有一定代表性，从西方国家气象信息服务市场化运作模式来看，可分为三种模式：

（1）美国式的——公私分明型

美国气象信息服务市场化运作的时间最早可以追溯到第二次世界大战以后。1953年，产业部部长提交了一份题为《天气是全国人民的事》的报告，建议气象局鼓励发展私营气象服务。1977年，气象局设立了"产业气象特别助理"，专门负责处理气象局和私营气象部门的联系，1991年，气象局又进一步明确了在气象信息服务中公共/私人气象服务的伙伴关系与各自职责，以免发生不必要的竞争。

与美国政府信息资源开发利用政策一致，政府气象部门与私营气象信息服务商之间组织边界清晰，基本气象信息服务如公众气

---

① *Resolving conflicts arising from the privatization of environmental data//Committee on Geophysical and Environmental Data. Board on Earth Sciences and Resources. Division on Earth and Life Studies.* National Research Council. National Academy Press, 2001.

象服务等由政府气象部门和部分私营气象信息服务商承担，而面向特定行业、特定人群的针对性气象服务则交由私营气象信息服务商完成，但政府气象部门必须公开原始气象数据资料。

私营气象信息服务商根据市场需求采用公司化运作，广泛涉猎航空航天、远洋运输、能源交通、国防、商业、农业、电子信息等领域的气象服务。

（2）英国式的——公私竞争型

英国政府气象局直接参与气象信息服务的市场竞争。气象局在面向社会提供公众气象服务的基础上，与私营气象信息服务商一同积极开展商业性气象信息服务。为有效开展气象信息的商业化服务，气象局设有专门的商业产业部，全面负责气象信息产品的市场营销、产品开发、生产及服务供给等业务。目前，在英国整体气象信息服务市场中，已形成了稳定的二元格局，即气象局的商业气象服务占70%，私营气象公司占30%。

从1996年4月1日开始，政府不再给气象局直接拨款，而是通过气象服务收费实现经费自收自支。其主要经费渠道有两个，一是由信息服务、气象咨询、气象软件、业务网络等商业性气象信息服务收入构成，占总收入的15%；二是面向政府及其他公共部门气象服务收费，也称贸易基金（Trading Fund）。英国政府规定，政府部门和单位必须使用英国气象局提供的气象服务，而不能自行使用私营公司的产品，同时，这些部门所支付的费用除直接服务成本外，还包含一定的气象基础设施建设费和维护费在内。

此外，还有部分国家如新西兰通过将政府气象部门改组成气象服务公司，以签订合同的形式，与相关行业及政府部门、企业和公众之间形成稳定的气象服务关系，即按照国有企业的运营模式，成立董事会，实行完全市场化运营并上缴利润。

上述案例表明，公共信息资源的市场化开发需要有政府的直接支持和参与，归纳起来，国外政府与私人信息企业的公私合作形式有三种：

一种是政府以股东形式直接与信息企业合作，将公共信息资源的开发建设任务委托给市场。如加拿大最富有的和人口最多的安大略省与一个工业财团合作，进行该省土地登记系统的自动化，通过共同操作一个事业公司的做法进行地理和土地记录数据传播，并由此产生了太拉网土地信息服务有限公司，该公司由政府和一些私有投资者分占大致相等的股份。

另一种模式是政府以特许授权的方式间接进行公共信息资源的市场化运作。在美国，并不是所有的政府部门都有权获得政府有偿信息服务的收入，国会往往会特别指定一个机构持有基金保留权，若没有基金保留权，即便是政府信息服务的成本性收费也要上缴政府财政，这样，提供服务的政府部门则失去了降低信息成本、开发新的信息服务的积极性。因此，通常的做法是，一个机构可以通过另一个有基金保留权的机构来传播其产品进而收取费用，典型的案例就是美国国家技术信息服务中心（NTIS），作为政府主办的自负盈亏机构，该中心已经为很多机构担当了该角色。

还有一种形式就是政府与其下属的国有企事业单位合作，从广义理解，这些国有信息机构都是依法建立，具有一定商业性的政府外围组织，这些机构可以合法地向市场也包括其他政府部门提供专业化的公共信息服务并收取费用。如英国政府的主要数据部门就比较特别，几乎都以基金部门形式出现，这些部门并不是单纯意义的行政管理部门，而且还有销售原始数据的特权和增值数据的权利，但同时也承担了更多的责任，需要依赖市场求得生存发展。

从各国公共信息资源市场化运作中政府的参与方式来看，可以划分为以下三种：

一是政府部门不直接参与市场化运作，但鼓励私人信息机构开展公共信息资源开发建设，如美国、泰国等，即使是有限的政府信息服务收费也只是象征性的低成本收费。

二是政府部门直接开展市场化公共信息服务，国家财政全额划拨公共信息管理经费，其收费全部上缴国家财政，如联邦德国自1975年开始进行气象信息的商业化服务，1996年气象信息服务收入2 000万马克全部上交国家财政。

三是政府部门下属的国有市场型信息组织凭借行政隶属关系和专业化优势开展市场化公共信息服务，但收费不上交国家财政，而归所在政府部门及相关信息机构所有，以弥补国家在行业性公共信息资源开发建设经费上的不足。故此，有一些国家政府下拨的公共信息资源管理经费往往只是公共信息资源开发建设所需经费的一小部分，其余大部分的经费开支则来源于市场化公共信息服务的补充。我们仍以气象信息服务为例，在日本，受气象厅委托成立的日本气象信息股份有限公司立足于气象厅信息服务不能满足的特殊需求用户和防灾信息提供服务，每年的营业额都高达 70 亿日元以上，较好地补充了国家气象信息管理经费。

除与政府的积极合作外，图书馆、信息中心等公益性信息部门与信息企业的联合也是公共信息资源市场管理的重要渠道，一般情况下，是以承包的形式将图书馆或者信息中心等部门的核心业务甚至具体运行都承包给私营信息机构。1997 年，美国马里兰州的一家私营信息机构——图书馆系统与服务公司（Library Systems and Services Inc）就承包了加利福尼亚州 Riverside 郡的所有图书馆服务，1998 年，该公司又承包了新泽西州泽西市的公共图书馆服务。①

公共信息资源所蕴含的无限商机促使各类出版商、文摘索引商、数据库服务商、零售商、信息技术提供商、信息内容服务商、集成化信息提供商等形形色色的信息经营机构认真研究信息市场规律，准确把握用户需求特点，并结合自身优势介入公共信息资源的市场化运作。在国外电子期刊市场，以营利为目的的商业化出版公司积极介入学术期刊市场，因资金雄厚、技术先进、出版工艺强、声誉影响好而占据了电子期刊市场份额的 1/3，直接面向特定用户提供服务，收入稳定，盈利水平逐年提高。其中影响较大的有美国的 Academic Press、John Wiley、Nature Publishing Group 以及荷兰的 Elsevier 公司等。面对 Google 进军图书检索领域的积极作为，目前仍占据网络搜索市场第一位的 Yahoo 也与奥多比（Adobe）、惠普（HP）等多家知名企业与非营利组织共同组成业内开放内容联盟（Open Content Alliance，OCA），共同致力于建立文字与多媒体的线

---

① Olson R, Glick A. Outsourcing probed. *School Library Journal*, 1997 (6).

上数据库,其初期运作仅针对版权已经过期的图书进行索引与数据库的建立,并将具体的经营与运作交由一家位于旧金山的非营利组织。市场机制的积极作用不仅促使大量存储在各类信息机构的文本公共信息资源跃上 Web 服务器,而且面向市场全天候开放式服务既扩大了公共信息服务范围和服务品种,提高了信息机构的市场开拓能力,同时,不同信息机构间基于合作的信息共享(通过购买链接)也加快了信息资源更新速度,进而增加了社会公共信息资源总量。

就本质而言,公共信息资源管理的最终目的是为任何人、任何组织在任何时间和任何地点提供有效的公共信息存取路径,而市场管理的价值就在于在公共信息资源稀缺的环境下借助市场激励调动一切社会资源,实现公共信息资源生产与消费、成本与收益、权利与义务以及行为与结果的统一。在这个过程中,私人信息企业的价值则表现在增值信息服务和个性化信息服务的提供上,因为"私人部门会有创新的激励以使自己提供的信息服务领先于政府部门"。①

需要说明的是,私人信息企业的运作并不一定完全遵循有偿收费的市场经营原则,在公共信息资源开发领域,为扩大企业影响、提升知名度和企业网站的点击率而免费或者低价提供公共信息已经成为当前信息企业市场化运作的新型手段,尽管是以公益性行为出现,但其最终手段仍然是谋取企业经济利益。如"美国的堪萨斯信息网是由一个私营的、营利性的信息社团所管理,但网站上80% 的信息都是免费获取的,剩下的信息仅需支付每年 50 美元的年费外加一次交易费即可获取"。②

---

① Johan Pas LLM (VUB), *Lic. Rechten (VUB). The Commercialization of Government Information and the Proposal for a Directive* COM (2002) 207 by the European Commission. http://www.austlii.edu.au/au/journals/MurUEJL/2002/48.html.

② Gellman, R. *The Foundations of United States Government Information Dissemination Policy*, *ITA Access and Ownership of Public Sector Information - International Symposium Vienna 7 December* 2001. http://www.oeaw.ac.at/ita//access/abstracts.htm, [2002-07-27].

　　目前，西方国家在公共信息资源市场化开发方面的讨论主要围绕如何调动私营信息企业的积极性、保持政府部门与私营部门的有效合作而展开，美国的一些做法值得我们借鉴。

　　附：

美国公共信息资源市场化运作的案例说明①

　　美国正在开发一个有趣的经济技术模式，该模式将促使政府机构更多地向纳税人开放公共信息。许多州尝试利用私营公司在网上提供公共信息，并不断从以往的经验中吸取教训。随着这些经验的不断积累，该经济技术模式也在不断发展。最近，这一模式的创造者指出，其前提是继续支持政府信息开放的传统原则；在政府机构和高度发展的信息公用体系之外，以营利为动机的私营公司，要在为公众生产和提供信息方面，发挥更大的作用。

　　在这个模式里，私营公司，被利用来建设和扩充向公众开放的在线政府信息体系，开发对信息市场和私营企业极具价值的政府信息，并收取一定的使用费，以资助和进一步扩充对公众免费开放的政府信息体系。这个模式的优点在于，所有政府数据，包括有商业价值的数据，经过一段时间后都会变成所有社会成员都可以免费使用的在线信息。

　　按照这个模式，一个州政府可以与私营承包商签订合同，比如说为期5年，承包商对它所创造的任何在线数据或信息不享有知识产权，该州拥有该承包商生产的任何软件的永久许可权和所有权，以使该系统模式生效。一旦承包商一方要撕毁合同，或该州想另寻其他承包商，这种模式可以保障该州的公共利益。实施这一系统的设备完全按租赁方式供给，而无论租赁还是购买，如果该州要另找承包商，有权收回租赁的设备。实际上，该州没有负担任何预先支出费用，如果不能完成州政府

---

　　①　Harlan J. Onsrud. The Tragedy of the Information Commons. In Taylor, F., ed. , *Policy Issues in Modern Cartography* (*Oxford: Elsevier Science*) 1998.

要求的信息服务，承包公司的股东或业主就要承担一切经济损失。

为了发展这样一种在线政府信息系统，最初的目标将是：系统中90%的信息可免费提供给大众，而对另外10%极具商业价值的信息，按政府需要收取准许费、法令规定费用和分发信息的费用。政府数据和信息本身仍旧要本着信息公开的原则直接对大众开放，但由承包商增加的电子信息服务，只有在付费以后才能利用。企业似乎很乐意为这部分服务付费，也就资助了更多其他重要政府信息的公开。它们的公开虽然可能对商业界价值不大，但对公民会很有利用价值。

假设政府机构当前为公民办理执照要收取5美元。公民想从网上获得这项服务得支付6美元，其中5美元由承包商交给政府机构，使机构仍像过去一样可以收取这笔费用，但是不会再有那么多人上门了；另外1美元则用来扩大公民使用所有州政府在线信息的能力。这1美元怎么花，不仅由与私营公司的合同条款决定，还由有公民、政府机构和商业界三方代表组成的管理理事会决定，理事会的人员任命由州长决定。这1美元中的6美分可作为承包商的利润，另外94美分用在雇用工作人员、制作免费信息和额外网页服务、与政府机构协作以满足政府要求和支付所需的软硬件费用等方面。哪部分政府信息，什么时候在网上公开，要在征求了政府机构、政府企业、公民代表和承包商的意见后，由监督理事会决定。

在有些州，政府机构乐于让私营企业代行网上发布信息的服务。这样做可以减轻政府机构回复各种有关许可和档案开放的要求。一旦可以在网上处理对政府信息的要求，这种要求的数量就会激增。因为公民和企业可以更加方便地获取所需的信息和许可了，在某些方面的需求增加，能引起支付给政府机构的服务费上扬。另外，各州之间的信息交流也增加了，一个州的政府信息能更好地为公民利用的话，也就能更好地为其他州政府机构的人员利用。

（二）我国公共信息资源市场化开发利用的现状

1. 我国公共信息资源市场化开发利用的发展进程

与西方发达国家相比，我国公共信息资源的市场化管理才刚刚起步。改革开放以前，公共信息资源的商品属性和信息加工的劳动价值均被"国家拨款"和"计划性任务"所掩盖，公共信息服务除了政府的直接提供外，主要以图书馆、档案馆、新闻出版单位、广播机构等国家事业单位的公益性服务为主，基本上没有现代意义的公共信息资源市场化管理。

1980 年国家实行科技成果有偿转让制度，确认了技术与知识信息可以作为一种商品进入流通领域进行交换。同年 8 月，我国第一家专门从事信息交易流通的机构——沈阳技术信息服务公司成立，揭开了国内信息市场服务的序幕。① 1991 年我国《国家科学技术情报发展政策》明确承认信息的商品属性，其中第 52 条至第 55 条详细阐述了市场化管理的基本思想：

> 52. 情报产品属于知识形态产品，具有商品属性。在生产、传递和流通过程中，要发挥计划和市场调节的作用，促进产品的快速流通和充分利用，满足社会的需求。

> 53. 科技情报机构必须增强经营观念、深化情报服务，一方面坚持做好技术基础工作和社会公益性服务；另一方面加强情报经营，引入服务经营机制，建立起新的科技情报经济活动形式和服务经营体系。加强大宗的和外向型情报产品的生产和经营活动，不断扩展社会服务，提高自我发展能力。

> 54. 科技情报机构要加强横向联合，积极向经济、社会领域延伸，不断扩大有偿服务范围，利用各种渠道，大力开拓国内外市场，加速情报产品的商品化进程。

> 55. 在服务经营过程中，要正确处理社会公益性和有偿服

---

① 张忠秋. 我国信息服务业发展中的问题与改革策略. 郑州大学学报，2003（5）.

务的关系。要考虑经济效益，也要注意社会效益，提高服务质量。在收益的分配上，要贯彻按劳分配和兼顾国家、集体、个人利益的原则。

1992 年，党中央、国务院《关于加快发展第三产业的决定》进一步明确要把信息，包括咨询业作为新兴的第三产业来加速发展。同年，国家科委颁布《关于加强发展科技咨询、科技信息和技术服务业的意见》。2001 年 12 月，中共中央政治局常委、国务院总理、国家信息化领导小组组长朱镕基主持召开了国家信息化领导小组第一次会议，会议指出推进国家信息化，要坚持面向市场，需求主导，既要培育竞争机制，又要加强统筹协调，努力为信息化建设创造良好的环境。《国民经济和社会发展第十个五年计划信息化重点专项规划》指出信息资源开发、利用和共享是信息化发展的基本趋势，要通过有效的政策措施和法规，充分发挥市场机制的作用，加大信息资源开发利用的力度，促进信息资源的优化配置。

2004 年 10 月国家信息化领导小组第四次会议提出要推进体制和机制创新，发挥市场机制的作用，提高信息资源开发利用的效率和效益。① 2005 年 11 月，国家信息化领导小组第五次会议审议并原则通过《国家信息化发展战略（2006—2020 年）》，这次会议强调要坚持以市场和社会需求为导向，以企业为主体，充分发挥市场机制在信息化发展中的重要作用；同时加强国家宏观引导和调控，促进信息化健康发展。国家有关部门提出要规范政府信息资源社会化增值开发利用、支持鼓励信息资源的公益性开发利用、加快信息资源的市场化开发利用，并将其列入"十一五"专项规划。②

为进一步推动公共信息资源的市场化管理，加快公共信息产业的市场化运作，我国已先后出台了《非公有资本进入文化产业若干决定》和《中共中央国务院关于深化文化体制改革的若干意见》

---

① 刘国光. 党和政府推进中国信息化. 中国信息界，2004（5）.
② 赵小凡. 信息资源开发利用是国家信息化的核心任务. http: // www. chinaird. com/zxf. html.

等政策文件，逐步为市场机制的介入创造良好的体制环境，并深化了我国现有公共信息资源管理机构的改革，一大批国有事业型信息机构开始转制走向市场，实行企业化经营；同时，私人信息机构也大量涌现。

2. 我国公共信息资源市场化开发利用的现状

随着国家信息化建设进程的加快，政府对信息资源重要性认识程度的加深，我国公共信息资源的市场管理条件逐渐具备，许多图书情报机构、政府信息中心、民办信息机构以及信息企业开始涉足信息服务业，服务内容不断升级，从最初以提供题录、文摘内容为主的低端服务向各种各样的全文文本检索服务再到 ISP/ICP 信息服务提供网站导航、搜索引擎、商情等信息服务乃至延伸到现代的电子商务、电子政务、在线教育、在线保健等内容。传统信息服务业逐步向网络化方向发展，数据业成长迅速，数据库量成倍增长，初步形成了一批既有商品化信息系统集成能力，又具有大型信息工程建设经验的信息企业，信息咨询业异军突起，并渗透到国家经济、文化、教育等不同领域，对于促进公共信息资源的深层次开发，实现信息资源的效用价值起到了积极推动和促进作用。2000 年我国私营企业 176 万个，其中信息咨询企业有 4.8 万余个，占 2.47%。①

公共信息资源拥有量上的优势决定了图书馆等传统文献情报机构在公共信息资源市场管理中的积极作用，多元信息服务不仅拓展了图书馆等第三部门组织的服务领域，而且也促使它们走向市场，主动发挥其公共信息生产加工的职能。如广东中山图书馆编辑的《决策内参》等 30 多个专题信息资料，通过开展代查、代译、信息中介、市场调研等有偿服务，仅 1993 年就创收 165 万元。深圳图书馆的剪报中心将中外 500 多种报刊的最新信息编成 72 个专题供应企业，单此一项年创收就超过 40 万元。不仅如此，随着网络技术的发展，我国文献数字资源市场发展迅速，数字图书馆、电子期刊、网络出版等给数字文献供应商提供了参与公共信息资源开发

① 国家统计局贸易外经统计司．中国市场统计年鉴．中国统计出版社，2001.

建设的大好时机，面向国内外的市场化数字资源开放式流通渠道已粗具规模。如上海同济大学图书馆成立的上海同济图联科技有限公司秉承着"科技与应用相结合、开发与应用相结合"的经营理念，先后为多家大学图书馆和公共图书馆、档案馆等单位完成了客户的系统开发、书目制作、网络布线及企业数字化应用等项目。在网络期刊资源市场，活跃着多家商业化网上期刊全文供应商，其中影响较大的三家是清华同方经营的"中国期刊全文数据库"、重庆维普经营的"中文科技期刊数据库"和万方公司经营的"中国数字化期刊群"。这些信息供应商已经累计出版电子期刊 1.1 万种（不含重复），基本涵盖所有学科领域的主要中文期刊，不仅面向社会，为所有用户图书馆、单位和个人提供了海量的公共信息资源，而且信息提供的深度和广度已经远远超出传统图书馆，针对性强、便捷迅速。

除此之外，各种信息公司、咨询机构依靠其灵活的运行机制、众多的信息渠道直接面向市场开展服务。如北京的"红盾 315 企业信用信息网站"就是专业营利性网络服务机构与政府签订合同，依托政府公共信息开展增值服务。2003 年，为扩大"中国杭州"政府门户网站市民邮箱的覆盖面，杭州市政府信息中心与网通公司联合组织力量，到各街道社区开展"市民邮箱进万家"活动，收到了事半功倍的效果。浙江移动还创造性提出"移动信息化"战略构想，为市政府提供了市长热线短信平台全面解决方案。市民遇到难题除了打市长热线之外，还可以马上发送手机短信到"12345"市长公开电话手机短信平台向市长反映，市长热线短信平台开通后，每秒都可接收上万条短信。①

在农业信息服务中，各类信息企业的市场化运作对于传播农业科技信息、扩大农民信息获取路径以及提高农民信息意识等均发挥了重要作用。目前，我国已经成功构建了一个由政府、社会、市场共同参与的，从中央到地方基层综合利用广播电视、电话、电脑等信息载体的农业信息服务网络。

---

① 陆悦. 电子政务之 IT 产业生态. 互联网周刊，2004.

　　由四川联通投资 18.2 亿元建成的"天府农业信息网"，于 2003 年 5 月正式开通，主要以农村乡一级以下的通信盲点作为发展重点。四川联通充分利用联通全业务经营等资源优势，将手机、座机、寻呼、互联网以及 1250 呼叫中心等多种通信平台融为一体，做好"四个结合"，即有线与无线相结合，政府与企业相结合，通信与信息相结合，高、中、低端相结合。截至 2004 年 9 月底，四川联通在全省乡镇政府已建成"天府农业信息网"工作站 747 个，直接接受其信息服务的用户达到 12 万户。四川联通坚持以"三农"信息为主、涉农信息为基础，其他实用信息为重要补充，为网内用户提供实时、实用、安全的本地信息、基础信息、特色信息。除全国、全省 SP 商提供的信息和专家座席提供的信息采取适当收费外，其他信息原则上实行免费向用户提供，以推动四川农业信息化建设。①

　　为推进贵州省农业信息化建设步伐，该省电信部门与贵州农经网强强联手，共同开通"金农 168"致富热线电话。2004 年 8 月 13 日，双方签约建立战略合作伙伴关系。②

　　在社会公共服务领域，公共信息资源的市场化提供已经成为提高公共信息服务质量、创新公共信息服务形式的重要途径和手段。如我国的气象信息服务由开始的无偿提供经由成本补偿服务逐步向市场化信息服务迈进，取得了良好的经济社会效益。1985 年，国务院办公厅转发了国家气象局《关于气象部门开展有偿专业服务和综合经营的报告》，正式拉开我国气象信息市场化服务的序幕，2000 年全国气象工作会议将气象服务分为公众气象服务、决策气象服务、有偿气象服务和商业性气象服务四类。其中，进行商业性气象服务的主要是企业化运作的各类气象服务公司，从服务规模、收入、影响来看，以政府气象部门直属的气象服务公司居多。1986

---

　　①　赖坤志. 坚持"三为主"方针推广天府农业信息网. 四川通信报，2004-10-16.

　　②　柴琴. 贵州农经网建网四周年. 贵州日报，2004-08-14.

年我国气象信息市场化服务收费为 883. 2 万元，1998 年达到 14 190
万元，12 年间增长了 16. 06 倍，每年平均增长速度为 133%①，按
照国家规定，气象信息市场化服务收入的 40% 要用来推动气象事
业的发展，此举对于补充政府气象事业拨款的不足、实现气象信息
的效用价值、改进气象信息服务质量大有裨益。"十五"期间，全
国每天接受气象服务的公众超过 10 亿人次，手机气象短信用户已
达 3 300 万户。② 目前，我国气象信息市场化服务的领域已经涵盖
了农业、工矿、城建、旅游、交通、运输以及文化体育等社会生活
的各个行业和部门。

　　3. 存在的问题

　　尽管如此，与发达国家相比，我国公共信息资源的市场化管理
还处于起步发展阶段，大部分信息机构在市场开拓方面仍停留在传
统的业务领域，离散度很低，如文献加工和服务、信息咨询、查
新、成果推广应用、数据库开发和服务等。同时，服务机构的地理
分布不均，资金、技术相差悬殊，内容深度加工不足，且服务规模
小、产值低，对政府行政依赖性强，自我生存发展能力欠缺，难以
同政府所属的事业单位等信息服务机构形成竞争格局，经济而不规
模。如在证券市场，发达国家的证券信息开发已经成为证券经营收
入的重要组成部分，伦敦交易所证券信息服务收入已占总收入的
42%，而我国上交所属的信息网络有限公司的信息经营收入仅占总
收入的 1%。③ 再比如，2004 年，全球 STM（Scientific、Technical、
Medical）出版物和信息服务市场产值已达 120. 1 亿美元，仅 Reed
Elsevier 的全年收入就有 22. 8 亿美元，而我国慧聪、万方、同方三
家数据库信息服务的营业总收入不足 3 亿元人民币。

　　除此以外，由于我国公共信息市场发育的不成熟，市场主体自
身运作的不规范以及国家信息管理的政策疏漏等使得我国公共信息
资源的市场管理还相当幼稚，政府与国有信息机构之间密不可分的

---

　　①　缪旭明. 气象信息的商业化服务. 中国行政管理，2001（2）.
　　②　国务院信息化工作办公室. 中国信息化发展报告 2006. 2006（3）.
　　③　刘伟. 交易所信息商业化需厘定边界. 深圳商报，2005-12-13.

内在关系又导致公共信息资源市场化运作的变异，公共信息资源私有化现象并不少见。

（三）公共信息资源市场化开发利用的原则

在信息市场上，公共信息产品不同于一般信息产品的最大特征就在于其公共性，在市场化运作过程中，既要维护公共信息利益，保证公共信息服务的质量与数量，又要降低国家财政支出，讲求公共信息资源管理的成本控制，追求公共信息服务的社会经济效益，对公共信息资源的市场管理提出了更高的要求。简要地讲，必须处理好效率与公平的关系。在具体的运作过程中，应遵循如下原则：

1. 服务第一、营利第二的原则

国际图联强调，促进信息自由是世界范围内图书馆和信息服务机构的主要职责①。尽管市场机制已经成为各国公共信息资源有效配置的重要手段，但与信息市场上流通的一般信息商品所不同的是，公共信息资源市场化运作的目的并不是单纯地获取高额信息交易利润，而是降低信息生产供给成本、提高公共信息的个性化服务水平，实现公共信息资源效用的最大化。因此，应理顺公共信息资源公益性与市场性关系，在强调和维护公共利益的前提下，根据公共信息资源的公共性程度、作用范围以及用户群等特点综合判断，分类管理。完全的市场化经营不能够适合所有类型的公共信息资源，"1995年，当时的英国保守党政府曾委托 CPI（一家独立的私人研究咨询公司）考察将公共图书馆承包给私营机构的可行性和必要性，该研究对完全承包的管理体制提出了基本否定的结论，英国政府才不得不把实施这种管理体制的设想暂时搁置起来"。②

从中可以推断，市场化是有限度的，那些维系社会正常运转的基础型公共信息资源以及管制型信息资源的供给需要通过国家的强制来保证。同时，市场化运作的前提是不能危害公众基本信息的获

---

① *The Glasgow Declaration onLibraries*, *Information Services and Intellectual Freedom*. http：//www. ifla. org/faife/policy/iflastat/gldeclar. html.

② 于良芝，李晓欣，王德恒. 拓展社会的公共信息空间——21世纪中国公共图书馆可持续发展模式. 科学出版社，2004.

取，否则势必会改变图书馆与公众公共信息资源提供与获取的关系，而演变成市场中卖方与买方之间的交易关系，容易造成因公共信息获取差异而导致的新的贫富分化。

2. 公平与公正的原则

市场机制实际是一种激励机制，但这种机制本身需要遵循公平公正的原则，也就是西方国家强调的无歧视原则，即保证参与公共信息资源开发建设的所有机构和组织市场准入的平等、政策规范的统一、竞争机会的均等，强调任何条件下公共信息资源的市场性再利用都应该是平等的，既要扩大政府信息公开的范围，也应放开政府信息采购和外包，逐步减少那些排他性的公共信息资源开发建设协议，吸引更多的信息机构参与公共信息资源市场化运作。如果偏离了公平原则，尤其是公共部门利用其自身信息优势把营利作为增加部门财政收入的重要途径而开展排他性的公共信息服务，就有可能导致信息市场的垄断，抑制其他部门介入的积极性，甚至个别机构借公共权利进行信息寻租，实质是以扭曲社会公平来迁就个别企业的逐利行为。

在日本，出版社在支付政府出版物的版税时，付给政府机构的版税额度往往与作家撰写的作品相同甚或高出 10%～20%，而政府机构在组稿时，相关业务人员只是将相关资料集中后经过选题剪贴和校对汇集成册，每年数以亿日元计的版税资金便流入政府机构。① 2001 年 12 月《北京晚报》和《南方周末》分别就人民出版社将国家有关入世文件结集成书公开发行及高额定价等展开讨论，舆论的观点普遍认为把包括世贸组织规则、中国入世议定书、开放市场承诺等本该公开的公共信息资源按照大大高于成本的定价出售违背了公共利益，有违社会公正，是一种非规范性的信息披露方式。②

3. 创新与效率原则

从产业划分的角度判断，公共信息资源的增值服务实际是一项创新导向型产业，依赖于市场激励下的企业信息服务的创新行为，

---

① 白晓煌. 撩开日本政府出版物脱逃纳税的面纱. 出版参考，1999（16）.

② 对 WTO 文件高价出版的批评和建议. 北京晚报，2001-12-10. 中国入世文件应该怎样公开？. 南方周末，2001-12-16.

进而找到更有效益的公共信息服务的方法手段，而公共性本质是维护社会公平与正义，这是公共信息资源有效利用的重要途径。因此，公平地开放公共部门掌握的公共信息资源，通过多家信息企业间的竞争来提升公共信息资源增值服务的社会效果和经济效果是实现公共信息服务创新与效率的必然选择。当然，公共信息资源市场的特殊性决定了企业竞争必须把握一定的限度，每一个信息企业的个别效率要以增进社会公平和公正为首要目标。

（四）公共信息资源市场化运作的不足与存在的问题

众所周知，完全的市场化运作并不见得一定能够带来可观的现实收益，"私营部门的管理对公共利益的关切层面是较狭隘的，同时，其主要影响力量的来源是市场机制而非宪法"。①公共信息资源的市场化管理在拓宽公共信息资源开发建设经费渠道，减轻政府公共信息资源开发建设财政负担的同时，也由此产生了一些消极影响，如市场化环境下公共信息服务的公平性问题如何解决？弱势群体信息获取的救济问题等。

从经济学角度分析，"如果信息物品完全由私人来经营，由于收费的难控制会导致私有信息生产者无利可图，进而又会导致经营商更钟情于访问量多的生活类信息服务，而对于只有占信息消费者总数较小比例的科技信息经营热心不够，原因很简单：因为投入太多，回报却太难；而另一方面，信息消费的非排他性以及无形性，也会导致信息消费者为信息付费并不心甘情愿，因此，从资源配置的帕累托效率标准来看，信息物品做私人产权安排，容易导致信息资源配置有效性的不足"。② 对于市场机制在公共信息资源管理领域的种种缺陷和不足各国都有较为清醒地认识，2003 年 12 月在日内瓦召开的关于"监督信息社会：数据、计量和方法的联合统计"

①　[美] 戴维·H. 罗森布鲁姆，罗伯特·S. 克拉夫丘克. 公共行政学：管理、政治和法律的途径. 中国人民大学出版社，2002.

②　甘利人. 信息物品产权分析. 南京理工大学学报（社会科学版），2003 (2).

研讨会上，有专家指出"商业研究机构通常只是编制有利可图的信息，这一点可以理解"。① 也有人指出，政府在信息市场拥有信息资源的优势使其俨然成为一个市场支配型企业。② 可见，市场机制并不是解决公共信息资源科学配置问题的最佳路径，市场缺陷会导致一系列公共信息资源管理问题的出现。

1. 效用不足问题

由于公共信息服务具有长期性和普遍性，其价格形成和调整涉及大多数人的利益，不能完全随行就市，单纯以市场化运作比较困难。所以，有人认为，成本和费用问题是公共信息资源再利用过程中最难处理的问题，建议成本和费用的总收入不应超过公共信息生产成本、复制成本、公共文件申请的传播成本外加上投资的合理回报。③ 但是，与基础设施建设一样，现代社会信息的采集生产成本高、散发费用低，按照完全的成本标准付费必然会抑制用户尤其是政府以外的私人信息消费，而私人信息消费的降低从全社会来讲，就存在着信息封闭、共享程度低下等信息资源效用实现不足的问题。

假定国家基础信息资源数据库的建设完全由私人来投资完成，私人必然会通过高额收费的方式来收回投资获取利润，这样就必然会限制公众对国家基础信息资源的充分利用，造成国家基础信息资源利用上的效用不足，从而形成社会福利的损失。在信息社会，越

---

① Heli Jeskannen_ Sundstrom. 建立一个为人人服务的信息社会——统计资料在监测这一社会进展方面的作用 . http://www. wrece. org/stats/documents/ecs/sem. 52/2. y. pdf.

② Johan Pas LLM (VUB), Lic. Rechten (VUB) . *The Commercialization of Government Information and the Proposal for a Directive COM* (2002) 207 *by the European Commission*. URL: http://www. austlii. edu. au/au/journals/MurUEJL/2002/48. html.

③ Johan Pas LLM (VUB), Lic. Rechten (VUB) . *The Commercialization of Government Information and the Proposal for a Directive COM* (2002) 207 *by the European Commission*. URL: http://www. austlii. edu. au/au/journals/MurUEJL/2002/48. html.

来越多的公共信息资源都以数字化形式出现，在技术上为信息共享铺平了道路，但知识产权等制度规则又有加剧信息资源集中控制的倾向，网上虚拟图书馆的运作与网上书店等有太多相似，用户需要的关键信息核心内容的使用都需要支付费用，传统公共图书馆里的免费阅读版权著作难以在网上实现，能否有经济支付能力已经成为网上公共信息资源获取的一条分割线，长此以往，必然会对社会政治经济与文化产生负面冲击和影响。

从现实操作来看，欧洲国家推行的公共信息资源成本回收政策与美国的低成本传播政策相比效果迥异，欧盟下属的公共信息资源管理处（Public Information Resources Agency，PIRA）经过调查发现，欧盟国家每年对公共信息部门的投资为95亿欧元，所产生的经济效益为680亿欧元，而美国的投资为190亿欧元，所对应的经济效益是7 500亿欧元。美国的投资价值是欧盟的2倍，但经济效益却是欧盟的11倍。这是因为，用户的信息需求具有很高弹性，当信息价格高于用户的预期他们就会选择不用信息。美国1981年的一项地理调查显示，当有关部门竭力提高数字数据产品价格以尽快收回数据生产的原始成本时，需求迅速下降迫使政府降低价格，前后花了将近3年时间才恢复到原来的销售水平。

显然，商业化市场运作体制和策略的不同会产生不同的结果，公共信息资源的开放获取与商业化再利用之间、社会效益与经济效益之间应保持平衡，但仅凭市场自身的作用难以解决这一问题。同时，政府部门不仅是公共信息资源的最大拥有者和生产者，而且也是公共信息消费的最大用户。从市场运作的收入来源来看，英国气象局商业性收入的50%来自国防部，20%来自其他政府部门，也就是说70%的收入是纳税人的转移支付，其信息服务的主要收入仍然来自税收①。这与市场化运作初衷相去甚远，既没有繁荣信息产业、提高社会信息消费能力、促进中小信息企业的发展，也没有降低公共信息资源管理的公共财政支出，创造新的国民经济收入。

---

① 王正兴，刘闯．政府信息资源共享两种模式及其效益比较．中国基础科学，2005（5）．

从总体而言，只是公共资金与商业利润在不同信息部门主要是政府及其所属部门间的再分配，而且，这些所谓的信息经营收入往往绝大部分都会用在上述机构自身的操作上，对于扩大公众信息获取并没有太大影响，反而会在一定程度上限制这些部门在扩大信息公开、提供信息共享方面的努力。因为公共部门凭借公共权力不仅自然垄断信息资源，而且还会很容易地导致该部门经不住诱惑，为了获取某种数据短期内的最大利益，不去考虑正常必要的公共信息需求和把社会作为一个整体来合理地使用这些数据。可见，完全的市场运作无法保证公共信息资源效用价值的总体实现。

2. 供给不足问题

这是一个问题的两个方面。一是公共信息资源总量供给的不足。根据一般偏好原则，个人投资兴建的数据库等信息产品是不愿让他人无偿共享的，私人对公共信息资源的供给会出现供给不足现象，其结果就是市场的力量越是强大，公共信息就越有可能被独立于它所依存的外壳而直接标价和交易；社会的公共信息空间也会随之压缩，贫弱阶层可以自由获取的信息就越少。但是，信息产品具有明显的外泄特点，其占有和利用是不排他的，这种共享性使信息产品的开发利用经常与版权保护发生矛盾，使任何试图控制和使信息二次利用资本化的体制陷入极度的麻烦和困难之中。

另一方面，公共信息资源共享程度下降，社会信息公平受到损害。一些信息政治经济学者如席勒（Herbert Schiller）、戈尔丁（Peter Golding）以及韦伯斯特（Frank Webster）等纷纷指出①，在市场机制作用下，互联网这种有价值的信息共享形式正在受到威胁，一旦市场成为信息资源配置的基本分配手段，信息领域的利益

① Schiller H, Schiller A. Libraries, public access to information and commerce. //*The political economy of information*. The University of Wisconsin Press, 1988.

Golding P. Power in the information society. //*Global networks and European communities: Applied social and comparative approaches*. Tilberg University Institute for social Research, 1986.

Webster F. *Theories of the information society*. Routledge, 1997.

平等就会成为泡影，一座座由信息技术打造的迷宫样围墙（如即购即览型信息产品的出现）和营利渠道正在冲击着公共信息领域。"信息的商品化使公共信息机构（公共图书馆是最典型的代表）和社会的贫弱阶层都蒙受损失：公共信息机构被迫降低其公益性程度，而贫弱阶层则成为信息贫穷者。"①另外，市场驱动还会造成公共生活急需的有效信息如教育、科技、文化等具有较高社会效益的公共信息生产不足。

二是公共信息提供的质量差异，出现无效信息供给过剩。据 IBM 公司测算，目前许多公司花费昂贵代价开发的数据库，因为信息垃圾的干扰，只有 7% 派上了用场。② 公共信息资源的市场提供会造成信息内容的商业化倾向，不可避免地使大量商业广告、低值信息甚至是虚假信息与有用信息掺杂在一起，不仅分散了用户的注意力，而且也增加了公共信息资源的获取成本。在美国，有许多旅游企业组织、商业出版公司从事旅游免费信息的提供，为国内国际游客在美国的游览提供了极大便利。但与官方和非营利性第三部门组织的免费旅游信息服务相比较，营利性组织如著名的三家综合性城市旅游信息杂志 *WHERE*、*QuickGuide*、*IN New York*，所提供的免费旅游信息主要包括每月购物餐饮娱乐热点、本月特色旅游项目推介、音乐表演艺术信息、景区景点旅游资源介绍、景区活动计划、旅游优惠折扣信息、野外旅行装备推介、野营地介绍、野营探险旅游经历、酒店餐饮信息、景区地图等，同时配以粗略的旅游线路地图、景区地图、城市繁华商业地段图等。这些免费信息中商业性渲染气氛要比官方和第三部门组织出版的旅游信息资料重得多，旅游企业或者旅游产品广告大量充斥其中。

3. 资源浪费问题

哈丁的公地困境同样适用于公共信息资源领域，完全由市场供

① 于良芝，李晓欣，王德恒. 拓展社会的公共信息空间——21 世纪中国公共图书馆可持续发展模式. 科学出版社，2004.

② 沙勇忠，高海洋. 关于信息消费的几个理论问题. e 线图情. http://www.chinalibs.net.［2004-03-25］.

给公共信息资源对于社会资源的合理配置而言无疑会出现分散建设与资源整合的矛盾。一方面，出于利益驱动，信息企业有开放市场实现信息资源互联互通的需求，如数字图书馆的信息来源除了图书馆自建数据库资源外，还会从商业化信息服务商购买以及与公益性信息数据库链接来丰富信息资源的品种数量，以吸引更多用户的访问。另一方面，对公共信息资源商品性认识程度的深化以及追求利润最大化的动机，特别是现有分散式公共信息资源管理体制又使得公共信息资源的公开与共享受到阻碍，各信息机构内部低层次重复建设问题难以避免。如我国电子期刊市场，万方、维普与同方三大信息内容提供商为追求"大而全"，重复率高，特色不突出。

4. 私人信息保护问题

无数的私人信息组合构成公共信息资源，市场化运作使得私人信息受到侵害的可能性越来越大。联合国经济合作与发展组织（OECD）早在 1980 年发表的《关于隐私保护与个人数据国际流动指针的理事会劝告》第 2 条指出，无论是公共领域还是私人领域，对个人信息的处理都存在着侵害个人隐私和自由的危险，因此，对个人信息的保护适用于各个领域，并由此确立了私人信息保护的 8 条原则。美国学者 Schwartz 认为，现代信息与网络技术的应用催化了个人数据的市场化，要实现个人数据的有序流动，并符合市场运作规律，就需要从以下方面着手，如个人权利的适当限制、强制性披露交易细节的默认条款，建立起维护个人数据市场和处罚侵犯隐私权的法律执行机构等。① 但目前的问题一方面是网络信息的易获得性为私人信息的搜集、加工与利用提供了便利和营利的平台。一些私人信息机构借助各种公共信息平台和强大的搜索引擎大量搜集整理各类私人信息，并对个人的偏好、职业等进行分类，建成内部用户资源数据库，主动向个人提供有关商业性信息，甚至直接向其他企业出售，构成了对个人的信息侵扰。另一方面，则是公共部门在与私人信息企业的合作中擅自将依法搜集的个人信息、企业信息

---

① Panl M. Schwartz. Property, Privacy, and Personal Data. *Harward Law Review*. 2005.

一并出让所导致的个人隐私信息的侵害与企业商业信息秘密的泄露。

案例：

个人信息被拍卖①

只要输入你想搜索的人的名字，用鼠标轻击"搜索"二字，再经过手机短信付费等手段，就很可能会查到这个人的电话号码、手机号码、家庭及工作地址、MSN、QQ 等联系方式，甚至可能有婚姻状况、犯罪记录、银行借贷记录、个人财产记录等个人信息。有媒体报道，一家网站叫卖 9000 万个人详细资料，只需花一元钱即可随意查询，资料的内容很多，与"中国同学录"上的资料相同。记者经过调查发现，从迹象上看，这个名为 Ucloo 的网站里大多数的数据来源于中国第一大同学门户网站"中国同学录"。而"中国同学录"的相关负责人告诉记者，他们原来对此事并不知情，这些个人资料都是被非法窃取的，并称有可能将对此提起法律诉讼。

5. 公共信息垄断经营问题

由于公共信息资源主要掌握在政府及其所属的公共事业组织里，得天独厚的信息占有及加工利用优势使得上述组织很容易垄断所在行业领域的信息市场，导致不正当市场竞争局面的出现。在瑞士，一家商业气象公司宣称瑞士国家气象办公室在提供气象数据资料时实行价格歧视，对其下属的商业性公司实行的只是折扣收费或名义收费。② 在德国，类似情况也有发生，有学者甚至提出，公共信息资源的商业性利用没有公平竞争，商业性运作的气象公司已经

---

① 9000 万个人信息被买卖 网民欲诉"中国同学录". 电脑爱好者，2006（2）.

② Peter Weiss. *Borders in Cyberspace*：*Conflicting Public Sector Information Policies and their Economic Impacts*. http：//www. primet. org/documents/weiss%20—%20 borders%20 in%20cyberspace htm.

被逼到墙角。①

案例 1：

Delorme 出版公司与美国海洋和大气管理局的纷争②

国家海洋测绘局制作的印制地图是无版权的，而其美国水域的数字海图，却通过正式的协议——合作研究开发协议（CRADA；Cooperative Research and Development Agreement）限定由航船协会（Better Boating Association）使用。考虑到该协议的一个重要内容就是鼓励研究和开发，这种做法似乎显得不符合逻辑，因为看上去没有多少鼓励研究的成分在内，实际上只是一家协会持有全体纳税人资助的产品的版权。Delorme 出版公司为此将美国海洋和大气管理局（NOAA；the U.S. National Oceanic and Atmospheric Administration）告上了法庭。在 NOAA 的数字文件是否属于公共档案的问题上，Delorme 胜诉了；但在另一问题上它却败诉了：依据美国信息自由法案豁免条例第 3 款，NOAA 可以在开发数字文件之日起 5 年内拥有该数字地图的版权。

案例 2：
河北某公司有偿传播气象信息惹火上身
13 场官司对决 11 家气象部门
气象信息传播权之争直指垄断③

前不久，河北省邢台市桥西区法院开庭审理了石家庄佳诚网络技术有限公司（以下简称佳诚公司）对邢台市气象局提起的行政诉讼案。这是该公司今年针对河北省各地气象部门

---

① Peter Weiss. *Borders in Cyberspace: Conflicting Public Sector Information Policies and their Economic Impacts.* http://www. primet. org/documents/weiss%20—%20 borders%20 in%20cyberspace htm.

② Mary Lynette Larsgaard. 在美国图书馆查阅地理空间数据. 218. 244. 250. 72/xiangguanziliao/A25. htm - 50k

③ 马竞. 气象信息传播权之争直指垄断. 法制日报, 2006-04-11.

11 起系列行政案件中的一起。

违约之诉——气象部门指责佳诚公司拖欠分成款

事情的起因其实非常简单：佳诚公司向河北省的一些移动手机用户有偿传播了气象信息。去年年底，河北省 11 个地市的气象局几乎同时向佳诚公司作出了处罚 3 万 ~ 5 万元的行政处罚决定。对这些决定，佳诚公司相继提起诉讼，认为自己传播天气预报的行为合法，指责气象局对天气预报实施信息垄断。

2002 年 3 月 28 日，佳诚公司与河北省气象科技服务中心下属的省专业气象台签订了《关于合作开展手机气象信息点播业务的协议》，双方就气象信息产品在移动通讯领域开始合作"淘金"。据了解，2004 年 4 月之前，以移动、联通、网通手机和小灵通为平台，分享河北省气象信息短信增值业务"蛋糕"的，主要有石家庄佳诚公司等 3 家 SP 运营商。2003 年，河北省气象科技服务中心取得 SP 资质并申请气象短信业务后，便协议收购这些 SP 运营商的气象短信手机用户，其他两家公司先后放弃了气象短信业务。

2005 年 1 月，与佳诚公司的协议期满后，河北省专业气象台停止向佳诚公司提供气象信息，并于同年 9 月以违约为由将佳诚公司告上法庭，要求佳诚公司支付拖欠 4 个月的分成款 126 929.69 元及约定的违约金。

目前，石家庄市长安区法院已经作出一审判决，省气象科技服务中心胜诉。

侵权之诉——省气象台状告佳诚侵犯气象科技成果

2005 年 12 月 2 日，河北省气象部门与佳诚公司之间的纠纷陡然升级，河北省气象台以侵犯"科技成果权"为由，再次把佳诚公司推上被告席。

河北省气象台在诉状中称，公众气象预报和灾害性天气警报属于气象科技成果，属于凝结着气象科技人员的智慧并借助于各种科技手段所创造的高科技产品和智力劳动成果，河北省气象台是这一气象科技成果在河北省唯一的权利人。他们认为，佳诚公司未经同意传播气象信息已构成侵权，据此请求法院判令佳诚公司停止侵权、赔偿损失50余万元，并以书面形式赔礼道歉。

上述案例涉及公共信息资源管理主体市场化运作的资格合法性问题，由于公共信息资源开发建设成本已经由纳税人支付，政府及其公共事业部门在信息市场上都应遵循公平、公正原则，但问题在于政府及其所属企事业单位的紧密内在联系（既有信息管理业务上的，也有隐含的经济利益）难以使政府在公共信息资源的市场管理中做到绝对公平。我国行政许可法第12条第2项规定了针对公共资源的行政许可设定权，即"有限自然资源开发利用、公共资源配置以及直接关系公共利益的特定行业的市场准入等，需要赋予特定权利的事项"。这项规定确立了政府介入公共信息资源分配领域的法律根据，但如何界定政府、公共企事业单位公共信息资源市场化运作的资格，理顺管理的关系还有待进一步的实践和探讨。

第七章

竞争与合作：公共信息资源的多元化管理体制

公共信息资源管理是包括政府信息资源在内的全社会开放式管理体系。政府是公共信息资源管理活动的核心主体，但除政府之外还有第三部门与企业等其他组织分别以各自特有的形式参与其中。为提高公共信息资源的利用率，加快社会信息化步伐，人们已经从管理体制、运行机制等管理的关键性环节入手，寻求科学合理的最佳路径来开发利用公共信息资源。

一、公共信息资源多元化管理体制的理想架构

在不同的国家和地区，公共信息资源管理采用了不同的体制。我国公共信息资源开发建设工作尚处于由政府管制阶段向现代意义的多元参与格局的转换之中。这一过程的顺利完成，既需要一定的外在环境条件，也要求我们认真借鉴国外公共信息资源管理的有益经验，正确认识我国现有公共信息资源管理体制的优势和局限，针对国情来构建具有中国特色的公共信息资源管理体制。

（一）西方国家公共信息资源管理体制的借鉴

简单地讲，公共信息资源管理体制是指一个国家以什么方式管理国家的全部公共信息资源，以及用什么手段来协调各公共信息资源管理主体之间的关系，也就是指公共信息资源管理机构设置和管理职能权限划分所形成的体系和制度，主要包括国家公共信息资源管理机构的设置、职能和运行制度或运作方式三个方面。从西方国家公共信息资源管理实践来看，各国在管理体制以及手段等方面尽管有些许局部差异，但却体现了相当的趋同化倾向。

1. 在国家层次上组建由政府首脑参加的公共信息资源国家领导机构，从宏观上加强对国家信息化建设的总体领导

西方国家普遍采用三权分立的政权组织形式，其中，议会负责有关信息资源管理的立法、重大信息资源建设项目的审批和信息政策执行情况的监督，司法系统则借助司法审判、法律救济等形式监控有关公共信息资源开发建设的法律执行情况，政府行政系统则负责对包括政府信息资源在内的公共信息资源开发建设的直接领导和指挥，并定期向议会和司法部门汇报公共信息资源管理的总体情况。议会、司法和行政在管理过程中相互制衡，使国家公共信息资源管理始终处在不同系统间的分化与整合中。

为突出公共信息资源开发建设的重要性、增强管理的权威性和科学性，各国均将公共信息资源视为重要的国家战略资源，并提出了一系列国家信息化战略，如英国跨世纪信息化计划纲领、法国的社会信息化行动纲领、德国的拥抱因特网计划等。同时，也纷纷明确了公共信息资源管理的国家领导体系。在议会以设立委员会的形式指定专门机构对国家公共信息资源开发利用尤其是政府信息公开与获取现状进行调研和评价，并提出相关建议、提案提交议会审议通过。美国国会中的联邦文书委员会、信息联合委员会、英国下院的信息委员会等不仅在制定和完善公共信息资源管理立法方面发挥了重要作用，而且对于国家信息战略制定、重大信息项目立项及财政扶持等发挥了决策咨询作用。例如英国信息委员会办公室（Information Commissioner Office）的主要职责包括培训和引导公众获

取公共部门信息、答复公众疑问，并对公共部门违反《信息自由法》的行为有执法权。在政府行政管理层面，往往由部长或副部长以上人员组成国家或政府信息化领导委员会，委员会的主任一般由总统、副总统或总理、副总理兼任，以便从政府层面进行全面的调控和指挥，如美国的总统管理委员会、英国的政府信息化领导小组、法国的信息社会跨部级委员会、日本建设高度信息网络社会战略总部等。

2. 职责清晰、分工明确的专业化政府公共信息资源管理组织体系

为加强政府对公共信息资源开发建设的统一领导，各国政府往往以在信息化领导委员会下采取指定专门部门、设立常设办事机构的方法负责公共信息资源管理的计划、组织、协调与控制，并从管理政策、技术标准、相关项目和资金等方面予以指导和支持。如英国的电子大臣（e-Minisiter）、电子专员及其常设办公室以及公共部门信息办公室（The Office of Public Sector Information），法国政府的电子与通信技术局、澳大利亚的联邦政府信息管理战略委员会（IMSC）、联邦政府首席信息官委员会（CIOC）和联邦政府信息管理办公室（AGIMO）等。

在突出上述政府职能部门公共信息资源管理职责的同时，鉴于公共信息资源管理范围的普遍性与渗透性，各国政府一方面从横向上进一步强化了专业化公共信息资源管理的指导，赋予图书情报、统计、科技、文化等相关政府专业部门公共信息资源管理的职责，如美国国家图书馆与情报科学委员会、国家电信和信息管理局、白宫科技政策办公室、国家科学基金会科技信息办公室，加拿大的总理府财务委员会、国家档案馆、国家图书馆以及统计局等。另一方面，通过指定一名副部长负责所在部门及行业领域内公共信息管理工作、在各部设立首席信息官及首席信息官办公室以及定期工作交流的做法，成功地将国家公共信息资源管理思想制度融入到政府部门的日常工作中。

3. 信息公开，鼓励竞争，整合资源，积极构筑多元参与的公共信息资源开发利用模式

　　在公共信息资源开发建设的实践层面，非营利性信息机构和私人信息组织往往既是国家公共信息资源管理的对象，也是承担具体公共信息资源开发建设任务的基层信息组织。各国均十分重视市场功能的发挥，纷纷采取开放政策，在资金、技术、人力等方面充分利用并整合民间信息机构和私营信息企业的资源，形成基于合作和优势互补的利益共同体，逐渐构筑起强大的公共信息资源社会管理体系，且不同部门间责任分担的合作倾向明显。其中，政府信息职能管理部门主要负责公共信息资源开发建设的规划、法规政策的制定及政策引导、重大信息项目的招投标管理，具体的公共信息资源开发建设则由其他信息机构来承担。

　　英国政府公共事业的民营化改革直接推动了英国公共信息资源管理的社会化进程，根据财政部《信息供应部门对政府其他部门或商业活动提供信息服务的定价指南》，贸易和工业部《可交易信息建议案》，政府信息部门可以挖掘和实现自己所拥有数据的商业价值。① 随后英国政府将测绘局、气象局、水文局等一大批公共数据搜集、生产、加工部门变为半官方的政府贸易基金部门。面对50％以上的财务自立压力，这些政府信息机构不得不进一步挖掘所拥有公共信息的内在经济价值、积极寻求与社会其他信息机构的合作，不断开放公共信息资源市场，通过有效的公共信息经营实现组织自我生存发展的需要。同时，越来越多的社会信息机构加入到公共信息资源开发建设中，尤其在基层公共信息服务中，各种私人信息组织、社区信息机构以及行业协会等异常活跃，并接受政府委托，与政府相关信息管理部门分工合作，有时甚至成为政府信息体系的外在延伸。对此，美国国会图书馆宣称"要发挥独有的领导作用，就必须把其他非营利性组织和生产性私人组织联合起来，不

---

① HM Treasury. *Cross Cutting Review of The Knowledge Economy Review of Government Information* ［EB/OL］. http：//www.hm-treasury.gov.uk/spending-reView/spending-review-2000/associated-documents/spend-sroo-adindex.Cfm.

断增进与这些机构在工作网络上的合作关系"。①

4. 以完善的监督制约机制有效保障公共信息资源管理目标的实现

公共信息资源的开发利用是一项引人关注的复杂系统工作，在建立了完善的管理体系、组织机构的同时，西方各国还加大了对公共信息资源管理的监控力度。除进行政府系统内部的检查监督外，纷纷在议会、司法以及民间社会成立了有关委员会、办公室等，主要负责对政府公共信息资源管理过程的监控。如英国除在政府行政体系内规定电子大臣及电子专员每月要向首相提交一份关于英国信息化进程情况的汇报，政府每年提交一份信息化进程的年度报告外，还在议会成立了专门的信息化办公室，负责监督政府信息化政策、标准、规则的实施，并设有信息督查官、数据保护官等职位保证公共部门信息的公开与获取。② 同时，由数据保护法庭更名而来的信息法庭（Information Tribu）以及司法部门等专门负责处理与《信息自由法》诉讼有关的案件。

美国联邦会计总署作为国会对政府机构和政府活动的独立审计部门，要定期发布政府信息管理状况的评介报告，联邦政府机构每年都要向司法部门提交上一年度工作报告，并由司法部长汇总后发布年度总结报告。③ 同时，《信息自由法》也规定了公民知情权的救济手段，当行政机关拒绝公开政府信息时，公民可以向联邦基层法院起诉。加拿大的《信息获取法》规定设立"信息专员"，以帮助联邦法院处理有关信息获取过程中的纠纷。④ 澳大利亚在法院系统专门设立"公共信息官"，定期发布信息，回答公众疑问，澄清

① The Mission of the Library of Congress. http：//www. loc. gov/about/mission/.

② 王正兴，刘闯. 英国的信息自由法与政府信息共享. 科学学研究，2006 (5).

③ 孙石康. 美国信息权利法简介. 全球科技经济瞭望，2003 (8).

④ 周健. 从《信息获取法》看政府信息公开制度. http：//www. guxiang. com/xueshu/others/falv/200307/200307220032. htm.

媒体不实报道等。①

5. 专家化的智囊知识系统为公共信息资源管理提供咨询指导

由于公共信息资源管理涉及信息技术、信息系统以及信息传播等多方面知识，专业化要求高，为科学决策，各国都组织了国家或政府信息化委员会的顾问委员会，邀请著名的信息技术专家、学者、企业家等组成，以便向信息化委员会提供咨询、顾问和建议。如美国的总统科学与技术顾问委员会和总统信息技术顾问委员会、法国的政府信息化建设咨询委员会和直属总理府的互联网战略委员会等。

当然，现代信息技术已经使信息的公共获取成为可能并导致公共领域和私人领域信息传播界限的日益模糊，私人企业可以提供更多的增值信息服务，以便使政府信息获取更为容易和有效。正如美国科学研究和发展办公室所指出的，"私人出版商，尽管与政府相对，但可以提供最为经济的出版方法，而且还能够更为有效地广泛分配传播图书信息"。② 因此，在公共信息资源开发建设的实践中，各国政府都积极鼓励私人企业、中介组织、民间组织等参与并发挥愈来愈重要的积极作用，形成了政府主导、企业和第三部门积极参与的多元化管理体制（见图 7-1）。

（二）美国公共信息资源管理体制介绍

美国的公共信息资源管理体制既体现为宏观层面的高度集中统一又表现为微观层面的相对分散独立。从层次结构的角度看，美国已经形成了完整的公共信息资源政府宏观管理的组织体系和工作程序，在机构设置和职能确定上，既有对公共信息资源负有全面领导和管理监督职责的一体化政府管理机构，也根据公共信息资源的不同类别设有各行业的政府部门公共信息资源管理的执行机构。既有政府职能部门负责执行国家公共信息资源管理的各项法规政策，致

---

① 蒋安杰. 公正必须以看得见的方式实现. 法制日报，2005-12-22.

② Susan McMullen. US government information: selected current issues in public access vs. private competition. *Journal of Government Information*, 27 (2000).

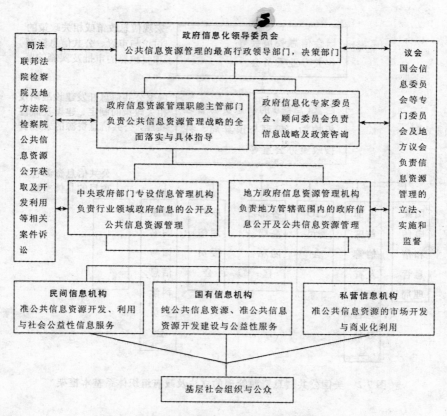

图 7-1　西方国家公共信息资源管理体系结构图

力于全社会共享的公共信息资源管理体系的构建，也有国会、司法以及为数众多的独立于政府之外的形形色色的委员会、协会等组织对政府公共信息资源管理情况进行全面的监督。既形成了从联邦政府到州县政府的健全的中央—地方公共信息资源搜集、加工、开发、利用和传播的政府组织体系，也依托成熟的市场经济运行机制和开放民主的市民社会走出了一条基层公共信息资源开发、建设和利用的多元管理格局，不同参与主体之间的相互竞争与合作，较好地实现了公共信息资源的效用价值（见图7-2）。

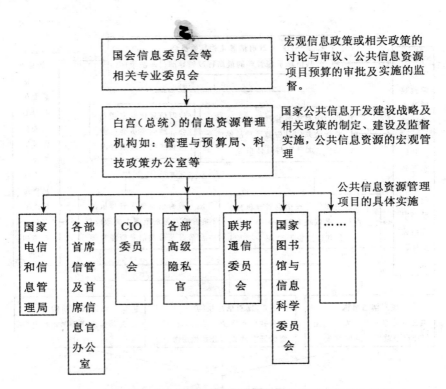

图 7-2 美国公共信息资源管理的立法及政府组织体系基本框架

1. 公共信息资源管理的立法机构

美国公共信息资源管理体制的建立和完善是以健全的法律体系为基础的，以法律的形式来增加公共信息资源管理的权威性。具体地讲，国会通过其下属的各专业委员会负责调查制定相关咨询意见，并审议通过有关信息资源管理的法律，以此规范国家公共信息资源管理框架，指导政府和各级社会组织的公共信息资源管理实践。1955 年参议院在政府运作委员会下设立了政府信息特别委员会，负责政府信息开放利用的专题调查、报告和听证，最终促成1966 年《信息自由法》的颁布。1975 年，国会成立联邦文书委员会，旨在以最为经济的方式管理政府信息。该委员会通过近两年的调查，提出了削减联邦政府文书、加强政府信息资源管理的一系列建议报告。作为对报告的回应，1980 年，国会通过了《文书削减法》，初步建立起公共信息资源政府管理的基本框架。1996 年，国会通过《信息技术管理改革法》，详细规定了包括设立首席信息官等内容的联邦政府信息资源的具体管理办法。2002 年，《2002 电子政府法案》将首席信息委员会法定化。此外，国会还会借助授权或财政拨款项目的审批等附加有关公共信息资源管理的条款，以提高管理的针对性。

2. 公共信息资源管理的政府组织结构

美国政府对公共信息资源管理的高度关注始于第二次世界大战以后的科技领域，为促进社会信息活动，尤其是科技信息的自由流动，1958 年《国防教育法》首次提出应探讨信息服务和技术开发计划，并在国家科学基金会（NSF）下增设了科学信息服务处（OSIS）。同年底，著名的《贝克（Baker）报告》建议成立联邦政府科技信息局，以联络协调政府与非政府科技信息机构，形成全国统一的科技信息网络，推动科技信息的交流和促进科技信息的商业化。[1] 这一变化表明，美国政府公共信息管理体制的出发点发生了变化，即从以往的自由市场原则开始向政府调控转变。

根据 1980 年的《文书削减法》，对公共信息资源管理的统筹和组织领导由联邦政府统一发起并逐级落实和调控。总统对国家公共信息资源管理负有首要责任，总统管理委员会（PMC）负责公共信息资源管理项目的指导和审批，同时，也是多元化公共信息管理体制的最高协调机构，国务卿要向管理与预算局局长及时通告当国际信息政策影响政府信息活动时美国应采取的主张和立场。

在实际操作中，联邦政府信息资源管理的职能机构是联邦政府管理与预算局（OMB）。2001 年 8 月，管理与预算局宣布成立"电子政务特别工作小组"，由来自 46 个政府部门的 81 位成员组成，并设立了电子政府办公室，承担了包括加强政府信息的开放与存取、制定有关电子政务政策规章等任务。按照《2002 电子政府法案》的规定，联邦政府管理与预算局应设立联邦首席信息办公室

---

① 梁俊兰. 对美国信息政策的思考. 情报资料工作，1997（3）.

主任职位，下设信息政策办公室和信息与规范事务办公室，全面负责政府各部门日常信息管理活动的规划指导，审查各部门信息资源管理计划，督促联邦各部门利用信息技术传播公共信息、减轻公众文书负担等，由管理与预算局局长负责监督。2002 年，管理与预算局又成立了 FEA 项目管理办公室，提出"联邦政府组织架构"（Federal Enterprise Architecture，FEA）的思想，目的是将整个联邦政府所有机构的复杂关系当做一个大型组织系统，根据信息化和电子政务的基本规律，大胆规划网络环境下全新的联邦政府行政管理体系。① 2003 年由联邦政府管理与预算局主管，成立了政府信息跨机构委员会（ICGI），吸纳国家档案与文件管理局的代表、联邦机构首席信息官办公室（CIOS）和其他有关行政部门的人员以及联邦立法司法部门的代表参加，下设信息分类工作组、电子档案政策工作组和网页内容管理工作组，职责是与相关社团协商进行研究，并向联邦政府管理与预算局主管和国家档案与文件管理局档案管理员等提出建议，共享获取、发布、保存联邦信息。

　　附：

联邦政府管理与预算局信息资源管理的主要职责

　　负责行政部门内的总体领导和协调联邦信息资源管理；

　　作为总统在联邦通信系统的建立与管理以及为建立与管理这样的系统发展和制定政策方面的主要顾问；

　　发布信息资源管理的政策、方针和工作步骤，协助其他政府机构进行综合、有效、高效率的信息资源管理；

　　提出和审查改变有关国家信息资源管理方面的法令、法规和机构工作程序的建议等，以改善联邦信息资源管理状况；

　　根据规定审查、批准或不批准政府机构关于从公众搜集信息的建议和计划；

　　与总务管理局局长磋商，制定和出版满足政府信息技术需要的五年计划的分年度报告；

---

①　李广乾. FEA 促美国电子政务转型. 计算机世界，2005（12）.

通过对各政府机构信息计划、信息采集预算、信息技术获取计划、财政预算及其他的审查，评价机构的信息资源管理，识别已发布的信息政策的完善性；

在国家档案与记录局的协助下，对联邦记录管理职能进行政策监督，并协调记录管理政策与计划及其他信息活动；

在总务管理局局长的协助下，有选择地审查各机构的信息资源管理活动；

审查各机构与信息安全、保密、共享及解密有关的信息资源管理政策、活动和计划，确保符合隐私法及有关法规；

根据联邦资产与行政服务法解决总务管理局与其他机构之间就获取信息技术的争执；

对美国政府提出的国际事务的立场和政策中某些影响政府信息活动的条款加以评述，并向国务卿提出建议使之与联邦信息资源管理政策一致等。

除此以外，联邦政府各部也负有所在行业内公共信息资源开发、建设和公开、管理以及整合的领导职责，各部部长负有直接领导责任，并通过首席信息官制度把公共信息资源管理职责延伸到政府工作的各个角落。1996 年的《信息技术管理改革法》要求联邦机构设立首席信息官（Chief Information Officer，CIO）职位来管理政府信息化的相关事宜，联邦政府的首席信息官兼任国家管理与预算局第一副局长，政府各部门也必须设立首席信息官，并增设首席信息官办公室来具体负责本领域公共信息资源的管理、开发、评价、指导，重要信息系统规划、网络建设规划等工作，提出每年和 5 年的工作目标和资源条件（包括资金）要求。目前，联邦政府各部都设立了首席信息官，全面负责所在部门的专业性公共信息资源管理工作。在此基础上，联邦政府还成立了由各部门首席信息官组成的 CIO 委员会，以协调各机构间的信息资源管理活动。

为减少或避免网络环境下对个人信息的不当采集与开发利用，2005 年，联邦各部门又设立了部门高级隐私官，由各部门的首席信息官兼任或指定一名副部级官员担任，以加强对公民隐私权的保护。其具体职责是在部门内制定、评估与隐私权保护问题（如个人信息采集、使用、共享和披露等）相关的法律法规①。

作为常设联邦机构，商务部下属的政府印刷局（GPO）的核心任务是"保证美国政府信息公开化"，负责搜集已成型的各种形式的政府信息，并将这些信息加以编目、出版、发行和保存，同时，还在全美设有 24 个美国政府书店（U. S. Government Book Store）。国家图书馆与信息科学委员会负责总统和国会在图书馆和信息服务方面政策事务的咨询审查并提出建议。而联邦通信委员会则是政府对信息内容产业和市场进行监管的主要职能机构，对电信、广播、电视和互联网等公共媒体的信息和内容通信业务具有监管职责。

在地方，联邦政府可通过有限的协调服务如项目资助、信息法规执行情况检查等保证公共信息资源管理政策的落实，而公共信息资源的具体管理职责基本由地方政府来担任。一般情况下，地方政府都设有专门管理机构，从组织形式上可分为两类，一类是设立州政府信息资源管理部，如得克萨斯州、明尼苏达州等；另一类是设置州信息主管，在信息主管下设一个或几个管理机构，如加利福尼亚州、新泽西州等。② 地方政府信息部门的主要职责是公共信息的搜集、发布和保存以及重要公共信息项目的管理、州政府信息网络的规划、制定有关标准及解决政府信息技术应用中的重大技术问题等。

　　附：

联邦信息委员会（Federal Information Council）主要职责

听取联邦和地方政府以及企业关于信息资源，信息资源管理，以及信息技术的建议和意见。

---

① 美国公布 2005 财政年度《电子政务法》实施报告 . http：// www. etiri. com. cn/research/article_ show. php？id = ~ 18927027189.

② 徐志标 . 政府信息化建设探索 . http：//www. chinalabs. com/cache/doc/ 04/11/01/7519. shtml.

向联邦管理与预算局局长提出与联邦信息资源管理有关的政策与实践的建议；

决定政府信息基础设施的战略方向和优先领域；

协助美国首席信息官制定和执行政府战略信息资源管理的有关计划；

协助联邦政府以及跨部门的信息系统工程计划和项目；

协助政府部门共用信息基础设施的计划和实施，如通信、政府电子邮件、电子支付、电子商务以及数据共享等；

在各政府部门着手重大信息系统工程之前，评估该部门现有的业务流程及行政管理过程，并辨识改进和优化政府业务流的机会和可能性；

对各政府部门信息资源管理的实际情况和问题向美国首席信息官提出改进意见和开展试点项目的建议；

就联邦和地方政府各部门共享信息资源问题进行研究并提出建议；

在与信息有关的国际活动中确保美国的利益，包括协调美国参加国际信息组织的活动。

为将政府信息资源管理工作持续深入地开展下去，"政府信息资源管理政策中明确规定，政府机构的一项重要任务是确保政府机构职员接受信息资源管理和保护信息资源的培训，要求人事管理局局长制定和指导政府职员的信息资源管理培训计划，包括最终用户计算机使用的培训，并定期评价政府信息资源管理未来的人事管理和人员需求，制定与信息系统设计、运行、维护有关的人事安全政策、政府职员培训计划等"。①

此外，为加强政府信息开发利用的监管，联邦政府组织以及民间自发组织等还先后组成了一些监管政府信息化的组织机构，如政府信息化促进协会联盟、IT 产业顾问协会、州级信息主管联盟、政府评估组及首席信息化小组、国家电信信息管理办公室、政府信

---

① 李绪蓉，徐焕良. 政府信息资源管理分析. 电子政务，2005（15/16）.

息技术服务小组（GITS）等。这些组织要对政府信息资源管理所需涉及的各种日常事务，包括技术推进、法规政策建议、管理投资、改善服务、业绩评估等工作进行调研并提出建议。

2. 公共信息资源管理的社会组织结构

从政府角度判断，由于公共信息资源主要分散在政府和各类社会信息组织中，因而，非营利性信息机构和私人信息机构既是国家公共信息资源管理的对象，也是承担具体公共信息资源开发建设任务的基层信息组织。在充分肯定政府对公共信息资源的宏观领导与协调作用的同时，美国社会已经形成了公共信息资源供给的市场化和社会化组织传统，在基层公共信息资源的开发建设中，"为传播政府信息资源满足全体公众的信息需求，联邦政府有鼓励和促进公共部门和私人部门分别利用其各自的资源和渠道形成差异性和多元性并存局面的义务"。①

为了给公众提供全方位的公共信息服务，政府相关信息主管部门充分发动政府各职能部门和私人企业、非营利性部门等组织参与公共信息资源管理过程，在国家机构和企业之间，以及政府与公众之间建立了有效沟通、互为支持、提供服务的公共信息资源管理体系。如美国政府在给中小企业的信息服务中，由联邦政府中小企业管理局协调各州政府、教育界和私人机构等在全国先后设立了57个服务机构——小企业发展中心，这些中心又下设了260个分中心，形成了覆盖全国中小企业的信息网络组织体系，使政府的小企业信息服务计划得到成功实施，当然，也防止了重复使用社会资源所造成的浪费。②

在社会组织的不同层面，非营利性部门和私人企业分别依靠自身优势，与政府部门广泛合作，逐步形成了分工合理运转灵活的公共信息资源管理基本层次结构。

---

① *The Public Information Resources Reform Act Of* 2001. http：//www. nclis. gov/govt/assess/appen11. pdf.

② 阎维杰. 美国和挪威对中小企业的信息服务. 中国中小企业，2002（12）.

　　第一层次，主要为联邦政府重点支持或资助的国有信息机构，如美国国会图书馆、国家专利商标文献中心、国家档案与文件管理署、美国科学信息与技术学会以及诸如能源部信息署等各部所属的专业信息部门。根据相关立法，这些信息机构属非营利性公共服务机构，由国家财政重点扶持，日常运行实行"收支两条线"，工作任务依法确定，政治上中立，业务活动独立，不得从事营利性信息经营行为，负有为所在政府主管部门提供参考咨询服务和向公众公开公共信息的义务。同时，也有一些自负盈亏型国有信息机构，如美国国家技术信息服务中心（NTIS），其使命是搜集和传播美国政府及国外科学、技术、工程和贸易信息，尽管没有政府财政拨款，但1950年颁发的《技术、科学和工程信息普及法》授权其信息服务可以收费，日常开支通过信息经营收入维持。同时，根据《美国技术转移法》，所有联邦机构都有向该中心提供公开科技信息的义务，法规政策的倾斜以及授权市场化的运作使其在激烈的信息市场经营中始终占有重要的一席之地。[1]

　　第二层次，为州县政府预算支持的公共图书馆、信息中心、研究中心、档案馆和文件中心等非营利性组织。在美国，按照"分权管理，各负其责"的原则，联邦政府把上述信息机构的管辖权下放给地方政府，通过健全的法律政策引导和业务项目的经济资助进行领导和调控，二者间并无行政上的直接隶属关系。为谋求组织发展，获得地方政府的支持，这些信息机构立足于所在区域，把打造地区性信息中心作为组织基本目标之一，充分利用其技术优势和基层公共信息资源集散地的优势，积极提供从政府文件、选举信息、意见投诉以及医疗保健、社会福利、供水排水、出行交通等公共生活所必需的公共信息，成为基层社会公共信息服务网络体系的主要节点。2002年的《电子政务法》进一步明确，要使用公共图书馆等公共社区接入点为公众提供互联网接入服务和在线指导。"据报道，1984年，68%的美国公共图书馆以提供社区信息服务作

---

① 王辉．美国国家技术信息服务中心．全球科技经济瞭望，2001（12）．

为他们新的标准服务。"①

第三层次，是行业性公共信息资源管理机构。美国现有84 800个行业协会②，这些行业性组织在进行行业内部管理的同时，还负有为会员开展行业性公共信息服务的职责。同时，教育系统、科研系统的图书馆、信息研究所、战略研究所、信息中心以及航天、卫生等系统分散在全美各地的垂直性下属信息中心等，以从事行业性信息服务为主，业务上相对独立于政府行政体系之外，财务上实行多元预算，既可以通过联邦政府或州政府得到一定的资金和项目扶持，也可以从学校、行业主管部门以及私人基金会等途径获得一些支持，如果其提供的信息产品具有可观的市场开发前景，还会得到私人企业的资助。

第四层次，是私人信息机构的公共信息资源开发建设。公共性程度差异以及公共信息资源的商品属性决定了市场化运作的可能性，据调查，"在美国大约有60%的乡村出售他们的数据"。③ 私人信息机构往往围绕用户特定信息需求，如为工商企业或个人提供增值信息服务等，通过信息市场交易维持日常运转并谋求组织利润。同时，公共信息资源潜在的巨大商业价值也吸引越来越多的私人信息机构参与公共信息服务活动，如位于圣地亚哥的专门从事房地产信息服务的数据快递公司，每月可向客户提供2 500份各种有关信息的报道，掌握着加利福尼亚和亚利桑那州1 100多万条房地产开发、建设、出租、转让等信息，数据更新快，实力雄厚。"目前，美国商业性档案机构有100多个，较著名的有国内必要文件中心、南方必要文件中心、底特律文件中心等。"④ 著名的美国科学信息研究所、战略研究所（如兰德公司）、经济研究所、世界观察研究所等专门从事信息分析研究的私人信息机构，通过灵活的市场

---

① 苏瑞竹．美国社区图书馆信息服务简介．科技情报开发与经济，2006（5）．

② 丁元竹．对美国社会管理体制的考察．中国改革，2005（11）．

③ Miller, Brian, "Profits in Government," Government Technology, Vol. 2, No. 2, February 1994.

④ http：//www.hdda.gov.cn/gjlt/mg.asp.

化运作生产出具有权威影响的研究报告、咨询报告等，用户群稳定，效益可观。"联合国、世界银行、美国政府部门等每年都要花100 多万美元购买世界观察研究所每年出版的世界观察研究报告。"① 2005 年，兰德公司年收入达到 2.347 亿美元，净收益为800 万美元，其主要财政来源是基金会、捐赠和联邦政府、州政府业务收入等。②

第五层次，为独立经营的教会和社区性公共信息资源管理机构，这些机构来自最基层社会，既有公众自发性组织，也有私人性质的小型信息服务机构，主要依靠社会捐赠和服务收费来维系正常运转；以公益性信息服务为主，业务范围基本限定在特定区域，组织运作灵活；机构寿命依据公共信息服务的优胜劣汰可长可短，稳定性相对较弱。2001 年，由农村政策研究学会（the Rural Policy Research Institute，RUPRI）创建的社区信息资源中心（Community Information Re-sources Center，简称 CIRC），通过提供交互式互联网地图工具，允许使用者运用大量的数据画出自己的地图；把相关农村公共服务信息画在地图上，受到广大农村用户的青睐并得以发展壮大。③

3. 公共信息资源管理的监控体系

健全有力的监控体系是实现公共信息资源效用价值的基本保证。在美国，除联邦政府和州县政府的信息资源管理机构负有对本部门公共信息资源规划、实施以及信息公开、信息服务执行情况进行监督管理职能外，国会、司法系统以及民间社会组织等共同组建了公共信息资源管理的全方位监控系统。

国会一方面设立了"信息联合委员会"，由参议院和众议院各4 位委员组成，负责对联邦政府信息资源管理情况进行监督和审议，并对与联邦政府信息资源管理有关的重大问题进行研究，每半

---

① 刘昭东. 美国的信息服务机构与信息服务业. 中国信息导报，2001 (7).

② 张新民. 美国信息机构的发展概况. 中国信息导报，2007 (1).

③ 包颖. 美国：农村公共服务信息画在地图上. 中国社会报，2006 (7).

年度对国家信息化的重大项目评估一次。① 1974 年修改的《信息自由法》增加了政府信息公开的国会监督环节，规定行政机关和司法部长必须每年向国会提交 1 份报告，汇报《信息自由法》的执行情况。另一方面，国会出版联合会，众议院政府管理委员会政府信息、法律审判及农业委员会，众议院行政管理委员会采购与印刷委员会，参议院政府事务委员会政府信息与条例委员会，参议院商业、科学及交通委员会等机构分别从各自的侧重点对政府公共信息资源管理实践和政策执行情况进行深入的调研并提出政策建议。此外，联邦会计总署作为国会对政府机构和政府活动的独立审计部门，下设信息管理与通信部、会计与信息管理部等专门办公室，定期发布政府信息管理评价报告，仅 2001 年就发表了 60 个评价报告，内容涉及 17 个联邦政府部门的信息管理情况。②

司法系统对于公众信息权利保障发挥了重要作用，美国司法部负责协调、检查和报告各政府部门《信息自由法》的实际执行情况，联邦政府各机构每年都要向司法部门提交上一年度工作报告，并由司法部长汇总后发布年度总结报告。③ 同时，《信息自由法》也规定了公民知情权的救济手段，当行政机关拒绝公开政府信息时，公民可以向联邦基层法院起诉。

社会性组织对政府公共信息资源管理情况的监督作用不容低估，如美国出版商协会、全国图书委员会、IT 产业顾问协会、州级信息主管联盟等组织均把监督政府和其他信息机构公共信息服务情况作为组织职能的重要内容。软件和信息产业协会、娱乐产业自由贸易联盟、美国唱片协会和电影协会等机构还针对信息内容开展自律管理活动。当然，在具体的服务过程中，公众的参与本身也是一种有效的社会监督。

美国的公共信息资源管理运行机制，充分体现了管理的原则性

① 周宏仁. 政府信息资源管理. http：//qmgs. gov. cn/news_ nr. asp？w_ id
= 100002960&lbbh = 104112&lbid = 104.
② 王刚. 2001 年美国会计总署信息管理评价报告，2002（2）.
③ 孙石康. 美国信息权利法简介. 全球科技经济瞭望，2003（8）.

与灵活性的高度统一（见图7-3）。一方面要适应国家公共信息资源总体规划与发展的需要，由联邦政府来进行统一的宏观领导与调控管理（见图7-4）。另一方面，也要考虑不同行业、不同地区间公共信息资源分布、开发、利用的性质和环境条件差异以及其他具体特殊因素采取多样化管理。凡是事关公共信息资源开发建设利用等的法规政策和国家战略管理、社会总体利益也就是经济学中的纯公共物品性质的公共信息资源，均由政府负责生产、加工、管理，以保证公共信息资源占有利用的公平。对于涉及政府某一领域的准公共物品性质的信息资源，则尽可能通过委托、承包等形式交由非营利性部门或私人企业来完成。

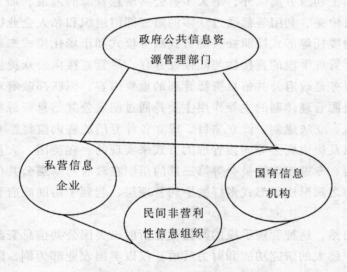

图7-3 美国多元化公共信息服务体系

4. 美国公共信息资源管理体制的特点

①管理目标的连贯性。美国法院提倡"信息应该最大化地为社会长期的整体利益服务"。① 尽管公共信息资源管理的范围不断

---

① 王正兴，刘闯. 美国国有数据与信息共享的法律基础. 图书情报工作，2002（6）.

扩大，性质也愈加复杂，开发建设的难度也随之加深，但联邦政府在管理上始终围绕"公共信息资源应作为属于公众的国家战略性资源而被人们所确认，并基于信任而被政府所掌握，除法律限定外应提供给公众永久利用"的宗旨①，通过集中与分散相结合的多元化管理方式涵盖公共信息资源管理的各个领域，无论是政府的信息指引还是基层公共图书馆的社区信息服务等，均力求公共信息资源的平等获取和全面的社会共享。

②管理模式的多样性。政府主导的多元化管理体制不仅体现了公共信息资源管理主体的多元化参与，而且还表现在具体运行模式的多样化特点上，除政府对基础性纯公共信息资源承担了主要生产、加工和服务提供外，绝大多数公共信息资源的采集、加工、整合以及传递、利用等都通过众多的第三部门组织和私人企业以合作或契约委托等形式按照社会的自我服务模式和市场化模式来运作。

③管理手段的直接性与间接性并存。尽管直接向公众提供公共信息服务是政府公共信息资源管理的重要内容，但联邦政府对公共信息资源管理体制的主导作用主要是通过制定公共信息资源相关管理政策、立法建制、设立项目、成立各种专门的咨询监督性专家委员会以及提供资金等间接管理的方式来实现的。在美国，大量的行业协会、专家咨询委员会等第三部门组织在政府与基层公共信息服务机构之间形成了形式多样的中间管理层，起到了协助政府管理的作用。

当然，这种管理手段的间接性也折射出美国公共信息资源管理体制中强大的研究功能和财力后盾。仅以美国农业部为例，除了正副部长办公室外，内设的各个局和办公室等在很大程度上都是从事行业研究管理的，如经济研究局就是美国农业部主要的经济信息和研究机构，其下设的食物和农村经济处、市场和贸易处、资源经济处和信息服务处的主要任务是围绕实施联邦政府各项农业计划而进行相关课题研究，发布与农业、食物、自然资源、农村发展、国际

---

① *The Public Information Resources Reform Act of* 2001. http：//www. nclis. gov/assess/appen11，pdf.

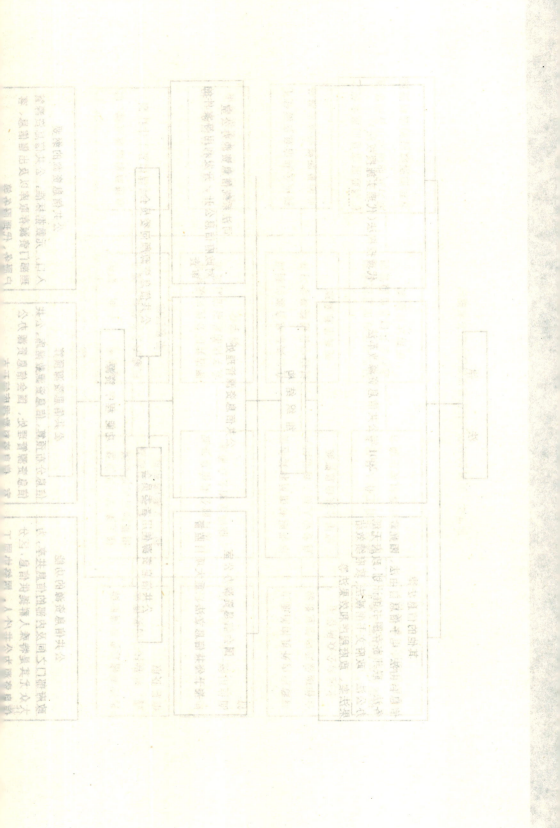

贸易等有关的经济和政策信息。这种将公共信息资源的专业性研究与政府宏观管理相结合的做法充分保证了政府公共信息资源管理的科学性、有效性。同时，为了赢得政府的研究项目和经费支持，各类信息服务机构也都自觉遵守政府公共信息资源管理的相关规定并接受必要的检查和监督。

④管理主体的广泛性。参与公共信息资源管理的不仅有联邦政府、众多的独立性组织和中介组织以及各类私人信息机构，公众的意愿也会直接影响国家公共信息资源管理重大事项的决策，如美国的《信息自由法》就是 20 世纪 50 年代后公众参政议政热情高涨，强烈要求政府信息公开共享并经社会各界不懈努力的结果。

⑤美国公共信息资源管理体制的制约性因素分析

新制度经济学家 A. 格雷夫在其《经济、社会、政治和规范诸因素的相互关系与经济意义》一文中指出，在制度变迁的过程中，当时社会的政治、经济、社会等因素对制度变迁有很大的影响，并会形成一定的均衡联动关系。美国公共信息资源的多元化管理体制实际上也是特定环境的产物。

①经济基础。美国是当今世界上经济最发达、科学技术发展最快、对研发 R&D 的支持力度最大的国家。雄厚的经济基础支撑着各行各业，最近几年，美国经济对科学技术研发 R&D 的经费支持在 2 100 亿~2 500 亿美元，不仅刺激了社会的信息消费，加快了数据—信息—知识的转化进程，导致公共信息资源的异常丰富，而且成熟规范的市场化运作也形成了健康有序的信息市场和完善灵活的信息服务体系，为多元主体介入公共信息资源领域奠定了较稳定的主体队伍基础和开阔的运作空间。

②文化传统。一方面，奉行自由、民主、平等的文化养成了美国人对公共信息资源的自觉关心和自我服务观念，也促成了社会自我发育和自我管理的成熟，并形成了有效的公共信息服务监督体系，便于对政府和其他组织的信息行为进行监控；另一方面，"信息已成为美国现代社会、经济和科技发展的基本单元，美国民主现

代文明不可缺少的关键因素"。① 信息文化的培育为公共信息资源的多元化参与提供了良好的舆论环境氛围和思想观念基础。

③信息内容产业。由于"信息拥有在政治及经济利益的分配中发挥的作用日益显著"②，引起了国家和联邦政府对公共信息资源的高度重视，1993 年，美国《国家信息基础结构：行动纲领》（NII）的政府计划中明确指出"国家信息基础结构给国家带来的潜在利益是巨大的"，"美国的命运同信息基础结构联系在一起"。同时，美国政府是世界上记录管理和政府信息资源管理最为先进和完善的国家，不仅如此，发达的信息内容产业也为公共信息资源的市场开发提供了载体和平台，据调查，1990 年，私营数据库占数据库市场的 68%，而到 2002 年，私营数据库的市场份额就增长到 90%，市场交易为公共信息资源的传播提供了更为便捷的渠道，加之政府行政政策的推进，如克林顿政府所倡导的服务型政府和公共管理活动的民营化均为公共信息资源管理的多元参与提供了实践的理论指导。

④信息技术。科学是最高意义的革命力量，信息技术的发展不仅提高了信息的价值效用，为公共信息资源的传播获取提供了广阔的空间和自由度，而且数字资源的网络无障碍流动突破了时空限制，也促使公共信息资源管理的方式、手段、内容等发生根本性改变，对管理体制也提出了新的要求。美国政府顺应了信息技术发展在公共信息资源生产、加工、传播等方面带来的深刻变化，并采取行之有效的方式来促进公共信息资源的开发利用。

（三）德国公共信息服务体系

德国的信息技术高度发达，计算机和因特网已经成为公众学习工作和生活的重要组成部分，2000 年 9 月，联邦政府制定了

---

① 刘昭东. 美国的信息服务机构与信息服务业. 中国信息导报，2001（7）.

② 于良芝等. 从信息政治学视角看公共图书馆发展的社会环境. 中国图书馆学报，2002（4）.

《2005 年联邦政府在线计划》，提出"让数据而不是让公民跑路"的口号，积极推行公共服务的信息化，通过电子政务建设强化公共信息服务，并借此提高政府公共管理能力。

德国的公共信息资源管理具有明显的市场经济竞争印痕，一方面，政府、企业和民间组织自觉介入公共信息资源开发建设领域，并形成了竞争与合作的伙伴关系。另一方面，为提高各自的信息资源利用率，各类信息机构认真研究用户需求特点，主动为经济文化建设提供全方位的信息服务。具体地讲，德国提供公共信息服务的组织有以下几类：

1. 各级政府职能部门切实担负起公共信息资源管理职责

联邦内政部统计局是德国政府专职信息机构，负责对全国重要经济社会指标进行统计监测，定期采集、发布信息，涉及范围广泛，数据充分。内政部协调咨询处负责联邦政府及州政府中 150 个行政管理机构之间的信息交流与协调工作，同时也担负政府部门信息设备的集中购置任务。在地方，州及州以下的乡镇均有相应的信息机构，并采取层层负责的纵向结合办法。根据法律规定，信息机构应及时准确地采集各种数据上报上一级信息机构汇总，国家信息机构将各州报送的数据资料加工整理后再上报给政府主管部门，然后分发到各部门利用。

2. 国有信息机构面向社会充分发挥公共信息服务功能

国有信息机构在主动为政府部门提供信息的基础上，也面向社会开展服务。如黑森州信息处理中心 90% 以上的用户都来自广义的政府系统，另有 10% 的用户来自私人企业；过去经费开支全部依赖有限的州政府拨款，但 1989 年后，通过向用户收取信息服务费就可以实现运行经费的自收自支，连工作人员的工资也可以自己支付。

成立于 1950 年的农业价格信息有限公司，采用公司化经营，市场化运作，是德国政府从事农业数据库建设和运营的部门。公司的经营宗旨是：通过提供信息产品和服务，为相关行业的经营者创造公平竞争的环境和公平竞争的机会；通过各种透明的信息，逐渐使各相关行业处于充分公平的竞争。50 多年来，该公司针对不同的客户群提供不同特点的服务，以先进的信息化手段为 3.5 万多个客户提供了良好的服务。用户范围从德国扩展到其他欧盟国家的所有农场、食品加工企业和食品销售企业。①

3. 大学或科研单位的非营利性信息服务

非营利性信息机构在专业化信息服务上具有相当的影响力，一些大学和科研单位利用自己专业信息服务的技术、人员、学科、设备等优势，针对用户的个性化信息需求主动提供服务。如著名的科隆大学商业研究所，以 1 万多商业企业为服务对象，通过调查比较提供不同企业发展的咨询建议。这类信息机构的经费来源渠道广泛，既有来自联邦经济部的政府资助，也有不同政府部门委托进行的课题研究经费，还有对企业进行有偿信息服务的收入。

成立于 1968 年的德国社会科学信息中心属于联邦政府财政补贴的非营利性商业数据库开发机构，除每年政府 750 万欧元的财政拨款外，其他 70% 的运行开支都依靠中心的自筹资金和对外有偿服务获取。通过与不同研究机构的合作，整合各类社会科学信息，如建立社科项目数据库、科研论文数据库、社会科学研究机构数据库、专业杂志数据库等，形成了针对不同用户需求的代表性系列数据产品。另一方面，积极寻求与不同门户网站的合作，以便在更大范围内传播该中心的信息，提高其数据库的利用率，刺激用户的信息消费。

4. 私营信息企业的营利性信息服务

私营信息企业由两部分组成，一是大型企业自己创办的信息机构，主要围绕企业的生产经营进行市场调研、对策分析等竞争情报研究，许多企业信息机构成为所在行业领域公共信息服务的主要提供者，因专业、深入、针对性强而在行业性信息服务上有一定影响，这类机构的运行经费往往由企业系统内部提供。另一部分是面向中小企业和个人的私营信息公司，德国的私营信息公司较多，因信誉好、机制灵活、效率高而受到用户青睐，通过基层公共信息的有偿服务谋求组织发展。

---

① 罗明．德国政府的农业数据库建设．中国信息界，2005（3）．

（四）西方国家公共信息资源管理体制对我国的借鉴意义

任何管理体制的背后都有其深刻的时代烙印和政治文化传统，除却社会制度以及社会信息化水平等因素的差异外，从整合社会资源、提高社会信息消费、促进信息共享的实际效果看，西方国家公共信息资源管理体制中有诸多值得借鉴和效仿的地方。

1. 管理目的的转变

正如英国前首相布莱尔所说："只有通过选择、个性化服务和不断增强的责任感将权利转交给公众，政府才能不断改进服务。我们的目的是进行根本性的改革，重新围绕个人设计公共服务，为公众提供他们真正需要的服务，即快速、方便、有效、高质量的服务。"① 西方国家均将公共信息资源视做国家的公共资产，在管理上采取以用户为中心的出发点，无论是政府部门还是社区图书馆等基层信息机构的服务项目设计都把方便用户作为重要参考因素，同时，强调信息获取的社会公平，遍及各国的信息知识和信息技术的普及从另一侧面反映了公共信息资源管理以人为本的出发点。

2. 管理方式的转变

公共信息资源管理本身并不排斥私营信息机构的参与，问题在于要采取什么样的市场管理形式才能真正对公众有利。因为市场化的内涵和表现形式有多种选择，既可以是政府公共信息资源管理职责的市场化，把本应由政府提供的公共信息服务推向信息市场，也可以是公共信息资源供给机制的市场化，即在政府作为安排者、调控者前提下，实现公共信息资源生产和提供的多元化，通过不同生产者、提供者在信息市场上公平有序的竞争降低信息产品的生产成本，提高服务效率和质量。值得关注的是，尽管都是成熟的市场经济国家，西方国家的公共信息资源管理仍普遍采用了政府宏观调控与市场微观运行相结合的模式，并非政府信息资源管理职能的简单卸载。

---

① 王小飞．英国政府信息化的思路和做法．全球科技经济瞭望，2001（8）．

3. 管理权限的转变

多元化管理格局意味着公共信息资源管理权利在社会不同主体之间的流动和分配。西方国家公共信息资源管理的专家智囊、多元参与和全社会监控不仅反映了社会各阶层对公共信息资源的高度重视，而且也是公共信息资源管理权利力相互制衡的表现，只有这样，才能有效保证公共信息资源的公平获取。同时，公共信息服务作为一种普遍性服务，是面向所有公众和组织的基础性信息服务，需要有社会的自发参与和支持，而政府公共信息资源管理的主要职能应表现在对弱势群体和相对落后地区的救助、保护和扶持上。

4. 管理背景支撑的转变

任何公共信息资源管理体制的建立都须拥有相对充足的社会背景条件，因为政府公共信息服务能力的强弱不可避免地要受到社会信息化程度的制约。如果社会信息意识欠缺、信息基础设施落后、公众与组织信息能力薄弱，政府公共信息资源的汲取与生产加工能力也必然会受到冲击。这样，即便政府有良好的公共信息管理能力和充分的公共信息服务愿望，实际结果也是心有余而力不足；也就是说，政府信息资源管理水平必须与社会整体的信息化程度相适应，要实现政府公共信息资源管理职能，不仅需要在政府系统内部强化信息资源管理意识，理顺内部关系，转变管理职能和手段，还需要在社会信息意识、信息消费水平以及信息基础设施建设中统筹协调达到平衡发展。

二、我国公共信息资源管理体制的经验教训

公共信息资源管理体制的建立是一项复杂而漫长的系统工程，既要适应全球化、信息化发展的客观环境要求，也要与我国正在进行的市场经济体制与政治体制改革保持一致，形成良性的制度联动。同时，也要吸取以往公共信息资源管理的经验教训，结合国情，不断探索有中国特色的新型公共信息资源管理体制。

（一） 计划经济时代的公共信息资源管理体制

经济学家吴敬琏将我国计划经济体制下的信息处理方式称为"纵向传递的信息机制"。① 在国家高度集权的计划经济时代，政府是"无限政府"，承担着包括公共信息资源管理在内的所有经济社会管理职能，从宏观到微观几乎包揽了全部的经济社会事务。在此阶段，公共信息资源作为政府行政的工具和结果，被赋予了高度的政治意义，置于政府的直接管辖之下，并形成了中国特有的条块分割、分级负责的公共信息资源政府集权管理体制。

中央政府对不同类型的公共信息资源包括社会信息资源具有绝对领导和支配的权力，不同类型的信息资源按照一定的类别分门别类地归属不同政府职能部门管理，公共信息资源从总体上处于部门分散分割状态。资源的分配也采取指令性模式，向下传达指令，向上反馈指令执行情况，通过行政手段进行配置。由于整个社会生活以"单位制"形式被高度组织化，基层公共信息资源的开发建设就以"单位制"为主，国家的触角可以延伸到每一个角落和社会生活的每一个领域，政府通过单位这一特殊的社会组织形式采集、加工、存储、检索和传递、利用等管理公共信息资源，政府部门所属及各单位内部的图书情报机构往往根据需要自行建设、自行管理，力图在自己的势力范围内实现公共信息资源开发利用的自给自足。在此基础上，各单位还要通过一定的组织程序同时向上级主管部门和职能管理部门报告公共信息资源开发建设情况，从而完成政府对社会信息资源的全面控制和整合，政府成为公共信息资源的绝对拥有者、收藏者和利用者。

在社会公共信息资源总量较少、公共信息需求有限的情况下，这种政府单一化的公共信息资源管理体制基本上可以实现低水平的信息供需平衡。但正如经济学家哈耶克所言，计划性的信息机制

---

① 于光远．社会主义市场经济的理论与实践．中国财政经济出版社，1992.

（或者说官僚型信息机制）是不可能建立一个合理的经济秩序的①，也潜在地隐藏着一系列难以逾越的弊病。

1. 公共信息资源管理主体的越位

尽管政府公共利益代表的身份确定了其具有公共信息资源管理的先天优势，但公共信息资源内在结构的层次性和复杂性决定了在信息资源开发、建设的整个生命周期应由不同组织在不同阶段来完成管理和整合的任务。而完全由政府来承担一切公共信息资源管理职责，上至制度性信息资源的酝酿、制定和传播，下到基层社区事务性信息资源的采集、加工和传递，政府替代企业和社会插手了许多不该管也管不好的事务。

2. 公共信息资源管理主体的缺位

当政府试图无限扩大职能包揽公共信息资源管理的全部过程时，不可避免地会造成政府公共信息资源管理职能的不充分履行，许多应该由政府完成的事情出现了管理的"真空"，如我国信息资源管理法规制度建设的滞后、信息市场发育缓慢、信息基础设施薄弱、政府信息公开不足等。

3. 公共信息资源管理主体的错位

无论是公共信息资源生产和供给的分离还是其整个管理过程的阶段性，都需要有生产者、提供者和监督者等不同主体扮演不同角色共同完成整个管理任务；而由政府来担当公共信息资源管理的一切角色，就会表现出政府与企业和基层社会组织的分工不清，如政府进入各类信息市场直接给信息服务（包括竞争性服务）定价、把搜集来的公共信息资源封存束之高阁等。

政府公共信息资源管理的越位、缺位和错位的后果十分严重。

一方面，政府垄断管理公共信息资源的高度集权化体制遏制了市场机制和社会自我管理机制的进入，使市场公共信息资源配置职能难以发挥，社会公共信息自我服务能力无法展示，而政府能力的有限性以及对公共信息资源重要性认识的不足又导致了我国公共信

---

① ［英］哈耶克. 个人主义与经济秩序. 贾湛，等，译. 北京经济学院出版社，1991.

息资源管理效率的低下，信息采集、加工和传播的不计成本、信息拥有和获取的行政级别限制以及因信息传递的阻滞和加工整理的落后给国家建设所造成的损失难以估量。

同时，公共信息资源的政府垄断和管理空间的封闭，对社会公众及组织而言，则产生了把信息当做国家配给品并盲目依赖政府的习惯。因为单位拥有公共信息资源的多寡和开发建设的情况并不是决定单位管理优劣和今后发展的关键性因素，这就导致了政府在拥有了对单位，单位对公众的信息支配权力的同时也背上了沉重的公共信息资源生产、提供、管理和监督等全部包袱，并构成了政府—单位—公众的支配链条，也因此而形成了公众—单位—政府之间公共信息服务的依赖链条，不仅使单位和个人失去了主动参与公共信息资源开发建设和管理的积极性和主体性，而且也抑制了公众的信息需求，导致我国公众信息意识的低下和公共信息资源管理的政府低水平重复。

（二）社会主义市场经济下的公共信息资源管理体制

随着信息时代的来临和市场经济体制的建立，我国的社会结构开始发生变化，公众的信息意识和民主意识不断提高，而声势浩大的经济变革和社会变革在限制政府权威和限制国家权力方面彼此一致，政府对公共信息资源管理的权力在经济和社会领域进一步受到限制。同时，国家对信息资源重要性的认识程度迅速提升，也充分认识到政府在提高社会信息化进程中的关键作用，"信息化的核心是应用"，我国的各级政府机构不仅认识到公共信息资源在国家建设和发展中的重要作用，而且已经开始了行动上的落实。

1987 年颁布的《政府信息资源管理条例》明确规定，"各级政府及所属部门必须指定或设立专门机构统一管理其职责范围内的信息活动"。一些部委还由副部长直接负责信息资源管理工作。各级政府机构在把政府信息资源管理列为本部门工作重要内容的基础上，都把管辖范围内包括公共信息资源在内的信息化建设当成政府工作的重要内容，并指定专门机构进行具体的领导和管理，截至 1992 年底，国家各经济、行政部门、各省（区）市政府、所有中心城市、半数以上的地区和 1/5 的县都已建立起信息机构。①

1996 年 1 月成立了以国务院副总理邹家华为组长，由 20 多个部委领导组成的国务院信息化工作领导小组，统一领导和组织协调全国的信息化工作。

1997 年，国务院信息化工作领导小组把信息资源的开发建设列为国家信息化体系的六要素之一，并提出了"统筹规划，国家主导；统一标准，联合建设；互联互通，资源共享"的 24 字信息化建设指导方针，为包括公共信息资源管理在内的国家信息化建设明确了工作的方向和任务。

1998 年 3 月，随着国务院机构的进一步改革，原国务院信息化工作领导小组办公室整建制并入新组建的信息产业部。为做好信息化建设的组织协调工作，信息产业部信息化推进司（国家信息化办公室）成立，主要工作任务是研究制订推进国民经济和社会信息化发展规划，指导各地区、各行业的国民经济信息化工作，研究制订有关信息资源的发展政策与措施，指导、协调信息资源的开发利用和信息安全技术开发，推动信息化普及教育等。

1999 年 2 月，国家信息化专家组变更为国家信息化办公室专家委员会，同年 12 月，根据国务院领导关于恢复国务院信息化领导小组的批示，成立了由国务院副总理吴邦国任组长的国家信息化工作领导小组，其主要工作职责是组织协调国家计算机网络与信息安全管理方面的重大问题；组织协调跨部门、跨行业的重大信息技术开发和信息化工程的有关问题；组织协调解决计算机 2000 年问题，负责组织拟定并在必要时组织实施计算机 2000 年应急方案；承办国务院交办的其他事项。根据规定，国务院信息化工作领导小组不单设办事机构，具体工作由信息产业部承担。

2001 年 8 月，中共中央、国务院决定重新组建国家信息化领导小组，国务院信息化工作办公室是领导小组的办事机构，具体承担领导小组的日常工作，下设综合组、政策规划组、推广应用组合

---

① 廖金翠，郭玖玉．我国信息服务业现状及其发展思路．图书馆，2004（4）．

网络与信息安全组四个司级机构。2004 年国家信息化工作领导小组部署信息化工作重点时指出，要"加强信息资源开发利用。着眼经济社会发展的关键环节和重要领域，开发利用信息资源为现代化建设服务。推进体制和机制创新，发挥市场机制的作用，提高信息资源开发利用的效率和效益"。同时也提出了加强电子政务建设，深入开展信息化战略和规划研究等工作。

在明确了国家信息化领导小组及其常设机构以及信息产业部信息化推进司对我国公共信息资源管理的宏观领导与统一管理的核心地位的同时，国务院各部委（局、总公司）先后以信息中心的形式成立了自己的信息机构，以此加强行业性公共信息资源的开发建设，各部委信息中心积极开发本行业领域内的公共信息资源，利用自身的信息资源优势建设了大批经济、科技、文化等数据库和各类管理信息系统，并完成了金融、铁道、电力、民航、统计、财税、海关、气象、灾害防御等 10 多个国家级信息系统的开发建设，成为行业领域公共信息资源管理的先导。

需要说明的是，各部委的信息中心虽然在业务、人员、资金乃至内部机构设置、领导任命等方面始终与所在部委保持着密切的内在联系，其工作运行方式以及内部管理等似乎与政府机关并没有多大的区别，但在机构性质上则归属为国家事业单位，具有独立的法人资格和相当的自主管理权限。

除明确部委信息中心行业领域公共信息资源开发建设和管理的职责任务外，从广义来看，所有的政府机构都负有相当程度的公共信息资源管理任务。这不仅是因为政府行政过程也是复杂的信息流动过程，公众的服务需求要以一定的信息载体形式来传输，政府对公共需求的满足也要以尽可能多的信息载体形式通过一切可能的信息传输渠道公之于众，而且各部门政府职能本身就包含了对相关信息资源进行搜集、分析、加工、深入研究以及宏观管理的职责，如政府机构提出规划、建议，拟定方案、起草法规制度、进行教育培训、行业统计以及专项调查研究等。外交部的新闻司和档案馆、农业部的市场与经济信息司、卫生部的文书档案处和新闻宣传处等内设机构都在相当程度上承担了行业性公共信息资源管理任务，从本质上讲都属于公共信息资源管理范畴。当然，为了避免研究的泛化，我们仍将关注的重点放在政府行政系统内与信息搜集、处理与管理工作直接相关的业务部门。

在国家层面，这种中央集中管理与部门专业化分散管理相结合的公共信息资源宏观管理体制在制度层面保证了公共信息资源管理的统一领导与有效管理。在地方，各省先后成立了由省政府主要领导任组长的各省信息化工作领导小组，作为推进区域范围内信息化工作的最高领导机构，并设有办公室等常设办事机构。在此基础上，各省还确立了信息产业厅为各省信息资源开发、建设和管理的职能机构，并成立信息化推广处；主要职责仍是负责推进本区域内国民经济和社会信息化，指导各行业信息化工作，研究拟定有关信息资源的发展政策与措施，指导、协调信息资源的开发利用和信息安全技术开发，协调和管理区域内大型计算机网络及国际联网工作，对政府系统内和非营利性组织申请域名注册归口进行审批，推进信息化宣传普及教育，以及完成政府信息化工作领导小组的日常工作等。在机构归属上，有些省市采取信息化工作领导办公室与信息产业厅合署办公的做法，如湖南省、辽宁省、江苏省、广东省、湖北省等人民政府信息化工作领导小组与省信息产业厅都是两块牌子一套班子，其下设的信息化推进处（也有称信息化管理处，信息化一处、二处等）是具体承担公共信息资源开发利用及服务管理工作的业务指导部门。

在地县，普遍设有信息化办公室或信息化委员会等常设机构，直接接受所在地县政府的领导和省市信息主管部门的业务布置。同时，北京、上海、天津、重庆等直辖市直接在本市信息化工作领导小组下设立信息化工作办公室（天津、上海称信息化委员会），其工作职责相当于各省的信息产业厅，全面负责信息化工作的领导与落实。如北京市信息化工作办公室下设综合处、法规与标准处、推广应用处、电子政务与信息资源处、网络建设与管理处、发展计划处以及信息安全处等。此外，各省市政府办公厅下一般都设有信息中心，但其服务对象仍是面向政府，主要为上级政府搜集、汇总、加工和传递信息资料，有些还承担了区域内电子政务的内网建设和日常运转管理任务。2004 年底，合肥市率先整合市计委所属的市经济信息中心、市政府办公厅所属的市行政机关办公自动化服务中心等电子政务建设机构，成立合肥市信息资源中心，负责全市信息化基础数据维护和管理、信息资源整合以及公共数据库建设和全市统一政务信息处理平台的运转等，为推进城市公共信息资源管理工作增添了一个有力支点。

除建立常规的政府职能机构从事包括公共信息资源管理在内的信息化建设外，我国政府还充分利用政府所属事业单位在公共信息资源管理、协调和人员、技术上的优势从事某一项具体的信息资源管理任务，如北京市信息资源管理中心等作为独立的事业单位，承担了北京市电子政务技术支撑和信息资源开发两项重要任务。同时，政府部门已经开始寻求与高校、科研单位、企业以及一些非营利性组织在技术和管理的某些环节领域上的合作，充分利用社会资源来强化对公共信息资源的管理，以弥补自身的不足。如上海市信息化专家委员会、上海市互联网信息服务业协会等分别在公共信息资源政策制定与区域发展规划以及具体的公共信息服务等方面发挥了不可估量的重要作用。

随着西方国家信息资源管理思想的传入，1999 年上海市政府启动 CIO 制度的试点、江苏省 2001 年启动 CIO 研修制度、广东省政府 2002 年明确提出要在各级政府部门建立信息主管制度，但从目前的实际运行来看，我国大多数党政机关对公共信息资源管理实行的仍是"信息化工作领导小组 + 信息技术处/科（信息中心）"的模式，政府 CIO 还只是个技术的中层领导而没有进入决策层①，今后的道路还任重而道远。

由分散分割和交叉重复的以往部门管理到由少数主管部门进行的相对集中管理的转变，我国政府公共信息资源管理的组织结构趋向合理，职能得到进一步强化。目前，从事公共信息资源管理的有代表性的主要机构类型有：

---

① 谢昭然．务实与激情共存——2004 年我国电子政务市场回顾．http：//www.grp.com.cn/zyzx/view.asp？id = 1937.

①政府公共信息资源管理综合领导机构，以国家信息化工作领导小组、各省市信息化工作领导小组为代表的国家和地方公共信息资源管理的最高领导机构，负有公共信息资源管理的宏观领导和战略发展规划责任。

②政府公共信息资源管理职能机构，指信息产业部、省市信息产业厅以及其下属的地市信息化管理办公室等，直接负责国家和上级公共信息资源管理目标及法规制度的贯彻落实，结合本地实际进行管理。

③政府行业性公共信息资源管理机构，指国家和省市统计局以及各部委和各省厅内部从事行业性问题调查、分析、统计、研究以及新闻宣传、文书管理的机构，在进行行业性公共信息资源采集深加工的同时，也承担了指导规范行业性公共信息资源管理的部分任务。

④政府所属事业单位，从国家信息中心到各部委和省市信息中心、信息研究机构等，都是从属于政府框架下的公共信息资源管理机构，往往围绕公共信息资源管理的某一环节，接受政府委托和指派。同时，分布在全国各地的公共图书馆或大学图书馆以及档案馆、文化馆等从事社会公益性信息资源开发、建设和传播工作的机构，也是公共信息资源管理不可或缺的参与者。

⑤政府所属企业单位，主要指国有信息企业，经过改制，实行真正企业化运作模式，如科技部下属的万方数据责任有限公司、教育部下属的书刊中心等机构经过改革已形成了结构合理、机制创新、业务发展多元化的发展格局，以市场化经营运作为突出特点，从事科技文献收藏与服务、数据库建设、信息分析研究、信息服务网络基础设施建设等。

⑥非营利性组织，主要指独立于政府行政系统之外，来自于社会自愿组成的各类社会组织，如上海市互联网信息服务业协会就是上海市从事信息服务业的各类企事业单位自愿组成的社会性非营利组织，其上级主管部门为信息化委员会办公室。

⑦私人信息企业，如从事信息服务的东方网、易趣网、证券之星等网络公司以及大批从事数据库开发管理以及信息咨询服务的企

业等，充分利用政府信息资源和社会信息资源加工生产信息产品，通过市场化的公平交易实现盈利。

尽管现阶段，我国已经初步建立起了公共信息资源的多元化管理体制，政府机构改革以及事业单位管理体制调整也同时带来了我国公共信息资源管理体制的变化，事业单位、第三部门以及企业涉足公共信息资源管理的范围及深度不断扩大，公共信息资源管理的业务范围和服务内容向公众开放的力度加大，在公共信息资源的采集、加工和传播利用等方面，取得了可喜的成绩，有力推动了信息服务业的快速发展，国家"十五"计划发展纲要还把"积极发展信息服务业特别是网络服务业"作为加快国民经济和社会信息化的重要举措。但不容回避的是我国公共信息资源管理在体制上还存在着一些弊病，职能超载，权限分配、组织结构不健全等问题依然存在，其结果是：

（1）政府垄断式公共信息资源管理状况没有大的改善

从整体来看，政府仍然垄断和占有绝大多数公共信息资源，信息公开尚未得到全面贯彻和落实，公共信息平台等基础设施建设滞后。在有些地区，区域性信息网络还未建成，导致民间组织和私人企业信息获取和处理不得不依靠社会关系等非常规手段，助长了信息寻租行为。这种公共信息来源渠道不畅通、信息供应的不充足严重抑制了其他部门的介入，导致公共信息服务的商业化社会化程度低，影响和覆盖面有限。如政府的工商、税务部门在行使对市场主体监管职责的同时，掌握了大量的企业资质运营信息，对于促进社会信用体系建设与完善意义非同一般，但若没有政府信息的公开，相关机构缺少了原材料，则无从谈起社会信用体系的建设。同时，国家现行法规政策对其他主体介入公共信息资源领域还存有一定的限制，国家有关信息资源管理的法律法规尚未出台，档案法和保密法的有些规定与政府信息公开的要求相冲突，国家在数据库共享制度、政府信息资源利用的收费、定价制度等方面还是空白，对政府信息资源开发利用的考核、评价制度以及问责制度还没有提上议事日程，"特别是政府信息资源管理、隐私权的保护，信息市场的管理等方面，均无相应法律加以规范，导致了信息市场和信息资源管理的混乱现象"。①

（2）政府封闭式公共信息资源管理形势未有大的改观

"封闭式"的含义包括两个方面，一是指政府行政系统内部公共信息资源管理的部门化，受现有行政体制影响，信息资源综合领导部门与行业管理部门之间以及政府综合办事机构内部在职能上存在交叉和重叠；在公共信息资源管理的方法、数据采集处理程序、分类标准等方面缺少协调和衔接；在公共信息资源网络建设中缺乏统一规划、协调和管理，各类信息机构、信息网络系统林立，各自为政，分散经营，数据库和资源网均没有统一的标准和规范。如在数据库建设中由于条块分割造成社会数据资源的部门化，有意无意地设置公共信息利用的壁垒，一些相互间存在密切关联性的数据资源分散在不同政府部门，每个数据库都是不完备的，不仅导致数据库建设的困难，也阻碍了数据资源的共享。同时，在公共信息资源管理的微观层面，地方政府和部门领导的行政干预往往会形成工作的阻碍，受政绩工程以及信息寻租等因素的影响，基层工作人员在数据搜集、统计分析以及结果上报等环节难免受到不应有的干扰，公共信息资源的真实性、客观性难以得到保证。二是指政府公共信息资源管理与社会需求的脱节。一方面，政府公共信息资源管理并没有严格的绩效考核标准，政府向社会提供信息的主动性、积极性不足，相当多的政府机构没有面向社会提供的信息资源目录以及申请程序，公众无从利用政府掌握的公共信息资源。另一方面，政府没有养成利用社会资源开发建设和管理公共信息资源的习惯，主管部门利用行政权力多头搜集信息造成了巨大的财力、人力浪费，过多的政府部门专项公共信息资源管理导致社会资源的严重浪费。

（三）建立新型公共信息资源管理体制的基本原则

有效地增进和公平地分配社会公共信息资源是公共信息资源管理的精髓。在不完善的政府、不成熟的市场以及不健全的现实社会

---

① 李应中．我国信息资源开发中存在的问题及对策．天水师范学院学报，2002（4）．

之间，要实现全社会的信息资源共享，提高社会信息化的整体水平，必须走公益服务与市场运营相结合的多元化公共信息资源管理体制，寻求政府、市场和社会公共信息资源管理的均衡点。

1. 我国公共信息资源市场性开发和社会公益性开发相结合的可行性

（1）公众信息需求的多样化。随着经济的发展，人们生活文化水平的提高，公众信息需求的内容已经从以往单一的生存需要发展到文化、教育、政治参与以及娱乐、心理等综合需求。信息需求水平已经从原始信息的提供发展到深层次信息的保障；信息需求的对象也从以往的单一个体扩展到公众普遍需求，在质和量的方面都有大的提高，以往政府集中提供的普遍无差别信息服务难以满足公众个性化需求。

（2）社会结构的多元化。我国市场经济体制改革的深入，不仅带来了多种经济成分并存的局面，而且也同时带来了社会结构的变化，出现了个体经营者、私营企业主和企业家以及知识分子等具有不同利益要求的社会阶层，既促成了公众民主意识的觉醒和公共信息资源管理参与热情的提高，也使公共信息资源管理的多元化参与成为可能。同时，单位制对个人社会约束和管理的弱化，使公众对公共信息需求的实现方式和服务手段的选择以更大空间。

（3）信息服务业发展迅速。信息服务作为一个行业从其他经济部门中独立出来，在我国虽然只有 20 多年的时间，却得到了突飞猛进的快速发展，据统计，到 2000 年，我国信息服务业的从业人员已近百万，网络信息已经覆盖到教育、科学、文化、商业、娱乐等各个领域，信息服务的形式手段不断创新。"八五"期间信息服务业的营业额年均增长 47.6％，1998 年底，我国信息服务业的营业额已达 350 亿元以上。① 信息服务业的蓬勃发展不仅带动了公共信息资源的开发建设，而且也为各类组织进入信息资源领域提供了公平的参与平台。

---

① 孙志伟. 我国信息服务业发展中的问题与对策. 内蒙古科技与经济，2004（16）.

（4）WTO 规则的外在推动。WTO 是一个以知识、技术和信息的流通决定商机的大市场，其中，透明度原则是其规则体系的基本原则，"是指 WTO 的缔约国有义务公布任何法律、法规、司法判决和一般援引的行政决定及货币贸易与服务贸易有关的国际协议，缔约国还有义务以合理的和公正的方式管理这些工具"。① 为保证这一规则及相关规则的有效执行，WTO 还成立了常设的贸易政策审议机构。

（5）政府行政改革的需要。政府是信息市场运营中重要的供给方、需求方。随着政府职能由全能型向管理型、服务型的转变，大量的微观管理工作以及具体的事务性服务工作将移交给社会，其中，政府的信息服务将会催生一批大的信息内容服务企业，"因为政府系统是一个巨大的市场，而且，各级政府、各行业政府部门有很多的要求是非常相似的，例如宏观经济信息、政府相关信息等。这些信息服务加上政府信息服务渠道的复杂性，使得其进入的门槛较高，这就非常有利于信息内容企业的成长，随着电子政务信息服务应用的扩大，政府官员们将会更加感受到使用信息系统的便利，政府的信息外购将会稳定地增加，提供这些服务的产业将会得到机会迅速地成长"。②

（6）基层公共信息服务的必然要求。基层公共信息资源管理的突出特点在于其直接性，直接面对公众的信息需求，直接接受公众的服务监督，无中间环节，其承载组织多指城市中的居民小区和村落的群众性组织。同时，"有效的基层参与需要更多的信息"③，基层公共信息资源的分散性、直接性、复杂性以及特殊性等特征决定了基层公共信息资源管理体制不可能完全采纳政府一插到底的纵向管理模式，纵横交错的各类基层组织为基层公共信息资源的共享

---

① 周晓英，王英玮．政务信息管理．中国人民大学出版社，2004.

② 胡小明．电子政务与信息服务模式的影响．http：//www.e-gov.org.cn/ziliao/show.asp？id=29373.

③ Richard Davis. The Web of Politics//*The Internet's Impact on the American Political System*. Oxford University Press，1999.

和不同主体的合作提供了参与平台。

美国华盛顿的社区服务网就是由华盛顿 SA 公司建成，该公司认为对社区进行投资是社会和人才项目的最好投资。① 2000 年，广州市信息中心启动社区信息化工程，在主要街道建立信息站，为附近居民提供社区服务、劳动就业信息服务和电子商务配送服务等。② 2006 年 12 月 31 日，湖南省民政厅宣布，将用 2 年时间，在全省 87 个县、市城区主要公共场所设置触摸屏 522 台，在主要街道、社区设置信息亭 435 个。到 2008 年奥运会开幕之际，北京也将拥有至少 3000 个信息亭。③ 从系统建设的资金投入、平台搭建、日常维护与营运等，基层公共信息系统的建设需要来自社会各方面的参与。

可见，在现代信息社会，公共信息资源开发建设上"集体作战"的多元格局已经形成或正在形成，各种信息内容经营商、信息咨询机构、信息中心以及电信运营商等方方面面的力量都纷纷加入到公共信息资源采集、加工、传播等不同环节，并形成了多家单位、多种体制、多种资源、多种服务模式、多种载体、多种营利手段共同交织、互相影响的局面。

2. 我国与西方国家公共信息资源管理体制的差异性分析

（1）管理传统与经济发展水平不同。西方国家市场经济比较成熟，而我国除了传统自然经济外，还经历了高度集中的计划经济时代，现正处于半农业、半工业、半信息化的社会形态，时代背景决定了我国公共信息资源的市场化转换成本要比西方国家高，政府公共信息资源管理职能的转型需要一个渐进过程，在信息化进程的初始阶段和推进阶段，行政干预的影响要比市场调节和社会自治更为有效。同时，政府在社会动员、资源整合以及集中化管理方面积

---

① 蒙天方. 浅议如何开展社区信息化建设. 辽宁行政学院学报，2002（4）.

② 罗焕灵，吴延晖. 广州人两年内会换个活法：数字化生存将渗入生活各个角落. 羊城晚报，2000-10-01.

③ 杨文平. 设"公共信息亭"升级政府服务——访政协委员郭刚艳. 长江日报，2007-01-10.

累了丰富的经验，现有公共信息资源管理体制经过大的调整改革，已基本适应公共信息资源管理的需要，只是在改革的力度和幅度上还有待进一步加强。

（2）信息化程度差异。国民整体信息意识不足，距 CNNIC 近期对上网用户的"电子政务了解程度"调查结果显示，"听说过但不了解"的占 36.5%，"有一点了解"的占 35.8%，"非常了解"的只占 15%，可见，我国政府信息化还没完全被公众接受。2007年底，我国拥有 2.1 亿网民，尽管和 2006 年同期相比增长了53.3%，但就总人口来说，我国互联网的普及度还很低。而非网民不上网的主要原因有两个，一是不懂电脑/网络，占 40.1%，二是没有上网设备，占 23.1%，教育水平和经济发展水平仍是制约信息化发展的重要原因，信息基础设施不完善且在地区间分布不均，国家的电子政务外网还在规划设计中，信息化整体水平不高也制约了公共信息资源管理体制的调整，需要国家的统一领导和强有力推动。

3. 建立我国公共信息资源管理体制的指导思想

要积极探索建立适应我国社会主义市场经济发展要求的公共信息资源管理体制，逐步构建政事分开、政社分开、科学高效、统一管理、分工协作的管理体制；建立结构合理、层次分明、重点突出、面向国际的公共信息资源管理体系；形成面向社会、面向市场，反应快速、运转灵活、满足需求的公共信息资源运行机制；积极打造以政府为主导，第三部门和企业广泛参与，公开透明的开放式公共信息资源工作模式。通过公共信息资源管理体制的调整改革，扩大我国公共信息资源管理的社会参与面，提高公共信息资源的管理水平，促进社会信息化程度的整体提高。

4. 我国公共信息资源管理体制改革的原则

①适应社会主义市场经济体制和加入 WTO 后新形势发展的需要。

②要把握需求导向，以应用促发展，转变政府公共信息资源管理职能，合理界定政府工作权限范围，依法管理，转变工作方式，要从以往主要依靠行政手段管理调控公共信息资源转变到管理、服

务并举方式上来，从单纯依靠政府转变到政府、社会和企业多元合作共同开发建设公共信息资源。

③充分发挥非营利性部门和企业在公共信息资源管理工作中的重要作用，第三部门和企业对公共信息资源管理参与程度和主体作用发挥程度是我国公共信息资源管理体制是否成熟和信息市场信息服务是否健全完善的标志。

④既要分析研究其他国家公共信息资源管理体制、运行机制和发展战略等特点，认真学习借鉴他国公共信息资源管理的先进经验，又要结合我国信息化建设的具体国情，努力探索既适应国情又符合世界公共信息资源管理基本规律和趋势的管理体制。

⑤保持一定张力，要根据公共信息资源的不同特性，适度集权与适当分权相结合，给不同层次的管理以一定的弹性发展空间，既不能统得过死，也不能放任自流，建立灵活多样的公共信息资源管理制度。

三、多元化：公共信息资源管理的路径选择

案例1：①

为解决我国农村信息服务的"最后一公里"问题，国家农业部发布了《关于做好农村信息服务网络延伸和农村信息员队伍建设工作的意见》，上海市农业系统在开展农业信息服务时，依托农业行业协会、农业信息部门、科技推广部门、乡镇农业服务部门以及各行政村直接为农业提供服务。从服务内容看，不同的信息服务主体通过不同的运行机制面向不同对象开展服务。

（区）县农委信息服务部门——负责本（区）县基层农业信息服务站信息服务的指导、管理与监督，办好（区）县农

---

① 张向飞. 上海农村基层信息服务站建设实践与思考. 上海农业学报，2005（4）.

业网；负责本（区）县农业信息员队伍的培训和指导。服务
对象为各级政府部门，全体农民及所有涉农组织，以提供通用
型普及型信息为主。

（区）县农技推广部门——做好本区或乡镇农业科技信息
采集、传递工作，及时将信息发布给农民及相关企事业单位，
以提供针对性农业信息服务为主。

行业协会信息服务站——做好本行业信息的采集、发布、
传递，建立并负责本行业专业网站建设，利用信息网络加强行
业管理，利用信息指导服务行业工作，以为会员提供信息服务
为宗旨。

村级信息服务站——开发村务公开信息系统，为村民提供
村务规定、规划目标、办事指南、财务状况等方面信息查询，
设立信息服务栏，直接为本村农民服务。

农民合作经济组织——做好合作社信息的采集、发布、传
递，建立并负责合作社专业网站建设，利用信息指导服务本合
作社工作。

上海农村基层信息服务组织的多元化表明我国农村公共信
息服务机制的不断成熟和完善，政府公共提供、社会公益提供
以及企业市场提供以其各自的优势和特色牢牢占据了农村信息
服务市场见图7-5。从当前我国农业信息网络运营来看，企业
公司是农业网站的主力，占36.79%，政府部门和综合性信息
网站分别占19.25%和17.7%，科研院所占9.29%。

案例 2：① 日本的农业市场信息服务主要由两个系统组成。

一个是由"农产品中央批发市场联合会"主办的市场销
售信息服务系统。日本国内82个农产品中央批发市场和564
个地区批发市场及海关现在已实现了联网，每天适时发布各种
农产品的销售数量和进出口通关量。

---

① 贾晓玲. 美法日农业市场信息服务概览. 农产品市场周刊，2006（3）.

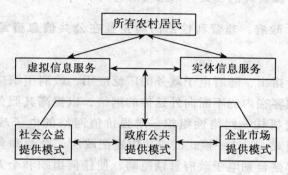

图 7-5　农村信息服务多元化结构

　　另一个是由"日本农协"自主统计发布的全国 1 800 个"综合农业组合"各种农产品的生产数量和价格行情预测系统。

　　凭借两个系统提供准确的市场信息，每一个农户都对国内市场乃至世界市场每种农产品的价格和生产数量有比较全面准确的了解，据此调整生产品种及产量。

　　上述案例表明，"在当前和今后一个相当长的时间内，政府在农村信息服务方面不可能包打天下，必须重视发挥市场的作用，走公益性信息服务和商业性信息服务相结合的道路。前者起到信息服务主导和引导的作用，后者承担提供大量具体信息服务业务的责任"①，多元主体的介入成为不可逆转的现实选择。由于公共信息资源作为重要的社会资源，其价值并不仅仅在于从经济意义上去判断市场收益和稀缺程度，而在于从政治、文化和社会角度来评价其在推动社会民主、文明和进步中的积极作用，也就是要在复杂的公共信息资源管理过程中体现其民主性、公平性和服务性。从组织结构的角度看，政府、非营利性部门以及企业之间的相互关系决定了

<hr />

　　① 郭作玉．农业农村信息服务：多元化、社会化、网络化．中国电子报，2007-01-12.

公共信息资源管理的模式与未来发展方向。

（一）政府、非营利性部门与企业在公共信息资源管理中的相互关系

有学者指出，随着电子政务的广泛应用，政府组织应当创造出一个包括顾客在内的不断向外延伸的网络，以提高其服务能力，并提出"政府机构—网络性组织—增强价值网络的电子政府"的三阶段发展模式。① 这一模式的成功构建把政府、企业和各类社会组织与公众都整合到电子政府管辖范畴，使任何组织和个人既是公共信息资源的提供者，也是信息资源的利用者，并改变了以往单向金字塔型公共信息资源管理体系，将不同社会组织和群体纳入公共信息资源开发建设的主体范畴，并形成开放式、多层次、交互式的新型公共信息资源管理网络。

尽管政府、企业和非营利性部门都以不同形式涉足公共信息资源的开发建设和管理，但三者在公共信息资源管理的对象、范围以及行为方式上存在着明显的差异和自然分工，如政府侧重于纯公共物品性质的公共信息资源管理、非营利性部门侧重准公共物品中公益性质的公共信息资源，而私人信息企业则偏重于准公共物品中竞争性程度较高的公共信息资源。可以说，健全成熟的非营利性部门、规范灵活的信息服务企业以及职能分明的政府信息机构均是现代社会公共信息资源管理高效化的外在表现。一方面，非营利性部门以及企业在公共信息资源活动领域发展规模乃至作用影响的大小强弱决定了政府公共信息资源管理体制与运行机制；另一方面，政府公共信息资源管理能力的高低以及职能的强弱和管理手段的变化无不牵涉到非营利性部门和私人信息企业参与公共信息资源管理的程度和作用影响，政府与非营利性部门和企业之间的关系已经不再是以往的管理与被管理关系，而是基于公共信息资源全社会共享的合作关系、伙伴关系或良性互动关系。

---

① C. K. Prahad, V. Ramaswamy Co-opting customer competence. *Harvard Bussiness Review*, 2000, 78 (1).

1. 非营利性部门和私人信息企业是在新公共管理运动中出现的新型公共信息资源管理参与主体

过去一些由政府垄断的信息管理工作如公共信息的采集、加工、增值服务、信息平台建设以及信息知识的普及和传播等渐渐交由非营利性部门和企业来完成，在三者之间逐渐实现了公共信息资源管理权利的分解和部分政府职能的转移，进而形成了由政府提供资助和政策引导、宏观调控，由各类信息机构和信息企业直接提供服务的新格局，三者之间扬长避短，优势互补。

2. 多元主体的介入是现代政府公共信息资源管理模式的创新

政府履行公共信息资源管理职能，提供公共信息服务的过程实际上也是与社会进行能量转换的过程，需要系统内外各类组织的积极参与和配合，如公民个人信息的采集、基层市场需求的预测以及国家基础数据的搜集等单凭政府行政系统自身的力量是不可能完成的，需要由不同性质的信息机构动员所有社会力量来参与完成。当然，非营利性信息部门和私人信息机构与政府信息组织截然不同的运作模式与风格也是新型公共信息资源管理体制的有机组成部分，既注入了非营利性部门的灵活性与针对性优势也带来了市场的效率与效益；从另一角度看，多元主体进入这一领域也导致竞争格局的出现，其焦点就在公共信息资源的占有、挖掘方式与深度以及资源的重组、整合所涉及的利益关系平衡问题。

3. 非营利性部门与私人信息企业是提高公共信息资源效用价值的推进器

二者的长项是微观层面公共信息资源的具体事务性管理，既可以将政府的宏观公共信息资源政策进一步解读细化，转变为基层公共信息资源管理的可操作性组织目标并传递给公众，内化为社会的共有知识，也可以站在公众的角度参与公共信息资源开发建设；并对政府信息政策、信息化方案和电子政务运行等提出意见，成为政府信息政策与社会有效执行之间不可缺少的结合部，以减少公共信息资源的宏观管理与微观运行之间的冲突。

（二）多元主体在公共信息资源开发建设中的特征

美国学者 David 认为，在电子公共服务过程中，服务渠道的多样性决定了公众愿意选择附加值更高的服务渠道，政府不应该独家垄断公共信息与其他公共服务的提供，应建立一种"公—私合作模式"，鼓励私人部门的参与，以为公众提供更多的信息内容和更好的服务。① 在实际运行中，各类主体在公共信息资源开发建设中所表现的共性特征包括：

1. 机构规模适中，但工作人员信息素质要求高

信息资源管理工作是一项专业性强的技术性工作，需要具有技术、信息管理和营销、法律以及良好社会关系的人组成的知识结构合理的协调型团队。与政府机构所不同的是，非营利性部门和企业的组织机构可根据需要设定，不必面面俱到，对人员的要求贵在专精，而不在多，其工作效率依赖于专业人员的素质。如美国兰德公司 1 000 人左右的员工中，有 500 多人是各方面的专家，其中有博士 200 人、硕士 178 人。② 专门提供信息服务的知识快递公司（KE）只有 10 多人，规模较大的英国技术集团（BTG）也只有198 人（2001 年）。

2. 经营主体多元化，且日益强调企业化运作

由于功能和性质的不同，不同主体参与公共信息资源开发建设的运作方式也是各有千秋，有的信息机构适合私人公司式的市场化运作，有的政府、大学和研究机构适合以非营利性机构的形式经营，还有的属于混合模式，兼具二者的共同特征。如由美国国务院牵头组建的美国国际技术公司（USGTC）成功地将美国最富创造力的公司、技术企业、因特网专家以及各类国际化机构和非政府组织聚集在一起，共同开发合理利用全球信息基础设施的解决方案，

---

① David L. A model for effective E-government: public-private cooperation not government competition. *Software & Information Industry Association*, 2001（7）.

② 章军亮，汪丹. 支持中小企业的信息咨询服务的组织机构类型、环境因素及其影响力研究. 现代情报，2006（3）.

项目涉及公共信息服务、网络发展、电子政务等不同领域。

当前，即使是非营利性信息机构，为提高效率，也在向企业化运作模式转变，有些甚至完全变成营利性的信息机构。

3. 兼营性机构或公司多，公共信息服务只是其众多服务项目中的一种

社会需求是多方面的，而信息需求的满足需要涉猎管理的不同阶段和不同领域，大多数机构的公共信息服务只是其众多服务项目的一种。为吸引用户，很多信息机构尽可能地拓展其服务范围，如各种咨询公司、专业性协会以及行业组织等出于业务的需要或市场的拉动也会利用其工作便利参与相关领域的公共信息资源开发建设。同时，一些专司信息资源开发建设的信息机构在业务发展过程中也不断拓展作用空间，向行业的纵深方向发展，综合性趋势得到加强。

4. 公共信息服务方式不断创新

凭着对公众信息需求的敏锐把握，非营利性部门和企业在公共信息资源开发建设中的方向目标定位清晰，为捕捉新的发展机遇和竞争优势，其服务的灵活性、针对性明显高于政府组织，不断追求方法手段的创新，如交互式网络工具的积极使用以及主动服务、个性化服务的开展，具有尝试新技术的动力。

（三）政府在公共信息资源多元化管理体制建设中的作用

1. 政府公共信息资源管理的职能影响

（1）对公共信息资源的宏观调控，"在信息产业的经济运行中，微观产业经济实体之间的竞争如果缺乏宏观层次的产业政策的指导和约束，就无法保证其向着产业总的目标健康发展"。① 政府要通过科学规划、决策来控制公共信息资源的总体流向，制定和实施合理的财政、金融、税收以及信息市场扶持、人才培养等政策，实现公共信息资源的合理配置和结构平衡。

（2）培育信息市场，完善市场秩序、规范管理，公共信息的

① 周鸿铎. 信息资源开发利用策略. 中国发展出版社，2000.

开发利用涉及公共利益的维护，多元主体的参与始终需要有政府的监管，政府在为各市场主体创造公平有序的市场竞争环境的同时，还要采取相关措施引导和鼓励非营利性信息部门与企业参与公共信息资源的开发建设，使公共信息资源的公益性开发利用与市场化开发利用在政府的指导下沿着健康规范的方向发展。

（3）对公共信息资源市场逐利行为的适度控制，维护社会信息公平。世界银行 2004 年发展报告指出，全面私有化不是解决公共服务问题的办法。例如弱势群体的信息获取问题，因年龄、性别、受教育程度、经济消费能力的差异市场模式难以奏效，而非营利性信息部门的公益性服务如果没有政府的强大支持，则影响范围会十分有限。美国政府对从事教育、健康等涉及公共利益的信息服务企业给予补贴，使公众能够以较低的价格享受高质量的信息服务，以促进公众对信息的利用，据调查，20 年间美国公众对数据库的检索量增加了 83 倍。①

（4）开发信息资源，提供公共信息服务，一方面，政府职能决定了向公众提供公共信息是政府重要的职责义务，并不是所有的信息资源都适合公益性或市场化开发利用，许多信息服务只能由政府部门来提供。尤其是在现代社会，"公众对'开放政府'的期待比以往的任何时候都更高……大的公共组织都需要有专业部门为公众管理信息，为决策者提供咨询"②，政府信息公开的主角只能是政府；另一方面，公共信息资源的开发利用需要有较强的社会资源动员能力，无论公共信息资源的市场化运作还是公益性开发利用都需要有政府部门的直接领导与支持，与政府部门合作、接受政府委托共同开发公共信息资源已成为通行做法。

需要指出的是，多元管理并不是全盘否定政府作用，而是对政府角色的重新定位："元治理"，即政府在公共信息资源治理格局

---

① 信息流通的政府管理模式. 经济研究参考，1998（23）.

② Bart W. Édes. The Role of Public Administration in Providing Information. http：//eipa. eu/User Files/File/Free％20 Publications/Right to Information/Bart Eles. pdf.

中，为了其他组织的共同参与，要在更深层次上对这些组织进行治理，通过对话、谈判、协商、讨论、交换信息、互助、互动、契约等制度化设计，作出新的伙伴关系的安排，以发挥核心作用。同时，政府部门仍是社会基础性信息的最大来源，这不仅是因为政府行政系统拥有最为庞大严密的信息采集网络，可利用国家强制力有效完成公共信息的搜集加工工作，而且"作为社会团体的常设组织，行政机构的第一个职能是掌握各种信息。行政机构是搜集和传播信息的有力工具"。① 从这个意义上讲，政府是社会最大的信息加工处理企业，也必然担负着向社会直接提供公共信息服务的义务。从服务内容的角度看，应由政府提供的信息服务有：

①资源类公共信息，包括各类人口、地理等基础数据；

②政策法规类公共信息，不仅包括国家治理过程中各项法规政策内容的提供，而且还包括申请程序的公开以及相关背景等；

③公共服务类，政府应向社会提供的办事指南、行业动态以及经济、交通、旅游、卫生、环境保护和社会保障等维持社会正常运转的基本公共信息服务；

④部分政务信息，除去保密因素，政府应该向行政系统内的其他部门和社会提供有关政府财务、人事、重大项目采购以及与公共利益密切相关的重点工作的进程、行为依据和结果；

⑤反馈监督类公共信息，既包括社会对政府公共管理过程的批评、建议以及政府所作出的回应，也指政府应公众要求所提供的具体信息服务。

2. 竞争与合作——政府、非营利性部门和企业公共信息资源管理的新形式

朱镕基总理指出"政府信息化的发展要与政府职能转变相结合"，公共信息资源管理体制的变革正是顺应了政府职能转变和公共管理改革的需要，毕竟"好的治理即善治就是使公共事物所覆盖的公共利益最大化的社会管理过程，其本质特征在于它是政府和

---

① ［法］夏乐·德巴什. 行政科学. 葛志强，等，译. 上海译文出版社，2000.

公民对社会公共事务的合作管理"。①

　　当然，每一种制度安排都有其局限，而多元化管理体制的优势就在于通过政府、非营利性部门和私人企业的分工合作规避上述三种管理模式的原有体制风险，使公共信息资源管理能够真正体现以人为本即以方便利用，节约公众信息获取时间和精力为中心，达到信息效用的最大化（见表7-1）。

表 7-1　　　　　　　　公共信息服务的新型制度安排表

服务安排方式	安排者	生产者	成本支付者
政府直接提供的服务	政府	政府	政府
政府出售的服务	公众及企业	政府	公众及企业
政府间的服务（协议）	具体政府部门（1）	具体政府部门（2）	具体政府部门（1）
合同承包	政府	非营利性部门、企业	政府
特许经营	政府	非营利性部门、企业	公众
补　　助	政府和公众	非营利性部门、企业	政府和公众
自由市场	公众	非营利性部门、企业	公众
志愿服务	非营利性部门	非营利性部门	非营利性部门
有合同承包的志愿服务	非营利性部门	企业	非营利性部门
社区自我服务	公众	公众	无

　　注：政府部门（1）、（2）系指两个不同的政府部门
　　参见：E. S. Savas. *Privatization and Public-Private Partnership*, Copyright 2000 by Original Published by Seven Bridges Press LLC：107

---

　　①　金太军等. 政府职能梳理与重构. 广东人民出版社，2003.

案例：

美国图书馆信息服务的新型制度安排

1980 年美国伊利诺伊州拥有的 238 个图书馆的 North Suburban Library System（SRS）由于财力不济，将拖延已久无力完成的 200 个咨询问题以 6 000 美元的价格委托给加州最大的信息经纪人 IOD 公司完成，结果大部分问题的答复都令人满意，而收费也是图书馆承担得起的——实际花费 5 762.97 美元，IOD 公司盈利 237.03 美元，两者的成功合作开辟了图书馆与信息经纪人合作的新路，并达到了双赢的良好效果。①美国信息经纪人的一个显著特点是他们的信息多数并非来自自己的资料库，而主要依靠政府机构的信息公开、图书馆、信息/技术专门机构以及参考服务中心等信息机构提供的信息来源来满足用户需求。布鲁克林学院参考部主任 P. 布劳克（Patricia Brauch）认为，85% 的信息经纪人利用最多的是公共图书馆，其次是专业图书馆和学术图书馆。也就是说，如果没有与政府部门和诸如图书馆、文献服务中心以及各类行业学会等众多第三部门的良好合作关系，信息资源的市场化运作将成为无源之水，无本之木。

不仅公共信息资源的市场化管理需要政府和非营利性部门的积极配合，非营利性部门的公共信息资源管理活动同样依赖于政府和市场系统以及非营利性部门内部各组织之间的相互协调与支持，以争取更多的占有信息资源和其他诸如资金、人员、技术等资源，获得更大的发展空间。美国康涅狄格州的纽海文免费公共图书馆（NHFPL）就与耶鲁大学和一些其他非营利性组织建立了合作伙伴关系，共同实施该市的一项工业区技术开发计划。此外，这家图书

---

① Newlin, Barbara. How Information on Demand, a Profitmaking Information Broker, Contracted with the North Suburban Library System, a Public Library System, to Answer the 200 Questions. *Library Journal*, 1982 (1).

馆还与国家司法部和该市的警察机关合作，将当地的 GIS 数据进行整理，并提供给广大用户使用。

　　要发挥第三部门和企业公共信息资源开发建设的积极性和主动性，政府的核心主导作用就必须被强化。政府作为制度设计者，要不断建立和完善有利于多元主体积极参与的公共信息资源管理制度环境，善于通过制度创新消除影响其他主体介入的原有体制性障碍，鼓励公平竞争。如在互联网信息服务中以法规制度的形式明确其他主体的责权利，在信息采集和交换方面，有必要通过制定促进信息交换和商品化的政策规范，理顺政府与非营利性部门以及企业的关系。

　　适度扶持和鼓励非营利性部门、企业参与公共信息资源管理。非营利性部门和专业性信息企业是公共信息资源的"集散地"，但信息服务的整体水平并不高，为此，即使在美国这个私有化经济高度发展的国家，公共物品的生产和供给也大多是由政府来承担的。20 世纪 80 年代初的一项有关美国 339 个城市的 40 种公共服务项目经营方式的统计表明，私人与政府签订经营合同的项目中，医院占16.8%，桥梁维护占 7.4%，公共汽车占 5.3%，图书馆占 5.0%，博物馆占 3.5%，也就是说，这些公共服务项目都是由政府直接经营为主的。① 国家必须扶持发展一批社会信息机构作为公共信息资源管理体系的基础力量，而且非营利性部门的活动尤其是我国事业单位的运转只有通过政府的直接资助或政府的影响力才能正常开展。当然，具体的扶持形式可依情况而定，直接资助、委托经营以及契约购买等都是可供选择的途径，其出发点在于充分发挥非营利性部门和企业公共信息资源管理灵活、及时、便捷、针对性强等优势，而不是打造新的政府行政系统。

　　积极为多元主体的介入创造需求环境。供需关系的互动表明，没有一定规模的需求就不可能有非营利性部门和企业参与公共信息资源开发建设的可能，从一定意义上讲，公共信息需求是推动多元主体参与管理的前提；而政府作为公共信息资源的最大生产者、需

---

　　① 余永定. 西方经济学. 经济科学出版社，1997.

求者，既可以通过鼓励社会利用多元主体信息服务的做法也可以直接实施一些计划为其他主体的参与创造信息需求机会，如英、德等国家规定，所有的政府项目评估都要以公开招标的形式由独立的咨询机构来完成，从而使政府成为信息市场中的重要买方。我国如在政府公共信息系统平台架构中进行适当分工，将数据部分的来源委托给信息资源开发商，集中做好管理和集成服务则会进一步提高政府公共信息资源管理能力，有效降低行政成本。

加强政府对多元主体公共信息资源开发建设的指导与监督。多元主体出于不同利益动机参与公共信息资源管理，其运行过程和服务效果若没有必要的监控则有可能偏离公共性要求，政府应通过政策规范、业务指导、行业标准制定、执行情况的监督以及人员的职业培训等不同方式规范对第三部门和企业信息行为的管理，纠正可能会出现的公共信息服务的市场失灵和社会失败。

3. 公共信息资源多元化管理的困境

从单纯的运行过程来看，多元化管理还面临着多元管理的可行性与有效性的矛盾、合法性与责任性的对立等问题。理想的制度设计与现实总会有一定的差距，目前，三者之间的竞争合作关系并不明朗，三者之间在公共信息资源开发建设上的界限仍然模糊。仅以公共信息服务为例，由于受政府预算和信息管理能力以及信息技术等诸多方面的限制，以往的政府很难满足公众个性化信息需求，只能一般性地提供大众化信息服务，非营利性部门和信息企业因此而有机会对政府掌管的公共信息资源进行深加工提供给用户，并形成了与政府信息服务的竞争关系。20 世纪 80 年代中期，里根政府就将政府机关的信息传播活动限制在法律要求的范围内，非法律要求的信息活动，只有不与非营利性部门和企业的类似活动重复才可以进行。① 1993 年，克林顿政府又对政府信息传播活动进行了更为广

---

① Office of Management and Budget Circular A-130 on the Management of Federal Information Resources，50 Federal Register，Dec. 24，1985.

泛的界定①，相关的信息传播与信息服务并不是自动地转移给非营利性部门和信息企业。现代信息技术提升了政府公共信息服务能力，原来只能由非营利性部门或企业才能提供的信息服务开始由政府接管。这是否表明，如果政府公共信息服务能力进一步提升，非营利性部门和企业公共信息资源管理活动的空间就会进一步萎缩，三者之间是相互促进、协调发展的合作关系还是此消彼长的对应关系？争论才刚刚开始，结果还需等待实践的验证。

---

① Office of Management and Budget Circular A-130 on the Management of Federal Information Resources, 58 Federal Register, July 2, 1993.

第八章

建立我国公共信息资源管理体制的策略研究

　　在信息化的六大要素中（信息技术应用、信息资源、信息网络、信息技术产业、信息化人才、信息化政策法规和标准规范），信息资源处于核心地位，是信息技术应用和信息基础设施建设取得成效的基础，要优先发展。而公共信息资源在社会进步与发展中举足轻重的重要地位决定了国家和社会各界对其的广泛关注与积极参与。与西方发达国家相比，我国公共信息资源管理过程中还存在着一系列体制化、制度化障碍，社会自我发育的不成熟和信息市场管理的不规范以及社会信息意识薄弱等问题已经严重束缚了我国公共信息资源管理工作的正常开展，需要人们在冷静反思的基础上积极采取有效应对措施。

一、我国公共信息资源管理体制障碍分析

　　国务院信息化领导小组 2004 年《关于加强信息资源开发利用工作的若干意见》中指出了当前我国信息资源管理中存在的突出问题，具有相当的普遍性，集中反映了公共信息资源管理的困境。

"我国信息资源总量不断增加，质量逐步提高，在现代化建设中日益发挥重要作用。但是，推进这项工作仍面临诸多问题：信息资源开发不足、利用不够、效益不高，相对滞后于信息基础设施建设；政府信息公开制度还不完善，政务信息资源共享困难、采集重复；公益性信息服务机制尚未理顺；信息资源开发利用市场化、产业化程度低；信息资源产业规模较小，缺乏国际竞争力；信息安全保障体系不够健全，对不良信息的综合治理亟待加强；法律法规及标准化体系需要完善。"

信息化建设的本质是实现信息资源最大限度的全社会共享，而信息共享的核心是基础数据的共享。目前，从公共信息资源的开发与利用情况来看，我国公共信息资源管理领域存在的主要矛盾有：

1. 公共信息资源总量的不足

从国际经验看，在人均 GDP 超过 1000 美元之后，人们对文化、科技、教育以及政治参与等精神方面的需求会进入高速增长期，对公共信息资源的需求量急剧增加，然而，仍停留在单一政府管理体制下的公共信息资源有效供给已经远远满足不了公众的信息需求，我国人均信息资源开发利用程度比发达国家低 2～3 个数量级，已成为阻碍科教兴国战略实施的瓶颈之一。

2. 公共信息资源管理的投入严重不足

国家对各类政府机关和事业单位信息资源管理的投入与其公共信息服务的产出严重不对称。一方面，我国公共信息基础平台建设步伐迟缓，在政府信息公开，公益性信息尤其是与公众生活密切相关的基层信息服务方面，国家的投入还十分有限。另一方面，计划经济体制下形成的庞大的政府及其附属的事业单位公共信息资源管理体制人满为患、机构臃肿，缺少公共信息资源开发的动力；围绕政府需求采集、加工和管理公共信息，既造成了信息的浪费也导致所提供的信息产品用户对象的单一。同时，国家有限的公共信息资源管理投入在相当程度上用于人头费开支，给社会提供的公共信息服务严重不足。

3. 公共信息资源分配的不均衡现象突出

我国公共科技图书馆的人均购书经费是 0.23 元，而贵州省仅为 0.07 元，不足全国平均水平的 1/3。① 这种地区间信息投入的不平衡会进一步加大公共信息资源分布的不均衡，数字鸿沟问题在我国依然十分突出。而信息流动背后所掩盖的是利益的分配格局，总量不足的公共信息资源作为稀缺资源，必然会成为不同社会群体争夺的对象，公众与政府官员之间、城市与农村之间以及东部发达地区与中西部欠发达地区之间公共信息的占有与使用存在着相当大的反差，部分老少边穷地区因公共信息服务的严重短缺，出现了因信息差距而导致的贫困加剧。

4. 公共信息资源共享程度低

受体制和部门利益等因素的影响，我国公共信息资源基本上分散在不同政府系统和不同社会组织内，共享率低下，公共信息资源的政府垄断现象普遍，如建国以来我国在资源环境数据库建设方面虽先后投入了近 200 多亿元资金，产生了海量的数据信息，但共享程度严重不足，公共使用率不足 5%。②

上述矛盾的出现集中反映出我国传统的政府公共信息资源管理体制已经难以适应我国经济社会全面转型和信息化建设的需要，公共信息资源管理体制的改革已经滞后于经济社会发展的进程。

（一）对公共信息资源管理认识的模糊

观念是行为的先导，行为是观念的结果。从一定意义上讲，公共信息资源管理的价值观念体现了人们对公共信息资源开发建设行为的认同，决定了公共信息资源管理的作用发挥和内在结构。目前，无论是政府官员还是普通公民，对公共信息资源的整体认识还存在着片面和一知半解的现象。一方面，信息意识欠缺，所谓的信息意识，就是信息技术、信息资源、信息价值等在人们头脑中的反映。作为人们对信息价值在认识上的升华，信息意识必然会促使和

---

① 姜虹，陈夏尔．贫困地区信息服务业发展的思考．情报杂志，2004 (6)．

② 郭日生．中国可持续发展信息共享现状和展望．中国人口·资源与环境，2001 (2)．

推动人们去自觉利用和掌握公共信息资源并创造出新的信息。当前，我国公众的整体信息意识还比较薄弱，信息和信息服务的价值还没有引起人们的重视，对信息资源重要性的认识更多地停留在工具化的层面，主动利用信息的自觉性不足。尽管当前我国的网民数量已达2.1亿，每年的图书销售量已近60亿册，但分摊到个人，则覆盖面极其有限。另一方面，受传统观念影响，人们仍然把政府信息资源等同于公共信息资源，其后果在于错把公共信息服务当成免费服务，一味地依赖政府。尽管激烈的市场竞争深化了企业对信息资源重要性的认识，但真正在投资购买信息服务时，又有相当多的企业犹豫不决，对信息服务的接受程度不足50%。① 求助于信息服务机构的多以外企和其他非国有企业为主，大多数国有企业对信息服务市场的需求不足，不仅导致政府公共信息服务开支的增加，而且国有信息机构在行政体制的集权管理下缺乏参与和自主开发建设公共信息资源的动力，抑制了民间组织以及信息企业参与公共信息资源管理的积极性。

当然，对于政府官员而言，信息资源也是权力和利益的象征，信息资源获取和利用的不对称不仅便于其利用信息优势谋求个人和小团体利益而且在相当程度上有利于政府行政系统内部体制的稳定与传统惯性思维和行为的持续。不仅如此，相当多的政府官员把加强公共信息资源管理与购置设备实现政府办公自动化和建立政府网站等同起来，一味追求硬件设备的高精尖，忽视了政府工作流程和信息公开以及对外服务的开展。

（二）公共信息资源政府管理的有限性

公共信息资源作为特殊的公共物品、准公共物品，需要有政府的投入和扶持，但政府的管理不能也不应该是无度的，目前，政府公共信息资源管理中存在的问题有：

1. 政府公共信息资源宏观管理的失当

公共性特征决定了公共信息资源管理的本质属社会公益性事业

---

① 朱杰. 开业易做好难 信息服务业前景如何？. 中国经营报，2001-09-02.

范畴，纯市场机制不可能有效供给公共信息资源，需要由政府发挥核心主导作用。而政府内部公共信息资源管理目标单一，追求行政效率而忽视了社会的需求，决策行为短期化，价值目标模糊，缺乏统一领导，负有公共信息资源管理职能的政府部门既有信息产业部，也有文化部、新闻出版署、国家计委以及国务院办公厅等，部门之间各自为政，缺乏协调。

2. 政府公共信息资源调控、引导手段的局限

在公共信息资源的供给过程中，单纯重视和强调政府及其事业单位的公共信息资源管理职能，简单运用行政手段解决信息采集、加工和传递等问题，法律手段不健全，经济杠杆调控无力，过于刚性的权力命令式管理导致的是社会自发管理和市场参与的薄弱，同时，也造成了政府信息基层采集、传递的异化。一方面，真实信息因官员自身利益的影响受到选择性上传，在行政系统层层过滤下，高层决策信息与基层实际需要相差悬殊。另一方面，条块分割、各自为政的行政体制尤其是分级管理的财政体制也造成了政府信息机构建设上的"小而全"、"大而全"现象，导致公共信息资源横向传递的困难，信息孤岛、信息割据现象以事实表明我国公共信息资源浪费、公共信息资源管理相关项目的重复建设与国家资金投入和公共信息资源总量不足的强烈反差。

3. 政府公共信息资源管理制度的不完善

尽管国家先后出台了500多部有关信息化建设的法律法规，基本涉及信息基础设施建设、信息资源管理、信息服务、信息安全、信息公开以及电子签名和认证等主要管理领域，也明确了信息资源开发政府主导、社会、市场多方参与的方针，但从现有的零散的政策法规文件的执行来看，对于公共信息的搜集、公开、使用和披露、个人隐私权保护、知识产权和非营利性部门信息机构的权利义务等问题，指导性规定多，具体操作性规定少，公共信息资源管理的弹性空间过大。如北京的一些社区服务中心在人群信息获取中总会与公安部门发生冲突，由于没有明确的关于基础数据信息采集获取资格的相关规定，公安部门认为社区服务中心没有基础信息采集的权力和资格，在具体操作过程中常常不予配合，并进行一些抵制

性的行政干预。①

同时，由于社会监管力量的不足，缺乏公共信息资源管理的外在监督，政府部门在信息不对称条件下，出于个人利益和小团体利益的考虑，有可能会产生逆向选择和道德风险，如追求政绩工程，使电子政务建设变成传统政务的网上翻版，信息寻租，通过提前或扩大传播范围的信息披露以及有意的信息封锁，谋求个人私利等。

美国政府处理与非营利性组织和市场信息机构关系的做法值得我们借鉴，根据联邦政府 1999 年 9 月颁布《联邦政府对高校、医院和其他非营利性机构发放政府研究基金和合同的统一管理要求》，政府有权获得、复制、出版、使用、利用政府资金生产的信息，或授权他人接收、获得、复制、出版、使用这些信息为政府服务，如果有人对已出版的研究成果中的有些信息提出要求，政府可以要求相关机构在规定的时间内提供。同时，《联邦获得条律》（Federal Acquisition Regulation，FAR）在条款 27.4 "数据权和著作权"中也明确了政府与私人信息机构间在数据使用、复制、散发的权利义务。

4. 政府公共信息资源有效供给的不足

一方面，我国政府信息资源管理的"主要职能是自我服务、内部使用，形成了信息割据、相互封锁、行业垄断和不正当竞争的局面"②。政府难以激活掌握在自己手中的信息资源，大量的政策失误都是由决策信息的不充分所导致，教育科研发展水平的差异与地区间公共信息资源的分布不均有密切关联，政府信息资源的闲置与掠夺式开发进一步激化了公共信息资源的供需矛盾。另一方面，对于散落在基层社会的零散的公共信息资源，政府部门既无力通过严密的组织体系——吸纳整理，也没有通过有效的措施积极引导其他社会组织加以收集、开发，一切都依赖于社会的自我发育管理程度，使得基层公共信息服务还只能停留在概念化的阶段。

---

① 公益性信息服务：靠政府，还是靠社会. 中国信息界，2004 (20).

② 胡小明. 政府信息公开的难点何在. http://www.chinalabs.com/news/artview.asp? article.

5. 政府公共信息资源管理效率的低下

受条块分割体制的影响，政府既难以将横向政府部门间的信息资源进行有效整合和共享，也无法使纵向不同层级间政府握有的信息资源都能够全面、真实地进行交流和传递，公共信息资源的闲置与短缺在政府层面就已经不可避免地出现。政府公共信息资源投入产出比例过低，国家用于政府信息化建设的投入已经非常可观，但因片面强调硬件投入忽视了相应管理流程与内部运行机制的改变，政府公共信息资源管理能力并未达到预期效果。2004 年，在“金字工程”的推广下，各级政府用于硬件采购的投入占总采购额的67.4%，其次为软件购买，信息服务投入最少（见图 8-1）。同时，公共信息资源管理标准的空白使得政府公共信息资源管理设施的重复建设现象屡见不鲜，存在基层公共信息采集加工的重复性劳动和部门间相同对象数据信息的不统一等。政府公共信息服务项目的开发均是站在政府角度考虑问题，未能体现顾客至上原则，如政府网站服务指引功能的欠缺、界面设计的复杂化与程式化以及如何构建公共信息资源共享的目录体系建设等都有待改进。

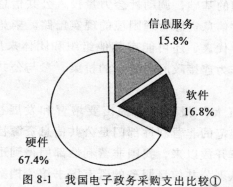

图 8-1 我国电子政务采购支出比较①

---

① 中国电子政务“金字工程”IT 应用特征分析．http：//www. 3726. cn/article/detail. asp？articleid－21226.

（三）公共信息资源公益性开发利用的先天不足

我国计划经济体制下政府垄断式管理公共信息资源的直接后果就是排斥了社会和市场的作用，割裂了公共信息资源与市场和民间社会的内在关系，同时，由政府通过事业单位直接管理公共信息资源，形成了事业单位与政府的依附关系，各信息机构没有公共信息资源管理的自主权，一切都遵从政府安排，造成公共信息资源管理运行的僵化和与社会需求的脱节。

同时，政府机构改革每次都跌入"精简—膨胀—再精简—再膨胀"的怪圈本身就从另一个侧面表明，没有成熟的社会和新的组织形式来承担政府下放的权力，政府就不得不收回原有无所不包的权力重新回到全能管理者的起点。也就是说，政府机构精简的前提是政府职能转换，而职能转换又需要有一定的社会组织来承载下放的职能，培育各种各样的民间组织就成为改革政府的必然选择。在公共信息资源管理领域，这个道理尤其适用，因为公共信息资源的普遍性、基础性、共享性等特点决定了广泛的社会参与是公共信息资源有效管理的基础，调动社会力量投入公共信息资源开发建设是改革政府公共信息资源管理困境的现实出路。毕竟政府只是社会公共利益的集中代表，还可能有其他组织和团体来反映公共利益。第三部门组织作为连接政府与公众的桥梁，参与公共信息资源管理有其先天优势。

党的"十五大"报告明确提出要培育和发展社会中介组织，成熟的社会、规范的非营利性部门是公共信息资源社会管理的前提条件。尽管改革开放以来，我国非营利性部门得到迅速发展，并呈爆发式增长，从事公共信息服务的既有图书馆、档案馆、文化馆等国家事业单位，也有许多来自行业领域和基层社会的各类协会、社区组织以及民间信息咨询机构等，人员、规模都呈上升趋势，但由于管理体制、社会传统以及经济文化等多方面原因，我国非营利性部门参与公共信息资源管理还面临诸多困难。

1. 职能目标错位

非营利性部门参与公共信息资源管理的动力来自于社会的推

动，代表基层信息需求、满足公众信息服务、维护社会信息利益是非营利性部门参与公共信息资源管理的初衷，然而从实际运作情况看，不仅政府所属的事业单位因其较强的行政依附性而具有了相当的公共信息资源强制性管理权力，忽视了为公众服务的职责，而且许多行业协会以及民间信息机构都不同程度地把提供信息服务当成营利的重要渠道，逐渐背离了非营利性宗旨，开始走上市场化道路。

2. 官办色彩浓厚，独立性不足

无论是图书馆、信息中心等国家事业单位还是来自民间的信息机构，几乎都挂靠在一定的政府部门名下。除去规定的指导监督关系外，政府部门与这些组织之间还存有许多千丝万缕的内在联系，有相当比例的非营利性部门事实上是政府信息资源管理职能的外部延伸机构，如国家的各类行业协会就承担了制定行业标准、评估行业等级资质的任务。许多民间信息机构是由以往的政府机关或事业单位转制而来，其工作风格遗留了相当多的行政痕迹，无论是关注的对象还是主要业务范围仍然是围绕政府信息资源为政府信息管理提供服务而展开，即使是一些面向公众的信息服务，也往往是利用与政府部门的特殊关系，承接一些对外服务项目或借获取信息的便利，与同行之间在不公平的起点上竞争。同时，从总体来看，我国非营利组织的主要收入来源于政府的财政拨款和补贴，约占一半以上，46.6%的非政府组织由业务主管部门提供办公场所，在人员任免和内部机构设置等内部管理方面政府仍然保有相当的决定支配权。

3. 有关非营利性部门公共信息资源管理的法律法规不健全

目前，国家关于第三部门管理的主要法律规范有社会团体登记管理条例、民办非企业单位登记管理暂行条例、公益事业捐赠法等，无论是数量还是内容体系都还不十分完善，不同程度地存在着登记注册限制过多、门槛过高、登记管理机关与业务管理机关双重控制过严以及筹资环境不佳、监督系统薄弱等问题，在公共信息资源管理领域，国家对非营利性部门组织公共信息资源开发建设的资格限定十分严格，制约因素多，缺乏激励非营利性部门公共信息资源管理的良好制度环境。

4. 资金来源缺乏稳定保证

尽管经费不足是世界各国非营利性部门发展中遇到的普遍性问题，但我国非营利性部门遭遇的情况尤甚，由于尚未形成对非营利性部门发展起支撑作用的资金网络系统，我国90%以上的民间非营利性组织每年的支出额在50万元以下，只有2%在100万元以上，资金来源的单一和依附政府而导致的自我造血功能薄弱，使非营利性部门公共信息资源开发建设的规模普遍偏小，而且分布零散，尚未形成气候。即使是国家所有的公共图书馆、文化馆、档案馆等专职从事公共信息资源管理的部门，在事业发展经费方面也是捉襟见肘，国家下达的经费拨款更多地为人头费所消耗，用于事业拓展的比例增长不大（见表8-1）。

表8-1　　我国公共图书馆图书量与流通利用变化情况对比

变量 （年份）	新购图书量 （万册）	总藏书量 （10万册）	图书流通册 次（万册）	年人均流通 （人次）	年人均图书 流通册次
1986	1359	2613.3	16205	0.11	0.15
2000	692	4095	16913	0.15	0.13

注：数据来源于良芝，李晓新，王德恒. 拓展社会的公共信息空间. 科学出版社.

5. 内部管理松弛、社会影响低下

管理学家彼得·德鲁克认为，非营利性机构的效能是政府的两倍，能有效削减政府赤字。但我国非营利性部门的公共信息资源管理结果却不然。因体制原因，国家所属的事业单位尽管拥有大量信息资源，但自主开发与有效服务的动力机制不完善，使得公共信息资源闲置与短缺并存的局面短期内还无法彻底扭转。相当多的民间信息机构规模小、内部制度不完善、专业人员素质不高、运作欠规范、自律机制不健全，动员社会资源的能力还相当有限，所提供的服务基本上还停留在一次性信息的查阅、传送等低端服务阶段；加之政府实际监管的不力，违规操作行为时有发生，会计师事务所、审计事务所提供虚假验资报告、会计信息、审计信息以及证券信息失实等行为屡见不鲜。公共信息资源管理的层次不高，服务质量令人堪忧，由此导致社会的认可与信任程度低，公众仍把政府作为公共信息服务的主体。

　　6. 缺乏合理布局

　　从我国事业型信息服务机构的地域分布看，我国非营利性部门在公共信息资源管理中的地域分布均衡性差，公共信息资源的社会管理程度高、发展较快的是沿海地区和一些大城市，如北京、上海、广州等城市非营利性组织和图书馆等公共信息机构参与公共信息服务的水平和层次、质量等明显高于全国平均水平，而中西部地区尤其是广大农村社会性信息机构的覆盖面十分有限，主要由图书馆、文化馆等事业单位参与服务，民间组织在有些地区和行业开展公共信息服务的空间还没有打开。

　　非营利性部门在公共信息资源管理过程中出现的种种问题表明，我国公共信息资源社会管理的不成熟，如果在此情况下把政府职能转变中的权力职责等统统下放委托给非营利性部门，必将导致公共信息资源管理的混乱。另一方面，广泛参与是公共信息资源管理的内在要求，多元利益主体的出现已经深刻改变了我国的社会结构，人们不再依赖和满足于原有单位制的信息获取流通渠道，需要有新的信息表达、获取途径。因此，认真借鉴国外公共信息资源社会管理的经验教训，积极培育和动员我国非营利性部门参与公共信息资源管理，加强政府的领导与监控是实现公共信息资源效用价值的现实选择。

　　美国公共图书馆在推进公共信息资源开发与共享等方面的许多做法值得我们效仿。20 世纪 60 年代美国政府发起的"战胜贫困计划"充分依托公共图书馆等社会性信息机构为社会的弱势群体提供信息服务，并取得了显著成效。1972～1973 年，美国 5 大城市公共图书馆系统共同参与了由美国教育部图书馆和学术资源处资助的"街区信息中心计划"，使公共图书馆与政府部门、非营利性组织和其他社区信息服务机构之间建立了初步的合作关系①，将公共信息资源管理工作与公众的信息需求有机结合在一起，并成为人们日常工作生活中不可缺少的组成部分。

日本是典型的政府主导型市场经济国家，其非营利性部门与政府公共信息资源管理的分工合作关系值得借鉴。为促进中小企业的健康发展，除了在中央政府的中小企业厅设有搜集中小企业信息的信息系统、在各都道府县设置中小企业地方信息中心专门从事为中小企业服务的信息搜集与提供工作外，还组建了一系列官方和民间团体，1995 年以来，相继成立了 3.65 万个按行业组成的民间中小企业组织，如"中小企业信息总会"等。这些组织在通产省的指导下不仅积极为中小企业提供信息服务，而且还进行积极的业务指导和扶持，极大地推动了日本中小企业的健康发展。

法国作为欧盟第一农业大国，其农业信息服务网络非常发达，除政府农业部门定期或不定期地向社会发布政策信息、统计数据和市场动态外，大批的第三部门组织积极加入到农业信息资源的开发建设领域，广泛开展农业信息服务，如农业商会主要传播高新技术信息，产学研一体化的农业科研教学单位通过培训学员和向社会咨询实施农业科技信息服务，各种行业组织和专业技术协会都尽量搜集对本组织有用的技术、市场、法规、政策信息为组织成员提供服务，而各种农产品生产合作社和互助社等机构也都担负起了为组织成员主动提供信息的职责，形成了覆盖全国运转灵活的农业信息服务网络。②

（四）公共信息资源市场化开发利用的失范

信息服务业是从事信息资源生产、搜集、加工、存储、传递与交流等活动的部门，起着加速信息流通和促进产业优化升级和现代化的作用，是当今世界经济发展的主导产业之一。据统计，全球信

---

① Joan C. Durrance, Karen E. Pettigrew. Community Information: The Technological Touch. *Library Journal*, February 1, 2000.

② 郭作玉. 谁为法国农民提供信息服务. 中国信息界, 2004 (9).

息服务业的总产值已占整个 IT 行业的 37% ~ 38%。从公共信息资源的有效传播利用来看，发展信息服务业是全面开发公共信息资源从而实现公共信息资源社会化管理和市场化管理的关键，也就是要用市场机制建立统一、开放的公共信息资源市场体系和公开公正的竞争机制。

目前，我国信息服务业在整体信息市场中的增长速度最快，已经成为国家第三产业中极有生命力的新兴成分，但不容忽视的是，信息服务产业的内部结构并不均衡，软件开发和系统集成业占45%，信息系统维护、设备修理业和其他行业占 40%，而与信息资源内容管理密切相关的信息加工处理业仅占 10%、数据库服务业占 5%；① 服务的范畴仍停留在传统意义上的信息查询传递服务，而高端信息服务如咨询、外包以及信息管理指导服务所占的市场份额极小，无论是市场规模还是运行机制等都存在着令人担忧的地方，信息市场发育不完善，信息服务业还未走上产业化、社会化、规模化的道路，公共信息资源的市场体系和制度还不健全等问题已经成为制约公共信息资源市场管理有序进行的障碍因素。

1. 公共信息资源市场化运作的制度环境不完善

1982 年和 1984 年我国颁布了商标法、专利法，标志着信息产品的交换有法可依，此后，国家先后发布了《关于加快发展第三产业的决定》、《互联网信息服务管理办法》等，其中，《关于加快发展第三产业的决定》明确指出：将现有的信息、咨询机构向社会开放，开展有偿服务，并创造条件实现自主经营。而《互联网信息服务管理办法》则把网络信息服务划分为经营性和非经营性两种，采取许可制度和备案制度的办法分门别类地加以管理。但从总体看，我国公共信息资源市场管理的制度体系还欠完善，包括公共信息资源市场开发、投入、财政以及税收、金融等优惠政策缺位，信息资源的行业管理还有欠规范，有关信息知识产权、信息贸易问题和信息服务标准、数据库建设标准等方面的法规制度空白，

---

① 杨迎红，丹文辉. 我国信息服务业的发展趋势、现状及对策建议. 云南财贸学院学报，2001 (6).

政策调控力度有限。

2. 公共信息资源市场参与主体的身份模糊

"多元化的市场主体带来的不只是活跃的市场气氛，更多的是体现在可供共享的资源的增多及信息用户可选择的信息产品与信息服务种类的多元化。"① 目前，参与公共信息资源市场管理的主体既有政府所属的事业型信息机构，如公共图书馆、各类信息中心、科技文献中心等，也有各类行业协会等民间信息机构和完全商业化运作的私人信息企业。虽然所提供的业务内容基本相同，都是以公共信息资源的采集、加工整理、组织、传递与服务为核心内容，但在运行机制以及收费价格等方面则应按照公共性程度的差异而有所区别。但实际的情况却是我国信息服务机构的主体仍然是国有信息机构，其经营活动处于政府的严格监管之下，不同性质的机构之间运作差别不大，公共性信息服务与商业性信息服务区分模糊，都不同程度地将公共信息资源的无偿供给与有偿使用相混淆，公共性、非营利性以及市场性的区分没有统一的标准，公共信息服务的成本收费与深层次加工后的市场收费之间缺乏明确的限定，为不同机构和个人公共信息资源的私有化行为大开方便之门。

3. 公共信息资源市场发育的不充分

一方面，我国营利性信息机构在公共信息资源开发与建设的广度和深度不够，所提供的服务多是系统内一次信息或二次信息的传递服务，公共信息服务领域规模小、基础差、产值低，如我国数据库数量约占世界总数的 0.1，容量是世界总量的 0.01，而产值只占 0.001，目前，我国尚未形成具备资源规模的联机服务提供商，尽管中国科技信息研究所开发的"万方数据"信息服务系统拥有 9 大类 100 多个数据库，记录量达到 1 500 万条，在国内信息服务业有着较大影响，但在资源规模上与美国的 Dialog 相比差距仍然较大，检索与服务功能也不够强。② 另一方面，我国公共信息资源市

① 凌美秀，彭一中．我国信息服务业的市场环境分析．高校图书馆工作，2003（4）．

② 李纲，陈颖．我国信息服务业的发展研究．图书情报知识，2000（4）．

场管理的运行机制还未健全，市场体系和竞争机制还有待完善。尽管我国的信息机构中政府信息机构只占 20%，但由于 80% 的信息资源掌握在政府手中，政府信息公开的滞后从总量上限制了公共信息资源市场管理的范围和规模，市场机制的作用十分有限，如我国目前建成的数据库能够提供商品化服务的只占 10%，销售量也非常有限，市场开拓工作也才刚刚起步①，各类信息机构尤其是国有事业单位建设数据库的目的多数是为了完成上级下达的任务或争取项目经费而开发，投入市场的数据库认可程度低，很少盈利。同时，条块分割的政府管理体制也导致我国信息服务机构长期处于封闭的自我生产、自我服务状态，分工协作和良性竞争机制缺乏。

二、建立我国公共信息资源管理体制的策略

"在信息资源无限丰富而边际成本趋向于零的情况下，追求信息权利的平等成为推动社会关系和社会生产力发展的动力性因素。"② 在当今时代，公共信息资源对于保障公民权利、促进社会文明进步的深远意义已经引起了各国政府的高度重视，整合信息资源已经成为公共信息资源管理的中心议题，也是一个国家社会信息化发展水平的重要标志。我国公共信息资源总量非常丰富，而开发利用程度与公众的需求和社会的发展还不相适应，公共信息资源的社会管理、市场管理空间大，需要我们采取积极应对措施，全面提高公共信息资源管理效率。

（一）进一步加强政府对公共信息资源管理的宏观领导

美国政府在公共信息资源开发利用过程中的成功经验表明从政府决策到观念思维的创新，从健全法制到法律保障制度的创新，从重视政府信息资源管理到引导社会信息资源管理体制的创新是实现

---

① 刘小辉等. 发展数据库产业 促进国民经济信息化. 科技进步与对策，2003（4）.
② 陈卫生. 传播学是什么. 新闻与传播，2004（4）.

公共信息资源全社会共享，提高信息资源管理效率的关键。我国公共信息资源管理的宏观领导要坚持统一规划、需求主导、突出重点、整合资源和基础先行（包括法律法规、标准、安全等方面工作）的原则。

要加强国家对公共信息资源管理的宏观领导，就必须对公共信息资源进行战略规划和统一管理，强化政府在公共信息资源开发建设中的核心地位，改革政府信息资源管理体制，积极建构新型公共信息资源管理组织结构。政府公共信息资源管理目标需要由单一追求自身行政效率的提高转变到追求社会的公平与公正，提高信息服务的质量与效率，实现公共信息资源全社会共享综合性目标的发展方向转变。公共信息资源管理的职能包括 4 部分，即宏观管理职能、资金扶持职能、市场监管职能和直接服务职能。宏观管理职能主要包括国家公共信息资源开发建设的战略发展规划、立法、信息服务及行业标准制定，以及各类服务主体的培育、公共信息资源管理体制建立等。其中，运用利益驱动原理，引入竞争机制，形成多层次的公共信息资源管理与服务体系也是政府宏观管理的重要职责，这一体系的内容不是包罗万象，而主要集中在立法和政策调整、行业指导与市场秩序维护和纯公共物品性质的公共信息服务上。

政府既要从政策的需求、目标、内容以及信息技术与开发水平等方面出发，制定符合我国实际的公共信息资源管理政策，也要加强信息立法，把公共信息资源管理法规、信息市场管理条例、第三部门公共信息资源管理规定以及知识产权、信息安全等内容一一加以限定，制定公共信息服务的技术与行业管理标准，使有关公共信息资源管理的各项活动有法可依、有法必依。

（二）转变政府公共信息资源管理职能，增强政府公共信息服务能力

1. 加强国家对公共信息资源的组织领导。

公共信息资源的开发利用不是单方面的政府行为，要涉及社会生活的方方面面，必须有统一、明确和强有力的领导才能保证公共信息资源的有序化规范化管理。《国家信息化领导小组关于我国电子政务建设指导意见》中也指出"电子政务建设必须按照国家信息化领导小组的统一部署，避免重复建设。各级党政主要领导同志要亲自抓，防止各自为政"。① 要保证国家对公共信息资源管理工作的有效领导，提升公共信息资源管理的战略高度，有必要在国家的最高权力机关即全国人民代表大会设立专门从事信息资源管理的委员会，负责国家信息资源的立法、战略发展规划以及相关重大项目的审定，监督政府公共信息资源管理职能的履行等。同时，还要理顺政府系统内部信息资源管理体制，强化国务院信息化领导小组公共信息资源的总体领导调控职能，明确各部委信息资源管理的专业化职能和机构设置，指定专门领导负责系统内公共信息资源管理的全面组织，在各级各部门政府机构之间建立纵横交错、上下衔接、互相协调的公共信息资源管理组织体系。最近，国家信息化领导小组已经作出明确部署，要将行政管理体制改革与电子政务建设相结合，以推进政府职能转变。在此基础上，还要充分调动社会和市场的力量，建立健全面向政府、企业和公众的多元化公共信息资源管理体制。

2. 完善政府信息资源管理体系

我国信息化建设的核心内容是信息资源的开发利用，而信息资源开发利用的终极目标则是为政府和社会提供满意的公共信息服务。政府公共利益代表的身份决定了其信息资源管理的开放性、权威性与基础性，其信息资源体系包括：①政务信息资源的整合，主要指政府行政系统内部形成的文件、会议纪要、公文和办公信息等。1985 年，我国开始了政府信息资源库建设，目前，政府内部的办公业务网基本建成，并广泛发挥作用，已成为政府行政的重要工具。②社会信息资源的整合，即政府对社会各行业、各领域信息资源的采集和占有，如经济信息、文化信息、科技教育信息以及自然环境信息等社会基础信息，既包括社会公益性信息也通过购买、委托等形式涵盖了部分商业性信息。③公民个人基本信息的整合，

---

① 中共中央办公厅文件．中办发 ［2002］17 号

即个人的生命特征信息和社会特征信息的总和，是最重要的社会信息资源和信息要素之一，只能由政府建立"公用数据库"。④政府内部信息的整合，指政府在履行职能过程中所形成的内部个人及组织私利性信息，如机关小团体信息、个人隐私偏好以及机关风气等非正式传播的信息。政府公共信息资源管理的目标在于整合前三种信息资源，实现公共信息资源的整体开发和综合利用。

政府要加强信息资源的宏观调控和市场监管能力，对信息商品价格、质量、交易规则以及税收管理等都应作出具体明确的规定，建立健全协调一致、职责明确、运转有效的监管体制，积极维护公共信息生产者、经营者和消费者的合法权益。开展多种形式的合作，建立公共信息资源开发建设和传播利用的有序、有效竞争机制，在竞争中求发展。

"有效的公民权与参与的要求之一就是进一步开放政府，这种政府不一定要有对话理论家的激进意识，但它最基本的要求是制定政策的相关信息应该让公民甚至其他的正式决策者知晓。"① 要推进政府信息公开和政务信息共享，编制政府信息公开目录，支持信息共享和业务协同，丰富社会信息资源，活跃信息市场。在此基础上，政府要做好政府信息资源的深层次开发，通过电子政务建设提高政府公共信息服务能力。公共信息资源管理的一些特定领域，只能由政府来担当主体，如政府工商管理部门担负着整顿和规范市场秩序以及建立企业信用档案的任务，其信息内容的提供、整合只能由政府工商部门来完成；而在其他方面，则可以加强与第三部门的合作，建立覆盖全国的信息采集反馈网络，集中力量做好国家基础性公共信息平台建设，建立政府信息资源目录体系和门类齐全更新及时的行业性公共专题数据库，进行信息资源外包或政府主导下的联合开发等。

政府要致力于缩小数字鸿沟，从信息管理的角度分析，我国东西部发展的差距，实际上也是知识的差距、信息的差距和教育的差

① ［美］B. 盖伊·彼得斯. 政府未来的治理模式. 吴爱明，夏宏图，译. 中国人民大学出版社，2001.

距，仅靠增加有形资产的投入并不能从根本上解决问题，需要政府进一步加大信息扶贫的力度，通过加强人员培训、加大财政投入力度、给予政策导向支持以及信息基础设施的完善将信息鸿沟转变为信息机遇，进而提高社会信息化的整体水平。

（三）提高全社会信息意识，科学引导信息消费

信息获取的第一步是对信息的兴趣和关注，中国最大的国情就是人口众多，在人均国民生产总值刚过 1000 美元的条件下推进信息化，如果没有良好的社会呼应，没有熟练掌握现代信息管理技术和管理知识的专业化人员，公共信息资源的管理则无从谈起。如果说政府信息资源管理的改进主要依靠政府行政系统内部改革的话，有效的公共信息资源管理体系的形成则依赖于全社会每个系统、每个公民的积极参与。作为用户的组织和个人也只有具备了一定的信息素质才能有效地依托信息服务实现公共信息的效用价值，因为"网络技术、信息技术的复杂性和专业性，使技术精英和普通大众在获取、支配、利用信息方面是完全不平等的"[1]，而教育和培训是提高公共信息资源效用价值的重要保障。

同时，数字鸿沟的问题主要是受良好信息教育的优势群体与未接受信息教育的弱势群体之间因公共信息资源获取利用的差异而导致的在经济文化和政治参与等方面的剧烈反差。由于信息的易获得性增加了人们对信息的依赖，而公共信息的有序组织和深加工及传播只能通过专业化的信息服务机构和专业化的人员队伍才能实现。正如 1979 年 Derek de Sollo Price 在伊利诺斯的一次会议上提交的论文《最大的幸福莫过于遇到一个热心的图书馆员》（*Happiness is a Warm Librarian*）中所说，"无论多少自动化的设备的使用都不能替代来自一个知识渊博、热心的图书馆专业人员直接面对面的帮助。公共服务的精神应当成为我们职业教育的中心"。加强从业人员的职业技能教育和职业道德教育是推动我国公共信息资源管理的

---

① 刘昌雄. 网络化社会中的行政决策主体：大众化？还是官僚化？. 中共浙江省委党校学报（杭州）. 2000（5）.

前提。

美国信息产业协会70年代末期制定的信息管理人员职业标准规定：①具有广阔的多学科和交叉领域的职业能力，能运用信息科学的理论基础为各层次的管理者和用户服务；②具有一种或多种信息技术的专长；③具有经济方面的，规划预算信息密集、资本密集和劳动密集产品的基本知识以及在各种竞争的组织资源之间及其内部权衡的其他能力。从上述要求中可以看出，公共信息资源管理并不是单纯的技术性工作，而是"技术＋管理"的综合性工作，对相关人员的素质要求极高，既要彻底改变以往"有求才应"的被动服务模式也要突出其广、博、精、专的综合技术素质以及高超的管理才能与协调能力，这对于现有政府公务员队伍的信息素质与信息能力是一个严峻挑战。江泽民同志指出，国家需要一专多能的人才，我国公共信息资源管理人才的培养既要健全教育培训体系，广泛开展信息普及教育，在全社会普及信息技术基本知识、加强信息技术与信息利用的推广教育，也要从持证上岗，规范岗位需求入手，完善信息技术水平和信息应用技能等级制度与培训证书制度，并依托高校力量做好公共信息资源管理高级人才的培养，同时还要注意在职人员的技术知识培训和继续教育，确保从事公共信息资源管理人员专业活动领域的基本权利与义务。

社会信息化程度的提高不仅要依靠社会信息意识的普遍形成与公众信息素质的全面提高，而且信息消费观念的形成对于公共信息资源的开发和利用有着极大地推动和促进作用，毕竟公共信息资源的市场管理要通过信息消费来拉动，信息消费意识的缺乏必然会导致公共信息资源市场管理的萎缩。需要说明的是，我国当前社会的总体信息消费仍显不足，信息消费能力的培养对象不仅仅是社会公众，而且还应扩展到各级政府行政领导及公务人员。据2000年北京市党校对北京市领导干部所作的一项调查结果显示，占被调查人数23.7%的干部在实际工作中从未使用过电脑或互联网。① 这种外行领导内行，领导信息意识的低下、信息利用能力的欠缺必然会带

① 赵文丽．知识经济时代公务员应具备的素质．理论探索，2001（2）．

来对公共信息资源管理工作的忽视，同时，公务员信息消费能力的提高是以信息流程改革政府行政模式为基础的，对于政府信息公开、电子政务建设以及应对公众信息需求都极为重要，为此，2001年北京市人事局发布了《关于对北京市国家公务员开展信息技术及"电子政务"知识培训的通知》，要求在 2002 年底前所有 50 岁以下公务员都要进行相关培训。除了要对行政领导和公务员进行系统的信息资源管理知识和技能的培训外，社会信息消费能力的提高在依靠学校、社区以及各类组织培训的基础上，还要注意社会弱势群体信息意识的培养和信息消费能力的提升，要结合实际采取不同的措施提高其信息消费利用能力，如针对残疾人的人性化公共信息网站建设、围绕社会贫困人群的免费信息基础设施利用等。

（四）以人为本，聚合社会信息需求，创新公共信息资源管理模式

信息系统真正的核心价值是信息内容，国外一些学者就信息管理的定位问题曾提出了以人为本的思想，认为技术只是获取信息的工具，不论如何先进，都需要有人的介入。而通过最先进的技术、最有效地利用信息，由此改变人的行为乃是一切信息活动的根本目的。① 因此，必须高度重视对公众信息需求的研究，树立顾客至上的观念，以需求决定公共信息资源的管理体制与运行机制，因为用户的需求驱动始终是公共信息资源管理创新的源泉，成功的信息企业既要把握信息市场需要，使自己的信息产品符合公众信息需求，也要充分挖掘和发挥信息企业的独特优势，只有这样，才能为用户提供有深度、有见解的信息服务。

充分发挥市场机制在公共信息资源配置中的积极作用，打破行政壁垒和地方保护，发展信息资源市场，营造公平的公共信息资源市场竞争环境。一方面，要实现政府信息资源的市场价值，改革现有的政府信息资源管理体制，破除政府信息垄断，释放信息资源，

① 甘利人，张颖. 数字环境下我国信息服务业发展思考. 图书情报工作，2003（5）.

对政府各类信息机构进行重新定位，将从事公共信息资源管理职能与公共信息服务职能的机构进行适当区分，并采取分类管理。对那些代表政府向公众发布的政策信息和宏观经济信息，不以营利为目的。满足政府和社会公共信息需求的信息机构，宜采用政府事业单位制的运行机制和管理体制。对于从事政府信息资源深层次开发的国有信息企业，可尝试进行股份制组建，按现代企业制度的原则参与市场竞争，同时，通过政策激励等办法吸引其他性质的信息机构参与政府信息资源的开发建设，促使政府信息最大限度地为社会开放、利用。

另一方面，要以市场为导向，通过资源的重组和优化，走规模化经营的道路，在竞争中拓宽公共信息服务的空间，不断提升参与公共信息资源开发建设的信息企业的市场竞争力和综合实力。为此，第一要改制转型成立经营性的独立信息企业、规范的事业性信息机构以及健全的民间信息服务组织。第二要扩大信息服务企业的规模，积极扶持年营业额超过亿元、10亿元的大型信息服务企业。第三要实行资本股份制，在保证国有资产不流失的前提下，引入私人资本，加大社会各方对公共信息资源开发的投入，增强国有信息企业的活力，建立现代信息企业制度。第四要强化管理，整合内部资源，使传统的生产管理型信息企业向经营管理型转变，逐步建立效益型运行机制，提升市场竞争力。第五要树立精品意识，使以往信息含量低、产品附加值低的信息服务向公共信息的增值服务转变，提升公共信息服务的质量和层次。

在现代社会，用户信息需求的复杂度越来越高，任何一家信息服务机构无论是政府部门还是非营利性部门以及信息企业，都难以依靠自身力量为用户提供全方位的公共信息服务，联盟与合作已经成为我国信息服务企业提高综合竞争实力的重要举措。横向联合可充分发挥人才优势和信息资源优势形成多元化的信息服务内容，纵向联合则可以深化公共信息服务内容形成系列化的信息服务体系。尤其是加入WTO以后，为了增强同跨国信息企业的竞争能力，只有把国内分散弱小的信息企业、信息机构联合起来，利用各家的技术、产品、市场和服务等不同优势形成规模，发挥比较优势，才能达到紧密合作优势互补的目的，以增强自身发展能力。如上海图书馆与上海科技信息研究所的合并、北京图书馆与北大、清华的合作协议等。同时，走规模化集团化道路，也有助于打造我国公共信息服务市场化发展的品牌。

要积极扶持非营利性部门信息机构参与公共信息资源管理。正如公共图书馆的社会意义在于，它的存在使每个社会成员都具备了自由获取知识与信息的权利，是实现知识与信息共享的组织载体与制度保障一样，非营利性部门参与公共信息资源管理的任务也是维护公众信息利益，促进公共信息的传播、利用。因此，在积极营造广泛参与、公平竞争的公共信息资源管理环境的同时，还要进一步规范对非营利性部门信息机构的管理。鉴于我国事业型信息机构面临的资金、管理、人员以及信息资源开发动力不足等一系列制度性问题，有必要对现有事业型信息机构进行调整，如建立公共信息资源研究型机构、公共信息资源开发型机构和公共信息咨询服务型机构。根据每类信息机构组织目标和公共性、公益性程度的差异确定采取企业型运作还是事业型运作，并在机构的布局中进行必要的规划与协调。同时，要防止非营利性部门的行政化倾向，不能让各类信息机构包括政府事业单位变相成为政府的"翻牌公司"。

今天，公共信息服务的提供已经不再是政府及其所属部门的专利，建立多元化公共信息资源管理体制的目的在于满足公众信息需求。非营利性部门的管理有助于公共信息利益的维护和公共信息资源管理社会效益的实现，而市场化的管理则强调了公共信息资源管理的投入与产出效率，二者分别从各自的角度"盘活"了有限的公共信息资源。当然，群体性、交互性、分布性和协作性是人类社会生活与工作方式的基本特征。不同性质信息机构的合理分工还可以减少公共信息资源开发建设中无意义的重复，公众将根据自己所需的信息产品和公共信息服务性质选择不同类型的信息机构，在此过程中各类信息机构所拥有的资源占有量不是依靠行政命令的指派而是根据其对社会信息化的作用及其创造的社会价值和经济价值通过市场、社会和行政等手段综合运用获取的。

需要说明的是，目前所进行的体制改革并不是要从根本上对现有信息机构进行重新洗牌，而是要在我国现有公共信息资源管理体制基础上，重新选择伙伴以及运行机制，即根据机构自身的组织目标和发展战略，进行战略性重组，确定核心业务和运行模式，提高公共信息资源管理效率。

（五）加强公共信息资源管理的标准化，建立公共信息资源共享体系

标准是实现信息流通、共享的基础。有关资料显示，美国政府在地理信息系统的初期开发过程中，由于没有制定统一的术语代码标准，结果建成后无法进行有效的信息交换，只好采取替代措施来维持现状，为此每年所花费的维持费用高达数亿美元。[①] 目前，困扰我国公共信息资源共享的信息系统重复建设、互不通用的信息割据现象与信息资源标准化工作的滞后不无关联。尽管 2002 年 1 月国务院信息化工作办公室与国家标准化管理委员会联合成立了电子政务标准化总体组，并于 2003 年 2 月颁发了《关于〈电子政务标准化指南〉和六项电子政务标准试用通知》，针对电子政务信息资源的开发利用提出了明确的管理标准，但从实际效果来看，绝大多数的信息标准还仅仅停留在技术标准的层面上，对公共信息资源管理内容与管理过程的标准化还未引起重视。我国公共信息资源标准体系的建立还任重而道远，尤其是基层公共信息资源的标准化工作才刚刚起步，各行业、各系统仍然自行其是，协调性差，成为信息资源共享的阻碍因素之一。因此，必须加强公共信息资源标准化的研究，在大力推进政府信息资源标准建设的同时，还要建立公共信息资源开发利用标准化工作的统一协调机制，着力制定信息资源标准、信息服务标准和相关技术标准；抓紧制定信息资源分类和基础编码等急需的国家标准，并强化对标准的宣传贯彻，逐步实现社会信息资源的标准化管理。

德鲁克曾讲过"管理的本质不是技术和程序，管理的本质是使得知识富于成效"，信息资源问题并不是单纯的信息产品生产加

---

① 朱庆华，杨坚争．信息法教程．高等教育出版社，2001．

工的技术问题，信息资源的传播和流通过程往往会产生新的信息产品和新的知识。从一定意义上讲，公共信息资源开发与利用的关系既是独立的也是重合的，所谓独立，是指开发意味着公共信息资源的生产，利用意味着消费；所谓重合，则指利用带动开发，开发激励利用，开发与利用始终处于公共信息资源良性循环发展的轨道。要实现公共信息资源的有效传播与充分利用，必须加强信息基础设施建设和公共信息资源共享平台建设，一是完善政府系统网络平台，二是积极打造面向社会的公共信息服务平台。

三、结论及有待进一步研究的问题

本书的研究基于政府信息资源管理的低效和信息时代公众信息需求的迅速提升，主要目的是通过阐述公共信息资源管理与政府信息资源管理的异同，来论证新型公共信息资源管理体制建设的必要性和可行性。前面的各章节在对信息资源和政府信息资源进行述评的基础上，引申出公共信息资源的概念，并分别从经济学、行政学等不同视角分析了公共信息资源的特点及公共信息资源产权特征和配置规律；提出了公共信息资源管理体系并对传统单一制政府信息资源管理进行了全面的透视；从公共信息资源管理的内在特征和政府公共信息服务的有限性等角度论证了多元化管理体制产生的可能性和必要性，对政府、第三部门以及企业三者在公共信息资源管理过程中的合作与竞争关系进行了论证。通过研究，本书得出的主要结论如下：

结论1：公共信息资源的开发既是我国信息化建设的核心内容也是薄弱环节，要提高我国社会的信息化进程，就必须把公共信息资源的开发建设放在当前信息化工作的首要位置，高度重视并认真加以研究。

结论2：物品的属性分析是进行管理体制划分的前提，"公共性"构成公共信息资源管理最本质的核心特征，也决定了其与政府信息资源管理既相互交叉又有一定区别，并不是所有的公共信息资源都属于政府管辖范围。同样，政府信息资源并不都属于公共信息资源，公共信息资源管理是现代社会政府信息资源管理的创新和发展，与时代背景密切相关。

结论 3：公共信息资源的广泛性、复杂性和动态性决定了其管理体制的多元性，多元性并不意味着对政府公共信息资源管理的彻底否定，而是在政府主导下，积极动员各方力量参与公共信息资源开发，提高信息共享效率。

结论 4：与其他产权界定相比较，公共信息资源的产权具有结构的稳定性、界定的相对模糊性、约束的特殊性以及产权维护的脆弱性和产权收益的难以计量性等特征。产权的复杂性决定了公共信息资源配置的多样化选择，市场配置和政府配置各有其优势和一定的不足，提高公共信息资源配置效率的关键在于通过竞争机制寻求市场和政府有效结合的切入点。

结论 5：政府公共信息资源管理职能必须与政府信息能力相匹配，政府信息资源管理职能的泛化导致政府公共信息资源管理的脆弱性和风险性。

结论 6：公共信息资源的采集、开发及获取、利用效果取决于公共信息资源的管理体制，政府信息垄断造成了公共信息资源开发利用的不对称现象。

结论 7：市场管理和社会管理是公共信息资源政府管理的有益补充，三者之间既相互协调也相互竞争，分别从不同的视角以不同的运行机制参与公共信息资源管理，从而保证了公共信息资源效用价值的充分体现。

公共信息资源管理是信息资源管理领域内的一个崭新理论，其实践远比理论要复杂得多，限于知识面和能力以及论述题目的限定，还需要进行深入地分析和研究，以进一步整合公共信息资源管理理论。其中包括：

①公共信息资源的定义还没有形成完整而统一的概念，与政府信息资源的概念区别还不是非常明显清晰，其宏观管理体系尚未成熟。

②现代社会是一个不断趋于精细分工和高度专业化的社会，公共信息资源管理基本上还处在分散、零碎的行业性研究阶段，普遍

规律性与宏观整合有待深入。

　　③由于公共信息资源产业化规模较低，第三部门、私人企业介入公共信息资源领域的范围和作用影响还十分有限，实证研究明显不足，与政府信息资源管理的关系还不十分明晰。

　　④基层公共信息资源的开发利用涉及多学科背景的综合，本书在社会学、传播学以及用户心理学等方面的融合性不足。

　　有关公共信息资源管理的研究才刚刚起步，本书只对此进行了简单的梳理，许多迫切需要研究的问题还需留待以后继续解决。

附录:

中共中央办公厅　国务院办公厅关于加强信息资源开发利用工作的若干意见

中办发 [2004] 34 号

为贯彻党的十六大和十六届三中、四中全会精神，树立和落实科学发展观，坚持走新型工业化道路，以信息化带动工业化、以工业化促进信息化，充分发挥信息资源开发利用在信息化建设中的重要作用，推进经济结构调整和经济增长方式转变，实现经济社会全面协调可持续发展，经党中央、国务院同意，现就加强信息资源开发利用工作提出如下意见。

一、充分认识信息资源开发利用工作的重要性和紧迫性

（一）**高度重视信息资源开发利用对促进经济社会发展的重要作用**。信息资源作为生产要素、无形资产和社会财富，与能源、材料资源同等重要，在经济社会资源结构中具有不可替代的地位，已成为经济全球化背景下国际竞争的一个重点。加强信息资源开发利用、提高开发利用水平，是落实科学发展观、推动经济社会全面发展的重要途径，是增强我国综合国力和国际竞争力的必然选择。加强信息资源开发利用，有利于促进经济增长方式根本转变，建设资源节约型社会；有利于推动政府转变职能，更好地履行经济调节、市场监管、社会管理和公共服务职责；有利于体现以人为本，满足人民群众日益增长的物质文化需求；有利于发展信息资源产业，推动传统产业改造，优化经济结构。

（二）**进一步增强推进信息资源开发利用工作的紧迫感**。近年来，我国信息化建设取得了重要进展，信息资源总量不断增加，质量逐步提高，在现代化建设中日益发挥重要作用。但必须看到，当前信息资源开发利用工作仍存在诸多问题，主要是：信息资源开发不足、利用不够、效益不高，相对滞后于信息基础设施建设；政府信息公开制度尚不完善，政务信息资源共享困难、采集重复；公益性信息服务机制尚未理顺；信息资源开发利用市场化、产业化程度低，产业规模较小，缺乏国际竞争力；信息安全保障体系不够健全，对不良信息的综合治理亟待加强；相关法律法规及标准化体系需要完善。各级党委和政府必须担负起加强信息资源开发利用工作的重要责任，采取有效措施，抓紧解决工作中存在的问题，不断提高信息资源开发利用水平。

二、加强信息资源开发利用工作的指导思想、主要原则和总体任务

（三）加强信息资源开发利用工作的指导思想是：坚持以邓小平理论和"三个代表"重要思想为指导，牢固树立和落实科学发展观，以体制创新和机制创新为动力，以政务信息资源开发利用为先导，充分发挥公益性信息服务的作用，提高信息资源产业的社会效益和经济效益，完善信息资源开发利用的保障环境，推动信息资源的优化配置，促进社会主义物质文明、政治文明和精神文明协调发展。

（四）加强信息资源开发利用工作的主要原则是：（1）统筹协调。正确处理加快发展与保障安全、公开信息与保守秘密、开发利用与规范管理、重点突破与全面推进的关系，综合运用不同机制和措施，因地制宜，分类指导，分步推进，促进不同领域、不同区域的信息资源开发利用工作协调发展。（2）需求导向。紧密结合国民经济和社会发展需求，结合人民群众日益增长的物质文化需求，重视解决实际问题，以利用促开发，实现社会效益和经济效益的统一。（3）创新开放。坚持观念创新、制度创新、管理创新和技术创新，充分利用国际国内两个市场、两种资源，鼓励竞争，扩大交流与合作。（4）确保安全。增强全民信息安全意识，建立健全信息安全保障体系，加强领导，落实责任，综合运用法律、行政、经济和技术手段，强化信息安全管理，依法打击违法犯罪活动，维护国家安全和社会稳定。

（五）加强信息资源开发利用工作的总体任务是：强化全社会的信息意识，培育市场，扩大需求，发展壮大信息资源产业；着力开发和有效利用生产、经营活动中的信息资源，推进政府信息公开

和政务信息共享，增强公益性信息服务能力，拓宽服务范围；完善法律法规和标准化体系，推动我国信息资源总量增加、质量提高、结构优化，提升全社会信息资源开发利用水平，提高信息化建设的综合效益。

三、加强政务信息资源的开发利用

（六）**建立健全政府信息公开制度**。加快推进政府信息公开，制定政府信息公开条例，编制政府信息公开目录。充分利用政府门户网站、重点新闻网站、报刊、广播、电视等媒体以及档案馆、图书馆、文化馆等场所，为公众获取政府信息提供便利。

（七）**加强政务信息共享**。根据法律规定和履行职责的需要，明确相关部门和地区信息共享的内容、方式和责任，制定标准规范，完善信息共享制度。当前，要结合重点政务工作，推动需求迫切、效益明显的跨部门、跨地区信息共享。继续开展人口、企业、地理空间等基础信息共享试点工作，探索有效机制，总结经验，逐步推广。依托统一的电子政务网络平台和信息安全基础设施，建设政务信息资源目录体系和交换体系，支持信息共享和业务协同。规划和实施电子政务项目，必须考虑信息资源的共享与整合，避免重复建设。

（八）**规范政务信息资源社会化增值开发利用工作**。对具有经济和社会价值、允许加工利用的政务信息资源，应鼓励社会力量进行增值开发利用。有关部门要按照公平、公正、公开的原则，制定政策措施和管理办法，授权申请者使用相关政务信息资源，规范政务信息资源使用行为和社会化增值开发利用工作。

（九）**提高宏观调控和市场监管能力**。加强对经济信息的采集、整合、分析，为完善宏观调控提供信息支持。深化金融、海关、税务、工商行政管理等部门的信息资源开发利用工作，提高监管能力和服务水平。推动信用信息资源建设，健全社会信用体系。重视基础信息资源建设，强化对土地、矿产等自然资源的管理。

（十）**合理规划政务信息的采集工作**。明确信息采集工作的分工，加强协作，避免重复，降低成本，减轻社会负担。各地区各部门要严格履行信息采集职责，遵循标准和流程要求，确保所采集信息的真实、准确、完整和及时。要统筹协调基础信息数据库的信息采集分工、持续更新和共享服务工作，增强地理空间等基础信息资源的自主保障能力。加快以传统载体保存的公文、档案、资料等信息资源的数字化进程。

（十一）**加强政务信息资源管理。**制定政务信息资源分级分类管理办法，建立健全采集、登记、备案、保管、共享、发布、安全、保密等方面的规章制度，推进政务信息资源的资产管理工作。

四、加强信息资源的公益性开发利用和服务

（十二）**支持和鼓励信息资源的公益性开发利用。**政务部门要结合工作特点和社会需求，主动为企业和公众提供公益性信息服务，积极向公益性机构提供必要的信息资源。建立投入保障机制，支持重点领域信息资源的公益性开发利用项目。制定政策，引导和鼓励企业、公众和其他组织开发信息资源，开展公益性信息服务，或按有关规定投资设立公益性信息服务机构。重视发挥中介机构的作用，支持著作权拥有人许可公益性信息机构利用其相关信息资源开展公益性服务。

（十三）**增强信息资源的公益性服务能力。**加强农业、科技、教育、文化、卫生、社会保障和宣传等领域的信息资源开发利用。加大向农村、欠发达地区和社会困难群体提供公益性信息服务的力度。推广人民群众需要的公益性信息服务典型经验。

（十四）**促进信息资源公益性开发利用的有序发展。**明晰公益性与商业性信息服务界限，确定公益性信息机构认定标准并规范其服务行为，形成合理的定价机制。妥善处理发展公益性信息服务和保护知识产权的关系。

五、促进信息资源市场繁荣和产业发展

（十五）**加快信息资源开发利用市场化进程。**积极发展信息资源市场，发挥市场对信息资源配置的基础性作用。打破行业垄断、行政壁垒和地方保护，营造公平的市场竞争环境，促进信息商品流通，鼓励信息消费，扩大有效需求。政务部门要积极采用外包、政府采购等方式从市场获取高质量、低成本的信息商品和服务。

（十六）**促进信息资源产业健康快速发展。**研究制定促进信息资源产业发展的政策和规划。鼓励文化、出版、广播影视等行业发展数字化产品，提供网络化服务。促进信息咨询、市场调查等行业发展，繁荣和规范互联网信息服务业。开展信息资源产业统计分析工作，完善信息资产评估制度。鼓励信息资源企业参与国际竞争。

（十七）**加强企业和行业的信息资源开发利用工作。**推进企业信息化，发展电子商务，鼓励企业建立并逐步完善信息系统，在生产、经营、管理等环节深度开发并充分利用信息资源，提高竞争能力和经济效益。建立行业和大型企业数据库，健全行业信息发布制度，引导企业提高管理和决策水平。注重推动高物耗、高能耗和高污染产业的改造，着力提高电力、交通、水利等重要基础设施的使用效能。

（十八）**依法保护信息资源产品的知识产权。**加大保护知识产权执法力度，严厉打击盗版侵权等违法行为。健全著作权管理制度，建立著作权集体管理组织。完善网络环境下著作权保护和数据库保护等方面的法律法规。

（十九）**建立和完善信息资源市场监管体系。**适应数字化和网络化发展形势，建立健全协调一致、职责明确、运转有效的监管体制，完善法律法规和技术手段，加强信息资源市场监管工作。加强市场准入管理，提高信息资源产品审批效率，完善登记备案和事后监督制度。保护信息资源生产者、经营者和消费者的合法权益。

六、完善信息资源开发利用工作的保障环境

（二十）**加强组织协调和统筹规划。**各级党委和政府要加强领导，理顺信息资源管理体制，强化对信息资源开发利用工作的组织协调、统筹规划和监督管理。要制定信息资源开发利用专项规划，并纳入国民经济和社会发展规划。

（二十一）**增加资金投入并提高其使用效益。**保障政务信息资源的建设管理、采集更新、运行维护、长期保存和有效利用，相应经费要纳入预算管理。鼓励企业和公众投资信息资源开发利用领域。多渠道筹集资金，支持政策研究、标准制定、科技研发、试点示范以及重点信息资源开发。加强资金使用管理，提高效益，降低风险。

（二十二）**加快相关法律法规体系建设**。积极开展调查研究，确定立法重点，制定相应的立法计划，加快立法进程，及时颁布需求迫切的法律法规，为信息资源开发利用工作提供有力的法律保障。

（二十三）**加强标准化工作**。建立信息资源开发利用标准化工作的统一协调机制，制定信息资源标准、信息服务标准和相关技术标准。突出重点，抓紧制定信息资源分类和基础编码等急需的国家标准，并强化对国家标准的宣传贯彻。推进公民身份号码和组织机构代码的广泛应用。

（二十四）**推进关键技术研发和成果转化**。支持有广泛需求、可拥有自主知识产权的技术研发，促进信息资源开发利用技术成果的商品化、产业化和推广应用。国家重点支持核心技术攻关，力求在关键领域取得突破。

（二十五）**营造公众利用信息资源的良好环境**。采取有效措施，逐步形成以多种渠道、多种方式和多种终端方便公众获取信息资源的环境。鼓励、扶持在街道社区和乡镇建设适用的信息服务设施。提高互联网普及率，丰富网上中文信息资源，加强公众使用互联网的技能培训，支持上网营业场所向连锁经营方向发展。发挥广播电视普及、便捷的优势，推动广播电视数字化进程和产业发展。充分利用电信网、广电网、互联网开发利用信息资源。

（二十六）**加强信息安全保障工作**。贯彻落实国家关于加强信息安全保障工作的方针政策，提高信息安全保障能力。健全信息安全监管机制，倡导网络道德规范，创建文明健康的信息和网络环境。遏止影响国家安全和社会稳定的各种违法、有害信息的制作和传播，依法打击窃取、盗用、破坏、篡改信息等行为。实行信息安全等级保护制度。加强信息安全技术开发应用，重视引进信息技术及产品的安全管理。建立和完善信息公开审查制度，增强对涉密系统的检查测评能力。加快修订《中华人民共和国保守国家秘密法》，推进信息安全、个人信息保护、未成年人在线行为保护等法律问题的研究工作。

（二十七）**加大宣传教育和人才培训力度**。加强宣传教育工作，提高全民信息意识。重视业务能力培养和信息安全、法律法规教育。加强高等院校信息资源开发利用相关学科和专业建设，将信息资源管理等课程纳入教学计划。发挥各类教育培训体系作用，积极开展信息资源开发利用相关人员的知识与技能培训。

军队信息资源开发利用工作，由解放军信息化领导小组作出规定。

中共中央办公厅国务院办公厅
2006—2020 年国家信息化发展战略

中办发〔2006〕11 号

信息化是当今世界发展的大趋势，是推动经济社会变革的重要力量。大力推进信息化，是覆盖我国现代化建设全局的战略举措，是贯彻落实科学发展观、全面建设小康社会、构建社会主义和谐社会和建设创新型国家的迫切需要和必然选择。

一、全球信息化发展的基本趋势

信息化是充分利用信息技术，开发利用信息资源，促进信息交流和知识共享，提高经济增长质量，推动经济社会发展转型的历史进程。20 世纪 90 年代以来，信息技术不断创新，信息产业持续发展，信息网络广泛普及，信息化成为全球经济社会发展的显著特征，并逐步向一场全方位的社会变革演进。进入 21 世纪，信息化对经济社会发展的影响更加深刻。广泛应用、高度渗透的信息技术正孕育着新的重大突破。信息资源日益成为重要生产要素、无形资产和社会财富。信息网络更加普及并日趋融合。信息化与经济全球化相互交织，推动着全球产业分工深化和经济结构调整，重塑着全球经济竞争格局。互联网加剧了各种思想文化的相互激荡，成为信息传播和知识扩散的新载体。电子政务在提高行政效率、改善政府效能、扩大民主参与等方面的作用日益显著。信息安全的重要性与日俱增，成为各国面临的共同挑战。信息化使现代战争形态发生重大变化，是世界新军事变革的核心内容。全球数字鸿沟呈现扩大趋势，发展失衡现象日趋严重。发达国家信息化发展目标更加清晰，正在出现向信息社会转型的趋向；越来越多的发展中国家主动迎接信息化发展带来的新机遇，力争跟上时代潮流。全球信息化正在引发当今世界的深刻变革，重塑世界政治、经济、社会、文化和军事发展的新格局。加快信息化发展，已经成为世界各国的共同选择。

二、我国信息化发展的基本形势

（一）信息化发展的进展情况

党中央、国务院一直高度重视信息化工作。20 世纪 90 年代，相继启动了以金关、金卡和金税为代表的重大信息化应用工程；1997 年，召开了全国信息化工作会议；党的十五届五中全会把信息化提到了国家战略的高度；党的十六大进一步作出了以信息化带动工业化、以工业化促进信息化、走新型工业化道路的战略部署；党的十六届五中全会再一次强调，推进国民经济和社会信息化，加快转变经济增长方式。"十五"期间，国家信息化领导小组对信息化发展重点进行了全面部署，作出了推行电子政务、振兴软件产业、加强信息安全保障、加强信息资源开发利用、加快发展电子商务等一系列重要决策。各地区各部门从实际出发，认真贯彻落实，不断开拓进取，我国信息化建设取得了可喜的进展。

——信息网络实现跨越式发展，成为支撑经济社会发展重要的基础设施。电话用户、网络规模已经位居世界第一，互联网用户和宽带接入用户均位居世界第二，广播电视网络基本覆盖了全国的行政村。

——信息产业持续快速发展，对经济增长贡献度稳步上升。2005 年，信息产业增加值占国内生产总值的比重达到 7.2%，对经济增长的贡献度达到 16.6%。电子信息产品制造业出口额占出口总额的比重已超过 30%。掌握了一批具有自主知识产权的关键技术。部分骨干企业的国际竞争力不断增强。

——信息技术在国民经济和社会各领域的应用效果日渐显著。农业信息服务体系不断完善。应用信息技术改造传统产业不断取得新的进展，能源、交通运输、冶金、机械和化工等行业的信息化水平逐步提高。传统服务业转型步伐加快，信息服务业蓬勃兴起。金融信息化推进了金融服务创新，现代化金融服务体系初步形成。电子商务发展势头良好，科技、教育、文化、医疗卫生、社会保障、环境保护等领域信息化步伐明显加快。

——电子政务稳步展开，成为转变政府职能、提高行政效率、推进政务公开的有效手段。各级政务部门利用信息技术，扩大信息公开，促进信息资源共享，推进政务协同，提高了行政效率，改善了公共服务，有效推动了政府职能转变。金关、金卡、金税等工程成效显著，金盾、金审等工程进展顺利。

——信息资源开发利用取得重要进展。基础信息资源建设工作开始起步，互联网上中文信息比重稳步上升，信息资源开发利用水平不断提高。

——信息安全保障工作逐步加强。制定并实施了国家信息安全战略，初步建立了信息安全管理体制和工作机制。基础信息网络和重要信息系统的安全防护水平明显提高，互联网信息安全管理进一步加强。

——国防和军队信息化建设全面展开。国防和军队信息化取得重要进展，组织实施了一批军事信息系统重点工程，军事信息基础设施建设取得长足进步，主战武器系统信息技术含量不断提高，作战信息保障能力显著增强。

——信息化基础工作进一步改善。信息化法制建设持续推进，信息技术标准化工作逐步加强，信息化培训工作得到高度重视，信息化人才队伍不断壮大。

我国信息化发展的基本经验是：坚持站在国家战略高度，把信息化作为覆盖现代化建设全局的战略举措，正确处理信息化与工业化之间的关系，长远规划，持续推进。坚持从国情出发，因地制宜，把信息化作为解决现实紧迫问题和发展难题的重要手段，充分发挥信息技术在各领域的作用。坚持把开发利用信息资源放到重要位置，加强统筹协调，促进互联互通和资源共享。坚持引进消化先进技术与增强自主创新能力相结合，优先发展信息产业，逐步增强信息化的自主装备能力。坚持推进信息化建设与保障国家信息安全并重，不断提高基础信息网络和重要信息系统的安全保护水平。坚持优先抓好信息技术的普及教育，提高国民信息技术应用技能。

（二）信息化发展中值得重视的问题

当前我国信息化发展也存在着一些亟待解决的问题，主要表现在：第一，思想认识需要进一步提高。我国是在工业化不断加快、体制改革不断深化的条件下推进信息化的，信息化理论和实践还不够成熟，全社会对推进信息化的重要性、紧迫性的认识需要进一步提高。第二，信息技术自主创新能力不足。核心技术和关键装备主要依赖进口。以企业为主体的创新体系亟待完善，自主装备能力急需增强。第三，信息技术应用水平不高。在整体上，应用水平落后于实际需求，信息技术的潜能尚未得到充分挖掘；在部分领域和地区应用效果不够明显。第四，信息安全问题仍比较突出。在全球范围内，计算机病毒、网络攻击、垃圾邮件、系统漏洞、网络窃密、虚假有害信息和网络违法犯罪等问题日渐突出，如应对不当，可能会给我国经济社会发展和国家安全带来不利影响。第五，数字鸿沟有所扩大。信息技术应用水平与先进国家相比存在较大差距。国内不同地区、不同领域、不同群体的信息技术应用水平和网络普及程度很不平衡，城乡、区域和行业的差距有扩大趋势，成为影响协调发展的新因素。第六，体制机制改革相对滞后。受各种因素制约，信息化管理体制尚不完善，电信监管体制改革有待深化，信息化法制建设需要进一步加快。

经过多年的发展，我国信息化发展已具备了一定基础，进入了全方位、多层次推进的新阶段。抓住机遇，迎接挑战，适应转变经济增长方式、全面建设小康社会的需要，更新发展理念，破解发展难题，创新发展模式，大力推进信息化发展，已成为我国经济社会发展新阶段重要而紧迫的战略任务。

三、我国信息化发展的指导思想和战略目标

（一）指导思想和战略方针

我国信息化发展的指导思想是：以邓小平理论和"三个代表"重要思想为指导，贯彻落实科学发展观，坚持以信息化带动工业化、以工业化促进信息化，坚持以改革开放和科技创新为动力，大力推进信息化，充分发挥信息化在促进经济、政治、文化、社会和军事等领域发展的重要作用，不断提高国家信息化水平，走中国特色的信息化道路，促进我国经济社会又快又好地发展。

我国信息化发展的战略方针是：统筹规划、资源共享，深化应用、务求实效，面向市场、立足创新，军民结合、安全可靠。要以科学发展观为统领，以改革开放为动力，努力实现网络、应用、技

术和产业的良性互动，促进网络融合，实现资源优化配置和信息共享。要以需求为主导，充分发挥市场机制配置资源的基础性作用，探索成本低、实效好的信息化发展模式。要以人为本，惠及全民，创造广大群众用得上、用得起、用得好的信息化发展环境。要把制度创新与技术创新放在同等重要的位置，完善体制机制，推动原始创新，加强集成创新，增强引进消化吸收再创新能力。要推动军民结合，协调发展。要高度重视信息安全，正确处理安全与发展之间的关系，以安全保发展，在发展中求安全。

（二）战略目标

到 2020 年，我国信息化发展的战略目标是：综合信息基础设施基本普及，信息技术自主创新能力显著增强，信息产业结构全面优化，国家信息安全保障水平大幅提高，国民经济和社会信息化取得明显成效，新型工业化发展模式初步确立，国家信息化发展的制度环境和政策体系基本完善，国民信息技术应用能力显著提高，为迈向信息社会奠定坚实基础。具体目标是：

促进经济增长方式的根本转变。广泛应用信息技术，改造和提升传统产业，发展信息服务业，推动经济结构战略性调整。深化应用信息技术，努力降低单位产品能耗、物耗，加大对环境污染的监控和治理，服务循环经济发展。充分利用信息技术，促进我国经济增长方式由主要依靠资本和资源投入向主要依靠科技进步和提高劳动者素质转变，提高经济增长的质量和效益。

实现信息技术自主创新、信息产业发展的跨越。有效利用国际国内两个市场、两种资源，增强对引进技术的消化吸收，突破一批关键技术，掌握一批核心技术。

提升网络普及水平、信息资源开发利用水平和信息安全保障水平。抓住网络技术转型的机遇，基本建成国际领先、多网融合、安全可靠的综合信息基础设施。确立科学的信息资源观，把信息资源提升到与能源、材料同等重要的地位，为发展知识密集型产业创造条件。信息安全的长效机制基本形成，国家信息安全保障体系较为完善，信息安全保障能力显著增强。

增强政府公共服务能力、社会主义先进文化传播能力、中国特色的军事变革能力和国民信息技术应用能力。电子政务应用和服务体系日臻完善，社会管理与公共服务密切结合，网络化公共服务能力显著增强。网络成为先进文化传播的重要渠道，社会主义先进文化的感召力和中华民族优秀文化的国际影响力显著增强。国防和军队信息化建设取得重大进展，信息化条件下的防卫作战能力显著增强。人民群众受教育水平和信息技术应用技能显著提高，为建设学习型社会奠定基础。

四、我国信息化发展的战略重点

（一）推进国民经济信息化

推进面向"三农"的信息服务。利用公共网络，采用多种接入手段，以农民普遍能够承受的价格，提高农村网络普及率。整合涉农信息资源，规范和完善公益性信息中介服务，建设城乡统筹的信息服务体系，为农民提供适用的市场、科技、教育、卫生保健等信息服务，支持农村富余劳动力的合理有序流动。

利用信息技术改造和提升传统产业。促进信息技术在能源、交通运输、冶金、机械和化工等行业的普及应用，推进设计研发信息化、生产装备数字化、生产过程智能化和经营管理网络化。充分运用信息技术推动高能耗、高物耗和高污染行业的改造。推动供应链管理和客户关系管理，大力扶持中小企业信息化。

加快服务业信息化。优化政策法规环境，依托信息网络，改造和提升传统服务业。加快发展网络增值服务、电子金融、现代物流、连锁经营、专业信息服务、咨询中介等新型服务业。大力发展电子商务，降低物流成本和交易成本。

鼓励具备条件的地区率先发展知识密集型产业。引导人才密集、信息化基础好的地区率先发展知识密集型产业，推动经济结构战略性调整。充分利用信息技术，加快东部地区知识和技术向中西部地区的扩散，创造区域协调发展的新局面。

（二）推行电子政务

改善公共服务。逐步建立以公民和企业为对象、以互联网为基础、中央与地方相配合、多种技术手段相结合的电子政务公共服务体系。重视推动电子政务公共服务延伸到街道、社区和乡村。逐步增加服务内容，扩大服务范围，提高服务质量，推动服务型政府建设。

加强社会管理。整合资源，形成全面覆盖、高效灵敏的社会管理信息网络，增强社会综合治理能力。协同共建，完善社会预警和应对突发事件的网络运行机制，增强对各种突发性事件的监控、决策和应急处置能力，保障国家安全、公共安全，维护社会稳定。

强化综合监管。满足转变政府职能、提高行政效率、规范监管行为的需求，深化相应业务系统建设。围绕财政、金融、税收、工商、海关、国资监管、质检、食品药品安全等关键业务，统筹规划，分类指导，有序推进相关业务系统之间、中央与地方之间的信息共享，促进部门间业务协同，提高监管能力。建设企业、个人征信系统，规范和维护市场秩序。

完善宏观调控。完善财政、金融等经济运行信息系统，提升国民经济预测、预警和监测水平，增强宏观调控决策的有效性和科学性。

（三）建设先进网络文化

加强社会主义先进文化的网上传播。牢牢把握社会主义先进文化的前进方向，支持健康有益文化，加快推进中华民族优秀文化作品的数字化、网络化，规范网络文化传播秩序，使科学的理论、正确的舆论、高尚的精神、优秀的作品成为网上文化传播的主流。

改善公共文化信息服务。鼓励新闻出版、广播影视、文学艺术等行业加快信息化步伐，提高文化产品质量，增强文化产品供给能力。加快文化信息资源整合，加强公益性文化信息基础设施建设，完善公共文化信息服务体系，将文化产品送到千家万户，丰富基层群众文化生活。

加强互联网对外宣传和文化交流。整合互联网对外宣传资源，完善互联网对外宣传体系建设，不断提高互联网对外宣传工作整体水平，持续提升对外宣传效果，扩大中华民族优秀文化的国际影响力。

建设积极健康的网络文化。倡导网络文明，强化网络道德约束，建立和完善网络行为规范，积极引导广大群众的网络文化创作实践，自觉抵御不良内容的侵蚀，摒弃网络滥用行为和低俗之风，全面建设积极健康的网络文化。

（四）推进社会信息化

加快教育科研信息化步伐。提升基础教育、高等教育和职业教育信息化水平，持续推进农村现代远程教育，实现优质教育资源共享，促进教育均衡发展。构建终身教育体系，发展多层次、交互式网络教育培训体系，方便公民自主学习。建立并完善全国教育与科研基础条件网络平台，提高教育与科研设备网络化利用水平，推动教育与科研资源的共享。

加强医疗卫生信息化建设。建设并完善覆盖全国、快捷高效的公共卫生信息系统，增强防疫监控、应急处置和救治能力。推进医疗服务信息化，改进医院管理，开展远程医疗。统筹规划电子病历，促进医疗、医药和医保机构的信息共享和业务协同，支持医疗体制改革。

完善就业和社会保障信息服务体系。建设多层次、多功能的就业信息服务体系，加强就业信息统计、分析和发布工作，改善技能培训、就业指导和政策咨询服务。加快全国社会保障信息系统建设，提高工作效率，改善服务质量。

推进社区信息化。整合各类信息系统和资源，构建统一的社区信息平台，加强常住人口和流动人口的信息化管理，改善社区服务。

（五）完善综合信息基础设施

推动网络融合，实现向下一代网络的转型。优化网络结构，提高网络性能，推进综合基础信息平台的发展。加快改革，从业务、网络和终端等层面推进"三网融合"。发展多种形式的宽带接入，大力推动互联网的应用普及。推动有线、地面和卫星等各类数字广播电视的发展，完成广播电视从模拟向数字的转换。应用光电传感、射频识别等技术扩展网络功能，发展并完善综合信息基础设施，稳步实现向下一代网络的转型。

建立和完善普遍服务制度。加快制度建设，面向老少边穷地区和社会困难群体，建立和完善以普遍服务基金为基础、相关优惠政策配套的补贴机制，逐步将普遍服务从基础电信和广播电视业务扩展到互联网业务。加强宏观管理，拓宽多种渠道，推动普遍服务市场主体的多元化。

（六）加强信息资源的开发利用

建立和完善信息资源开发利用体系。加快人口、法人单位、地理空间等国家基础信息库的建设，拓展相关应用服务。引导和规范政务信息资源的社会化增值开发利用。鼓励企业、个人和其他社会组织参与信息资源的公益性开发利用。完善知识产权保护制度，大力发展以数字化、网络化为主要特征的现代信息服务业，促进信息资源的开发利用。充分发挥信息资源开发利用对节约资源、能源和提高效益的作用，发挥信息流对人员流、物质流和资金流的引导作用，促进经济增长方式的转变和资源节约型社会的建设。

加强全社会信息资源管理。规范对生产、流通、金融、人口流动以及生态环境等领域的信息采集和标准制定，加强对信息资产的严格管理，促进信息资源的优化配置。实现信息资源的深度开发、及时处理、安全保存、快速流动和有效利用，基本满足经济社会发展优先领域的信息需求。

（七）提高信息产业竞争力

突破核心技术与关键技术。建立以企业为主体的技术创新体系，强化集成创新，突出自主创新，突破关键技术。选择具有高度技术关联性和产业带动性的产品和项目，促进引进消化吸收再创新，产学研用结合，实现信息技术关键领域的自主创新。积聚力量，攻克难关，逐步由外围向核心逼近，推进原始创新，力争跨越核心技术门槛，推进创新型国家建设。

培育有核心竞争能力的信息产业。加强政府引导，突破集成电路、软件、关键电子元器件、关键工艺装备等基础产业的发展瓶颈，提高在全球产业链中的地位，逐步形成技术领先、基础雄厚、自主发展能力强的信息产业。优化环境，引导企业资产重组、跨国并购，推动产业联盟，加快培育和发展具有核心能力的大公司和拥有技术专长的中小企业，建立竞争优势。加快"走出去"步伐，鼓励运营企业和制造企业联手拓展国际市场。

（八）建设国家信息安全保障体系

全面加强国家信息安全保障体系建设。坚持积极防御、综合防范，探索和把握信息化与信息安全的内在规律，主动应对信息安全挑战，实现信息化与信息安全协调发展。坚持立足国情，综合平衡安全成本和风险，确保重点，优化信息安全资源配置。建立和完善信息安全等级保护制度，重点保护基础信息网络和关系国家安全、经济命脉、社会稳定的重要信息系统。加强密码技术的开发利用。建设网络信任体系。加强信息安全风险评估工作。建设和完善信息安全监控体系，提高对网络安全事件应对和防范能力，防止有害信息传播。高度重视信息安全应急处置工作，健全完善信息安全应急指挥和安全通报制度，不断完善信息安全应急处置预案。从实际出发，促进资源共享，重视灾难备份建设，增强信息基础设施和重要信息系统的抗毁能力和灾难恢复能力。

大力增强国家信息安全保障能力。积极跟踪、研究和掌握国际信息安全领域的先进理论、前沿技术和发展动态，抓紧开展对信息技术产品漏洞、后门的发现研究，掌握核心安全技术，提高关键设备装备能力，促进我国信息安全技术和产业的自主发展。加快信息安全人才培养，增强国民信息安全意识。不断提高信息安全的法律保障能力、基础支撑能力、网络舆论宣传的驾驭能力和我国在国际信息安全领域的影响力，建立和完善维护国家信息安全的长效机制。

（九）提高国民信息技术应用能力，造就信息化人才队伍

提高国民信息技术应用能力。强化领导干部的信息化知识培训，普及政府公务人员的信息技术技能培训。配合现代远程教育工程，组织志愿者深入老少边穷地区从事信息化知识和技能服务。普及中小学信息技术教育。开展形式多样的信息化知识和技能普及活动，提高国民受教育水平和信息能力。

培养信息化人才。构建以学校教育为基础，在职培训为重点，基础教育与职业教育相互结合，公益培训与商业培训相互补充的信息化人才培养体系。鼓励各类专业人才掌握信息技术，培养复合型人才。

五、我国信息化发展的战略行动

为落实国家信息化发展的战略重点，保证在"十一五"时期国家信息化水平迈上新的台阶，按照承前启后、以点带面的原则，优先制定和实施以下战略行动计划。

（一）国民信息技能教育培训计划

在全国中小学普及信息技术教育，建立完善的信息技术基础课程体系，优化课程设置，丰富教学内容，提高师资水平，改善教学效果。推广新型教学模式，实现信息技术与教学过程的有机结合，全面推进素质教育。

加大政府资金投入及政策扶持力度，吸引社会资金参与，把信息技能培训纳入国民经济和社会发展规划。依托高等院校、中小学、邮局、科技馆、图书馆、文化站等公益性设施，以及全国文化信息资源共享工程、农村党员干部远程教育工程等，积极开展国民信息技能教育和培训。

（二）电子商务行动计划

营造环境、完善政策，发挥企业主体作用，大力推进电子商务。以企业信息化为基础，以大型重点企业为龙头，通过供应链、客户关系管理等，引导中小企业积极参与，形成完整的电子商务价值链。加快信用、认证、标准、支付和现代物流建设，完善结算清算信息系统，注重与国际接轨，探索多层次、多元化的电子商务发展方式。

制定和颁布中小企业信息化发展指南，分类指导，择优扶持，建设面向中小企业的公共信息服务平台，鼓励中小企业利用信息技术，促进中小企业开展灵活多样的电子商务活动。立足产业集聚地区，发挥专业信息服务企业的优势，承揽外包服务，帮助中小企业低成本、低风险地推进信息化。

（三）电子政务行动计划

规范政务基础信息的采集和应用，建设政务信息资源目录体系，推动政府信息公开。整合电子政务网络，建设政务信息资源的交换体系，全面支撑经济调节、市场监管、社会管理和公共服务职能。

建立电子政务规划、预算、审批、评估综合协调机制。加强电子政务建设资金投入的审计和监督。明确已建、在建及新建项目的关系和业务衔接，逐步形成统一规范的电子政务财政预算、基本建设、运行、维护管理制度和绩效评估制度。

（四）网络媒体信息资源开发利用计划

开发科技、教育、新闻出版、广播影视、文学艺术、卫生、"三农"、社保等领域的信息资源，提供人民群众生产生活所需的数字化信息服务，建成若干强大的、影响广泛的、协同关联的互联网骨干网站群。扶持国家重点新闻网站建设。鼓励公益性网络媒体信息资源的开发利用。

制定政策措施，引导和鼓励网络媒体信息资源建设，开发优秀的信息产品，全面营造健康的网络信息环境。注重研究互联网传播规律和新技术发展对网络传媒的深远影响。

（五）缩小数字鸿沟计划

坚持政府主导、社会参与，缩小区域之间、城乡之间和不同社会群体之间信息技术应用水平的差距，创造机会均等、协调发展的社会环境。

加大支持力度，综合运用各种手段，加快推进中西部地区的信息网络建设，普及信息服务。把缩小城乡数字鸿沟作为统筹城乡经济社会发展的重要内容，推进农业信息化和现代农业建设，为建设社会主义新农村服务。逐步在行政村和城镇社区设立免费或低价接入互联网的公共服务场所，提供电子政务、教育培训、医疗保健、养老救治等方面的信息服务。

（六）关键信息技术自主创新计划

在集成电路（特别是中央处理器芯片）、系统软件、关键应用软件、自主可控关键装备等涉及自主发展能力的关键领域，瞄准国际创新前沿，加大投入，重点突破，逐步掌握产业发展的主动权。

在具有研发基础、市场前景广阔的移动通信、数字电视、下一代网络、射频识别等领域，优先启用具有自主知识产权的标准，加快产品开发和推广应用，带动产业发展。

六、我国信息化发展的保障措施

为了保持我国信息化发展的协调性和连续性，顺利部署我国信息化发展的战略重点和战略行动，提出以下保障措施。

（一）完善信息化发展战略研究和政策体系

紧密跟踪全球信息化发展进程，适应经济结构战略性调整、产业升级换代和转变经济增长方式的需要，持续深化信息化发展战略研究，动态调整信息化发展目标。

把推广信息技术应用作为修订和完善各类产业政策的重要内容。明确重点，保障资金，把工业化提高到广泛应用智能工具的水平上来，提高我国产业的整体竞争力。

按照西部大开发、东北地区等老工业基地振兴改造、中部崛起以及有关国家产业基地和工业园区的部署，把信息化作为促进区域协调发展、增进区域之间优势互补、实现区域比较优势的平衡器和助推器。

制定并完善集成电路、软件、基础电子产品、信息安全产品、信息服务业等领域的产业政策。研究制定支持大型中央企业的信息化发展政策。

（二）深化和完善信息化发展领域的体制改革

完善市场准入和退出机制，规范法人治理结构，推动运营服务市场的公平有效竞争。鼓励和推广各种形式的宽带终端和接入技术。鼓励业务创新，提供市场许可、资源分配、技术标准、互联互通等方面的支持。

研究探索适应网络融合与信息化发展需要的统一监管制度。以创造公平竞争环境和保护消费者利益为重点，加快转变监管理念。防范和制止不正当竞争。逐步建立以市场调节为主的电信业务定价体系。

（三）完善相关投融资政策

根据深化投资体制改革和金融体制改革的要求，加快研究制定信息化的投融资政策，积极引导非国有资本参与信息化建设。研究制定适应中小企业信息化发展的金融政策，完善相关的财税政策。培育和发展信息技术转让和知识产权交易市场。完善风险投资机制和资本退出机制。

健全和完善招投标、采购政策，逐步完善扶持信息产业发展的产业政策。加大国家对信息化发展的资金投入，支持国家信息化发展所急需的各类基础性、公益性工作，包括基础性标准制定、基础性信息资源开发、互联网公共服务场所建设、国民信息技能培训、跨部门业务系统协同和信息共享应用工程等。完善并严格实施政府采购政策，优先采购国产信息技术产品和服务，实现技术应用与研发创新、产业发展的协同。

（四）加快制定应用规范和技术标准

加强政府引导，依托重大信息化应用工程，以企业和行业协会为主体，加快产业技术标准体系建设。完善信息技术应用的技术体制和产业、产品等技术规范和标准，促进网络互联互通、系统互为操作和信息共享。加快制定人口、法人单位、地理空间、物品编码等基础信息的标准。加强知识产权保护。加强国际合作，积极参与国际标准制定。

（五）推进信息化法制建设

加快推进信息化法制建设，妥善处理相关法律法规制定、修改、废止之间的关系，制定和完善信息基础设施、电子商务、电子政务、信息安全、政府信息公开、个人信息保护等方面的法律法规，创造信息化发展的良好法制环境。根据信息技术应用的需要，适时修订和完善知识产权、未成年人保护、电子证据等方面的法律法规。加强信息化法制建设中的国际交流与合作，积极参与相关国际规则的研究和制定。

（六）加强互联网治理

坚持积极发展、加强管理的原则，参与互联网治理的国际对话、交流和磋商，推动建立主权公平的互联网国际治理机制。加强行业自律，引导企业依法经营。理顺管理体制，明确管理责任，完善管理制度，正确处理好发展与管理之间的关系，形成适应互联网发展规律和特点的运行机制。

坚持法律、经济、技术手段与必要的行政手段相结合，构建政府、企业、行业协会和公民相互配合、相互协作、权利与义务对等的治理机制，营造积极健康的互联网发展环境。依法打击利用互联网进行的各种违法犯罪活动，推动网络信息服务健康发展。

（七）壮大信息化人才队伍

研究和建立信息化人才统计制度，开展信息化人才需求调查，编制信息化人才规划，确定信息化人才工作重点。建立信息化人才分类指导目录。确定信息化相关职业的分类，制定职业技能标准。

尊重信息化人才成长规律，以信息化项目为依托，培养高级人才、创新型人才和复合型人才。发挥市场机制在人才资源配置中的基础性作用，高度重视"走出去，引进来"工作，吸引海外人才，鼓励海外留学人员参与国家信息化建设。

（八）加强信息化国际交流与合作

密切关注世界信息化发展动向，建立和完善信息化国际交流合作机制。坚持平等合作、互利共赢的原则，积极参与多边组织，大力促进双边合作。准确把握我国加入世界贸易组织后过渡期的新情况，统筹国内发展与对外开放，切实加强信息技术、信息资源、人才培养等领域的交流与合作。

（九）完善信息化推进体制

切实加强领导，凡涉及信息化的重大政策和事项要经国家信息化领导小组审定。要抓紧研究建立符合行政体制改革方向、分工合理、责任明确的信息化推进协调体制。加大政府部门间的协调力度，明确中央、地方政府在信息化建设上的事权，加强对地方的业务指导。

各地区各部门要贯彻落实党的十六大和十六届三中、四中、五中全会精神，因地制宜，加快编制信息化发展规划，制定科学的信息化统计指标体系，改进信息化绩效评估方法，完善国民经济和社会发展的统计核算体系，使信息化融汇到国民经济和社会发展的中长期规划之中。

中华人民共和国国务院令

第 492 号

《中华人民共和国政府信息公开条例》已经 2007 年 1 月 17 日国务院第 165 次常务会议通过，现予公布，自 2008 年 5 月 1 日起施行。

总　理　温家宝
二〇〇七年四月五日

中华人民共和国政府信息公开条例

第一章　总　　则

第一条　为了保障公民、法人和其他组织依法获取政府信息，提高政府工作的透明度，促进依法行政，充分发挥政府信息对人民群众生产、生活和经济社会活动的服务作用，制定本条例。

第二条　本条例所称政府信息，是指行政机关在履行职责过程中制作或者获取的，以一定形式记录、保存的信息。

第三条　各级人民政府应当加强对政府信息公开工作的组织领导。

国务院办公厅是全国政府信息公开工作的主管部门，负责推进、指导、协调、监督全国的政府信息公开工作。

县级以上地方人民政府办公厅（室）或者县级以上地方人民政府确定的其他政府信息公开工作主管部门负责推进、指导、协调、监督本行政区域的政府信息公开工作。

第四条　各级人民政府及县级以上人民政府部门应当建立健全本行政机关的政府信息公开工作制度，并指定机构（以下统称政府信息公开工作机构）负责本行政机关政府信息公开的日常工作。

政府信息公开工作机构的具体职责是：

（一）具体承办本行政机关的政府信息公开事宜；

（二）维护和更新本行政机关公开的政府信息；

（三）组织编制本行政机关的政府信息公开指南、政府信息公开目录和政府信息公开工作年度报告；

（四）对拟公开的政府信息进行保密审查；

（五）本行政机关规定的与政府信息公开有关的其他职责。

第五条　行政机关公开政府信息，应当遵循公正、公平、便民的原则。

第六条　行政机关应当及时、准确地公开政府信息。行政机关发现影响或者可能影响社会稳定、扰乱社会管理秩序的虚假或者不完整信息的，应当在其职责范围内发布准确的政府信息予以澄清。

第七条　行政机关应当建立健全政府信息发布协调机制。行政机关发布政府信息涉及其他行政机关的，应当与有关行政机关进行沟通、确认，保证行政机关发布的政府信息准确一致。

行政机关发布政府信息依照国家有关规定需要批准的，未经批准不得发布。

第八条　行政机关公开政府信息，不得危及国家安全、公共安全、经济安全和社会稳定。

第二章　公开的范围

第九条　行政机关对符合下列基本要求之一的政府信息应当主动公开：

（一）涉及公民、法人或者其他组织切身利益的；

（二）需要社会公众广泛知晓或者参与的；

（三）反映本行政机关机构设置、职能、办事程序等情况的；

（四）其他依照法律、法规和国家有关规定应当主动公开的。

第十条　县级以上各级人民政府及其部门应当依照本条例第九条的规定，在各自职责范围内确定主动公开的政府信息的具体内容，并重点公开下列政府信息：

（一）行政法规、规章和规范性文件；

（二）国民经济和社会发展规划、专项规划、区域规划及相关政策；

（三）国民经济和社会发展统计信息；

（四）财政预算、决算报告；

（五）行政事业性收费的项目、依据、标准；

（六）政府集中采购项目的目录、标准及实施情况；

（七）行政许可的事项、依据、条件、数量、程序、期限以及申请行政许可需要提交的全部材料目录及办理情况；

（八）重大建设项目的批准和实施情况；

（九）扶贫、教育、医疗、社会保障、促进就业等方面的政策、措施及其实施情况；

（十）突发公共事件的应急预案、预警信息及应对情况；

（十一）环境保护、公共卫生、安全生产、食品药品、产品质量的监督检查情况。

第十一条　设区的市级人民政府、县级人民政府及其部门重点公开的政府信息还应当包括下列内容：

（一）城乡建设和管理的重大事项；

（二）社会公益事业建设情况；

（三）征收或者征用土地、房屋拆迁及其补偿、补助费用的发放、使用情况；

（四）抢险救灾、优抚、救济、社会捐助等款物的管理、使用和分配情况。

第十二条　乡（镇）人民政府应当依照本条例第九条的规定，在其职责范围内确定主动公开的政府信息的具体内容，并重点公开下列政府信息：

（一）贯彻落实国家关于农村工作政策的情况；

（二）财政收支、各类专项资金的管理和使用情况；

（三）乡（镇）土地利用总体规划、宅基地使用的审核情况；

（四）征收或者征用土地、房屋拆迁及其补偿、补助费用的发放、使用情况；

（五）乡（镇）的债权债务、筹资筹劳情况；

（六）抢险救灾、优抚、救济、社会捐助等款物的发放情况；

（七）乡镇集体企业及其他乡镇经济实体承包、租赁、拍卖等情况；

（八）执行计划生育政策的情况。

第十三条　除本条例第九条、第十条、第十一条、第十二条规定的行政机关主动公开的政府信息外，公民、法人或者其他组织还可以根据自身生产、生活、科研等特殊需要，向国务院部门、地方各级人民政府及县级以上地方人民政府部门申请获取相关政府信息。

第十四条　行政机关应当建立健全政府信息发布保密审查机制，明确审查的程序和责任。

行政机关在公开政府信息前，应当依照《中华人民共和国保守国家秘密法》以及其他法律、法规和国家有关规定对拟公开的政府信息进行审查。

行政机关对政府信息不能确定是否可以公开时，应当依照法律、法规和国家有关规定报有关主管部门或者同级保密工作部门确定。

行政机关不得公开涉及国家秘密、商业秘密、个人隐私的政府信息。但是，经权利人同意公开或者行政机关认为不公开可能对公共利益造成重大影响的涉及商业秘密、个人隐私的政府信息，可以予以公开。

第三章　公开的方式和程序

第十五条　行政机关应当将主动公开的政府信息，通过政府公报、政府网站、新闻发布会以及报刊、广播、电视等便于公众知晓的方式公开。

第十六条　各级人民政府应当在国家档案馆、公共图书馆设置政府信息查阅场所，并配备相应的设施、设备，为公民、法人或者其他组织获取政府信息提供便利。

行政机关可以根据需要设立公共查阅室、资料索取点、信息公告栏、电子信息屏等场所、设施，公开政府信息。

行政机关应当及时向国家档案馆、公共图书馆提供主动公开的政府信息。

第十七条　行政机关制作的政府信息，由制作该政府信息的行政机关负责公开；行政机关从公民、法人或者其他组织获取的政府信息，由保存该政府信息的行政机关负责公开。法律、法规对政府信息公开的权限另有规定的，从其规定。

第十八条　属于主动公开范围的政府信息，应当自该政府信息形成或者变更之日起 20 个工作日内予以公开。法律、法规对政府信息公开的期限另有规定的，从其规定。

第十九条　行政机关应当编制、公布政府信息公开指南和政府信息公开目录，并及时更新。

政府信息公开指南，应当包括政府信息的分类、编排体系、获取方式，政府信息公开工作机构的名称、办公地址、办公时间、联系电话、传真号码、电子邮箱等内容。

政府信息公开目录，应当包括政府信息的索引、名称、内容概述、生成日期等内容。

第二十条　公民、法人或者其他组织依照本条例第十三条规定向行政机关申请获取政府信息的，应当采用书面形式（包括数据电文形式）；采用书面形式确有困难的，申请人可以口头提出，由受理该申请的行政机关代为填写政府信息公开申请。

政府信息公开申请应当包括下列内容：

（一）申请人的姓名或者名称、联系方式；

（二）申请公开的政府信息的内容描述；

（三）申请公开的政府信息的形式要求。

第二十一条　对申请公开的政府信息，行政机关根据下列情况分别作出答复：

（一）属于公开范围的，应当告知申请人获取该政府信息的方式和途径；

（二）属于不予公开范围的，应当告知申请人并说明理由；

（三）依法不属于本行政机关公开或者该政府信息不存在的，应当告知申请人，对能够确定该政府信息的公开机关的，应当告知申请人该行政机关的名称、联系方式；

（四）申请内容不明确的，应当告知申请人作出更改、补充。

第二十二条　申请公开的政府信息中含有不应当公开的内容，但是能够作区分处理的，行政机关应当向申请人提供可以公开的信息内容。

第二十三条　行政机关认为申请公开的政府信息涉及商业秘密、个人隐私，公开后可能损害第三方合法权益的，应当书面征求第三方的意见；第三方不同意公开的，不得公开。但是，行政机关认为不公开可能对公共利益造成重大影响的，应当予以公开，并将决定公开的政府信息内容和理由书面通知第三方。

第二十四条　行政机关收到政府信息公开申请，能够当场答复的，应当当场予以答复。

行政机关不能当场答复的，应当自收到申请之日起 15 个工作日内予以答复；如需延长答复期限的，应当经政府信息公开工作机构负责人同意，并告知申请人，延长答复的期限最长不得超过 15 个工作日。

申请公开的政府信息涉及第三方权益的，行政机关征求第三方意见所需时间不计算在本条第二款规定的期限内。

第二十五条　公民、法人或者其他组织向行政机关申请提供与其自身相关的税费缴纳、社会保障、医疗卫生等政府信息的，应当出示有效身份证件或者证明文件。

公民、法人或者其他组织有证据证明行政机关提供的与其自身相关的政府信息记录不准确的，有权要求该行政机关予以更正。该行政机关无权更正的，应当转送有权更正的行政机关处理，并告知申请人。

第二十六条　行政机关依申请公开政府信息，应当按照申请人要求的形式予以提供；无法按照申请人要求的形式提供的，可以通过安排申请人查阅相关资料、提供复制件或者其他适当形式提供。

第二十七条　行政机关依申请提供政府信息，除可以收取检索、复制、邮寄等成本费用外，不得收取其他费用。行政机关不得通过其他组织、个人以有偿服务方式提供政府信息。

行政机关收取检索、复制、邮寄等成本费用的标准由国务院价格主管部门会同国务院财政部门制定。

第二十八条　申请公开政府信息的公民确有经济困难的，经本人申请、政府信息公开工作机构负责人审核同意，可以减免相关费用。

申请公开政府信息的公民存在阅读困难或者视听障碍的，行政机关应当为其提供必要的帮助。

第四章　监督和保障

第二十九条　各级人民政府应当建立健全政府信息公开工作考核制度、社会评议制度和责任追究制度，定期对政府信息公开工作进行考核、评议。

第三十条　政府信息公开工作主管部门和监察机关负责对行政机关政府信息公开的实施情况进行监督检查。

第三十一条　各级行政机关应当在每年 3 月 31 日前公布本行政机关的政府信息公开工作年度报告。

第三十二条　政府信息公开工作年度报告应当包括下列内容：

（一）行政机关主动公开政府信息的情况；

（二）行政机关依申请公开政府信息和不予公开政府信息的情况；

（三）政府信息公开的收费及减免情况；

（四）因政府信息公开申请行政复议、提起行政诉讼的情况；

（五）政府信息公开工作存在的主要问题及改进情况；

（六）其他需要报告的事项。

第三十三条　公民、法人或者其他组织认为行政机关不依法履行政府信息公开义务的，可以向上级行政机关、监察机关或者政府信息公开工作主管部门举报。收到举报的机关应当予以调查处理。

公民、法人或者其他组织认为行政机关在政府信息公开工作中的具体行政行为侵犯其合法权益的，可以依法申请行政复议或者提起行政诉讼。

第三十四条　行政机关违反本条例的规定，未建立健全政府信息发布保密审查机制的，由监察机关、上一级行政机关责令改正；情节严重的，对行政机关主要负责人依法给予处分。

第三十五条　行政机关违反本条例的规定，有下列情形之一的，由监察机关、上一级行政机关责令改正；情节严重的，对行政机关直接负责的主管人员和其他直接责任人员依法给予处分；构成犯罪的，依法追究刑事责任：

（一）不依法履行政府信息公开义务的；

（二）不及时更新公开的政府信息内容、政府信息公开指南和政府信息公开目录的；

（三）违反规定收取费用的；

（四）通过其他组织、个人以有偿服务方式提供政府信息的；

（五）公开不应当公开的政府信息的；

（六）违反本条例规定的其他行为。

第五章　附　　则

第三十六条　法律、法规授权的具有管理公共事务职能的组织公开政府信息的活动，适用本条例。

第三十七条　教育、医疗卫生、计划生育、供水、供电、供气、供热、环保、公共交通等与人民群众利益密切相关的公共企事业单位在提供社会公共服务过程中制作、获取的信息的公开，参照本条例执行，具体办法由国务院有关主管部门或者机构制定。

第三十八条　本条例自 2008 年 5 月 1 日起施行。

国务院办公厅关于加强政府网站
建设和管理工作的意见

国办发〔2006〕104 号

各省、自治区、直辖市人民政府，国务院各部委、各直属机构：

近年来，随着国民经济和社会信息化的发展，尤其是电子政务的深入推进，我国政府网站建设和发展不断加快。2006 年 1 月 1 日中央政府门户网站正式开通，标志着由中央政府门户网站、国务院部门网站、地方各级人民政府及其部门网站组成的政府网站体系基本形成。为进一步加强政府网站建设和管理工作，现提出以下意见：

一、充分认识办好政府网站的重要意义。政府网站是各级人民政府及其部门在互联网上发布政务信息、提供在线服务、与公众互动交流的重要平台。办好政府网站，有利于促进各级人民政府及其部门依法行政，提高社会管理和公共服务水平，保障公众知情权、参与权和监督权，对加强政府自身建设和推进行政管理体制改革具有重要意义。各地区、各部门要以邓小平理论和"三个代表"重要思想为指导，全面落实科学发展观，按照构建社会主义和谐社会的要求，认真贯彻国家关于电子政务建设的一系列决策和部署，牢固树立以社会和公众为中心的理念，着力突出政务特色，坚持统筹规划、协同建设、分级管理，努力把政府网站真正办成政务公开的重要窗口和建设服务政府、效能政府的重要平台。

二、不断健全和完善政府网站体系。各地区、各部门要高度重视政府网站建设，未开通的要尽快开通，已开通的要努力提升建设和管理水平。中央政府门户网站和国务院部门网站要着重加强全局性、宏观性、权威性政府信息发布，为公众和企业提供在线办事服务指引或特定内容的办事服务，增强与公众互动交流。省级人民政府及其部门网站要着重就区域性重大问题加强权威政府信息发布，提供相关内容的办事服务，积极开展与公众互动交流。市（地）

级以下人民政府及其部门网站要及时准确地发布政府信息，搭建与公众互动交流平台，拓宽社情民意的表达渠道，着重为公众和企业提供在线办事服务、公益性便民服务。上下级政府和部门网站之间要做好链接，逐步实现资源共享、协同共建和整体联动。

三、着力加强政府信息发布。要按照"严格依法、全面真实、及时便民"的政务公开要求，及时公布法律法规、发布适宜公开的规范性文件和国民经济统计数据、重大工作部署等重要信息，及时更新政府负责人简介、机构职能等概况信息，不断提升信息发布的深度和广度。围绕政府重点工作和公众关注的经济社会发展中的热点问题，组织发布热点政务专题、政策法规解读等权威政府信息，引导公众理解、支持和配合政府工作。对重大突发公共事件，要主动、及时地发布权威政府信息，为事件的妥善处理营造良好的舆论环境。按照有关保密工作的规定，加强审查，确保信息内容和发布的程序合法合规。要编制信息公开目录，明确责任部门、公开范围及公开时限；制定信息分级分类管理办法，建立健全信息采集、编辑、审核、发布、共享等方面的规章制度。

四、切实提高在线办事能力。要从满足公众日益增长的需求出发，增强服务意识，不断提高在线办事能力和水平。要公布办事项目的名称、依据、程序和要求，提供表格下载、业务咨询和办理指南，努力实现在线申请受理、状态查询和结果反馈。按照公众、企业等服务对象的需求，梳理业务流程，整合办事项目，积极探索推行"一点受理、抄告相关、并联审批、限时反馈"、"前台一口受理、后台协同办理"等在线办理模式。按照"网站受理、后台办理、网站反馈"的模式，通过办事指引和页面链接提供"一站式"服务入口，逐步建立网上办事大厅。要确保"十一五"期间50%的行政许可项目实现在线办理。

五、持续拓展公益服务。要着眼便民利民，针对不同受众和不同群体，进一步开发利用教育、科技、文化、卫生、社会保障、公用事业等与公众生活密切相关的公益性信息资源，努力提供各类便民服务。按照建设社会主义新农村的要求，整合相关资源，努力向农民提供科技知识、气象信息、农产品和农资市场信息、灾害防治等方面的服务。按照提高对外开放水平的要求，积极提供商贸活动等方面的公共服务。

六、稳步推进互动交流。要按照"总体规划，分步实施，严格审理，确保安全"的原则，加强互动栏目建设，不断丰富互动交流方式，为公众参与互动交流创造条件。围绕政府重点工作和公众关注热点，开通在线访谈、热点解答、网上咨询等栏目，做好宣传和解疑释惑工作，正确引导舆论。通过行政首长信箱、公众监督信箱等，接受公众建言献策和情况反映，适时开通留言板功能。围绕政府重要决策和与公众利益密切相关的事项，开展网上调查、网上听证、网上评议等工作，征集公众的意见和建议，及时分析汇总，为决策提供参考，提高科学民主决策水平。

七、不断改进网站展示形式。政府网站页面设计要科学布局、重点突出，页面层级要合理规划、深度适中，栏目划分要清晰合理、避免歧义，便于公众快捷获取所需内容。设计风格要美观大方、简洁庄重，体现政府网站共性与地方、部门特色的统一。首页显著位置应标注本行政机关的合法名称，并可根据需要设计网站标志图案。英文域名要以". gov. cn"结尾，中文域名要以". cn"结尾，并与本行政机关的合法名称或简称相适应。默认文版为简体中文，民族自治地方的网站可编制少数民族文字版，有条件的网站还可编制繁体中文版和外文版。

八、切实提高技术保障水平。要根据政府网站运行维护和内容建设需要，加强网络技术平台和重要业务应用系统建设及功能性软件研发。根据资源共享和业务协同的需要，逐步实现相关政府网站之间网络技术平台的对接和业务应用系统的兼容。具备条件的地方，可逐步统一所属部门网站和下级人民政府网站的网络技术平台；具备条件的部门，可逐步统一本系统的重要业务应用系统。要做好日常巡检和随时监测，确保网站全天候工作、信息页面正常浏览、办事和互动平台畅通有效。

九、有效提升安全保障能力。要按照电子政务安全规范和技术要求，完善政府网站的安全基础设施，制定完备的安全策略和应急预案，加强安全技术和手段的应用，不断提高对网络攻击、病毒入

侵、系统故障等风险的安全防范和应急处置能力。要按照"谁主
管谁负责、谁运行谁负责"的要求，明确相关单位的职责分工，
建立健全责任制，形成多层次的完备的安全责任体系。

　　十、进一步完善运行管理机制。各地区、各部门要把政府网站
建设和管理列入重要议事日程，纳入电子政务发展规划，并明确政
府网站建设和管理的责任单位。根据内容保障工作特点，建立信息
保障和栏目共建、信息处理和反馈、办事服务提供、互动交流等各
方面的工作机制。积极探索委托管理、服务外包等多元化的技术保
障工作机制。加强统筹协调和监督检查，确保工作中出现的问题得
到及时解决。积极开展各类交流培训，加强绩效评估，探索建立有
关部门、社会机构和公众共同参与的政府网站绩效评估机制，科学
确定评估内容和指标体系，充分发挥绩效评估的导向和激励作用。

　　各地区、各部门要进一步提高认识，切实加强对政府网站建设
和管理的组织领导，紧密结合各自实际，制定相应实施办法和具体
方案，认真落实各项工作措施，不断提升政府网站建设和管理水
平。

国务院办公厅

二〇〇六年十二月二十九日

参 考 文 献

1. Paul F. Uhlir. *Policy Guidelines for the Development and Promotion of Government Public Domain Information*. Paris: UNESCO, 2004.

2. Fritz H. Grupe. Research Commercializing public information: A critical issue for governmental IS professionals. *Information & Management* 28 (1995).

3. *Commission of the European. Green paper on Public Sector Information in the Information Society*. http://cordis. europa. eu/econtent/publicsector/greenpaper. htm

4. U. S. National Commission on Library and Information Science. *A Comprehensive Assessment of Public Information Dissemination*. http://www. nclis. gov/govt/assess/assess. html

5. Pira International Ltd. *Commercial Exploitation of Europe's Public Sector Information-Final Report*. 20 September 2000, http://www. cordis. lu/econtent/studies/studies. htm

6. [英] 布瓦索. 信息空间: 组织、机构和文化中的学习框架. 上海译文出版社, 2000.

7. G. 戴维·加森，等. 公共部门信息技术：政策与管理. 刘五一，译. 清华大学出版社，2005.

8. 马费成. 信息资源开发与管理. 电子工业出版社，2004.

9. 谢俊贵. 公共信息学. 湖南师范大学出版社，2004.

10. 马费成. 信息资源管理. 武汉大学出版社，2001.

11. 冯惠玲. 政府信息资源管理. 中国人民大学出版社，2006.

12. 周汉华. 外国政府信息公开制度比较. 中国法制出版社，2003.

13. 胡昌平. 信息管理科学导论. 高等教育出版社，2001.

14. 王长胜. 中国电子政务发展报告 No. 3. 社会科学文献出版社，2006.

15. 周晓英，王英玮. 政务信息管理. 中国人民大学出版社，2004.

16. 于良芝，李晓欣，王德恒. 拓展社会的公共信息空间——21 世纪中国公共图书馆可持续发展模式. 科学出版社，2004.

17. 高纯德. 信息化与政府信息资源管理. 中国计划出版社，2001.

18. 刘强，吴江. 政府信息资源分类共享方式的研究. 中国行政管理，2004（10）.

19. 马费成，龙秋. 信息经济学（五）第五讲：信息商品和服务的公共物品理论. 情报理论与实践. 2002（5）.

20. 王正兴，刘闯. 政府信息资源共享两种模式及其效益比较. 中国基础科学，2005（5）.

21. 裴雷，马费成. 公共数字信息资源的建设与开发利用对策. 中国图书馆学报，2007（6）.

22. 甘利人. 信息物品产权. 南京理工大学学报（社会科学版），2003（2）.

23. 张维迎. 公有制经济中的委托人——代理人关系. 经济研究，1995（4）.

24. 胡小明. 谈中国数据库产业的发展问题（二）. 网络与信

息，2002（1）.

25．胡小明．政府信息资源的市场化服务．中国信息界，2004（5）.

26．刘辉．信息资源配置方式的理论模式分析．中国图书馆学报，2005（2）.

27．王正兴，刘闯．英国的信息自由法与政府信息共享科学学研究，2006（5）.

28．李绪蓉，徐焕良．政府信息资源管理分析．电子政务，2005（15/16）.

29．刘昭东．美国的信息服务机构与信息服务业．中国信息导报，2001（7）.

30．朱晓峰，王忠军．政府信息资源基本理论研究．情报理论与实践，2005（1）.

31．刘娅．美国联邦政府部门科技信息建设工作及借鉴．世界科技研究与发展，2007.

32．莫力科，王沛民．公共信息转变为国家战略资产的途径．科学学研究，2004（3）.

33．马智民，杨东来，李景朝，等．主要发达国家地学信息服务现状．地质通报，2007（3）.

34．刘焕成．电子政务时代的美国政府信息资源管理．图书情报工作，2003（12）.

35．何振．网络环境下政府信息资源共享机制研究．档案学通讯，2007（3）.

36．程妮．我国政府信息公开制度初探．图书与情报，2005（2）.

37．马费成，裴雷．网络信息资源的分布规律．情报科学，2003（11）.

38．陈能华，周永红，陈书华．美国信息资源共享市场的发展及启示．中国图书馆学报，2006（5）.

39．裴涵，田丽君．政府信息中心变革动向的研究．中国信息导报，2005（1）.

40．王欣．社会公共信息资源网络化建设的若干思考．情报资料工作，2002（7）．

41．沈固朝．竞争还是合作——美国信息经纪人和图书馆的关系述评．情报理论与实践，1994（1）．

42．王立清．我国政府电子化公共服务现状与发展趋势（下）．情报资料工作，2005（2）．

43．牛洪亮．关于公共信息资源管理的探讨．情报理论与实践，2007（2）．

44．张欣毅．触摸那只无形的巨手——基于公共信息资源及其认知机制的认识论．2003（1）、（2）．

45．蒋永福．论公共信息资源管理——概念、配置效率及政府规制．图书情报知识，2006（3）．

46．周毅．政府信息开放与开发的社会化和商业化：趋势、领域与问题．中国图书馆学报，2005（6）．

47．张新民．美国信息机构的发展概况．中国信息导报，2007（1）．

48．樊晓峰，崔旭．从文书削减法看美国政府信息资源管理的得与失．图书馆学研究，2006（12）．

49．陈传夫，黄璇．美国解决信息公共获取问题的模式．情报科学，2007（1）．

50．宋立平，辛儒．国内外信息资源共享模式探讨及对我国信息资源整体建设的启示．现代情报，2006（1）．

51．赵培云，郑淑荣．从美国信息提供商发展动向看我国信息服务企业应注意的问题．中国信息导报，2006（5）．

中国当代哲学问题探索
中国辩证法史稿（第一卷）
德国古典哲学逻辑进程（修订版）
毛泽东哲学分支学科研究
哲学研究方法论
改革开放的社会学研究
邓小平哲学研究
社会认识方法论
康德黑格尔哲学研究
人文社会科学哲学
中国共产党解放和发展生产力思想研究
思想政治教育有效性研究（第二版）
政治文明论
中国现代价值观的初生历程
精神动力论
广义政治论
中西文化分野的历史反思
第二次世界大战与战后欧洲一体化起源研究
哲学与美学问题
行为主义政治学方法论研究
政治现代化比较研究
调和与制衡
"跨越论"与落后国家经济发展道路
村民自治与宗族关系研究
中国特色社会主义基本问题研究
一种中道自由主义：托克维尔政治思想研究
社会转型与组织化调控

国际经济法概论
国际私法
国际组织法
国际条约法
国际强行法与国际公共政策
比较外资法
比较民法学
犯罪通论
刑罚通论
中国刑事政策学
中国冲突法研究
中国与国际私法统一化进程（修订版）
比较宪法学
人民代表大会制度的理论与实践
国际民商新秩序的理论建构
中国涉外经济法律问题新探
良法论
国际私法（冲突法篇）（修订版）
比较刑法原理
担保物权法比较研究
澳门有组织犯罪研究
行政法基本原则研究
国际刑法学
遗传资源获取与惠益分享的法律问题研究
欧洲联盟法总论
民事诉讼辩论原则研究

当代西方经济学说（上、下）
唐代人口问题研究
非农化及城镇化理论与实践
马克思经济学手稿研究
西方利润理论研究
西方经济发展思想史
宏观市场营销研究
经济运行机制与宏观调控体系
三峡工程移民与库区发展研究
21世纪长江三峡库区的协调与可持续发展
经济全球化条件下的世界金融危机研究
中国跨世纪的改革与发展
中国特色的社会保障道路探索
发展经济学的新发展
跨国公司海外直接投资研究
利益冲突与制度变迁
市场营销审计研究
以人为本的企业文化
路径依赖、管理哲理与第三种调节方式研究
中国劳动力流动与"三农"问题
新开放经济宏观经济学理论研究
关系结合方式与中间商自发行为的关系研究
发达国家发展初期与当今发展中国家经济发展比较研究

武汉大学学术丛书 书目